# 目錄

## 圖畫



## 文字

# 目錄

↑昭南少女的蕩舟

↓順化市公園的一角

昭南名劇「金雲翹」的兩男女主角。

爪哇留日的學生們
↑檢驗棉花發育狀態，在夢想着如何將之栽植全土

↓留學日本埼玉縣國立農事試驗場之兩西里伯青年

↑昭南市民衆運動會之一

昭南市民衆運動會之二↓

↑名劇「金雲翹」的一幕

↓婆羅洲土人家族與士兵

↑光天化日下之昭南少女

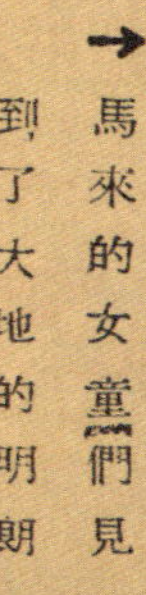

→馬來的女童們見到了大地的明朗

試驗後所穫的結果↓

↑稻種的試驗

↑南方留日學生對禾種交配的實習

↑南方留日學生對農事的灌溉

# 發刊詞

文化係繫於國運，一國的強弱，端視文化的盛衰，而民族的興亡，亦在於文化能否有指導政治的力量。文化是測[illegible]，政治與社會的良窳俱從文化而來；文化是表現，國家與民族的隆替亦由文化以見其則。文化是一國的象徵，象徵所反映於文化的精神與形式上者是其對國家，對民族，以至對世界已否盡其使命。故文化的創造在人，文化的表現亦祇爲人的聰明與才智所能展露，於是所謂文化人也者，其工作的可貴是對文化作創造與表現的前鋒，和直接負國家，民族向上的偉任。抑且，對人羣，對社會，對世界，在其工作的演進上亦無異於暗礁上面的燈塔，日月放射的光華，指示航行，普照大地，人類與萬物。

由是而文化事業尚了。文化事業之所形成，是文化工作者創造文化，表現文化底精神與心血的結晶，亦文化事業者培植文化，促進文化底心力與物力的成果。文化人——工作者與事業者！——的人格是不容否認的。其人格是融和於其任務與使命之中，其任務與使命對於政治是指導，對於社會是革新，對於人類和世界則爲啓示。國家向上，民族向上，是今日文化人唯一的任務，亦今日文化人唯一的使命，此外便是要人類趨向光明，社會正走入正軌了。文化人所肩負的重責如此，則其人格之可矜，豈容予以否認，而其事業之可貴，又豈其他一切所能抗衡！是則本報的發刊，其可矜可貴者乃在於此。

文化事業之在香港，已露衰落之徵，亦呈畸形之象；溯其過去，本來貧薄可憐，開埠迄今，殊無可取，縱有一二表現，類都非驢非馬，實無文化可言；雖謂美雨歐風，近世紀東方文明，以是滋潤，然此蕞爾小島，不特未見借爲挹注，反有逾淮變枳之嫌。近來中國國步多艱，狼烽四起，戰區民衆，不少以此視作桃源，人口因之驟增，社會隨而略爲向上，山城瘠土，乃竟由此茁出一二文化的嫩芽，但亦不過是從內地移植而來，誠非本生的靈卉；故隨戰事的變演，在當地烽煙一巳，其從來路而至者又循來路歸去。縱東洋文化，吶喊經已數年，而前之貧薄可憐，雖不至於復其本來面目，要亦無法挽其衰頹，寖假而行不由徑，畸形於是發生，致使爲文化者見而痛心，冒文化者望而疾首！良以野狐禪而冒牌正宗之流，戴骷髏頭而美人自認之號，妖形怪狀，充斥市塵，終使社會氛圍，瀰漫腥風騷味，文化氣質，亟圖遠逝高翔，鬱鬱山城，從此了無生氣了。

上文說過，文化爲一國的象徵。香港雖非一個國家，然都市亦自應有其正統的都市文化。都市文化是積極的，用積極的方法表現文化的精神，這種精神的反應是給與社會向上，以至民族向上，國家向上。是以文化是一國的象徵，亦即都市的特質。——這便是都市文化。文化原有其截然不同的分野，這分野的鴻溝，一面是都市文化，另一面是田園文化。田園文化是靜止的，而都市文化是積極的，它的積極而且具着強烈的韌性，因而其所創造與表現都暴露其熾盛的精神，反映出它的強烈的積極性。這積極性便是前文所述的它底種種的功能，也就是文化人在他的工作上表達出文化對於一般的所負的任務和使命。由這說明，我們便知道文化的不容假借是因爲它是一國的象徵，一個都市的特質。這象徵與特質無疑是文化所特具的高超力了。緣此之故，文化的現象便如麗日之耀於中天，不特使魑魅魍魎爲之銷形，亦使奸究邪佞無所遁跡。然而文化是有着一個偉大的同情的，它愛護人類，它指導人類爭取光明，同時帶給人類無限的自由和幸福。可是，爲了文化如此的崇高，文化工作者便應正視其中心意識以表達其所負的任務和使命，文化事業者也應體會其使超理想以促致其擴大與實現了。若果文化工作者與事業者視之爲同一種吃飯斂財的工具，則文化由於此種的腐化創造和表現，其不致畸形者實自欺欺人之談而已；且其爲文化的罪人寧能逃出公論！但，文化人固毋須徇道者之必去戴荆冠，背十字架的，然而在文化的工作與事業上卻不可無徇道者的精神，和戴荆冠，背十字架的勇氣。徇道者我們知其爲佈道而徇道了，爲愛護人類而作人類的犧牲。文化人雖然不必模仿這種積極的行爲，但這種積極的精神卻爲文化人所不可或缺的。文化人是文化的徇道者，徇道者的佈道即是文化人對其工作與事業的徹底，和對其工作與事業的珍視。

文化人珍視其工作與事業才有眞正文化的產生，才能夠眞正表達出文化對于人類的任務和使命。文化是不能勉强的，不祇不容假借而已。如其沒有相當或者比相當更深到的修養的話，文化在他的手上便會變質了。這變質不僅是畸形，甚而至於腐化。香港就會有如此的情形了，說是衰落已是客氣的話。然而這毋寧是我們以前太於不肯努力所致吧？那麼這一點過失我們是該要負責的了。或許，這點過失我們是由於心志灰冷這一方面招致得來的；更或許，是因爲大家未曾得到充份的合作以使它在這一個時期發生畸形的；又更或許如前所說這枝移植來的靈卉循着來路歸去了。可是，我們不肯承認這兒是沒有這麼的種籽的，既有了這麼的種籽難道就長不出芽來？祇要看我們對它的栽培灌溉是不是努力罷了。於此，本報的發刊，就有了這麼的意義。

本報所以要發刊的旨趣，原是具着一個很大的抱負的，為的是香港雖然不是我們的國土，却只是東亞的一隅，而民衆也還是我們的民衆。我們的民衆是不應我們加以忽略的，我們民衆的可憐如今連精神食糧也異樣地缺乏了。是誰的不負責任？我們。我們旣然明瞭我們本身有了這種的責任問題，我們就不能不有這一個形式作為民衆精神食糧的倉庫，使其永遠充沛地以解決民衆精神底饑饉。其次，我們還是為了文化的，仍然說句客氣話，文化在這裏實在天於荒薄了，我們本不敢做文化的衛道者，然而，這點精神在今日的態勢中不能不會出來了。為了文化，為了民衆，而間接，也是為了國家，為了民族，為了世界的人類。復其次，為了上面的種種，在文化界裏，我們於是又要來當一回清道夫了；以前，在我們的紀錄上對這裏會有這一段過程的，如今，回到我們的過程去吧！把我們前時的課程重溫一下吧！更其次，在淸除之外我們對今日這裏的文化要換上一種新的生命了，要淘汰舊的渣滓，挹注新的精華，——根本地建築香港新的文化。這是我們的任務，然而也是我們的工作啊！我們固然不敢放棄我們的任務，同時我們在如今不敢放棄我們的任務裏而去彌補我們以前的過失。但是，我們是抱着文化對人類的同情的，我們不是領導而是做着前驅，要我們合力而且努力地構築成這座新的文化之城，我們高擎着文化對人類的光明，普照世界，普照人類。我們是正視現實了，我們對這環境也得深切地認識。我們正視出現實是甚麼的，也認識得環境所需要的是甚麼。我們就把我們所正視得到的認識得出的在這本刊物裏公開出來，給與人們去理解，消化。

我們是沒有自負的，但祇有一個抱負，同時也有一個自信，抱負是已如上述了，自信的是我們全都為了今日的文化而工作。我們或者限於才力，總有不如人意的地方，形式太小了點罷，內容也不夠豐富；然而我們的自信終有一天是使它合乎我們的理想的。我們並不諱言，我們今日的表現的確限於才力了。可是，我們雖為這種天才所限，却也原望這兒每一顆字，粒粒都變成了讀者們珍貴的食糧，一月一回的解決他們關於這一種的饑饉。我們還有一個原望是把我們秉着文化對人類的同情而去博取大衆的同情，同情我們為文化工作而工作的一種艱辛，也愿望大衆今後對文化的中心意識有了正確的認識。時代給與我們的是一種苛酷吧！但我們在工作上——文化的工作上吞咽我們的艱辛，同時也忍受時代給與我們的苛酷。為了大衆，為了國家，為了民族，為了一切，我們是值得的。

我們的說話該要停止了，我們發刊這本月報的旨趣，也在上面反復地詳盡地訴述了出來；我們將以我們今後全部的精神，心力和時間，努力繼續我們對於文化一切的工作。我們展望着文化界前途的光明，和大衆的幸福！

# 東亞政局概論

•盧夢殊•

## 一 東亞政治動向劃期改變

東亞政局如以大東亞戰爭爲契機，則其政治動向在東亞各國都有劃期的改變。尤以中日兩國的政治動向改變得最爲明顯。在大東亞戰爭之前廻溯到兩國事變的「七七」，除了「還都」以後，兩國間是在戰爭的狀態，兩國政治都指導着兩國軍隊進行一攻一守的戰爭，其規模是比一八九四年（甲午年）來得更偉大的第二次中日之戰。由盧溝橋以至漢口，歷時雖不到一年，但所經過的如上海，南京，徐州，漢口等幾次會戰，其程序的激烈與及場面的偉大，較之第一次世界大戰誠有過無不及。在當時的中國，軍備和軍隊的素質雖然比較落後，而且是初次受到立體戰術的試練，自然趕不上日本軍隊作戰的性能，然中國仍不失爲能戰的國家，事實上已得到國際上一致的承認。良以其軍隊的素質雖低，其軍備雖劣，然戰略不無可取，士氣尤其可用，「抗戰」而能夠展開，固爲其所自信，日本在當時亦不能不視爲一個强勁的對手。

武漢會戰之後，兩國和平運動開始於政治上活動，雖然不是公開，但，信使往還，比之南京失陷之後更爲活躍。維時中國政府早已遷至重慶，繼續對日抗戰。時國民黨有悠久歷史的關係，不滿蔣介石的「抗戰」政策，開始於文字上作和平運動，其初是在文字上抨擊「抗戰」的體制，並於「抗戰」持久性致其懷疑；再則動用於政治上面，秘密離開陪都——重慶——發出豔電，終則與日本妥協，還都南京，由周佛海，褚民誼，溫宗堯諸人的意志相投，隨而陳公博亦來參加，國民政府於是在南京與日本棄嫌修好。然而中國政治體制從此分化而成兩個集團，一是依然開府重慶，繼續「抗戰」的政權，一則是上述「還都」南京的國民政府。民衆何去何從在大東亞戰爭之前的確是一個問題，事實事替無法取得一個正確的趨向。政治同樣是以三民主義爲其政治的基礎，但「抗戰」與「和運」則背道而馳，國際間當時亦加以歧視，直至大東亞戰爭的發生，其歧視仍有若干的存在。

日本政治在國民政府「還都」之始即改變其以前的對華政策，放棄對立，並放棄武力而結以和平，待以友邦而不是交戰國，並有中日條約的締結，以親善爲最基本的原則。然對於重慶仍然維持交戰狀態，鄂北，江西，湖南先後又曾發生幾次的會戰。會戰的結果除了長沙之外宜昌，江西之南昌均先後陷落，長沙還在大東亞戰爭爆發之後第三年，再經數度的會戰，始並衡陽，廣西之桂林，南寧，及廣東之韶關等相繼失陷。這是日本因對大東亞戰爭第三年後的戰略關係而用兵，亦即協助國民政府擴大其和平區域，與中日條約並無若何衝突，抑且是進一步地維持這條約的精神，其爲用兵，完全沒有「侵攻」意義的絲毫存在。

日本對華政策第一次改變，對於國民政府和平的工作給予很大的助力，華北政務委員會在精神上與國民政府合流，其于國民政府政治的施策有不少的便利。其次，對於國民政府經濟政策的推行也有莫大的幫助，中央儲備銀行之能夠成立，之能夠發行紙幣，全是日本經濟的支援，故得以進行圓滑。其他庶政的辦理，得日本的援助者亦有多端，不及備述。日本對華政策的第一次改變，其原則固以親善爲最基本，而其目的則爲經濟互惠，同時使中國達到自由平等，與及政治獨立，發展共存共榮，並以條約精神謀取兩國的强盛。日本對華政策以前在國際間招致不少誤會，「九一八」事件，不少國家懷疑其這一種政策，尤其美國當時更致疑慮；美國務卿史汀生甚至公開抨擊，謂其別有用意。然當時日本外相幣原即有聲明，謂對此並無領土野心，只以日本人口過剩，為謀與中國經濟互惠，以過剩人口開發中國資源，在技術上獲取合作，在政治上共求繁榮，親善。然這政策適與美國的相反，美國正如英國等一樣，在遠東尤其在中國方從事於經濟侵略，而以此種政策謀擾其無限的權益，日本在亞洲大陸推行這種政治企圖，顯對其在遠東所得的權益成一大障碍。美國務卿史汀生彼時之向日本抨擊，圖謀向日本予以制裁者，並非同情中國，作正義的呼聲，實對其自己的權益問題，發生惶恐與焦慮。日本在那時候與英國會締結同盟，兩國親善無間，英國仍以盟友立場，對日本此種政策抱靜觀態度，是以國際間對日問題，尚未致引起掀然巨波，雖國際聯盟會有若干表示，然薄弱無能的國聯，亦祇增加其一頁的紀錄而已。根本，對於日本這種政策的推行，其為有助於中國與否並未加以深切的認識。

但是，日本此種政策的眞意終為世人所忽略，並且依然懷疑日本存有一個大亞洲主義的深意。尤其中國所受的刺戟最深，民衆歧視日本的意志於是沸騰，以後有「七・七」不幸事件的發生，這便是一個種子了。關於國際對日本大亞洲主義的懷疑，當以英美最為深刻，其實祇是一種利害的衝突。其反對，其阻撓，純然出於自私的觀念，同時是基於黃禍的恐怖感，深怕日本誘致中國從此抬頭，大是白人的不利。這以後中日事件的發生，其有國際背景者正是此種觀念與恐怖感所形成中國對日的一種支援力。這種支援力我們不能否認，在「一二・八」滬戰當時尚微乎其微，「七・七」以後始有所表現，大東亞戰爭以前即見加強，尤其於大東亞戰爭迫近期中更臻至旺盛的時候。

大東亞戰爭廹近期中，中日兩國邦交的恢復已至親密無間。可是重慶方面對於日本及此次世界大戰採取「以不變應萬變」的政策，更於外交上獲得若干的成功，與英美荷等國成立一個所謂A・B・C・D經濟集團，企圖以經濟封鎖日本。然英美等國的首腦，始終未及想到這足以導入戰爭，成為大東亞戰爭爆發的導火線。其時歐戰方酣，德國對於戰事正勢如破竹之際，英國本身岌岌自危，本無暇兼顧遠東事件，美國則以「民主國家兵工廠」自居，成立租借法案，企圖運用武器貸與，助重慶以制日，抑且，又以魯仲連自命，調解兩方戰事。而不知日本內閣改組之後，日本感於亞洲環境應由日本為其領導者將局面打開，驅除英美，確立大東亞人的大東亞。——一九四一年十二月八日日本第一聲砲響於太平洋，致美國於珍珠港中受遭着立國以來從未有過的慘敗。

## 二　日本對華政策改變

大東亞戰爭爆發後，日本對華政策進一步加强，由于兩國對大東亞戰爭的同盟，從友邦再進而為同盟國，從「共存共榮」而至「同生共死」。自一九四一年十二月八日以後，日本的國策是以政治指導戰爭，以戰爭謀取大東亞各國及其民族平等自由與獨立。在外交方面以日華滿泰四國作戰爭的骨幹，以政治目的的共通點為戰略的基本目標，排除各弱小民族百年的枷鎖，從英美的桎梏中解放出來而使之獨立。這種政治的觀念與及戰爭的企圖，獲得大東亞一般民族的同情，在歡忻鼓舞中作一致的戰爭協力。

大東亞戰爭後的第二年，日本對華政策又來一次改變，這改變可以說是日本政治的最大成功。日本基於中日兩國的條約精神，實踐其對於中國所履行的義務，以最大的道義，扶助中國撤廢治外法權，收回各國在華租界，使中國領土完整，政治獨立。同時依中日條約的四項原則，在政治，經濟上力謀共存共榮，兩國邦交於是更加親密。一方面，對重慶抱極度的寬宏，謀使其戢干戈，永修舊好。這種對重慶的政治工作在大東亞戰爭爆發了不久即告實行。日本對重慶和平政治的勸誘，雖然未見公開，但兩國有識之士感懷此種渴望，僉認中日事變已成過去，此際所進行者為大東亞戰爭，——是大東亞各國間的民族獨立復興運動，正與重慶所倡導而對日者相同。日本自從領導了大東亞戰爭，已不是中國的敵人而更是全大東亞人底國家民族獨立復興的領導者了。尤其對中國原有歷史性的手足關係，現在由於對華政策的劃然改變，更是一家之人，雖則以前不幸而致「兄弟鬩牆」，如今則應「外禦其侮」。有識之士冀重慶當局正視當前現實，認識日本對華政策的眞意。然而有識之士的冀望終於祇是一個渴望，而日本此種政治企圖亦祇成為一個企圖，重慶至今仍忽視這一點。並且，依然維持當年ABCD集團破碎的連鎖，藉其最大的政治力量去支持戰爭，如今且積極準備總反攻中國大陸。

日本因重慶的固執便對重慶放棄此種政治企圖。其實，這許不是日本的政治企圖，而是日本有識人士與及中國有識人士為了此種直覺而產生此種該有的心願。然這樣的和平不能獲致祇好用兵了。為了戰略上有這種要求，日本於去年便在中國大陸再向重慶幾個在戰略上有重要性的基地加以攻擊，於是河南，浙江，湖南，廣西，廣東等省便重見干戈，迫使重慶軍隊內移，佔領其總反攻中國大陸的戰略基地。一方面，日本完成縱貫亞洲大陸的路線，增强大東亞戰爭後期作戰的性能，以與英美將來在亞洲大陸爭取最後勝利。亞洲大陸在軍事的價值上亦為決戰場所之一，對未來日本本土作戰中亞洲大陸同是具有無上的重要性。假如重慶當局對整個大東亞有透澈的理解，不為英美所利用，則此一點已予日本無限的助力，然而重慶不此之圖而反予日本在今後作戰上增加若干的艱苦，這不僅是日本所要抱其遺憾，整个大東亞民族也要多走一段艱辛的路程，誠然是一件無限惋惜的事。

## 三　菲律賓共和國

日本在大東亞戰爭獲得初期的勝利之後，其政治懷抱已一一付諸實施，緬甸，菲律賓，印度之相繼獨立，便是她這種政治懷抱有力的表現，不久以前東印度洋羣島間又將獲得此種自由，而馬來民族相信也將有這種政治的光明的。一九四三年十一月五日在東京舉行的大東亞大會，其時印度尚未至獨立的時期，但緬甸和菲律賓即已完全實現，大東亞大會舉行後不多久印度乃告自由，鮑斯任爲印度獨立臨時政府首次主席，亦且建軍參加大東亞戰爭，於印緬戰線中會呼着「回馬德里」的口號。

菲律賓獨立爲菲民衆晰夕所夢想，在美國統治時代美國會交付給他們一張不兌現的支票，那便是一九三四年美國大總統羅斯福對菲律賓所批准的獨立法案。——名叫「泰定斯·麥克杜菲獨立法案」（又名「泰亨法案」）。這法案的規定，菲律賓在十年之內應該成立一個混合政府，而以美人爲委員長，十年以後便可獨立，但得以當時（即到達十年以後該要獨立的時候）軍事上和商業上的情勢而決定。這證明是美國在菲律賓的軍事根據依然要予以保持，而商業云云，亦即美國以獨立的美名給與菲律賓而在政治上經濟的一部門則施行其一般的關稅政策，——所有菲律賓運往美國的商品（大多數是農產品，如砂糖，大蔴，烟艸和椰子之類）不能享受免稅或優惠稅率之權，而與其他國家運往美國的商品一律待遇。該法案中有一條值得東亞人注意的是美國對於菲律賓在政治上仍有特殊的關係，阻止其他國家去接近菲律賓，即該法案中的一條文，規定美國以外的國家須對菲律賓保持中立關係。同時菲律賓也不能與他國訂立商約。美國此舉顯然在妨止日本的南進政策了。因爲日本在菲律賓的人數雖然不多，祇二萬多人，然握有菲律賓經濟的實權，木材業及馬尼剌大蔴與棉織品工業都佔有重要的地位。美國人的心目中，對於日本的所謂「南進政策」，在日本這種政策上並沒甚麼政治底危險性，但是現在大東亞共榮圈的基調，在當時而去把握菲律賓經濟的實權，預先準備好實現其現在政治主張的基礎。日本此種苦心孤詣值得一提，然自始即遭美國的注意那是必然的事。可是，由於此種種的妨範，菲律賓的獨立法案所施行的成績祇使奎松做到大總統而已，實際菲律賓所受該法案在政治上與經濟上的束縛和打擊比前加緊，增強，一些也見不到有若何自由的徵象。然而，菲律賓民衆對於自由與獨立是有其熱烈的情緒的，一九三五年五月二日轟動全世界的農民大暴動事件便是他們對自由獨立發出的呼聲，也是從呼聲而至於行動的實踐，這種大暴動是在沙克達爾黨（Sakdal—Partei）影響之下組織起來。這是一個小資產階層的改良主義的政黨，領袖爲拉摩斯（Benigno Ramos）。他於一九三四年到了日本，希冀他的政治運動獲得日本的支持。在次年大暴動發生，他本人仍留居日本，曾對這事發表聲明，認爲「在美國統治菲律賓如此苛辣的條件之下，任何對於美國的反抗，都是等於自殺。」他的見解是作着這種運動是永不會成功的，除非依照他的主張。

美國對於菲律賓是有其政治的因素的，是有其經濟的關係的，也是有其軍事的重要的。菲律賓爲馬來羣島中東北部一千餘个大小島嶼組織而成的一大羣島，在太平洋居於無限重要的地位，在我們中國的東南，與大宮島(關島)，夏威夷羣島等互相呼應，成爲一條橫斜線，極北部與台灣僅隔一巴士海峽（Bashi），距離祇有百里，遙遙相對，入台南軍港亘砲射程的範圍，在大東亞戰爭前美國常以此而感受莫大的威脅。卒之於大東亞戰爭後不久由守將麥克奧薩之手失於日本之手。日本於軍事停止之後即指導菲律賓政治建設的進行，成立大東亞新興的共和國，洛勒爾博士當選爲首任總統。可是菲律賓的戰事又再度展開，美軍向太平洋反攻，敗軍之將麥克奧薩以其識途老馬的資格任美軍反攻菲律賓的統帥，戰事於去年開始，雖然被陷了首都，但戰事依然在首都以外持續，洛勒爾亦在其首都以外行使職權，繼續爲其祖國而作獨立自由的奮鬥。據說美國對於菲律賓的獨立行將實踐其諾言，然這不兌現的支票幾時兌現？我們實然不敢下一个確定的預期。

## 四　緬甸恢復自由

大東亞戰爭發生後，日本對於亞洲弱小民族首次扶助其獨立的是緬甸。緬甸在印度洋的洪流奔向東北的盡頭，在孟加拉灣的波瀾衝擊着的東岸，盤伏着一片東西五百英里，南北一千二百里的河山，——英帝國主義在遠東的亞洲印度以外的一所相當重要的殖民地。它原是印度分出來的一部份，接壤我們中國的西南，那兒有重慶新闢的輸血管滇緬公路。重慶能夠繼續其抗戰政策幾全靠這一條路線。大東亞戰爭之前曾一度封閉，後又重開，終於在緬甸還於緬甸人之後又告閉塞。緬甸之有今日的獨立全恃日本的支持，日本所以要使其成一个獨立的國家是本其國策一貫的主張，解放東亞民族而導入於大東亞共榮圈的建設。緬甸爲東亞民族之一，又居華印的要衝，日本要實現其大東亞共榮政策當以緬甸爲向印度開展的基地，即以緬甸的獨立爲實現其政治主張的契機，日本將來對印度及其他亞洲弱小民族獨立運動的扶助將視此之實現而獲當地民衆無限量的協力。以是，由於日本當地軍政長官的策動，巴莫長官的執行，緬甸獨立便如期獲得實現。日本對緬甸此種政治的援助一如其所對中國的眞誠與熱忱，緬甸民族之獲得自由，緬甸民衆便對於日本有無限的感戴。緬甸的民族自始是不甘於亡國的，反英運動過去曾前仆後繼，也曾盡量發揮緬民復國運動的精神。緬甸滅亡的種子是預伏於遠在一六一九年。及至遷都阿瑪拉北拉的波宛巴耶王朝，因對英的反抗性明顯地表現，便引起一八二四年英國對緬甸的侵略戰。在當時的情勢，英國原有滅亡緬甸的野心，祇以着名的抗戰將軍班都拉的頑强與猛烈的抵抗，與英軍在仰光附近和伊洛瓦底江等處展開劇烈的戰爭，挽回了緬甸滅亡的命運，然終至於一八八五年即告覆滅，蒂鉋王被放逐於印度孟買，而緬甸全境便成爲英國的殖民地。可是，緬甸不甘受此亡國之苦，被稱爲「匪盜」的武裝農民到處與英軍展開抗爭，雖然大事難成，而這種抗爭依然持續，直至一九三〇年沙拉瓦地縣農民又展開一次反英的大暴動，但是，爲了「緬奸」的太多，甘作英人的走狗或者是爪牙與幇凶，遂使其國內的民族革命直如電光石火，一現即逝。

現在緬甸獨立政府的政治領袖巴莫亦即以前英人統治時代的長官。此次協力日本實現大東亞共榮圈政策毋寧是對其遠祖遠宗，對其現在的國人一種光榮的舉動。緬甸在其手上得到了自由與獨立，這雖然由於日本的國策所促成，要亦是巴莫及緬甸民族一个最高的幸運。緬甸在形勢上固然是日本大東亞政策的一个政略和戰略的基地，但同時也是大東亞建設的經濟資源，與菲律濱及其附近泰國等同佔着農產品輸出的重要地位。煤油亦爲緬甸大宗輸出的礦產，產區在上緬甸仁安宮一帶。衆併緬甸，菲律濱，印度，馬來與及東印度羣島等地的資源，作爲繁榮大東亞政治的活用，日本這一个國策確然是最優的理想，而這理想已因緬甸的獨立而逐漸付諸實現。在大東亞戰爭日本得到初期勝利之後，正向着這一个方針進行，直然給與交戰的對方一个嚴重的影響。然而緬甸的新生不久戰事又告發生，去歲印緬的戰事會作長期的膠着，今年依然繼續進行，英美渝三軍在雨季之前經已合流，滇緬公路已能再爲重慶輸血，戰事將可成爲尾聲，但緬甸獨立由此復受一个打擊了。

## 五　印度臨時政府

「印度是不列顛帝國的基石」（前印度總督寇仁「遠東問題」一書中有這句話）。印度何以成爲不列顛帝國的基石——殖民地——而是不印度人的國家？這段史績在近代人的常識中，已是家喻戶曉的事了，毋須筆者費詞。可是，不列顛帝國這塊「基石」所以形成，站在英國人的立場來說，英東印度公司之功殊不可沒，即東印度公司本身亦以此自負。故該公司當局於一八五八年向英女王維多利亞關於貢獻印度的國土與民衆底「醜表功」的獻詞，亦說：「余謹以印度之廣土衆民，獻諸陛下，願其能同沾化雨，共享昇平。然於公司以及公司所以成功之道，亦願陛下不之或忘而一察之也」。但，功則功矣，無如留下了給與英帝國對印度治理一種辣手的禍根，——預伏了印度的革命潮不斷興起的種子。這是英東印度公司始料所不及的，亦英政府始料所不及的。然印度人在料所不及之中興起復國運動來了。然而，這種革命運動至今仍未獲成功者，在印度人的本身，亦有其所以不獲成功的因素：第一，是人種的複雜，在其全人口之中，分四十五種不同的人種，操一百七十種不同的方言，成二千四百个的族系；第二，是宗教信仰的不同，回教勢力幾佔印度全人口三分之二强，印度教佔全人口約五分之一；第三，是社會組織的複雜，從他們奇特的階級制度中，可以看出四个主要的階級：（一）婆羅門階級，（二）武士階級，（三）農商階級，（四）奴隸階級。這四個主要階級之外，還有好幾百種小的階級。印度人本身生出這許多複雜的情形，便是他們的「致亡之道」。英國乘其在民族間有此多數弱點，便一一加以利用，予以分化離間，而印度的「廣土衆民」便歸其掌握了。英國對印度的統治，是分爲兩大政綱的，這便是把整個印度，分作兩部治理：一是英屬印度，一是印度土邦；前者由代表英王的印度總督統治，後者的統治權屬於印度的王公或其酋長，然事實上印度土邦的外交關係與及地方治安仍由印度總督辦理。印度總督有着無上的威權，除遙受英王及內閣中之印度大臣監督外，其在印度簡直可以說是一位獨裁者。

然而，爲着這一種政治體制的特殊與及對於印度人民的不合理與不習慣，印度的獨立運動便隨着她征服之後而繼續不斷的發生。第一次是始於一八五七（在英東印度公司的組織最後修正與向英女王進表之前一年），是印度民衆一個著名底爭取獨立的戰爭，時間延長至二年之久；第二次是一八八五年全印國民大會的成立，從事自治運動；第三次是印度人取得了時機，在第一次世界正入緊張階段的一九一六年組成自治同盟會，同時，全印大會的左右派也一致合作，發表對於印度自治的共同主張：（一）印度必須成爲自治國家；（二）取得立法行政上與財政上的自治；（三）印度必須成立國民軍，由印度人爲高級長官。這種運動的演進，英人感受着歐戰的影響，對其不敢作高力的壓迫，從其懷柔的政策採取欺騙的手段以爲對付，誘致印人參加歐戰，允於勝利後准其民族自決。同時派員至印度巡視，發表「印度憲政改革報告書」，然其中意見，爲印人所不滿，全印大會，另向英國提出要求。但，時機已失，英人乘其在歐洲勝利，對印即一改其懷柔政策而予以嚴厲的壓迫，於一九一九年頒佈「叛亂法」，引起印度民衆極度的反抗，結果演出一九一九年四月十三日阿姆柴大屠殺案，成爲印度革命運動史一頁血的紀載。

從此以後，印人隨着英人的嚴厲壓迫，此種運動益加緊張，一九二〇年印國民大會通過甘地所領導之「不合作運動」：（一）不論立法與行政，不參加英國的政治；（二）英國法院中之印度法官應即退職；（

三）不入英國學校；（四）抵制英貨；（五）提取英國銀行之印人存款；（六）以消極抵抗消滅英國在印度的勢力。這運動的產生，甘地被捕入獄，但潛默的進行，仍未停止。至一九二九年，全印大會更通過完全自治的政綱，印度獨立運動，再走上正確的路線；甘地並於一九三〇年領導「不服從運動」，破壞鹽法，便再度被逮入獄。由這時起，英國鑒於印度的民族運動的屢仆屢起，乃復以懷柔政策，再從事欺騙。一九三〇年及一九三一年在倫敦召集的二次圓桌會議，討論改組印度政府新憲法原則，議會並通過所謂「英國皇家政府的印度政策」，其後二年發表關於這政策的白皮書，移交「聯合選舉委員會」研究，經一百五十次的會議，始行研究畢，而於一九三五年發表了「印度新憲法」。但是這種新憲法仍不能緩和印度民族獨立運動的情緒，而且更進一步地由全印大會的左派青年領袖尼赫魯做領袖，於一九三六年十二月底在費茲浦開全印國民大會，反對新憲法。尼赫魯大聲疾呼「奴隸的鎖索（指印度新憲法）非打破不可！」由於印度民族解放，國家獨立的情緒高漲，英政府的懷柔政策，卒無法成功。及至歐戰再起，大東亞戰爭又告爆發，英國在戰爭上陷於兩重不利的地位，印人革命運動再度緊張，甘地，尼赫魯，亞薩特，麥那，鮑斯（現印度臨時政府主席）諸人相繼而起。英國派克里浦斯至印，揭新憲法的修正案，一面又向美國乞援，進行調解與鎮壓，然俱不發生效力，結果又演流血事件，諸領袖入獄，甘地在獄又作絕食運動。鮑斯不久得到日本政府的支援，成立印度臨時政府，建軍復國。政府初設於緬甸，去歲阿拉坎一役，印自由軍會揮軍前驅，高喊「到新德里」的口號。而英國爲着印度的重要，改任華威爾爲印度總督。華威爾近向英政府提出對印政策新提案，期對印度政治作一種新的建設，而以前被拘入獄的印度民族獨立運動各領袖，亦已全數被開釋，諸領袖且對華威爾新提案加以研究。無疑，印度獨立運動將藉此機會又作擴大的展開，但，在他們的形隔勢禁之中，未能引進鮑斯他們始這一枝生力軍，作爲該項運動的主力，若要完全達到目的，誠非易事。

## 六　泰國的政治動向

我們論述東亞最近幾年來的政局，不能忽略的是泰國近幾年來的政治動向。全亞洲祇有三個獨立的國家，中國，日本以外便是泰國了，但泰國在大東亞戰爭以前，終不免於「半殖民地」化。從形勢上說，她是與馬來半島構成太平洋與印度洋的分水嶺，以前爲英暹條約所束縛，其政治未能洗滌親英的色彩，及其首相畢本在他的名字於新聞上還是鑾披時代，才開始投向日本這一方面，大東亞戰爭爆發，泰國即表同情，並予協力，與日本，中國在大東亞戰爭中構成同一的陣線。而首相鑾披的新聞名字也改爲畢本。

畢本對日本大東亞共榮圈的建設，投以很大的同情，協力，日泰協定的簽訂，是一個最有力的例子。然而，隨着大東亞戰爭作環境的應付，畢本內閣在內政上有兩種施策——還都，建佛教城——爲國民會議所否認，便於一九四四年七月二十四日按照憲法提出內閣總辭職，由泰情報局於二十九日發表，畢本內閣的命運至此告終。

泰新內閣以阿巴溫少校爲首相，於同年八月二日成立。阿巴溫原爲前內閣的商相，因與首相畢本意見衝突，於一九四三年二月辭職。阿巴溫內閣的外相一職以原任駐日大使姆特吉里担任。新內閣於三日（八月）闡明政治方針，對內保護民衆權力及利益，對外，尤其對於日本，依據現存條約及約定，增進友好關係。阿巴溫並向日同盟社發表聲明，「決心與日本充份協力，遂行大東亞戰爭至最後勝利」。泰阿巴溫內閣直至今日爲止，仍然依據其前所闡明，辦理泰國一切政治。

## 七　政治的兩大支流

大東亞政治的建設，除上述各弱小民族獲得獨立與自由者外，最近又有東浦寨的獨立。

大東亞政局的動向及其演變，是從兩大政治支流發展的，一是由日本對大東亞的國策藉大東亞戰爭而獲實現，凡是東亞的弱小民族可能，使其成立國家，恢復民族獨立與自由，無不盡其可能的力量予以支援，則如緬甸，如菲律濱，如印度……等都已一一成爲事實。至對於中國，則因在中國國民政府「還都」以前，彼此是交戰國關係，在「還都」之後以中國內政劃然的分野，故其對華政策也分兩途進行，一是對重慶繼續戰爭，一是對南京成立友好關係。南京的中國國民政府在國際上已獲得以前的軸心國家及協力大東亞戰爭的泰國等承認其爲中國合法政府，但向與日本互守中立友好的蘇聯，則置若罔聞，而繼續與重慶維持外交關係，無或有間。重慶事實上已與英美等同爲聯合國，尤其獲得舊金山會議的機會與英美蘇成爲世界四大强國之一。從整個中國立場而言誠是值得誇耀的事，但國民黨因對日本和戰問題而遭國權亦爲之分裂，陷民衆於無所適從之苦，無論重慶與南京，在其國民黨本身上言，實應有嚴格檢討的必要。中國政治，自民國肇造以來，即有國際爲其背景，民十六以後，此種色彩，尤其顯明；雖在一黨專政之中，抑且曾對民衆矢言，「國內無黨，黨內無系」。然過去事實擺在吾人面前，黨的紛歧，黨的派系的複雜，及共產黨，國社黨……等等有其實質的存在，國民黨縱不欲食言自肥，亦不可得了。「國民黨誤國」，以前攻擊國民黨的人曾有是言。這話的存在成份，當然異常稀薄，抑可說是了無存在的可能，但其現存狀態，演成國際關係在中國大陸有着嚴酷的對立，致四萬萬五千萬的民衆分崩離析，甚至閻閭邱墟，肝腦塗地，謂非國民黨爲厲之階，其誰之信。中國情政，除此之外，又復有一个延安的共產政府。吾人對於延安，不能謂其爲因着抗戰氣息的沾潤，得以死灰復燃，實則其勢力有現在如此的伸張及其所以構成現在的地位，自有其所以形成的基因，亦自有其所以形成的憑藉。即重慶之不能不承認其存在者，亦有其不能不承認的環境與乎其所以存在的理論。至若從其背景上加以透視，則延安之所以爲延安，又是重慶所應與妥協的政治態勢了。

從上述的各點來看，東亞政局概括地說，是分爲兩大支流，和共產黨的一支旁系。日本發動的大東亞戰爭，其目的在驅除英美在遠東的勢力，已獲得初期的勝利，但猶未竟其全功；而且，由於英美的太平洋反攻，菲緬的獨立運動又因戰火燎及其原野，再走入艱苦的時期；印度在日本支援下的鮑斯臨時政府，尚未踏進國門一步；這三者的現存狀態，都在兩可之間，而離開民族完全獨立之期，仍屬遙遠。中國政治局勢，和戰之途既分，形成日本與英美在戰爭上作尖銳的對立，影響日本對大東亞政策實非淺鮮。但在表現方面，已清晰地把東亞政局，分作兩大支流，加上延安，便形成在中國大陸的三種國際政治勢力了。

## 八　結論

東亞政局已因時代而確立了如此的態勢，將來的如何演變，當以今後大東亞戰爭的結果而爲其依歸。然東亞各民族在這一个時代中，其必如火如荼地展開民族獨立運動或復興運動，自然是一個時代的政治趨勢。我們終有一天見到自由獨立的火光，照遍東亞的全域。但是我們中國的政治，不能不致其焦慮之情。寧渝的分野，除開用戰爭手段或者用民衆武力之外，實際上無法使這兩大政治支流得以合流。延安的勢力蔓延不少地方，其潛伏性也正在等待伸張的機會，不過它的內在意識在對日本方面，與重慶有其共通之點，彼此或不致有發生內戰的可能，然在將來兩者的政治鬥爭，怕不祗是一如現在這麼低微的程度。一國政治的運用，最要的須審察其是否適合國情，民主政體與及共產主義，其爲良爲窳我們現在且不必去加以批評，但兩者的動向現在都努力於爭取民衆這一方面，重慶宣佈訓政時期將及屆滿，定期本年 總理誕辰召開國民大會，成立國家憲法。這是重慶爭取民衆底在政治上最大的企圖。延安的對抗是緊急提早召開中國解放區人民代表會議。兩者展開的政治鬥爭俱致力於爭取民衆的一方面，是亦屬於初步的性質。然而可怪的是南京却寂無所聞，實在使人懷疑其對於這一點並不加以重視的意念。

三四，六，廿八于香港。

# 東亞戰局

## 日本本土決戰論

周勉齋

### 眞正的决戰

自從美軍在冲繩本島上陸（四月一日）以後，東京方面便指出，大東亞戰爭的决戰，已告展開。鑑於冲繩在戰略上的地位，因爲接近日本本土之故——事實上它已是直接日本本土的一端——實有莫大的重要性，故這一島嶼的爭奪的結果，縱無决定的性質，亦將予大東亞戰爭的歸趨以相當影響，無可諱言。

唯其如此，美軍不但舉其全力於冲繩方面，並邀英國太平洋艦隊的精銳部份，參加作戰，以期一舉予以佔領，造成戰略上的優勢地位，爲進一步攻擊日本心臟部份的張本。而臨此種情勢，日本毫不猶豫，認定殲滅敵軍的良機已到，當使全空軍爲特攻隊，不斷予該方面的英美艦隊以重大打擊。至六月一日止，僅日大本營所判明者，已擊沉擊破敵艦五六六艘。然敵美憑恃物量的豐富，拚命遂行本島作戰，終于造成勢力上顯著的懸殊情勢，于是冲繩本島的作戰，至五月末，以首里．那霸兩大城市的易手爲契機，遂對日本方面形成嚴重的局面。

雖然，戰局對于日本是不利，（阿南陸相最近在第八七次臨時議會中也率直予以承認，）日本本土已被置于日益强烈的轟炸下，但是日本軍民的鬥志，却仍未稍衰，日本的戰力，也依然强韌。冲繩本島日軍，在首里．那霸兩地陷後，仍在島尻地區作頑强抵抗，迫使美軍繼續出血。甚至使侵攻冲繩美軍指揮官，第十軍軍長白克納也獻出了他的生命，可爲一例。

這樣，美軍的對日作戰，將在何處達成其目的，使日本「無條件投降」？最清楚的答覆，是决非冲繩！他還須再進一步，或是日本本土，或是還在彼方的大陸。

無疑，日本戰力的泉源，主要來自日本本土，所以當戰事一旦擴大到本土上時，眞正的决戰就將展開。對此，日本鈴木首相，也已說得明白。據日首相在八七次臨時議會結束後，對議會記者團表明：「戰局將在日本本土决定。」這當非爲冲繩作戰的逆轉而作的一種掩飾。

鑒於冲繩作戰的凄烈情形，概已可預料本土作戰的規模，更不知將超過此若干倍，必須雙方出盡最後的力，以爭取勝利，而這勝利對於雙方的需要，又是同樣的。日本爲防衛其祖國，維持其戰力的根基，除爭取勝利外，實已無他途。美國當也認識，目前的作戰是尙屬達成戰爭目的的必經過程之一，其本身並非戰爭目的。換言之，美軍目前的作戰，是尙屬進攻日本本土的準備行動，假如他在日本本土，終於遭遇失敗，則他在目前和以往的歷次作戰中，所償付的代價，都將變爲白費，這在一切方面是他所不能承受的。而且當他最後的力量也被擊破時，他的失敗也就註定。所以在未來的日本本土决戰中，美軍必須爭取勝利，也殊爲明顯。這樣，日本本土的作戰，自然將演成爲今次大戰中的眞正的决戰。

### 本土决戰的必然性

據東京最近報道，本土决戰已非抽象理念，大部日本國民的日常生活中，早已寓有此種感覺。這自爲每一日本國民應有的遠慮，但目前的作戰，是已可指出，這一決戰的必然性。

早在本年三月中旬，美軍冒險進至呂宋島和硫磺島後，日本小磯首相卽曾在議會席上指出當前戰局的趨勢說：「從過去敵軍冒險前進的戰略，和他在物量上的優勢觀之，敵圖於最短期內結束戰爭，或於最近將來開始對日本本土作直接的盲進。吾人必須準備此種事態發生。」四月的冲繩作戰，卒使戰塲更進一步迫近日本本土。

美軍爲進攻日本，曾有兩種戰略思想，那就是在中國大陸上陸和直接進攻日本本土。前者是藉以封鎖日本，同時並轟炸日本各都市和工塲，使之化爲廢墟，後者則實行全面攻擊。前者是尼米會的一貫主張，後者則是麥克奧瑟的新口號。在麥克奧瑟同到馬尼拉後，便以美國人誇大的本色，高呼「已打開前往東京的道路。」不久，便有冲繩之戰，這可以顯示美軍已朝着前往東京的道路上走。

另一方面，他在冲繩所受的龐大損失，或會使他縮回頭來，但是可想而知的，是冲繩作戰的損失，爲美軍欲謀接近上述兩大日軍據點，所絕不能避免的。所以這龐大的損失，對於不惜物量，並在歐洲戰塲曾忍受五十萬人之損害，於太平洋方面亦有犧牲百萬大軍之決心（請參閱同盟社六月十九日東京電）的美軍，也可能引起一個反作用來，那就是加速進攻，以求戰爭早日結束，中止消耗。

進攻中國大陸，雖然是美軍兩大目標之一，但這實際上是只有增加他的損害，分散他的實力，而最後仍須在日本本土從事作戰，而且大陸日軍爲準備應付美軍的上陸作戰，已在最大規模的作戰中，完成分割中國爲東西兩部，殲滅美軍在華東一帶的旣設基地，而佈下鐵壁一般的防衛。使其登陸的困難，將不下於登陸日本本土，所以他們將固執地遂行對日本本土的作戰，殆已不難想像。

此時，美機動部隊不斷出現于九州方面。並於六月十日接近南大東島，加以艦砲射擊，尤其是B二九型機的轟炸日本本土，日益熾烈，可見美軍對於日本本土，正懷有莫大的野望，東京方面亦在最近再度指出：敵人之次期作戰，或爲日本本土登陸，並已有準備模樣。又說：敵軍的次期作戰，已迫於眉睫。這些雖含有警戒日本國民的意義，但這也是一個事實的說明。麥克奧瑟最近宣佈成立新的補給司令部（以史德爾中將爲司令）時，也特別指出將担任運輸「將來對日總攻」時的彈藥，糧食，兵員等，暗示他將向日本前進。

## 如何展開本土決戰？

然而如何展開本土決戰，顯然仍是美軍的一大問題。對此，敵方首腦部曾作政略的誇大宣傳說，以尋常手段對付本土登陸作戰，則不能取勝，而必須澈底用地毯式轟炸，向特攻基地，生產設施，交通機關等作完全的破壞，且更用砲擊戰術使日國民喪失戰意。這實是他們登陸作戰的「尋常手段，」不過可以預料到的，是這種轟炸和砲擊，其規模將日益猛烈。

據冲繩日軍前線消息：敵方乘地上作戰進展的機會，拼命於本島擴大航空勢力，現已完成十處機塲的建設，將來可容納B二四型飛機等一千架，企圖使它成爲進攻日本的最大基地。馬利亞納方面的B二九型機，至六月中旬也增達七百五十架乃至九百架。據傳另有一部份駐歐美機，已調到菲律賓來。這種大量集結空軍的事實，是可說明美軍亟圖以空軍架成前往東京去的橋樑，這一如他在歐洲的所爲，殊可注意。

德國的軍需生產，在大規模空襲下，曾蒙受相當威脅，爲一事實，因此，日本著名軍事評論家伊藤正德氏對於冲繩基地敵機的活動，亦曾提出警告稱，日本必須避免德國的覆轍。這樣，美軍的空中活動，將爲他們遂行對日本土作戰的第一步，可無疑義。美國的依賴空軍，也是其一貫的戰法。曾對德作戰，最近已移來東亞的美國第八航空隊司令官杜立特曾說：「對日作戰，須先以空襲弱化日本，使陸上部隊易於登陸本土。」這是可以說明了美軍現在對日所採取的戰略。

在時間上，美軍的侵攻歐洲大陸，雖有如英國那樣接近的完備的基地，仍須費去六個月的準備，在東亞方面，僅以地理上的因素觀之，他將須更多的準備時間，是顯然的。特別是此次冲繩作戰，使其蒙受空前的重創，給了他一個教訓，就是「侵攻日本土及登陸作戰，將爲前所未見之最堅苦之戰鬥，」足以使他的行動，更爲愼重，和更拖延。

雖然，美軍對於侵攻日本土的作戰，巳開始準備，巳是一個明顯的事實。這準備是到冲繩陸上作戰，演成有利於美方時，才眞正開始的。這以六月二日，美海軍司令長官的更迭，爲第一聲。美國前任第三艦隊司令哈爾塞大將，在陸上勾留四個月後，從此重返前線，美第五艦隊司令斯浦爾昂斯大將，空母機動部隊司令米捷爾大將，水陸作戰部隊司令端納大將均被瓜代，俾得從事休養，以準備一於中國或日本土，對日作新打擊。」六月七日，有麥克奧薩與斯蒂維爾的馬尼拉會談，和蒙特巴頓的東亞洲軍司令部的人事更迭，繼有緬印方面美軍司令的更迭，最後是斯蒂維爾（前任美駐印緬瑜軍司令）的復出，任爲美國第十軍軍長，就職於太平洋第一線。

另一方面，B二九型的司令官李梅少將也有返國之行，出席在華府舉行的陸軍航空本部會議。據稱或將在太平洋方面設置陸軍航空部隊司令部，而新的補給司令部是巳告成立。

從這廣泛的調動看來，可見美軍未來的作戰，將在各方面加强進行，不過他正式展開的時日，顯然還是有待。

## 日本靜俟良機

認定本土決戰爲眞正決戰的日本軍民，現正靜俟着良機，務以整個國力，在他們親愛的鄉土上，予侵攻軍以殲滅的打擊。

爲使全國力量，得以敏捷發揮，日政府乃有「戰時緊急措置法案」的草訂，這經八七次臨時議會通過，再經樞密院核准後，巳於六月二十三日起在日本內地和鮮台各地同時實施。因這法案的成立，政府將可在緊急情勢發生時，採取一切必要措置，不須事前提交議會通過，並不受現有法律的拘束，實際上是一個全權委任法案，而爲一空前的法案。

這法案是針對未來本土決戰而制訂，殆無疑義。本法所規定的臨機應變的措置，不祇適用於中央政府，即地方政府亦可適用。因日本本土且變爲戰場，實不可不預想到地方與中央的聯絡，將會斷絕。日本政府爲此，同時將地方行政協議會，改爲地方總監府，加强各地方機構，以樹立自主作戰態勢。這樣，日本擧國的決戰態勢，乃完全確立。

同時，在軍事上，日本全國現巳全部要塞化，最近成立的國民義勇隊，在必要時，也將授以武器，參加戰鬥。這要塞的詳情雖然不得而知，但它的特點，據同盟社記者之報告，有如下述：

要塞的築成，係以日軍獨特的戰略和構想爲基礎，沒有特定的面，可以依據戰況而前進或後退，不受地域的限制，這是從來永久固定的陣地所不能夢想的。

它只須極短的時日，便可完成其作業，必要時，僅於數週間內即可有堂堂的要塞出現。敵軍一旦登陸，某一地點或陷入敵軍重圍，亦只須於若干時間後，加以多少作業，便可與隣近地點重復聯絡，應付戰局。而敵軍在登陸時，將尋不出日將兵之影跡，反將受日方百發百中之砲火而出血。

綜上所述，日本在政治上和軍事上，對於本土的防衛，巳有全般準備，於此特可注目的，是日本當局對於當前戰局，尤具有絕對信心。日本鈴木首相在本次議會閉幕後，曾向記者團力言：「敵人如侵攻日本本土，吾人當敵人在海面時，即殲滅之，如敵人登陸時，則在登陸地點殲滅之，如敵人巳登陸，則在陸上殲滅之。」

當戰局進展至現階段，本土決戰巳成爲不可避免，日本政府的應付方策，亦不斷加强，是不僅爲防衛本國之國土，而另有積極的意識，這從鈴木首相的施政演說中，也巳可清楚見到。日首相稱：「吾人得最後於本土打擊敵人，施敵人以一次卽勝之重創，爲一極可能之事。」日本財界權威日報「日本產業經濟新聞」亦指出，「日本鑒於戰事之嚴重發展，而迅速於本土全部，構築最有效之防禦工事，此並非指日本將來僅採取守勢之謂。反之，此擧爲日本於有利時機，展開最果敢積極作戰的先決條件。」總之，日本是正靜俟着良機的到來，一擧平定戰局，並已在冲繩本島的奮戰中，着着預爲準備。

## 美軍的大冒險

在這情形下，美軍的進攻日本本土，將為他的一大冒險，已極明顯。再以兩軍的作戰環境而觀，美軍地位的不利，也有如下述：

第一，因為戰場已移到日本本土，日本整個的人力和物力，將不須克服遙長的補給線，便可輸送至戰場，換言之，在以前歷次作戰中，曾使日本蒙受不利的補給問題，到此將不再存在。尤其關於兵員的補充，因日本國民義勇隊的組成，將不成問題。對此，鈴木首相復確切聲言：「今後將於本土九州或其他地域決戰，而於此本土決戰中，將集結五倍，十倍于敵之軍隊，與之角逐。」這對於依恃物量的美軍攻勢，不免將形成一大威脅，並造成日本有利的地位。

雖然，B二九的加緊活躍，可予日本的軍需生產以多少損害，但是日本最近通過「戰時緊急措置法案」後，軍需省已開始擬定計劃，依據該法案的原則，加強軍需生產。

再則，日本為一島國，故其海岸線特長，美軍或能在一二地點登陸，使其與中央切斷，但是日本完成各地方的自主態勢後，這唯一可以憂慮的，其可慮的程度無疑也減少到最低限度。

第二，與日本的情形恰巧相反，美軍在展開最重要的作戰時，其在補給上的困難也最甚。甚至在敵方陣營中，也不欲予以掩飾。

美軍誇言將動員一千萬兵員（包括空軍三百五十萬，海軍三百萬，和陸軍三百五十萬），對日本本土，實施登陸作戰，然而如何將這一千萬兵員運送至戰場，實際作戰？關於這一問題，美國紐約時報軍事記者鮑爾溫最近所作的一篇精密的計算，可為一個參攷。據鮑爾溫指出：因距離和補給之故，太平洋戰爭將較歐洲戰爭，更為困難。該記者舉出：「在歐洲戰場，需用一艘運輸船時，在太平洋則必須三艘。輸送便裝之步兵一師團，需貨船或運輸船六七艘，若運輸機械化師團時，則需要更多，且由太平洋區域，往返於基地間，需時十六星期。」從這些數目字中，便不難明瞭美軍的任務，實不輕易。而獲得收容此等軍隊和資材的基地，其困難尤甚。於此，菲律濱雖可為一適當的基地，然距離日本本土，尚有二千一百六十餘公里。現在激戰中的沖繩本島，比較接近於日本本土，但目前顯然尚未能加以充份利用。

實在，美軍除非已解決上述兩大問題，否則對日本本土的作戰，是尚無可能。美軍所以拚命遂行沖繩作戰，其動機當也不外求取上述問題的解決。此時以沖繩作戰為例，該島仍不出離島範圍而，作戰迄今，將達三月，仍未最後決定，可見美軍為完成對日本本土作戰的準備，殊不易易。因此，與他準備軍事攻勢之同時，敵美的謀略宣傳也愈加甚，企圖動搖日本國民的鬥志，作為軍事攻勢的輔助，但這只是美國的一種單相思無疑。

## 政治攻勢

美國的政治攻勢，是多方面的，謀略宣傳只是其中之一端而巳。

如所週知，美國在四月一日展開沖繩作戰，表示他向日進攻的第一步，原含有一種政治上的企圖，那就是在舊金山會議前在日本本土的前門，造成一種優越的情勢，以使廿五日後的聯合國大會，（地點特別選定在太平洋岸的大會），更為生動，豈知沖繩島上的事態，與美國所想像的，不但不相符合，而且相差太遠了。

其次，他對於將在最近召開的三頭會議的宣傳，也沒有放過一些機會，令人誤想到它與對日作戰，有着關連。例如宣傳這三頭會議將討論對日媾和問題，和蘇聯對於東亞的土地，也有心染指等等。不錯，美國希望蘇聯能夠參加對日作戰，代美國檢取「火中之栗，」為一顯著的事實，然而蘇聯對此却始終無所表示。在德國投降後，莫洛托夫在舊金山被記者問及蘇聯將來對日的政策時，他只簡單的說：「蘇聯政府於四月初旬已表明該項見解。」意指日蘇的中立條約將不延長一點而巳。關於蘇聯企圖佔領東亞領土一事，更立即被莫斯科斥為無稽之談。雖然，蘇聯的政策，是否將一成不變，還未可輕下斷語，但是瑞典日報下述的觀察，足爲一參攷。據稱：「蘇聯將不以日本戰敗爲對自國有利之舉，蓋蘇聯之目的，係在維持勢力之均衡」云，這實爲一個比較中立的見解。今後美國對蘇的外交工作，或將不斷加強，但日本以蘇聯通的東鄉復任外相爲第一步，對此顯然也已準備好迎擊態勢。

與此同時，一連串的謀略宣傳，從美國的宣傳機關，傳到日本，或由B二九型從空中撒下。對日本民衆聲稱：如欲避免再度蒙受轟炸的恐怖，當請求和平。美國如果眞的希望藉以此求得和平，那麼他們的頭腦不是太簡單，便是太熱中於和平，使他們自己成爲一個求和者了。就以對德的謀略宣傳和恐怖轟炸而論，也無效果可言，假使說德國無條件投降，是爲謀略和轟炸的結果，那麼便絕對不會有轟轟烈烈的柏林攻防戰了。

關於敵方陣營，一再宣傳的日本試探和平的謠言，也已經日本發言人一再加以否認，並且力言：「此項宣傳將來不時播發，乃屬意料中事，惟日本之政策與目標，將絲毫不生變動，無待贅言。」

美國在宣傳上雖有其獨特的心得，爲世界上數一數二的善於宣傳的國家，但她對日本所計劃的一切，將不能收到絲毫效果，殆可斷言。蓋美國的宣傳家，可以令每一顧客去購買一件毫無價值的商品；他們到底將難令一個國家，也相信他們的說話而出賣了她的國運啊。

## 大陸如何？

當我們檢討美國的對日作戰中，是不能不顧到大陸的——中國大陸的。如上所述，登陸中國大陸，本爲尼米資的一大目標，而且中國大陸的渝軍，正可爲美國担任蘇聯在歐戰中爲她担負的任務，而造成對日本的夾擊態勢。

據報，在斯特拉特米亞統率下的東南亞美空軍，最近已脫離東南亞洲軍總司令部，而將其空軍由印度移到中國大陸，這是一件可注目的事情。駐渝美軍司令威得邁雅最近亦聲言，駐渝美軍現正協助重慶軍隊以「轉入攻勢」云。除此以外，美國駐渝第十四航空隊司令部，據稱也已由昆明移往中國東南某地，同時取銷了設在昆明的美軍司令部，另在重慶設立美軍戰術司令部。當此美軍着着準備對日總攻中，中國大陸上此等軍事上的調動，是都不可忽視的。

此時，重慶方面大事宣傳「總反攻的時機已至」，也可指示大陸情勢，隨美軍的準備次期作戰而日益緊張。實在，美渝兩軍的作戰，在渝軍完全「美化」（包括裝備和戰略兩者）的情形下，殆已難加以分別。

重慶政府於去年十二月二十五日，在昆明設立中國陸軍總司令部，設四個方面軍，並任命參謀長何應欽爲總司令，便已開始表示將依賴美國物資的援助，重建戰力，準備反攻，其改編渝軍的工作，自本年三月迄六月，傳已有二十師大致完成。據最近消息：渝軍除增設江浙兩戰區外，新成立的福建行營所屬渝軍，由顧祝同指揮，將於浙江，江西，福建及廣東各省沿岸的廣泛區域作戰，該項渝軍共二十師，經已進行部署於作戰陣地。這是一種準備呼應太平洋美軍在中國大陸登陸時，從後方夾攻日軍的行動，可無疑義，至渝軍的戰力如何，則還是一個問題。

然而不顧戰力的高低，和美軍登陸中國與否，渝軍到此將不得不有所行動，已顯而易見。蓋渝軍的戰力，既因美方的支援而得維持，則美軍的最後失敗，也將無異於渝軍的最後失敗，這不但是美國，也正是重慶亟圖避免的。這裡實包含着亞洲民族的一大悲劇。

當然，日本中國派遣軍，對此必已有週密的準備，當美軍的侵攻作戰，遠在日本本土和中國大陸彼方的中太平洋上逐島進行之時，駐華日軍已在最大規模的攻勢中，完成橫斷中國大陸的作戰。最近的河南和粵贛邊區的三南作戰，也可充份表示日本在大陸上的防衛勢力，依然強盛，決不予渝美軍以可乘之間隙。

又據東京「每日新聞」記者於最近視察中國戰線後指出：「縱令美軍以二十師團登陸，而中國大陸的地形特殊，將使依賴物量優勢的美軍，陷於不利。日派遣軍則自中國事變以來，已血戰歷十年，其間所獲經驗，將大助於未來對美軍之作戰。」

實在，日軍在大陸上的戰略態勢，使渝軍完全與沿海地帶隔離以後，是已有空前的增強。美軍縱告登陸，一時間也將得不到與渝軍取得聯絡，這時，將可造成日軍予以殲滅的良機。何況，因基地和運輸關係，美國以大軍登陸，其本身已是一件艱鉅的工作。

## 最後的結局

如上所述，大東亞戰爭終於逐步進入眞正的決戰階段，它的苛烈的面貌，實難想像。敵美縱知日本本土的登陸，將爲空前嚴重的工作，但如美國戰時動員局長文生所稱：「美國對日本土的登陸作戰，若不成功，則決難期待日本無條件投降。」故這在美國是已成爲不能不冒的大冒險。日本爲自存自衛而戰，並認定負有解放東亞，確立永久和平的神聖使命，故其鬥志極爲堅强，即敵方的軍事首領，也不得不表示驚嘆。而日更爲可貴的，是日本軍民的作戰精神，始終勿渝，從北太平洋上，阿吐島和基斯加島日守軍的玉碎，到中太平洋上塞班，迭尼安的玉碎，其時間與地點，縱有不同，而日軍精忠爲國的精神，却是一貫的，特別是最近的沖繩作戰，日軍在最堅苦的情形下，從事奮戰，始終勿屈，終致大大阻遲了美軍的時間表，使日本土的防衛工作，得以從容準備。從此，我們也可認識，日軍特攻隊的產生，決不是偶然的。

關於日軍的鬥志，最近又有英國駐緬第十四軍司令官威廉的話稱：「日本人以思維不能及的方法而戰，雖至最後希望已絕，亦努力勇鬥，直至最後一兵爲止。日軍如非呼吸已停，子彈告竭，無論如何，亦行奮戰，實爲世界各國所未有。」

日軍的戰法，無疑已在精神上予美英以莫大打擊，當日本土一旦化爲戰場，則日國民將予侵攻軍以如何堅決的抵抗，實不難想見。因此鈴木首相闡明：土地之得失，戰果之大小，決非決定勝負的要件，而決定最後勝負者，將在國家國民的戰鬥精神，而對戰局保持絕對的信心，實有充份理由。

反觀美國，仍以物量誇示，希圖在本土決戰中，一如離島作戰，以數量爭取勝利，然而即此物量，當戰場移到日本土，面臨日國民的「一億特攻」時，恐亦將難以維持。這又如曾在日本勾留十年，爲美國唯一「日本通」的格魯，所告知他的國民者，即：「僅在日本本土登陸，尚未達到目的。當日本土一旦被侵，日本人必死力抗戰，此乃日本人的國民心理。」故它的最後結局如何，概已不難想見。（六月二十五日。）

# 歐戰後的世界動向

陳炳洪

## 一·蘇聯恢復災區擴張勢力

蘇聯單獨對德抗戰凡四年，損失兵員一千五百萬人以上，由第一年起至第三年，蘇聯在東歐戰線獨力支持，其重要城市如莫斯科，列寧格勒，史丹林格勒，幾瀕於危，而大部分國土與工業區如烏克蘭，高加索，由俄羅斯又相繼失陷，以言外援，英國自保不暇，美國遲遲未來，直至去年六月北法登陸之後，千呼萬喚的第二戰線，乃得展開；但是，在柏林攻防戰之時，英美軍尚滯留於德境萊因河畔，蘇聯經已逼近柏林了。當英美軍在西線向離柏林 百五十餘哩之際，蘇聯乃拚其所有，單軍直入柏林，其所付人力，物力之損耗，當數倍於英美，無怪德國投降之後，蘇聯已成爲歐洲霸主，一切政治，經濟，外交，軍事爲蘇聯之政策是從。

在政治方面，蘇聯撐持華沙波蘭政府，樹立奧國練邦政府，合併的里雅斯德，在在與英美政策發生磨擦，惟英美爲形勢所逼，不能不俯就蘇聯，因此蘇聯趁着這政治的優勢，再從經濟方面，復興國內工業，扶持德國經濟。自德境瓜分之後，在蘇佔領區迅速恢復社會秩序，宣傳文化工作，灌輸共產政策，故蘇聯在歐洲儼然自處指導地位。一方面在外交上，施展其微妙手腕，逼使美國要派特使霍金斯，渝方特派行政院長宋子文，不辭跋涉長途，訪問莫斯科，爲的是雙方都想拉攏蘇聯加入漩渦，對日作戰。

由於戰勝德國的功績，蘇聯陸軍已佔世界第 把交椅，蘇聯雖在戰事方面所受損失，相當重大，惟國力富強，地大物博，從德瓜分利益，蘇聯獲得東歐，中歐全部物資與人力；蘇聯從此可於短期內恢復戰前狀態，加之戰後所得，蘇聯之實力，已駕乎世界各國之上。

最近蘇聯動向最令人注目者爲蘇聯最高會議，於六月廿二日在莫斯科舉行，壹切對外國策，將於此會決定，會議如何，當另文述之。

## 二·英國內閣辭職競選劇烈

歐戰結束後，列強中國內發生政治暗潮最快者首推英國。首相邱吉爾於五月廿三日向英王提出聯合內閣辭職，同日下午又再命組閣，邱吉受爾此次提出辭職，引起外界猜疑，以爲英國政治紛歧，政黨爭權，其實英國人民對於政治意味具有超特見解，對於國家大事，無論何黨何派，都可公開討論。英德宣戰之後，張伯倫柔和政策失敗，邱吉爾上台時，鑒於戰局危殆，倡導聯合內閣，容納勞工黨，自由黨，共產黨與自己保守黨，樹立戰時內閣。柏林失陷後，蘇聯地位日增，社會主義瀰漫歐洲，邱吉爾是一個正式英國紳士派的老政客，眼見閣僚中副首相阿特里，內務大臣摩利臣，勞工大臣倍文，都是反對黨——社會主義派——的領袖，假如他們仍留閣內，說不定英國也跟着赤化了。爲削減社會主義勢力滲透國內及保持自己保守 掌握大權起見，邱吉爾率先提出辭職，讓聯合內閣先解體，左派人物退出，然後從新組織新閣，完全以保守黨清一色組成內閣陣綫。

此次政戰，爲英國七月五日舉行總選舉之前奏，保守黨始終利用挽救英國危亡之邱吉爾之聲望為戰略，勞工黨則以建設社會主義國家為招牌而鬥爭，其餘大英帝國或新英國聯邦？企業之自由抑重要產業之國營？對蘇自主外交抑妥協外交？印度政策之如何改變？種種問題均為競選的題目，所以英國一月來的動態，可於全國總選舉中窺見其全貌了。

## 三．美國注重外交游說英蘇

美國自羅斯福總統逝世後，在國際舞台就少了一位主要角色，在歐洲方面美國遠不如蘇聯，能把持幾國政治經濟重心，操縱自如；在亞洲方面，美國對日作戰，犧牲龐大，所得還是幾個小島的基地；至於中國大陸作戰與日本本土作戰，雖有謀略宣傳，還沒有實現的顯露。

近月來美國祇做出一件令人注目的事就是舊金山會議，由四月廿五日開幕至今，世界安全機構問題，大部分業經五大國商議決定；但開會歷時二月，其間為票決，統治，地域，波蘭等問題，代表們各據本國立場，展開劇烈辯論，故會議所通過議案甚少；有許多問題，為了減省時間在大會辯論，已留諸英美蘇三頭會議時討論。

舊金山會議發生難題多種，各小國利權的爭執，蘇聯態度的強硬，在在使安全保障會發生窒礙。主人翁美國鑑於情勢知道會議兇多吉少，所以想出一個三頭會議，來彌補安全保障會的缺憾。為了這，特魯曼總統特派霍金斯，台維斯等赴歐，先作一番調查聯絡工作；若英國肯聽美國游說不與蘇聯發生衝突，蘇聯也不執拗獨特政策，那就三頭會議，已收事半功倍之效了。霍金斯與台維斯，如不枉費此行，則美國失之舊金山會議之中者，或可得之於三頭會議了。美國想趁三頭會議抓住發言權，一方面是自德國投降後，蘇聯風頭特出，美國未免有點眼紅，雖然美國最後目的在解決日美戰爭，但歐洲市場在將來世界和平之後，美國也不能放棄任由蘇聯獨佔的。此時美國正施用外交手腕來籠絡蘇聯，另一方面是美總統特魯曼自接任以來，這是頭一次出國週旋於國際會議。他這次初出茅廬，無論成績如何，都值得吾人注意。

## 四．法國受英屈服敘黎撤兵

今次世界大戰中法國內政最為複雜，她是最初與英國聯盟，對抗德國。鄧荀克之役後，巴黎失陷，法國分為兩部，北法和平區貝當元帥折衝與德媾和，然未嘗出一兵向英作戰；南法自由區雖不入德國範圍，但受德統制；在倫敦又有一個高爾流亡政府，與英合作，但無實力可言。去年六月，英美開闢第二戰線，在法北登陸，所謂北法和平區，又遭蹂躪。在今次歐戰前，法國政派紛歧，國內無統一領袖，且國民歷受德國戰略宣傳，未敢先發，故今次歐戰中法國不若一九一四年時勃勃有英雄的氣概。

最近敘利亞問題，法國似乎有先發制人的勇氣，以六千軍隊進駐六十萬英軍地方，本來法國在敘利亞有歷史與地理關係，較英為優，但法國舉動早為英國看破。英國祇發出一張通牒，法軍便要回防。同時關於黎巴嫩的糾紛，法國會提出要求五強國開會議解決，但遭白眼。現在法國預備將此案提交聯合國審理，相信效果甚微。關於此事，法國失敗，就敗於孤掌難鳴。法國一切行動，都得不到援助及響應，在貝魯特登陸時便發生罷工，對當地阿拉伯人又沒有事前聯絡，所以絕無意義的阿拉伯聯盟會議，祇發出宣言責難法國，對英國一字不提，可見英人在幕後活動，法國祇有負負徒呼而已。

所幸今次瓜分德國土地，聯合國體念法國以前參戰不無微勞，也分賦給她一份，拜許其參加共管德國。將來法國能好好地運用機會，也不難恢復她以前的光榮的。

## 五·意國謀改政體工黨活動

德國的失敗原因雖有多方面，意大利中途變節也算是其中原因之一。德國的納粹主義與意國的法西斯主義都有很多相同之點。德國的希特勒與意國的墨索里尼，當德意締結軸心時候，大有相見恨晚之慨。意大利的政策本來是聯英美抗德蘇，因為國際聯盟不承認意國侵佔阿比西尼亞，意國始歧視英美而投到軸心。

歐戰開始不久，意大利舉棋未定，及見法國投降，乃趁風駛入軸心。及後英美決意在南意登陸，直搗羅馬，墨氏出走，意國戰局就急變直下。在這次歐戰中，意大利對德國沒有履行怎麼義務，反而英美在南意登陸時，意大利政府立即投降了，德國馬上收拾意北殘局，繼續支持墨氏抗戰。

柏林失陷時，希特勒陣亡，墨索里尼也被游擊隊槍殺。兩國英雄，俱罹難而死，而死時情形這樣悽慘，在希墨兩氏是夢想不到會有一天這樣下場的。當英美在南意登陸時，曾與意政府協定休戰條約，規定意大利將來如何改格國體或誰人執政，均須英美軍事當局認可。最近意大利的社會主義黨，大概有蘇聯在後支援，要求意王愛麥虞限三世之子烏謨柏托讓位，組織意大利共和國。這一來，嚇得意首相勃諾米也要提出辭職了。現在新內閣還未選出，首相勃諾米留任。自墨氏死後，意大利法西斯黨無形解散，國內惟一政黨是社會主義的勞工黨。除非蘇聯極力支持勞工黨，否則教王與他手下天主教徒，也佔相當勢力，意大利或許不至於走入極端社會主義的政體。

## 六·波蘭組織臨時民主政府

為了波蘭，英法向德宣戰；為了波蘭，蘇聯與德的互不侵犯國家而變為交戰國；為了波蘭，舊金山會議幾陷于僵局；為了波蘭，英美與蘇聯中間存了一條裂痕。

波蘭問題的難以解決，就是土地問題。近百年來，波蘭國土曾經三次被德國，俄國，奧國等瓜分，幾乎國不成國。一九一八年上次歐戰結束，波蘭獲得威爾遜總統民族自決原則，組織民主，同時從德，俄，奧方面又收回多少領土，這些領土住有德人，俄人，捷克人，波蘭人，種族問題極為複雜。因為波蘭是上次歐戰後的結晶，故德國為報復凡爾賽條約，進攻波蘭時，英法為履行條約上的義務，不得不向德國宣戰。德既戰敗波蘭，與蘇各分壹半。彼時波政府要員逃亡羅馬尼亞，旋又組織波蘭流亡政府於倫敦，德蘇於佔領波蘭時亦各樹立政權，因此波蘭政府問題更加複雜。

最近為了波蘭，各國已謀得妥協，就是召集所有現成波蘭政治團體，邀請參加討論及組織波蘭新臨時政府，至目前所知的，有波蘭臨時政府代表，波蘭國內民主主義派領袖，國外波蘭民主主義派領袖，與國外波蘭民主主義派指導者等三個團體領袖由英美蘇共同聲明認可為波蘭政府合法代表。至於華沙政權，亡命政權，都派代表參加，至月前被捕之波蘭領袖十六人，已由蘇聯軍事法庭最高審判所或于最近舉行審判，是則最感棘手的波蘭問題，由這次幾方面召集協議，或者會謀得一條解決的途徑。

——三四年六月二十日於香港。

# 美國經濟概論

## 戰前迴顧與戰後前瞻

根那梅爾德原著
臺雄譯

世人皆以美國為金權國家，資源蘊藏的豐富，經濟力量的雄厚，物質生產的充足，與乎工業發達的興盛，除夠自己供給外，還可以分發世界市場。今次戰爭，美國運用貸與政策，一躍而為民主國家的「工廠」，也非無因。然而美國在一般人眼中，當然佩服其金元的萬能，在學者與專家的觀察中，美國其實也自有她的缺憾。目前金元國家固可以稱雄一時，但是將來呢？照本文所述，也許有一天會應了歷史重演的話而踏上一九三〇年華爾街金融崩潰而發生不景氣的悲慘路線。

本文原著根那梅爾德氏，是瑞典一個著名經濟學家，對於經濟研究特詳，在今次，美國戰爭期內，曾三次遊歷美國，最後一次在一九四四年春。考察所得，寫成此書，對於美國目前經濟狀況及其將來發展情形，有極透澈的論述，本文僅擇書中關於美國戰時經濟一章譯出。——譯者。

當今次世界大戰開始時候，美國國家收入，經過一九三〇年間的經濟恐慌之後，還沒有恢復到一九二〇年間的繁榮狀況。美總統羅斯福領導的新政策，雖然在社會範圍內有相當成功，然這政策對於經濟設施想達到它的目的——增加生產與職業——那就是失敗的。大戰開始時候，美國還有一千至一千二百萬人失業，這數目尚沒有把一百多萬停止了工作的農夫包括在內。一九三九年時，美國經濟界比一九二九年時期減少用人二百萬名，雖然在此十年當中，美國人口已增多了一千萬。

重整軍備挽救了新政策所失敗的地方——美國龐大的生產力量由重整軍備才盡量開發。一九四〇年春及同年秋，是希特勒震動世界的戰事勝利時期，美國便在這時候才開始重整軍備，到了一九四一年十二月珍珠港慘敗時候，美國的重整軍備便達到了最高峯。重整軍備把美國商業與工業從停頓狀態中於不可置信的短期時間內發展到頂點生產。一九四二年上半年時候美國失業人數早已減至很低數目，在許多地方還感覺勞工的不夠。為了戰事發生，有數百萬生手勞工都變為熟練工人了；同時，青年人被召到隊伍去的由數十萬增到一千一百萬。在生產方面，被僱用的勞工人數多增七百餘萬。戰前女工有一千三百萬人（包括二百萬失業人數），到了一九四三年秋，這數目已達到一千八百萬，女子在全部勞工就佔了三分之一的比率。工作時間也增加了許多。一九三九年美國工作時間平均每週為三十八小時，到了現在工作時間已增到每週四十五小時了。

在戰前，美國工業投資是值二百六十萬萬美元，為了戰事便增加了價值二百萬萬美元的新工廠。美國全國生產數目在一九四零年每年還不能達到一千萬萬美元，然而到了一九四三年十二月這數目已達到每年二千萬萬以上的紀錄。這數目就算把物價的高漲包括在內，美國的生產增加便在百分五十以上。

一九三九年至一九四三年美國工業界付出工資增加三倍。在名義上工資大概是增加了一百分之五十，但生活指數的高漲把這半數的增加也抵銷了去。一九四三年工業界的純益，除去一百四十萬萬鉅數的稅額外，尚有八十萬萬的厚利。這是一個驚人的數目，比之一九三九年已有雙倍的增加。這種盛旺的推動力，不用說就是戰事生產，它的價值估計是佔了全美生產的一半。

一九四三年全國所得數目中，美國政府所得約估一半，但是自一九三零年以來美國政府收入雖然增加十倍以上，從抽稅所得也不能維持三分之一的戰事費用。政府在一九三九年已有國債四百萬萬，到了一九四四年七月一日已達到二千一百萬萬，預料在戰後美國國債會達到二千萬萬美元（上次歐戰時，美國國債大概為三百五十萬萬美元。）

根據這樣的經濟發展，一般預料物價，必然高漲。雖然美國經濟機構我們不必去替它担憂，可是到了這樣地步，那刺激物價高漲的勢力必然會爆發，這是錯誤的。美國的物價的高漲率，乃比在瑞典及英國還低。一九三九年以來生活指數在美國還沒有漲到百分之廿五，批發指數不到百分之四十。我們或者不能全以物價指數爲標準，但事實上物價的高漲在美國而言是無關重要，那是無可否認的。

原料的物價比較增漲得快，但是由原料做成工業品的物價反較爲低。戰前原料的物價增加百分之六十，然而工業製成品祇增加了百分之廿五。農產平均可得百分百以上的利益，糧食零售物價，因政府有補助，所以禁止漲價多過百分四十五至百分五十。

美國一般物價不致於如何膨脹的原因，在戰時情形來說，頗難解答的，不過這種狀況也有幾種主因：第一，在戰時生產極度擴展中，美國民間生產事業仍得維持，還有些地方還是增加。一九四二年在英國消費比戰前已減至百分之二十時候在美國同時期却在戰前百分之十三以上。凡有與戰時生產有阻碍的貨物都已減少或停止生產，但同時其餘的貨物生產，若與民間人口，因戰時而減少的比較，反會增加。農產品的生產因爲產量增得太快，農產品的消耗反較一九三九年時期爲高。個人入息的增加便做成消費的增加，爲了節制過度的消費，政府就不能不實行配給制度。第二個主因就是珍珠港事件前一班投機的囤積，做成大批存貨推出市面。

這兩種解釋還不能說得明白，因爲消費者的入息與貨物的供應相差的程度愈離愈遠。一九四三年全美入息統計除了付稅之外爲一千二百六十萬萬，而同年消費方面祇達到八百八十萬萬。那所剩下來的三百八十萬萬未用去的購買力幾等於三分一全部入息。這過剩的大部分入息自然貯蓄起來，或者比較適當的解釋是沒有把它消耗去。就是這龐大的貯蓄，統計一九四二，一九四三，與一九四四幾年總數爲三千萬萬，還是須要我們來說明的。

人民對於消費習慣要遵守節約的時候，似乎比經濟學者所想像的更爲嚴格。當美國人民覺得自己的入息在增加而買不到汽車，冰櫃，洗衣機，或無線電時，紡織品的價錢不特貴了，況且質料更爲粗劣；每日應用物品有些要受了配給時候，他們幷沒有想到他們的錢可以用在別的地方去；他們簡單底說一句，索性把錢貯蓄起來。有些人就把那些錢贖回抵押品或分期付款的債務，或以現款付給從前信用買來的貨物，或者將款貯入銀行。同樣的趨勢也在英國發生。

美國經濟學者對其本國人關於通貨膨脹的反應與歐洲經濟學者見解不同。一般經濟學者這樣推測當民衆對物價高漲發生恐慌時候，他們就會在貨物身上求安全。他們想在物價高漲前買了那貨物，在美國自戰事發生以來一般人就注意到通貨膨脹的危險性問題。所以爲了這種供應的需要而致刺激物價高漲，在心理作用上至少都會發生的。然而美國經濟學者却說在這種情形之下美國人反會將流動資產貯蓄，以待物價起漲時立時有預備現款獲得投機囤買的機會。換言之，美國人基於投機的心理做成安定物價的主因。這種說法無疑的顯現美國物價的趨勢問題，到現在還是不能淸楚底去解釋。

戰事愈延長時候，物價就會隨而增加，爲預防這趨勢，美國政府準備增加原料來分配給民間應用。這樣那民間應用品就會生產增加，而「通貨膨脹的距離」程度盡量減少了。

我們從別的地方觀察這問題。美國國內政

# 美國女性之動

……八位女議員素描……

卓傑

婦女參加政治運動，要算美國最爲普遍，而職位之高，又非他國所可比擬，如最近辭職之美國勞工部長柏金斯夫人，她所當的幾年勞工部長，適在美國軍需生產最嚴重時期，這次世界大戰，美國以一民主國家兵工廠」自居，將大量武備，糧食，飛機，器具供給其聯合國，實有賴於國內生產力的充足，而這種生產力量又非賴勞工不可，以一個女人而身當這個重任，可知美國婦女的政治機能，是如何地嫻熟了。

一九二〇年美國憲法修正案，通過婦女參政權，但在這修正案未通過前，美國議會已有了一位珍妮蘭金女士被選爲議員了。自此以後，美國議會有二十八位婦女參加出席，美國政府職員中，有百分之二十是婦女佔有的。

在議會辯論會上婦女或許沒有什麼出色，然每次議會她們都依本位參加出席，各種部門委員會的工作，婦女是特別努力的。她們有時爲感情衝動而致嚎哭起來，但她們從不以哭作爲工具。在一九一七年美國議會要通過參戰法案，珍妮蘭金女士當時極力反對，但卒無效，她就哭起來了。最近美國衆議院通過薪水鐘點案，瑪麗瑙頓夫人一時太興奮了，也流下眼淚來，治問題與物價有密切關係。美國南方民主黨與保守派共和黨自一九四二年選舉後成立一個對抗政府措施的集團，對于財政部爲防止通貨膨脹的新稅計劃而加以反對。他們對於政府爲壓低糧食物價的補助政策要求廢止繼續。這種反對力量的成功會對安定物價的措施有多少威脅。假如糧食補助政策取消而至影響物價向上，那意料中的生活程度與入息互相爲因所做成，惡性的通貨膨脹就很容易發生。

農場的僱工數目沒有變化，這數目還站着一千一百萬。出產方面，比較一九三五——三九年平均數目已增加三分之一。這增加數目不算得怎樣令人驚異，因在戰前的農業政策是政府以津貼補助農業使其減少出產。一方面生產增加了，他方面農產品物價漲了兩倍，於是農夫的收入就增加了三倍。生活指數的向上大部分是由於糧食物價的高漲。做成這種發展的背景便是農業集團，在美國會多數席上有相當勢力的；他們以巧妙廣泛宣傳極得美國人民的信心。

美國政府應該利用戰時機會，把農業政策改進，將農人生活改善。我們知道美國有大多數農業區是人口過剩的。就生產工業化較爲發達的農業區裡說，美國農業是到達了很高水準的。但是大部分美國農村人口還在繼續原始的農業生活。全美國農產品百分八十是由美國三分一農夫供給的。所餘三分之二的農夫是無產階級，在極低生活程度下過活，特別在美國南方幾省。

戰事發生給美國一個機會把過剩的無產階級的農夫從奴隸生活轉到戰時生產或隊伍裏去．美國的農業生產并不因這改變而受到影響，況且生產若果再機械化些就更會把數量增加的。但是美國南方大地主就不想這樣做。他們從威脅國會與賄賂法律居然把農田劃爲「戰時必需品」。結果，那擁有這種農田的地主避免了服役，而政府裏頭的專門人才，因爲到了適當年齡而被召入伍，雖然勞工短少會阻碍重整軍備。更壞的是這種南方農業勞工與小地主變了依賴大地主，於是大地主可藉機會操縱這班人應否被召入伍。這樣美國農奴制度下產生一個新現象。

在美國關於這種農業政策的黑幕是不公開討論的。緘默的原因是畏懼那些操縱美國國會的反動勢力，美國農業界保存這樣的過剩勞工總會一天對世界經濟裏因生產過剩的危險而發生很大的影響，在一般經濟學者觀察認爲這種危險在戰時與戰後幾年的糧食缺乏問題解決後是不能避免的。

美國經濟旺盛的特點是它的穩定性，它能夠維持這種性能原因：是

（一）政府需要戰時必需品的重要；

（二）中央指導下的生產與物價的成立。

有了上面原因，美國戰後經濟就會發生下列問題：

（一）政府需要戰時必需品逐漸減低或停止；

（二）自由貿易代替了强逼制度。

當這種問題發生時美國經濟會怎樣變化呢？根據歷史紀錄，除了德國與蘇聯之外，經濟一時旺盛是不能維持長久的。在自由資本組織的社會裡經濟旺盛之後便發生經濟危機與不景

因爲她說：「這是我最想要做的事呀。」

目前美國議會有八個婦女代表出席，一個是上院議員，七個是下院議員，現在把她們的歷史簡單介紹一下：

耶絲森美納——年紀不過三十左右，是美國伊利諸省第一位縣治女法官，她是伊省在美國議會年紀最幼的一位女議員，父親是一位銀行經理，他是不惜金錢教育他的女兒的，所以森美納女士進過五間大學，又轉學于英國的牛津，在牛津大學裏，她是第一位美國讀法律的婦女。她是美國孤立派主義者，她在政府服務的目標是：「節制浪費公款」。當伊省選舉派代表出席議會時候，森美納女士以一個女人壓倒三個男候選代表而獲選。而且，有一個候選代表已做了四任議員也被她克服了。

瑪格讓史密士——美國米恩省婦女協會主席，是一位新聞記者，也做過教員，曾從事過寫作生活。她是米恩省第一位婦女代表出席美國議會，但她的獲選出席頗爲奇特，她的丈夫史密士臨終前數小時，曾爲夫人參加競選向投票人演說請求擁護他的夫人，其時史密士爲下院議員，死時尚未滿任，夫人就以繼續她的丈夫未滿任下院議員席而獲選。

法倫絲鮑頓——今年五十九歲，是一位美國擁有資產的大慈善家，曾將二百二十五萬美元捐助西方準備大學爲建設鮑頓看護院之用。她對於美國歌台女子生活，提倡改善。雖然鮑頓夫人個人擁有資財，但對於政治工作，她就很節儉。美國人參

氣。一九三〇年間美國對於比較容易應付的不景氣還不能克服，那就對於維持經濟旺盛更為困難了。經濟混亂如何能夠防止呢？

美國人民對於這問題抱持樂觀，他們相信在和平時候可以維持旺盛，同時可以取消現在政府所施行的經濟統制。這種樂觀有美國商會做後盾。他們的樂觀並不是沒有根據的，因為事實證明他們可以抱持樂觀；最近美國權威雜誌「幸運」曾發表調查：當美國在一九四一年參加戰爭時百分之十民衆相信戰後失業的擴大性是無法避免的；現在百分之八十有職業民衆相信戰後他們仍能保持自己的職業。

我們試將這種超然樂觀的心理來分析一下。我們對於戰時美國政府實施生產政策的成功是給與美國人民的信心更加增强了。然而這成功是與無限購買力和無限需要有關的。戰後這種情形就會變化的，特別是經濟基礎要鞏固的話。現在美國人民的樂觀好像令人迴憶到一九二〇年時期一般經濟學者在當時也相信不景是再不會發生的。一九二九年明白指示我們任你如何樂觀都不能預防不景氣的發生。

我們研究戰後的美國經濟會怎樣情形，在這裏我們先將職業問題提出討論。和平之後，美國軍隊——在最高時期達一千一百五十萬——就會解散。假定有二百五十萬仍留服役，尚有九百萬人就須和平生產僱用了。

戰時生產當然大部分停止了。飛機生產會減到百分之五，造船減到百分之七至百分之十。機械用具的生產在最近三年比戰前任何一年平均增加了十倍。這工業的生產力量現在經已發展到能在六星期內將機械製造出來供給一個如意大利的國家全國之用。目前這工業祇用百分之七十五的生產力量。就算蘇聯，中國，與其他工業不發達的國家，運輸方面都很圓滑。這工業的生產也祇用到可比現在多百分之六十的力量而已。

人工樹膠的生產在一九四四年約計有八十萬噸；這數目是多過戰前全世界樹膠的生產數目三分之二及戰前全美國每年需用樹膠數目三分之一。除非美國禁止天然樹膠的入口——這樣對于樹膠出產的國家的利益有很大抵觸——美國人造樹膠的生產是無論如何不能維持現在的數目的。鋼業的生產增加了百分之八十；這也需要減低的。鋁業的生產自一九三八年以來已增加了十倍。到一九四三年時已達九十萬噸。一百分之八十鋁業生產是供給飛機工業的，這工業我們說過會減到百分之五。錳生產由二千四百一十噸增至三十萬噸。這種輕金屬雖然在戰後為着供應民間需要還要繼續生產，但是數量就不會很大了。

戰時勞工的需要假定要減低到五百萬，這數目在飛機業，造船業，鋼業，與機械用具業裏佔了四百萬。在他方面，別的工業為戰事而減低的——紙業，紡織，皮革，傢私——這幾種工業就會增加約為一百萬。統計起來，勞工要為戰後工業而被遣散的當在四百萬以上。根據這數目，那戰前一千萬勞工與戰後僱用的一千八百萬勞工數目來做比對，工業界在戰後所僱勞工數目為一千四百萬了。這數目要在和平之後解決，我相信什麼人也不會怎麼樂觀的吧。

運輸方面至少有五十萬人會被遣散，政府

---

加政治運動，需要一筆運動費的，由幾千元到幾十萬元都是很平常的事，但夫人主張參加競選，不應糜費。一九四〇年競選時，夫人以節約為原則，預算一百二十元為競選費，當時政府曾送一萬元為「緊急損失之需要費」，夫人將款璧還政府，謂「在此情形，此款未免過分。」

伊廸羅傑絲——在前次歐戰時曾參加海外紅十字會工作，在前線為傷兵服務，其時她的丈夫是國會議員，也到前方去。因此她，對於傷兵服務經驗，最為熟悉。在一九二五年她被選為麥塞卓塞省議員代表，即在國會提倡整頓軍備，她說：「美國一定要武裝和平」，她全副精神都為美國傷兵而服務。

珍妮蘭金——早在一九一七年，美國議會為着美國參戰法案，票決時，女士為感情衝動，要求停止投票。她說為着愛國立場，她不能附和投票。自此以後，蘭金女士就退出政治，然而廿一年之後，她在同樣的戰時狀態局面而再度參加政治工作了。一九四〇年，她競選口號是：「盡量保衛國防，勿將吾人參加歐戰」。但她的個人主張仍敵不過多數主張，美國終於參戰了。

卡路蓮奧黛——是紐約省議會代表，與前總統羅斯福很稔熟，當她在紐約省競選時候，羅斯福破例為她活動策劃。奧黛夫人常穿黑服，間以白色點綴，她的儀容像名畫家華拉斯基的「一個貴婦畫像」，她的議會同事有時也呼她做「貴婦夫人」

職員也會解雇一百多萬人，加上了九百萬由隊伍遣散的數目，就有一千四百五十萬人要需工作了。我們不要忘記這種數目是我們假定美國經濟繼續保持在旺盛程度。假使別的範圍不在我們上面所指出的有了失業發生，那失業勞工數目就跟着增加了。

這一千四百五十萬人從那裏找尋和平時期的工作？假定我們有這樣的估計：有三百至四百萬婦女，青年與老人自動退出生產範圍，有二百萬回到農村去，商業方面在盡量容納了二百至三百萬人，家庭服務與同類工作又容納三百萬人，失業人數爲三百萬，餘下來的二百至三百萬人可分配到建築工業去。

這樣的估計假如不錯的話，美國工業問題也就此解決了。——美國一般人都會這樣計算的。可是從經濟方面說來，這樣計算是不可靠的。這算法是基於假定的估計，而這估計是假定一切不變動的。在生產估計是盡量的數目，但是若果這生產數目不是盡量數目，或者生產有了減低的話，那就各種工業所解雇的勞工就會更加增多而於找尋新工作的機會就會同時跟着減少了。

職業方面的估計既如上述，我們再從生產與入息方面來研究一下。我們在這裡不妨拿美國樂觀派的一個代表的意見來做參考。美國總商會最近出版一本書叫做「戰後市場」，是摩理士・李文司登所著的。他在書中預言一九四六年美國會達到全面執業。他這樣估計：在一九四零年美國失業人數爲九百萬人，而執業人數爲四千六百萬人。到了一九四六年，由於人口的增加，執業人數便會增加二百五十萬人。另一方面估計，則爲戰前經已失業的婦女，老人，與青年等約有五百萬人會退出勞工範圍的。戰前軍隊需要的人數約爲五十萬人，戰時因工作繁重，就要增多勞工二百萬人。假定一九四六年失業人數爲二百萬人，則照李文司登的估計，若要達到全面執業的話，則一九四六年執業人數比一九四零年時要增多一千萬人。這數目若根據每小時工作的增加爲每年百分之二的點五，那麼，以平均每週工作三十八小時來計算戰後的美國生產，那就美國生產總數比戰前已增加百分五十了。

李文司登以爲一九四零年的生產總數雖比一九三零年增加，但假如到了一九四六年的生產總數仍與一九四零年總數相等，那就美國失業情形與上面所估計的會有些改變了。在此情形，失業總數會達到二千萬人，這數目包括一九四零年的失業人數九百萬人與二百五十萬新手及每小時工作的增加結果而被解雇的八百萬人。各種工業對於自己範圍的情形的估計，與李文司登計劃的數目比較當然減少。這個原因就是一般工業家以整個眼光來確定美國將來的全面執業，而對於自己範圍的工業生產就比李文司登計劃所列的數目就減少很多了。

當政府戰時需要減到一半時候，那全國生產雖較戰前增加百分五十，然而爲了政府減了一半需要，民間購買力與需要也受到影响了。到了這地步，美國工業界或許會向人民方面提出要求，因爲要將購買力提高，他們要增加工資乃可以將工業全面工作。在事實上，這情形不會這樣發生的。反之，一般工業界會要求減薪，因爲物價統制結果，使工業物品的價錢不

。她對於美國參戰，曾於兩年前預言，將來美國運兵出外作戰時候，非至國民全體投票決定不可，她說：「幾代的母親，會將此問題時時提及，直至國會通過此案爲止。」

瑪麗瑙頓——有人曾對美國政治提出這樣的意見，將來美國歷史上第一次有人提出一位女人爲美國副總統時候，她就是瑪麗瑙頓夫人了。夫人答說：「我以爲婦女尙未到參加副總統範圍時候，那時候總會到的——或者是廿年之後吧」。夫人由一個女書記的卑賤職任到省黨務主席，爲美國民主黨議員代表之第一位婦女，她也是第一位婦女提出修改美國憲法增訂案第十八條的（禁酒案）。夫人今年七十歲了，她從不以自己爲女人而說妥協，一次議會上有一位議員說：「當然我向夫人讓步的，」夫人即時答復彼不是夫人而是國會議員之一，就以此提出辯論。

海黛卡拉威——是美國上院第一位女議員，繼續做滿六年的議員任期，在任時有人訪問她爲什麼在議會甚少演說，她說：「我沒有心意侵佔男人一分鐘的時間，他們對於那一分鐘的時間是看得這樣寶貴的。」她對新聞記者發表這樣意見：「我不是一個急進派，也不是一個保守派；我的政治主張，不特對阿金薩斯省，即對全國一樣，是如何爲人民盡最大的力量。」卡拉威夫人的丈夫也當過美國上院議員，所以夫人是繼續丈夫遺志而參加政治工作。

能跟隨工資增加。假如工資不能增加反而減少的話，那上面所說全面執業所靠購買力自然無從發揮，而那可怕不景氣的趨勢就會乘機而入了。

假定為着理論起見，工業界為着一時闊綽就將工資增加了，政府也不顧預算，對於經濟旺盛繼續支持；假定這種事是有可能性的話，一般消費者恐怕沒有這樣信心，勇氣與思想能夠把生活程度提到這樣急速可以達到實現全面生的地步。把消費增加百分之五十的担負加諸銷費者的身上，恐怕不是他們所能担負的。倘然消費者不將入息轉為購買很迅速而又足夠購買數量，那就所謂經濟旺盛會跟着戰時的需要減縮而衰落了。

我們現在研究影響戰後狀態的各種主因。先說會影響到經濟旺盛的要素。戰事停止後有許多主因會使貨物的需要發生。單就補充枯竭的貨物就有一百萬萬美元的價值。美國救濟會供給救濟工作的需要貨物也相當龐大。

緩期需要的貨物必然很多。所謂緩期需要是指那些為戰時不能供應的貨物！包含像私欵具以至汽車。一九四一年全美有私人汽車二千七百萬輛。經過相當損壞消耗，到了一九四五年這數目就會減到二千萬輛，同時人口卻已增加。緩期需要的背後還有戰爭期間的貯蓄。這種貯蓄我們相信不會在市場上變為購買力的；大概他們會把貯蓄留作資本。美國經濟學家愛文漢生指測戰後二年物品消費的總數會達到每年一百萬萬之數。（現在大概為三十萬萬，一九二七年為七十六萬萬）這種需要不會影響到執業的人口增加，最多不過使解僱的人減少。雖則汽車生產能由一九三七年最旺盛時期六百萬輛增至八百萬輛，汽車業到底還要解僱數十萬人。許多人會忽略這點。

最大希望就在建築業。一九三〇年的經濟停頓與戰時限制建築都是做成戰後建築旺盛的完美條件。雖然在完美條件之下再有政府建築政策的補助，房屋的建築在短期間最多就可增到每年五十萬萬美元，就是美國每年有一百五十萬房屋需要建築，這數目是相當龐大的。戰時因大量投資都集中於新工廠原故，許多其他建築事業就規模很少，最多每年二十至三十萬萬而已。

至於生產方面，美國人以為戰事在各方面雖則停止，在某一地方總有戰事繼續會發生的。假使戰事在任何地方同時停止的話，那就戰時必需品會突然停頓而影響到美國經濟的崩潰了。在美國經已有人向政府提議所需要的軍需品，現在達到每年一千萬萬美元，在戰後這數目不應減至三百萬萬美元以下。這樣美國一般經濟學者對於戰後政府的高度支出值得是一種安慰的觀測，卻已經將美國預算應該收支平衡的要求完全忘記了。由此觀之，在最近二十年內我們可以斷定美國國家預算是無法收支平衡的。

全面生產的不利方面又如何呢？第一，美國經濟由戰時轉到和平時期至少有暫時失業風潮的發生。第二，戰時工業所給高價酬勞必然取消。當人民恢復平常工作時，他們所得酬勞總數必然受到很大的影響，因戰時對於超時間工作的特別酬勞實在太高了。第三，美國國內會有「不景氣區域」發生，像上次大戰後英國

## 比皇利奧波特三世

一九一五年——第一次歐戰，利奧波特才十四歲，就要求他的父親——比皇阿爾伯特——准許他以士兵資格在塹壕服務。他的要求獲得允許了，但是限期只是六個月。期滿後，阿爾伯特皇就遣送他去英國的伊頓念書，他學成返國後，阿爾伯特皇更指定幾項科目，特別側重經濟，聘請私人教師指導他去攻讀。一九一九年，他隨同阿爾伯特皇赴美遊歷，和美國的新聞記者玩撲克，又去自己試開鐵路機車，後來又和他的父親到巴西和埃及遊覽。他曾獨自去比屬非洲的剛果考察，回來把所見到的寫成一篇詳細報告書，由此獲得他父親任用為殖民地顧問官，但他卻不以此自滿，更到荷屬東印度羣島，去親自考察荷蘭的殖民地行政制度。他的獨斷力比阿爾伯特皇更强，即位之後，曾努力領導國民革新，準備向新時代邁進。他曾說過：「本人在一九三四年頒佈的憲法，它的精密性是可以適應任何新環境。」

對於歐洲的傾向戰爭，他曾表現很大膽和技巧去企圖尋求以經濟方式解決，因此極力支持比國經濟專家西蘭特任首相，想把歐洲西北部諸小國的奧斯陸集團自由貿易實現。他認為經濟合作，可以使世界踏上更崇高的進步。他曾說過：「人道主義……不是空言，是可以証明西方諸國，除了它們更迫切的物質問題之外，還有由

勞工問題趨向很苛烈或者衝突至流血階段時就會對經濟發展有很大影響。

上面種種都是關於美國將來經濟情形的觀測，這種觀測在美國就很少有人注意，反之，下列戰後問題他們較爲注意：

（一）其中一問題就是關於政府貨物的將來。因爲要支持戰爭，軍隊就需要各種各類的貨物，由皮鞋以至糧食。這些貨物在戰後還值六百萬萬美元。這批貨物對於市面有很大壓價威脅。

（二）戰後那些軍需品合約也是問題。有人估計在戰事停止時期會有價值七百五十萬萬美元的貨物合約繼續有效，這數目比第一次歐戰增加十倍。這種合約分配於十萬家主要承辦人之中，由他們再分配，百多萬副承辦人去。因此美國工業將來大部分問題是關於政府與工業界如何調整那個大問題。美國經濟能否在轉變期間順利推進就有賴於工業問題能否迅速解決。爲此國會必須有個辦法把那些合約取消時有規定補償，可惜現時還沒有一個妥當辦法。這問題政府對於每種事件還須逐個去解決。大體的說，清算解決或祇能在戰後方才有效，即在調整時期內盡量進行。戰時購買組合現在開始逐步解散了。各種合約取消先後問題也是很重要的。那些企業先被解除合約的就在戰後市場競爭佔着優先機會。現在情形是那些價值最高的企業就會先被解除合約，因爲這樣財政部才得最大的節省。故此效率最低的製造家就佔着優先機會轉變平時生產。

（三）最困難清算的問題是政府辦的工廠。戰事期間建築的二百萬萬新工廠中有三分之

發生的一樣，可是美國的範圍是更大了。一九四〇年以來美國所謂三十「戰時中心」的人口已增加百分之十至六十。加里福尼亞，柯力根，華盛頓（近太平洋）諸省爲了飛機與造船業的收縮而遭受慘重損失，像加省這種地方或許十個勞工中有兩個會失業的。南方幾省更會受到大失業的影響。因此許多軍需品製造工廠與其他工場都在戰後變爲廢物。

第四，美國經濟與社會政策面對着一個重大問題是如何將勞工羣衆以最迅速方法輸送到戰後最需要勞工的中心。美國勞工在從前本來是流動的，將來就有些不同了。戰爭期間有許多勞工特別爲太平洋海岸幾省天然環境的幽美而到那裏工作，戰後他們或許會逗留而不再遷移。他們雖然將來會受到失業的威脅，但他們不願意離開這種環境良好的地方，他們希望情形會好轉，失業不致臨到自己身上。戰後退伍軍人與他們的家屬大概預算有一千五百萬人，這一羣對於美國戰後政治問題有左右時局的能力，對於失業問題他們會要求政府大批津貼。這問題若有成功，對於不願遷移的勞工更多一個保障了。

關於戰後雇主與雇工關係的破裂必然引起各種嚴重的問題。我們上面說過，一方面雇主要求減薪，而他方面雇工爲了他們對戰時的效忠與對政府停薪措置的接納以期戰後有所補償而要求加薪。當那混亂狀態在改變時期發生與戰時生產區域的大批失業者之中，或者一個內部政治的複什狀態而引起國內的不安，這種種都與勞工激變問題有關，同時執業問題的不能解決，與種種問題的趨向惡化都有連帶關係。

兄弟一般親切的精神中，發揮一種精神力量。」這幾句話，差不多可以代表他的理論的抱負了。然而這一些不過是一種美妙的理論而已，比利時到一九四零年，終不免給德軍侵入！

利奧波特三世是一個虔誠的天主教徒，很同情於庇護十二世的。他的妹瑪利約瑟，和義國儲君安巴圖結婚。他已故的妻子，是瑞典國皇最愛的甥女。故美總統羅斯福，在一九四零年比國被侵時，曾致電給利奧波特三世，自稱是他的「老友」說：「美國民衆聽見比國被侵，都表示震憤。」

他在位時很努力和荷蘭修好，曾於一九三九年的秋天和荷蘭女皇會晤兩次，商議確保和平方法。他曾說過：「比利時和荷蘭是併肩防衛的」。所以荷蘭在現次歐戰爆發前，就放棄了第一次歐戰時期的非武裝中立，進行設防，和比國併肩防衛。比國的北部穩谷，由此就獲得一道屏障了。

他的父親阿爾伯特皇在一九三四年崩駕，次年他的妻子阿斯脫特皇后，又在瑞士乘車失事逝世。他由此陷入兩重連續的重大悲痛中。一九四零年，五月德軍大舉進攻比國，利奧波特三世指揮比軍防守希爾特河至奧斯登東北海岸，但德軍攻勢異常厲害，比軍傷亡慘重，利奧波特皇竟突然在五月廿六日下令停戰，向德軍投降，由此耶普爾，符爾奈和鄧苟刻三處的門戶洞開，德軍長驅直入，英法聯軍由此遭了慘敗。他投降的決定，事前沒有獲得比國民衆和國會的同意，因此就失去民衆的擁戴了。——泉

二是屬於政府的，大概政府投資爲一百五十萬萬。有些企業完全由政府所辦的工業所操縱。這種工廠都是建築很堅固的，一切用具也最新式。然在平時有四分之一這種工廠已是等於無用的了，其餘的尙有改造爲平時生產用途。

| 名稱 | 政府主辦生產比率（百分率） |
| --- | --- |
| 人造橡膠 | 一百 |
| 高速率電油 | 一百 |
| 鎂 | 九十 |
| 飛機業 | 九十 |
| 鋁 | 五十 |
| 機械用具 | 五十 |

對於上面政府主辦的工業應該如何處置呢？依舊辦法政府是拿來做一種企業繼續接辦是與素來美國習慣相背馳的。最易解決當然是由私人企業接辦。然而問題發生在於什麼代價才能給私人接辦的程度呢？工業界對于這種工廠爲趕促而建造的建築審認爲非常昂貴，位置又不是在適中地點，有許多還要改造過才可用作平時生產。

這種種問題必須在迅速期間解決方能將調整手續順利進行。假如政府把工廠賤價出賣，那些農業家或者小賣商會藉口上次大戰黑幕理由而加以反對。在他方面，出賣價錢太高，工廠祇好保留賣不出去而已。有人提議這困難問題可用租借方法來解決，可是這也不能將問題完全解決的。

困難問題就在這些企業都是大資本家所有，他們與政府成爲生意夥伴，因爲所有工廠都是大規模的。企業中由政府出資的有百分之十二點五是每種值一萬萬的投資，百分之三十（包括上面百分十二點五）是值五千萬的投資。祇有百分之四價值在一百萬美元以下的。從這點數目來說便知美國政府所辦企業可由小商人優先分配承受的話是等於虛設的了。

無論如何，戰事做成企業趨向大規模方面。戰時製造合約因爲交貨急速的需要，都優先發給一般大企業家。更有甚的是一九四一年與一九四二年民間生產節制法，受重大打擊的人是那些小企業家。不過到了一九四二年與一九四三年小企業家得了一個新機會，因爲大企業爲政府所規定不能不要把合約分配於副承辦人。但是這樣就會可能做成小企業依靠大企業的趨勢了。

在一般人以爲：（一）美國在戰後可以安定國內經濟與（二）美國與英國有可能解決國際經濟問題的。

這兩種想像都是錯誤的。我的意思是美國在戰後趨向一個經濟混亂的危機，將來會發生不景氣與大失業。所謂國際經濟的解放與安定等種種美滿計劃也不過等於不兌現的支票，因此一切國際問題在和平之後依然不能解決。這樣就是說世界經濟機構將來比之戰前更爲不堪設想。

# 比利時
# 歐洲的雛型

一清泉一

比利時的混號叫做「小歐洲」它是可以當之無愧的。它的地勢，農產，種族混合和工業的複雜情形，確是和歐洲西部無異的一個小天地。

這兒雖然沒有布蘭克山，但是亞爾丁山在冬雪的一天看來，也是一樣無異。它的謬司河，松布爾河或是立士河，雖然不能裝做和多瑙河，萊因河一樣的偉大，可是照比國的面積比例來看，它們也一樣是很偉大的河流。

甚至比利時的天氣，也和整个歐洲各種天氣無異。在二月天時的一个下午，你可以看見一个小型的阿爾卑斯風雪，一个哥德多阿速爾的晴天，一个「蘇格蘭的霧」，一个「保加利亞的初春」。

翻開比利時的地圖一看它的四邊國境，和四十英里的海岸線，構成一只差不多完整的蛺蝶。一个翅膀邊沿貼着北海，一个貼着德國的西方中部。盧森堡大公國恰巧形成它一个翅膀尖端的圓角。假如你拿着一把戒尺，聯接着巴黎和基爾，劃一條粗黑直線橫貫比利時國境，這就是蛺蝶的身，它的尾巴又是指着荷蘭；它的眼睛，注視着巴黎，這兒就是比國最初的語言和多種文化的發祥地。

比國的面積雖然比美國的馬利蘭州還少，但却擁有人口八百多萬，它是歐洲人口密度最高的國家，全國劃分八个省，它們就是東西法蘭德斯，海瑙，不拉奔，安特衛普，那慕爾，列日，稜堡和盧森堡。這一个盧森堡，千萬別要當作是獨立國的盧森堡大公國。

比利時國境裡面最長的直線，不過是一百七十英里。所以軍事航空港的飛行見習生，常常嚕囌說他們駕駛着現代高速飛機，無論向那一方面航行，也很難不會飛越鄰國國境，因而受了該國政府的責問。

在比利時，你可以晨早到塞布魯治海港的一英里半長的棧橋垂釣，無須什麼技巧即可獲得你的早餐，還趕得及乘汽車去布魯塞爾吃午點，最後到亞爾丁森林的極南端游獵場去吃野猪肉，這一天的節目多麼寫意！

假如你晨早到布魯塞爾的街道作一次巡禮，你會看見很多侍女們在洗刷着各家門前的走廊，石階和行人路，工作做得非常澈底。那時你會聯想到法國詩人布特拉里有一次寫過的話說：每一個城市，每一个國家，都有它的獨特氣味。巴黎有酸醋的味，好望角有羊的味，有些熱帶島嶼有玫瑰，麝香和椰子油的味，俄國有皮革的味，里昂有煤的味，但是布魯塞爾呢？就有黑肥皂的味了。在布魯塞爾，無論是牀，手巾，街道，你都聞到一股黑肥皂的味。法蘭德斯平原去到布魯塞爾，就給它分裂成爲一座座的低山，這就因爲自然不想把這個未來的國都，放在毫不動人的一塊平坦的地方去，所以它就和羅馬一樣，建立在七个山峯之上。

布魯塞爾的城垣，在它全盛的時期，是有着七道城門的。

布魯塞爾擁有九十多萬人口，裏面劃分爲十五个市區，每个市區都有它的市政組織，這些組織從前是各自爲政，全不合作。例如一个區發生火災，鄰近區也置之不理，原因是消防器械型式各不相同，不能夠配合使用。再假如一處地方有人受了傷，這个傷者只好用車送去較遠的一所本區醫院去。不過這種不合作的狀態，到一九三八年也改良好多了。

布魯塞爾的人們吃東西，是很放任的。他們吃的一頓午餐，在美國人看去是相等於一頓感恩節的大餐了。布魯塞爾最熱鬧和最出色的餐室，要算波瑪芝和皇宮餐館，前者是歐洲規模最大的餐室，可容五千人聚餐。這兩間餐室的主人，都很留意研究美國的管理法，例如替人客服務的快捷處，簡直令你難以相信。假如你到這兒吃餐，對侍者順說一聲你的名咭用完了，他就會寫下你的姓名，拿去餐室自備的印刷房交代，你的餐還未吃完，一百張新名咭已印好了，擺在你的餐枱上面！

亞爾丁區差不多佔比利時全部面積四分之一，裏面全部幾乎是茂林山谷。在過去數世紀以來，這兒農產收成很壞，但是後來用科學方法改良土壤，農產也增加了。這裏主要出產是雀麥和馬鈴薯。養馬也是主要事業之一，強壯的拖曳馬，曾獲得多次國際比賽的冠軍錦標。

玻琅有一所旅館，裏面一間房，是一八七零年九月三日，拿破崙三世在色當戰敗被俘後，曾在這裏度過一宵，由這个房子的窗口望出去，就見到對河一座小山上，有一所雄壯的堡壘，據當地相傳，這一所堡壘是遠在七三二年的建築物了。

亞爾丁有很多頂好的漁獵去處，住居布魯塞爾和安特衛普這些愛好漁獵的人們，都有私人漁獵地方在亞爾丁區。

亞爾丁東是羊毛工業的一個重要中心，以佛維爾山谷區最著名，原因是洗羊毛的水，是要一種特別的軟水，這兒的維斯的里和吉勒比兩河的水質，正適合于洗濯羊毛之用。

比國東部的其他工業，如馬爾美第的紙廠和考格力廠，佛維爾的靴鞋和皮革廠，這兒的製革工業，具有很悠遠的歷史了，其中有些製革場，是遠在羅馬時代設立的了。

斯玻的溫泉療病效力，是很出名的，前德廢皇威廉第二在第一次世界大戰時，曾在這裏設大本營。離市區不遠，還有一所特別爲他建築的避彈室，用去不知多少噸水泥建造，前後都有一度鐵門出入，室內可容五十人。

這一所避彈室和耶波勒斯附近幾處野草叢生的砲位，便是現在所能見到比國在廿多年前是一片廣大戰場的唯一考據了。

人工暖房培植葡萄業，也是比國重要生產之一，這是一八六五年一個比國人名蘇伊始創的，至現時這些玻璃蓋的暖房，已有二萬多間。這些葡萄每日用飛機大量運往英國。後來冷藏設備進步了，更運銷到美國去。這種暖房培植的葡萄，非常甜美，每球有重達四磅的，但只作水果售賣，並無供給釀酒之用。比國國內完全沒有釀酒房，它消費的酒類，全是從法國，盧森堡和德國輸入的。

根據比國法律，規定各種告示，必須用法國和法蘭德斯兩種文字並列寫出，所以凡是街名或車上的告示，都是同時用兩種文字揭示，把新到遊客看得眼花撩亂。

比國各都市的街車，來往頻繁，首尾啣接，看起來活像馬戲班大象表演一樣，但是它的售票員或是車掌，是怪有禮貌的，雖然在乘客最擠擁的黃昏，他們收車費時候，仍然不會漏去「謝謝」的一句話。除了街車之外，還有漆成黑色的長身單層公共汽車，在街上溜過。

比國對乘座脚踏車的人們，給予很週全的保護。全國的主要大路，兩傍另有一條非常平滑的道路，專給脚踏車行駛。國際無線電廣播公會，在布魯塞爾設立一處管理局，專門留意廣播情形。假如有些廣播電台發出的電波，超出他們所指定使用的波長，就加以警告。這種工作，是很重要的。

從藝術的眼光看來，比國最可惜的一個改變，是把風力磨坊消滅了。由於近代機械的發達，這些風力磨坊全數共二千餘所，在一八三零年把它的風輪拆下了。

說到消遣，比國人的消遣方法很簡單，他們喜歡釣魚，養金絲雀和射箭，這些消遣是常常舉行競賽的。

比利時還有一種特色的交通工具，這是狗拖車。全國共有狗六十多萬頭。政府當局曾頒佈很多禁止虐待狗的條例。其中例如有病或健康不佳，和生了小狗的母狗，不能使用去拖車。拖車的狗，高度不能低過二十英寸（由肩胛起計）軛帶長度須以停車時狗能躺下休息爲度。遇雪雨時須用草蓆鋪放地上，給狗休息。天氣寒冷時須給狗蓋上油布等等。比國的狗如有知，相信應當感恩不淺咧。

安特衞普港，每年出入的海洋百舶有萬多艘，是比國鑛產，農業和重工業的出路。同時法北，阿爾薩斯省，洛林省，萊因區，西法利亞，和中歐，也利用它爲通商的門戶。

安特衞普和世界各地海港聯絡的航線，共有二百四十多條。港口的海底，還有比國兩個最偉大的近代工程傑構，一是長一八七零英尺的行人隧道，二是長六九二二英尺的行車隧道。這兩條隧道是一九三三年九月，由阿爾伯特皇舉行開幕禮的。

安特衞普還有一個主要工業，這就是琢磨鑽石。他們的工作很精巧。世界各地有很多新娘手上的鑽戒，是在安特衞普琢磨的。

比利時到現在仍然是居「鐳」生產的第一位，每年產額約六十格蘭姆。鐳的鑛苗是由剛果運來的，它具有黃，橙黃，黑和青的幾種色素。這種珍貴的鑛產，是由一千英里外的鑛場，用火車運到海岸，再經遙遠的海程運抵安特衞普。安特衞普東方幾英里遠的地方，有一所精鍊場，把提鍊出來的鐳，送到布魯塞爾一間化驗室，把它裝入針狀容器裏面，才分發往世界各處去治療疾病。

最近流亡奧地利亞薩爾斯堡的比皇李奧波特三世，決意回國復位，却給國內的自由黨，共產黨，社會黨內閣和一般輿論反對。支持他復位的只有天主教保守黨，因而惹起軒然大波的政潮。比國這次的政潮歸根說起來，又何嘗不是歐洲政潮的一個縮影呢。

# 英國的新聞事業

槁木

在戰爭期內，任何國家都會儘量利用報紙來作宣傳國策的工具，但英國報紙却有着它的特色。阿波沙根博士曾在英國報界任事多年，對其工作內幕知悉甚詳，本文即其所述者。

英國報紙與歐洲其他各國的報紙不同，其主要不同點是它在大致上已喪失了作爲宣傳國策底工具的性格。這並不是說英國大部份的報紙都不能代表政治的觀點，而是因爲推動英國報紙底主要力量已不在報紙所有人的政治趨向，反而在乎賺錢這一目標上。英國報紙變作完全商業化了。

印行報紙的賺錢方法歸納起來祇有主要的兩個要素：即是推銷與接登廣告。而實在能夠賺錢還在後者，因爲一辦士的廉價甚而不能彌補紙張與印刷的開支，還有編輯等其他開支未計在內。但一張報紙之能夠招引廣告與否要視乎它的讀者們的質與量，故招接廣告必以推銷爲前提。銷紙問題支配着大不列顛報紙的生命，許多從前有名報紙之消滅以及新報之抬頭，全是銷紙的關係。在二次歐戰爆發後，英國報紙銷紙的確數頗難調查，祇知在倫敦有兩間日報每天銷紙超過二百萬份，有四間約在一百五十萬份之譜，有一間將達一百萬份。

## 「國家的」報紙

在倫敦祇有七八百萬居民，自然不能吸收這麼鉅量的報紙銷數，這令我們發見一有趣現象，倫敦各大報不祇要滿足首府裏民衆對新聞的需求，而且要滿足整個帝國。一般人叫倫敦早報做「國家的報紙」，並不因爲這些報紙具有國家的或國家主義者的政策，而是因爲它們推銷之能遍及全國，至其推銷要靠鐵路，車路和船舶等高度發展的運輸機構，這機構由一名喚「新聞所有人協會」的集體基礎組織，行走着特別的新聞火車及汽車，在各大小城市僱用推銷員等，根據協會代其推銷報紙多少，由協會各會員分別負担那費用。

雖然各報紙事實上是在競爭着，糾紛甚少發生。但也有例外，譬如在二次歐戰發生前幾年，一個名喚柯拒脫拉擇有着「星期評論」的電影企業家，效法美國利用盧森堡的廣播電台來鼓吹他的報紙，各報認爲威脅，但柯氏不肯讓步，協會乃停止代「星期評論」運輸和推銷，該報銷紙銳降，結果柯氏竟不能不將其報紙出售，終乃合併於報紙集團所有的「星期記錄報」。

還有一個事實可以表現協會的勢力，那是在一九四一年英蘇同盟條約締訂時，協會拒絕承認國內唯一的共產主義報紙「工人日報」爲會員並不允代爲推銷，令到那共產報紙在銷紙方面感到極度的困難和耗費。

在英國的各角落以至在北阿爾蘭的大城中，每個讀者都可以在早餐的桌上得到他的報紙，售價到處一樣，平常日報每份一辦士，巨帙而有着十六至廿二頁篇幅的星期報每份二辦士。

## 省份的早報

在比較上祇有很少的省份早報能夠成功地和以倫敦爲中心的「國家的」早報競爭。後者因爲推銷廣濶關係，乃能聘用第一流的編輯人材以及新聞採訪員，而省份報紙僅用平常的推銷方法是不能與其抗衡的，祇有幾家由大報聯合起來的省份報紙，在稿件及新聞方面的質上能與倫敦報紙媲美。

英國報紙絕少有每日出版多過一次的制度，雖然一張日報和一張晚報會由同一家公司出版，但兩者有許多不同點，不祇是名義的，並且在性質和編輯人材方面（雖然許多編者會替同一公司出版的好幾張報紙工作）。大致說來，日報登載着較重要的材料，如國內外的重要新聞以及政論等。晚報雖然也有政治新聞，但其特色却在體育消息，本地新聞以及社會談論等。有些爲了滿足各階級讀者的興趣，還刊載着短篇故事，連續小說和書評等。倫敦晚報是祇爲首都及附近各地印行的，晚上留着了地盤給各省份的當地報紙。在一九三九年有七間早報銷紙超過了一千一百萬份，比較上祇有三家晚報的銷紙合計僅得一百五十萬份左右。

出版那樣範圍的報紙需要鉅大的資本，一九三九年「每日電訊」的股東堪羅斯爵士在一篇文章裏估計該報的地價，屋宇以及印刷報紙的必需設備，約值一百三十萬金磅。加上同一公司所有的四間所謂「通俗」報紙（每家約銷紙一百五十萬至二百萬份）的資產，價值還不止此。多數倫敦大報紙是由公司招股集資成立的，但支配權却握在一個或少數指導報紙編輯政策的人手上。

## 報紙與政治

英國報紙因爲注重營業性質，（尤其是「通俗」報紙）形成了沒有確定的政治樞紐，事實表現着英國報紙的出版人不以政治影响他們的讀者，却時常仔細調查着民衆的愛惡以免開罪重要的區域而致減少他們的定戶或購買者。英國報紙底讀者大部是從報紙經紀獲到他們底報紙的，而報紙經紀除了銷售報紙之外，再沒有其他的特殊任務，祇有每星期一次報告該報紙的起跌情況。

除了留心讀者之外，英國報紙的出版人還要當心不能因涉及政治問題而致開罪了有潛勢力的惠登廣告者，因爲那是他們底入息的泉源。經驗教訓他們，涉及政治範圍的通俗報紙決不能成功，反而有影響銷紙及廣告收入的危險。一九三三年比華布洛克爵士的「標準晚報」登載一個訪員從火險公司得來的報告，說因爲倫敦發生許多縱火事件都與猶太人有關，火險公司對猶太人比對非猶太人索取更大的保險費。雖然那是事實而且那報告發表時並沒有加上批評，在幾家大公司壓廹之下，該報在幾天後連忙把那報告抽起。多年來廣告家的力量抑制着各報登載關於莫斯雷爵士領導下的英國法西斯聯盟底活動情形，一九三四年羅特彌爾爵士在他的「每月郵報」公開援助莫斯雷爵士，但廣告家恐嚇說要取消所有廣告合同，羅特彌爾爵士立即屈服了。

英國報紙之不注重政治已如上述，但不是說所有報紙都與政治無關。倫敦各大日報在大致上是支援着保守黨和政府的，自由黨與工黨都祇有一張大日報，前者有的是「新聞紀錄報」，後者的是「每日先驅報」。不過通俗報紙的政治影响是十分有限的，例如工黨階級年來看保守黨報紙的比較看工黨報紙多許多，但人民選舉工黨的百份率却不斷地增高。

### 特色一斑

通俗報紙因有龐大收入而可以僱用高明職員和新聞學家，但有一特點仍足以令外國觀察者認爲怪異。大部份替保守黨寫文章的人，甚而那些寫保守主義篇首語和寫專論的人，在私人生活中却是急進主義者或社會主義者。他們可以毫無內疚地坦白承認，在他們是把新聞職業看做是律師的委任事件一樣。年前有人感覺疑惑而去問一個英國前進的新聞學家，他說，「我在報紙上寫論文支持着鮑爾温先生的政策，等於律師替一個殺人兇手作辯護而已。」

政治問題在英國報紙既然處於第二或第三地位，然則甚麼才是編輯行政的決定要素呢？第一，像美國一樣，供給讀者以最快的新聞，社會閒談之類也佔着重要地位，因爲英國人都喜歡知道一般在社會上比較自己有地位的人底活動，私生活，以及娛樂等。第二是穢聞——尤其與性生活有關的穢史——犯罪新聞在通俗報紙上佔着很大的篇幅，而審判犯人和離婚案件等新聞也被强調登載着。

爲着維持報紙更長久的暢銷紀錄，通俗報紙的編者要隨時運用腦汁想出新的「愚弄」方法，如僞做科學問題以把握一般讀者的簡單頭腦的想像力，也可以當作是「愚弄」方法之一。從愛因斯坦的相對論至近代人分晰原子的實驗，洛芝爵士的精神學說以及數學的新原理等，都給各報紙爭着登載，以期刺激讀者。有許多有名的科學家，爲着稿費問題會替報紙寫一兩篇論文。又當各人都在担心着自己的消化問題時（其實主要原因祇是烹調不好），談論健康或營養方法都能吸引讀者。

## 泰晤士報和曼徹斯特守護報

自然，在英國是不會完全沒有宣傳工具的，不過從報紙看來卻爲數不多罷了，在各報中具有政治重要性者有兩份，一是「泰晤士報」而一是「曼徹斯特守護報」。前者無疑是英語領域中最有力的報紙，一般外國人多數誤會它是英國政府的宣傳工具，事實卻不然。反之，它是監視政府行政的，並且保留着自己的政治主張的絕對自由，雖然它與政府是相當接近的，卻時常非難着政府的行政。和通俗報紙比較起來，它的銷數是少些，然而具有很大勢力，原因政府當局裏每一個重要人物都閱讀「泰晤士報」。而且，它還不時聘請專家撰寫優秀的文章，同時它又組織有一個完整的國外新聞網，由世界各地的一等通訊員担任訪稿。又「泰晤士報」雖然不受任何政黨支配，它在大致上是保守主義的。

除了「泰晤士報」之外，「曼徹斯特守護報」是最有力量的，尤其關於外國事件，這省份報紙對其國家的施政很有影響，這報紙是英國自由主義的急進之翼，雖然國會裏的自由黨已經衰落，但自由思想仍極活躍，尤其在工業區的北部和西南部，以及在中階級和智識份子。「曼徹斯特守護報」雖然不能學「泰晤士報」一樣自己組成一個國外新聞網，而且銷紙也少得多，但其新聞報告及編排均極優美，可惜時時給一種自以爲是正義的崇高概念及專家主義損害着。英國每個關懷政治的學生都愛讀該報。

## 星期刊物與定期刊物

英國日報祇在平日出版的，而星期日的報紙在篇幅上是與日報不同。日報多是四頁至六頁的，而星期日報卻有十六頁至卅二頁，裏面充滿着實生活短篇小說，婦女欄及兒童欄等，對政治問題比日報談得更少。然而例外的卻是「星期泰晤士報」及「觀察報」。「星期泰晤士報」與「泰晤士報」是絕無關係的。還有例外的是「雷諾爾特新聞報」，竟然是公開擁護自由政黨的。

至於定期刊物中有「經濟人」，顧名思義是談論經濟問題爲主，但常反映着要人們對政治的觀點，而且也是自由主義的。「觀覽人」主張保守主義，「新政治家」擁護自由主義而且極力傾向工黨的共產主義，「時事與浪潮」和「論壇」都是工黨派的，後者對邱吉爾的政策時常加以有力的抨擊。

# 社會與教育

香港是中國南方的一個著名的天然港。人物富庶，商業繁盛，建設可說得是略具規模，遠勝於中國內地的城市。然和歐美的各大都市相較，則可以說是瞠乎其後了。單就中上環的住宅區和商業區方面來說，已是一個落伍的城市，不特人烟稠密，還且街道淺窄，斜歪無章，簡直可說是完全欠缺了一個現代城市所應有的各項主要因素。即便沒有這次的戰爭發生，香港也應該重新改建，使成為一個合乎現代化標準的城市。

## 戰後 重建新香港 的幾項建議

——張錦鈿——

經過了大東亞戰爭炮火洗禮後的香港，雖還可以說是沒有直接受到怎樣地摧殘，可是美機一再以盲炸的手段，重復伸張到香港來，以炸彈及燃燒彈向住宅區，商業區，施行無差別的濫炸，遂至銅鑼灣區，東區，中區，與乎對海九龍的紅磡區等等，都遭受到相當的損害；但是，我們就不能重新來把香港改建了嗎？這是我們的一個機會，至少，也可以加強我們重新建設新香港的意志，我們就把這個來談談吧：

說到重建，這當然不是一件容易的事，這裏，我祇能提出若干的建議吧了。至於詳細的計劃，如圖則的設計，和其他技術上的一切一切，則[illegible]寫出來。一則因為當我承蒙[illegible]這篇稿的時候，因為趕着出版，計起來祇不過有兩三天的時間執筆，在這短促的時間內，相信任何人也不能把這個相當偉大的計劃，詳細地設計出來的；再則，因為這本冊子，並不是工程上技術的專書，就算我費盡心神來計劃了出來，也出了這個月刊宗旨的範圍之外，所以，我只有在這裏來作幾個建議，把我認為重建新香港所應建設的幾件建議提出討論。假如他日認為有這必要和有此可能性的話，我當然是很喜歡用我在於工程上的經驗和學識，來一個技術上的詳細透澈的具體設計，以貢獻於重建新香港者之前。

好了！我現在得寫出，在大東亞戰爭之後，重建新香港的幾項建議：

### （一）拆毀間斷東區與中區相連地帶的建築

（從略）

### （二）渡海鐵橋

雖則我們有很利便的渡海小輪，祇不過費十分鐘的時間，便可由香港到了對海尖沙嘴了。這樣，我們不能不說是很為利便的了，但我們仍不能不感覺到我們還需要一座橫跨香港和九龍兩岸的鐵橋。這是一個現代化的城市所應具備的條件。一個商業發達的近代都市所不能少的東西，當然，這鐵橋的座落地點和橋身距離水平的高度，是一個嚴重的問題，為的是，香港是一個天然的良好港口，自然有很多的大洋船往來，橋身離水面低了吧，豈不是防礙大洋船的出入？可是，橋身離水面太高的時候。則橋在兩岸的入口處也當然是相當的高出了岸傍，這便是技術與現實和經濟三者之間的難題了。這裏，我提議在香港方面，鐵橋的入口處，設在現今中東兩區相間的海軍防地內的五十呎至六十呎高地上，而在尖沙咀方面，則設在現今之天文台山上五十呎至六十呎高地處，這樣便可以減少了另外建築來往這鐵橋入口處的道路了。我曾計算過，這橋的長度，約需六千呎左右。

假如我們認為這橋的長度太長了一點，建築費也相當重大，則我也會攤開了香港地圖，尋出了一條最短地路徑。那就是橫跨鯉魚門港口的一線了。這裡，橋身只需二千五百呎至三千呎便可以的。如此，工程和費用方面，不是減少了一半有多嗎？但是我們應注意的便是這鐵橋的用途，是為了利便民眾來往港九兩地的緣故而已，並不是只有了一座鐵橋，可以渡過對海就算了的啊！因此，這鐵橋的落座地，必需離繁盛的地點不遠方可，故我認爲最好的地點，還是設在本港海軍船塢與尖沙嘴之間的了。眞的，誰個願白費時間，兜了一個大大的圈子，纔可以過得到對海來呢？

## （三）伸展山頂纜車終站直至中明治通電車路處

現今的山頂纜車終站，是在花園道中，和下亞畢厘道口交界處，假如我們要乘搭纜車上山頂的話，就得由明治通電車路處，跑上一段頗爲傾斜的斜路，相信每一個乘搭纜車的人都感覺得很不方便的吧！山頂纜車下方的兵家地帶旣然如上文所提議的拆毀了，那麼，我們何不就因利乘便，就將山頂纜車的終站，伸展到中明治通電車路處呢？這樣可就利便得多了。

## （四）建築隧道溝通中區與元香港間的交通

這不過是大東亞戰爭爆發前不久的時候吧，記得有一位外國人士，提議建築一條由中區通至元香港區的隧道，那時，爲了工程的浩大，復因未能抽出這麼多的建築費用來，便只得作爲罷論了。直至後來，當香港當局興築防空洞的時候，他又舊事重提，說何不就把這筆建設防洞的款項，轉來興築這條有利交通的隧道。他還強調說，這條隧道，旣可以便利香港島前後兩面的交通，復可以當作防空壕來使用，這眞是一舉兩得的事呢。只可惜後來不知是爲了什麼緣故，他的計劃仍然未見採用，我以爲這條有利香港島前後兩面交通的隧道，在於戰後，如果不欲重建新香港則已，要是的話，這便是一件不能或免的重大建設之一了。

至於這條隧道的入口地點，在中區方面，則我認爲最適宜的就是在海軍船塢對上的兵家地帶。離海面約三百尺高地那處了。至於元香港區的入口，則相當適宜的地點當在元香港水塘附近的三百尺高地處。如照上列的兩處入口地點來計算，則這條隧道的全長，不過是約六千餘尺吧了。算起來也並不是十分太長，如把九廣鐵道的那條隧道來比，它還比牠短呢。

## （五）貧民區的改建

現在的香港，所被認爲最不合新時代化的，便是中環，上環和西環一帶平民的街道和屋宇了。戰後如是要建設新香港的話，這便是第一件先行要造的事，必須將這些有礙觀瞻，和不合衛生的白鴿籠式的平民窟屋宇，儘量全數拆毀，重新計劃過街道線，濶度，屋宇款式，使有多量的空曠地方，如每一屋宇，必須有相當廣濶的風圍或廣場，互相離隔，以符合摩登化都市住宅所必需的條件爲原則。相信如果能夠這麼樣，戰後的新香港，當另有一翻新面目了。

## （六）臭渠的新處置

戰前，香港島區內所有的一切臭渠，都是就近流入海面的，這是很不衛生的處置臭渠方法，亦不是新科學化處理的方式。因爲這會令到海面全不潔淨，影響各處海浴場所的衛生問題，同時也失去了大量的肥田料，這都是很不適宜的舉措。最新解決這問題的科學方法，便是利用渠道，把這些骯髒不潔的東西，流至離城市很遠的地方，然後流入去一些建設好了的

增產講座

# 農業增產的方策和必要的條件

黃折衝

大東亞戰爭最後之勝利究竟誰屬？此問題對於生產力有莫大的關係，尤其對於農產品，在戰時更須加以強化，故交戰國朝野對於戰時糧政之措置便非常注視。關於管理糧食之統購與配給，提倡墾殖荒野，免費配給種籽，貶價配售肥料，與手指示栽培養份等，凡此均以增加生產工作的重點。即吾人亦深信增產乃解決民食之最基本辦法。誠以民食爲生活四大需要中最重要之一，故過去歷朝帝王，均以民食爲第一要政。若民食問題解決，則其他問題亦可迎刃而解，中國歷史上之變亂，幾乎全部起於飢饉，可爲明證。中國雖稱以農立國，但糧食生產素稱不豐，至近代而此種狀態乃愈見顯著。中國近百年來內亂頻仍，除外　之因素外，飢饉亦爲主要原因之一，事變以後，民食愈見困難。時至今日，因外米之來源受阻，而更感缺乏。若再不從事於增產工作，則將來之國計民生，未悉陷於何種狀態，故在此劃時代裏，吾人須一致討其原因，探其緣故，思索其輪廓，明察其包涵，求農植之猛增，置民食於安定境界。

### （一）動員一切人力

誰也知道，東亞與英美生產力之分野，一是偏重於農，一是偏重於工；從表面

隔糞池，經過了數次的濾淸，便成爲了一些極爲有用而並無氣息的肥田料了。至於那些水糞，則由附近的泥土吸收去，深入地中，這樣的處置方法，則沿香港島的海面，既不會因這些髒東西流入，而影響到海面的不潔。再則年中也不致犧牲了這些相當大量的上好肥田料，這便是戰後重建新香港當中，一件不容忽視的建設。

### （七）多建公園及廣場

一個良好完備的近代化都市，是必須有多量的公園及廣場的，因爲公園是所以便市民的休息，遊覽，和散步的所在。而廣場呢，則爲兒童，學童，及成年人的運動或遊戲之所。戰前的香港，是因爲了人口的過量，復集中居住於細小面積的中上西環等地內，於是寸金尺土，儘量把一切土地，化爲居住之用，於是全港的公園及廣場，僅僅不過兩三所而已。如以這樣密度的人口來計，則簡直可以謂之爲無，故欲將香港改建爲一個中國南方媲美歐西的近代化的良好港灣，就必須多建公園及廣場了。其中的一處，最適合的便是把銅鑼灣避風塘填塞，改爲一個臨海的公園，眞是一個最好沒有的所在了。況且，這避風塘已是太淺而不適用的了。

### （八）其他

戰後欲重建新香港，其他必需的建設還多着，如將現今的道路改濶，以便雙層「巴士」的行駛，再如加建民用飛機場，以便香港和其他的城市或大商埠的空中交通等等，都是相當重要的。至於其他的次要建設，則爲了篇幅關係，我祇得簡略去了。



上看來，具有工業之國家，好像在經濟基礎上佔優越的地位，寔則不然，英美因爲人口數量之不足，一切均急求其機械化，以補救其人力的缺乏。東亞人口，則遠勝於英美，在全世界人口中，東亞人幾居其半，東亞有此雄厚的人力，故不需急求一切機械的幫助，所以其經濟基礎，建築於農業方面。戰力之能延續增強，人力爲其第一要素。而人力之培養，幾全須賴農業而非工業。此爲最明顯之確証。因此，僅賴工業生產以維持其國家經濟基礎，實在是非常脆弱的。

東亞農業生產，有助於培養戰力者，其效果的偉大，實非英美所可想像。東亞米產額佔全世界百分之九十五，麥的產額佔百分之五十四，大豆產額佔百分之九十二，其他食糧產額成份，亦有相當的數量，以如此豐富的農產品，苟再加以動用大量之人力，而再使其生產增加，則其所得效果誠不可同日而語。日本農民，現正發揚其隣保扶助精神，將土壤和種籽及人力，三者總動員起來，展開所謂鄉土增產運動。即我國亦有糧食管理委員會之設立，將人力集中，統一運籌，增強其行政效率。以無限的人力去運用許多汚的資源，相信必能在戰爭中培養起我們無限的戰力。這也就是因爲東亞有龐大的人口數字，必能使東亞生產力發揮至於無極。

### （二）增植農產的方法

戰時農產，往往因受兵燹影響，可耕之地，不無荒棄，衆之農民因戰而死亡，

# 保衛團的理論與實際

王浩庭

## (一)序言

香港成立保衛團已屆三月，工作施行以來，頗得社會好評。最近美機濫炸中區，保衛團員之勇救精神，着實令人感激與欽佩。同時保衛團的社會價值，正給予一個很好的答覆，而保衛團的性質，在這成立短短的過程中，已表現得很透澈，例如緝獲竊匪，擊退野狗，指示迷途，維持善團施粥派飯之秩序等，令社會大衆對之表示極大的好感。這誠然是保衛團辦理的成功一種表現，區政施行中的又一件好現象。

最近因保衛團的經費問題，本港各區保衛團長會開聯席會議，表明以汰劣留良的方法，對團員的編配，將側重於質的方面，對量的方面將有所改變；同時因本港十二區之保衛團，其組織標準與成績，似乎未可等觀，因之乘此時機，我們願向保衛團進一言，使各區的保衛團長在進行改編的時候，多一種參攷與度量的標準。

## (二)保衛團的史觀

香港的區政制度，似脫胎于我國保甲制度的一部份。但保甲制包含徵兵與佃稅的，而區政制則無。保甲法起始於宋朝，王安石因鑒於宋代的重文輕武，與世襲的中央集權制，使國家邊防的武力，非常薄弱，這是宋朝多外患的唯一主因，之實行變法，創保甲制以加强地方防衛。十家爲保，設保長，五十家爲大保，有大保長，集十大保爲都保，設正副都保；所有保丁，許其自蓄刀箭，共習武藝。殆至清朝，保甲法更有改進，居戶每戶給門牌，書其家長(即世帶主)的名和男丁的數于其上，每歲更換，十家爲牌有牌頭，十牌爲甲，設甲長，十甲爲保，有保正，他們的職責，以查報犯令作匿的人，及防土匪之騷擾。及至民國初年，各省均設省保衛團，以爲自衛。鄉間村民亦自組「鄉團」，「民團」等以防賊匪。此爲保衛團組織，最爲紊亂與廣泛的時期。民國十八年，國民政府鑒於保衛團的需要，特頒縣保衛團法，制定以閭爲牌，閭長即牌長，以鄉或鎭的單位爲甲，以鄉長爲甲長，以區爲一區團，設區團長，縣爲總團，以縣長爲總團長。規定由二十歲至四十歲之男子，均有入團受訓義務，但(一)家無三丁者；(二)殘廢或精神病者；(三)在外受職者或本地公務者；(四)在學校肄業者；得免役。其訓練的規程，因省保衛團法與縣保衛團法與鄉團法的不同，而所施的訓練也各異，有照軍隊的，有照警察的，有照鄉民自己的辦法的。

保衛團最爲轟轟烈烈的時期，當是四十六年前庚子拳匪亂後，在鄉間民團的組織，固然

---

或逃避流徙，在所不免。故苟欲增產，有非對症下藥不爲功，然而今日，在戰時的今日，農民所負之責任是什麼？第一固然是保衛農村的治安，其次便是增加農業的生產和增闢耕地了。第三是人力務求合理的分配，畜力尤須儘量利用，同時改良農具，選擇種籽等尤爲急切的任務，至其對於較簡便之作物，更宜竭力推廣，俾利用土地，節省勞力，若再復加以適當之肥料，期使糧食增產的促進，而達豐收的目的。第四是施肥，對於施肥問題，與植物的生長是有極大的關係，蓋植物之生長，是需要氮，磷，鉀，鐵，鈣，鈉，炭，氧，水，等各要素。就中唯炭，氧二者吸取於天空外，餘均須仰給於土壤，在古代地廣人稀，耕地有閑餘的機會。土壤的養份，尚無不足之虞。惟時至今日，人口增加，耕地之利用頻繁，不特無閑餘之時期，即在同一土地，每年須耕耘數次，因之地土所含各要素消耗已甚，養分自感缺乏，故必須人工加給肥料於土壤，以補供農作物之吸收，此爲近代農家補充增植農產之唯一方法。蓋農作物之需肥，猶人類之需食物。苟患不足，必致凋疲，故栽培農作施舉以適當之肥料，與人生配備衛生滋養之食品，是無異旨的。

(四)施製肥料法簡要

吾人既知增產糧食，爲目前急不及緩之要圖，其方策原有多端，不過施肥爲最積極之捷徑，惟肥料之來源有限，苟非設法開拓，隨地利用，則影响於增產工作至

遍及全國，即以各大都市而言，八國聯軍攻入京師，清帝西奔，京都治安，無人維持，才由外人利用華人之保衛團潛組織，設立「安民公所」。上海之所謂「萬國商團」，亦即肇意於此。一時天津，漢口，上海，北京等各大都會，俱受保衛團的保護。

## (三)保衛團的組織法

關於保衛團的組織法，以無「一定性」可言，須視當地環境而設。但大概不脫三種：集權制，分區制與混合制。

照本港現在的保衛團組織而言，由團長之下分若干班，設班長，班下分組，設組長，組長轄團員若干人，各班各分地段，由每組輪值守班。此種組織，本可列入分區制的組織的，但各保衛團的組織章程，筆者未及參讀，而對此組織細則，又乏參攷書參閱，爲使本文能適合本港保衛團的參攷起見，筆者唯以本人的軍訓經驗，担任上海眞茹鎭保衛團暑期政治實習教練的記憶，列擬章則如后：

第一條 本章程依照□□部□□局組織規則第□條之規定按照原有區域劃分分駐所

第二條 本團轄境劃分各班分駐如左：

第一班 南由□□至北□□爲界，東由□□至□□爲界，計團員□□名

第二班 南由□□至北□□爲界，東由□□至□□爲界，團員□□名，班事務所設□□□

餘類推

第三條 各班視事之繁簡設職員如左：

(甲)正副班長各一人

(乙)書記□□人，或常務辦事員□□人

(丙)什役□□人

第四條 由班長按照所屬各組出勤事務。

第五條 班長承團長之命，管理班區內一切保衛事務並監督所屬各團員。

第六條 組長承班長之命，管理所屬各團員

第七條 本章程如有未盡事宜得隨時修正之

第八條 本章程自呈奉核准之日施行。

## (四)保衛團服務規程

第一章 通則

第一條 保衛團員執行職務除法令另有規定外依本規程行之。

第二條 保衛團員承本管官長之監督指揮辦理職務內一切事務。

第三條 保衛團員非奉官長命令或持有票據不得入人家宅，但有必要情形非逕入不能達救護制止或逮捕之目的時不在此限。

第四條 保衛團員行使職權時須態度和平不得有粗率强暴之言動。

第五條 保衛團員如遇事故涉及他管區域或在他管區域內發見時應即通知他保衛團。

第六條 保衛團員在兩管區界發生事故時，應協商辦理不得故意爭執或相互推卸。

第七條 保衛團員服務時如遇用制服官長應舉行相當敬禮。

第八條 團員于服務時必須配携警棍，警笛，筆記本鉛筆及其他用品，穿着制服必須齊整。

大，故爲增加生產，不得不先研討肥料增產之方法。茲擇其易擧者略述如下：

A．堆肥之製造——收集田野間落葉雜草藁稈污泥或屠滓殘餘等物，堆積於田隅，平坦傾斜之地面上，覆以泥土及草席作小坵狀，以防大雨侵蝕冲散流失，待其發酵，充分腐熟後，即可施用。

B．油餅類之腐熟——豆餅菜籽均含有殘餘油脂，應先將其粉碎抽出，使其腐熟發酵，油脂分解後，再行施用，如與燐酸石灰草木灰併合施用則更佳。

C．綠肥之栽培——利用各季土地閒餘時間，栽植綠肥爲最經濟合理之方法，豆料植物中爲紫雲英，蠶豆，豌豆，，靑刈，大豆等，非豆料植物如燕麥，畦畔雜草等，均宜粗放。栽培待春季稻作下種前乘其嫩綠，割刈置入泥中，灌注水份使其腐熟爲最好之肥料。

D．水草與海藻之收集——河池湖泊之水草與濱海淺灘之海藻，如收集堆腐成熟，或晒乾焚燒，均可變爲高貴之肥料。

E．起掘淤泥與積聚濁水——都市附近或傍於村落之池塘河溝淤積污泥爲濁水積聚之沉澱，腐植質含量最富，如掘起乾晒分殖農田，充作肥料，最適宜於稻麥之長成。

F．都市腐棄物之利用——各地都市擴播充斥，有礙衛生，如將是項廢棄物收集，或將之堆積腐熟，或晒乾燒灰，或蒸製成粉，可化無用爲肥料。

F．草木灰之留存——農家爐灶，如加

第九條　團員携帶警棍不得有撻人之行爲。

第十條　團員服務時應服裝整齊姿勢端正不得有喪失身份之情狀。

第十一條　團員服務時不得有吸烟飲酒買食零物看閱書報或與人嘻笑閑談情事。

第十二條　團員要遵守被規定之時間。

第十三條　團員對職務須忠實耐勞不得怠情傲慢與藉故招謠。

第十四條　團員雖非當值遇有非常事故時亦須有盡力赴援之義務與精神。

第十五條　團員對職務上之秘密不得洩露。

第十六條　團員對職務有向官長報告或陳述應依據事實不得稍涉偏袒或虛僞。

第十七條　團員對職務上之行爲不得受人報酬或囑託。

第十八條　團員遇有應行逮捕之人犯衆寡不敵時應即鳴警笛求助以期必獲。

第十九條　團員捕獲人犯應將其身上之物先行搜出送交班所警所。

第二十條　團員對於新頒之政令應詳察民衆是否了解隨時告訴官長。

第二章　班長

第廿一條　班長秉承本管官長之命督率所屬執行職務並時出巡視詳察班區內情狀。

第廿二條　班長巡視中遇有團員應辦之事故時應斟酌緩急親自辦理之。

第廿三條　班長應將管區內關於警務及區政務之改善事宜應隨時查報。

第廿四條　班長應將每日勤務製成日記表報告團長遇緊急事故尤應當即報告。

第廿五條　班長應隨時考績團員之勤務。

第廿六條　班長對於新頒政令應向所屬團員詳爲解釋，勿使稍有誤解。

第三章　班員

第廿七條　站崗團員不得依牆靠壁或無故擅離崗位三十步。

第廿八條　站崗團員遇大風雨之際可於附近屋簷下暫避，不應侵入家屋。

第廿九條　外勤團員於出勤時限已過，而接替者未至之際不應逕自休息。

第卅條　巡邏團員每日應在本區域內依所定路線巡邏，不得減少或無故他出。

第卅一條　團員不得無故站立於商店住戶之門口或窃聽其內容。

第卅二條　團員應隨時加意查察區內下列各人以防危害：

（一）曾受徒刑之執行或經宣告緩刑者（二）素行不正者（三）乍貧乍富或收入不豐而浪費無度者（四）一戶而有多數非家屬人雜居者等。

第卅三條　團員應注意居民之戶籍遷移其手續已否完善。

第卅四條　團員巡邏時區內如見有水道電燈電線煤氣管等之各種公用建物等有破壞塞鬱或有此種可虞者應即通知主管者前來修理。

第卅五條　團員如遇有幼童迷路或路有棄嬰與遺屍等應即通知區役所負責辦理。

第卅六條　團員如遇有醉酒及知覺失常者應加意防護如遇暴動情形宜即制止之。

以適當之設備，可減少塵灰飛揚，使草本灰聚積一處，可爲上好之肥料。

G．動物屍體之處置—我國農民，以習於迷信，對動物屍體如狗貓之類，往往拋棄河流，致良好肥料，任其損失，殊感可惜！如能蒸製消毒，化灰成粉，不特有益衞生，對於用作肥料，更有甚高的價值。

H．其他如雞，牛，豕，兎等家畜，其所排洩糞水，亦可充作肥料。又如腐敗之魚肉，不能供作食用者，將其蒸熟，除去油脂水份，晒乾成粕，是爲魚肥，內含蛋素燐酸甚富，用作肥料，亦爲最佳者。

（五）結論

對於戰時農業增產的方策和條件既如上述，倘各地當局，予以切實提倡及積極嘉奬農業的增產，使之達於理想之收穫，無感缺乏，自爲目前之不易的要務。

至如何改進農民生活，如何謀農民的安全，及土壤的成份如何鑑別，植物營養的需要，適量之施肥等問題，此有賴農學家之研究與指導，務使多年成爲懸而未決糧食不足之重大問題，早得解決。

## （五）所望於香港的保衛團者

關於保衛團的定義，顧名思義，保即保安，衛卽護益，卽為保護社會公益與安寧的一個團體。民衆組織保衛團的期待既然這樣，而政府對保衛團的期待也與民衆的大同小異，期以輔助警察，協力區役所，以完遂政府之一切施令。明白這一點之後，負責組織保衛團的人，與及各個團員們的本身，都應明白，這是一件神聖的工作。

中國各地的保衛團，均犯着一種流行性通病，即為本來是一種義務丁制的保衛團，却往往流為招募制，而招募所得的人員，很少不是市井無賴，或無業游民。在此種的先天劣質之下，漸之往往會引起民衆的惡感，難望有燦爛的前途，成為歷史一般的命運了！今日香港保衛團能得社會的好評者，一方面果然是領導者的功勞，一方面我們實不得不歸功於團員質地的良好。例如中區被美機燒夷彈濫炸，保衛團員矢力以赴，原因皆為着大多數都是每日見面的鄰居街坊，其關係不脫親友與夥計，我們明白了這一點，然後再說第二點。

「會捉老鼠的貓兒不叫，」眞正能為公益而服務的保衛團員，他們未必斤斤較量於政府的津貼的，因為他本人已是商店的受薪份子，他本是一個高貴的人，對政府的津貼，只表示欣慰與獎勵，而並不對此有何非非之想，設若有人嫌津貼少怨尤或辭職，這顯然含有要挾的惡意，其劣質已經畢露。保衛團是公益事業，須要熱心的人才能發揮熱力，越劣質的團員，越是沒有公德心，這種現象，實不止保衛團是這樣。

保衛團的工作效率是建築在團員的訓練上；這種觀察是錯誤的，如果不是錯誤的話，那末政府只要多訓練幾個警察，消防隊，軍隊，密探之類就可以解決，何須保衛團呢？其所以須要保衛團者，就是要民衆親身去面臨此種工作，由連保與連坐作用，產生民衆間一種守望相助的習慣。

人的結合是建築在感情上與責任上的，舉一個例，一條街每一個門牌都有人參加做保衛團員，一條街二十戶則有二十個保衛團員，不論任何一戶發生事故，則必定至少有一個團員來出頭救護，其餘的十九人便會看在他一個人的面上而齊來幫手，守望相助的目的便此而達到，如果換一個環境，這件事故要等陌生的其他團體來救護，即就有俗語所謂的「急驚風碰着慢郎中」的可慮了。

最近香港保衛團長聯席會議，似有因經費問題而對團部有所調整，我們特此專文以供當局的參考，使之在調整時有所新認識，同時我們希望各團部能使之龐大起來，對團員的質的方面，應由精神的訓養來提高，而量的方面希望能盡可能的擴張起來，我們相信一個能幹的領袖，一定能組成一隊有責任的保衛團的。

# 日本的小學教育

倉橋惣三著
芳草譯

原文作者是倉橋惣三教授，生於公元一八八二年，以研究兒童教育著名。本文譯自東京出版的日本旅行雜誌（TRAUEL IN JAPAN）第三卷第一期一九三七年出版。日本現已將小學校的名稱改爲國民學校，原文在更改前著作，譯者仍照原文翻譯，未有將小學校的名稱改譯爲國民學校。

譯者附誌

春天的時候，日本各處櫻花盛開。這美麗可愛的景色是世界著名的。春末的時期，四月的當中，還有別樣美麗的景色。這就是日本全國幼小的孩童常在這時候聯羣結隊，投入各小學校開始求學。這種景象比開放的櫻花更爲美麗可愛。這羣小國民雖初次進入學校的環境，但他們偉大的和有希望的精神已令人獲得一個很深刻的印像。這不是四月一日愚人節的戲言，這是日本的眞實景象。

日本規定開始入小學校的年齡是滿七歲。每個兒童到達這年齡，必須入校肄業。在日本，達到入學年齡的兒童，因各種原因而不能入校的人數只有。42%。即是能依學齡而入校的人數則有99。58%，這個百分率幾乎令人不相信，但事實比這百分率或更多。日本兒童的家長，無論貧與富或城市與鄉村，他們最重要的責任，就是把他們的兒童送至學校求學。

日本的教育，在明治十一年開始，即公元一八七九年。那時候，强迫教育的期限只有四年。後來延長至六年，但現在政府當局已把期限伸展到八年，即是由六歲至十四歲。

日本全國的小學校，除在朝鮮和台灣設立的不計，多過二萬五千七百間。其中，四間是國立，一百間是私立，其餘由當地政府設立。父母的責任是送子女往學校，城市或鄉村的責任是供給他們的學校教育。日本是一個人口生產率高的國家，因此人口的數目繼續增長，而公立的小學校的數目亦要比例的增加。各處的地方政府，無論如何必要盡力節省其他費用，來增加小學教育的經費；這經費不只供給兒童夠用的校舍，并且要準備適合的校具和教學。日本的大城市，如東京和大阪，當然有壯麗的校舍，但外國來日本遊歷的旅客常常很奇異地發見，在似乎落後的農村，亦有校舍廣大和設備良好的小學校。

公立的小學校平常不徵收學費。有的地方爲環境所逼要徵收學費，但依照國家規定，所收的數目亦極微小，因爲各人皆承認這種教育是一般人所需要的。

國立的四間小學校是附設於東京及廣島等處的師範學校。各處的師範學校，亦有附設的小學校。其餘公立的小學校則由各城市或鄉村的政府直接辦理。教員的薪金可得國庫的補助，但其他的經費則由各處地方自行籌備。私立的小學校是由私人或非政府的團體所設立。這種私立學校有一百間，其中有的很著名。無論公立或私立，所有一切的小學校均要依照政府的規定來設立辦理。所以各小學校的主要性質是統一的，而且均隸屬於同一的規定，無一例外。換句話講，日本可以確說，各小學校均嚴行遵守政府的教育政策來辦理。日本教育的最顯著原則，是日本國民全體在小學校的時候，均須受完全同一的訓練。

欲參觀日本的小學校，須得校長的允許。若參觀的人對於所參觀的學校發生興趣，那校長必很樂意把校內情形指示解釋或給予各種便利。欲認識清楚日本，尤要認識清楚日本的小學教育。日本的小學教育和家庭教育，給與日本人民正確的發展。日本的兒童不只要訓練智識，技能，德性，尤要訓練成爲眞正的日本國民。

小學的課本完全由文部省編輯校訂。這種監督權不只施行於需要課本的教育，甚至其他方式的教育亦受同一的監督。生活的教育，實物的教育，動作的教育，其內容及分級皆由小學規程擬定，并由政府編妥完備的課本來應用。政府對於小學課本的準備很注意，若時代和情況有改變，課本也迅速地跟着改編。

小學的科目有：修身，日語，算數，國史，地理，理科，圖書，音樂，體育。除上列的科目外，有的學校增設別種科目，如男生的手工和女生的裁縫。科目是一種名稱，但教育不只限制在這些科目內。還有各種課外活動，增加兒童對於學校作業的興趣，如運動會，遠足會，和各種娛樂的集會。有的學校更具有最新式的設備，如無線電廣播，活動影畫，及其他設備，使在校的時光充滿快樂，如充滿學習一樣。學校有戲正的紀律，但不須嚴酷的執行。所以各小學的兒童皆愛好他們的學校，並且感覺每日返校是一種快樂，這不是一件奇異的事情。

日本的小學教員必須領有政府的許可證。在他們中，有許多具有才能的男女教員是師範學校的畢業生。男教員和女教員的比率是九比一。美國人或其他外國人，對於日本小學男教員比女教員特別多，會發生奇異的感覺；但日本小學教員，無論男或女，都是溫柔，慈愛，熱心來教導他們的兒童。他們永不厭煩他們的工作，只有履行他們的使命，忠實地獻身給與他們的兒童和事業。凡到大阪遊歷的人，可以看見一座紀念碑，紀念在數年前的一次颶風當中，小學教員犧牲生命來拯救他們的小學生。這是一個例，表示教員常時準備為着他們的學生來犧牲自己。日本的國家教育是由這些教員所領導的。

無論如何不能忽略的，就是日本國家教育的主要精神。小學教育的唯一中心，是　天皇御像和　教育勅語。全國每間小學校都有御像和勅語，每逢規定的日期，在學校禮堂懸掛御像，由校長捧讀勅語，然後員生全體同唱國歌。這是日本小學的唯一靈魂，也是日本小學的主要精神。外國的朋友欲認識清楚日本的小學教育，除觀察教育的設備和教授的科目外，不要忽略小學教育的主要精神。

# 廣九路沿線巡禮

•清泉•

提起廣九鐵路，大家都不免撩起一點「久別」的思懷，這差不多和珠江平行的一條港粵唯一交通線，全程雖然不過是一七九公里，然而提起它過去的勳勞，確實給予人們以不少追憶和懷戀。過去火車和輪船競爭的時代，它固然奠下了一段異常光榮的紀錄；在目前强化港粵間交通和運輸陣容的當中，它是其中一枝强勁的生力軍，這個地位也足夠睥睨一切了。我們還依稀記憶，從前在香港喝過早茶，還趕得及渡海去乘八時早班的「飛龍」直通快車，一路風馳電掣把你送到廣州大沙頭終站，出了車站再踏上去財廳前的長途汽車，也不消十分鐘便到廣州市最繁盛的商業中心點漢民路了。在這兒信步游覽一會，你不妨踏上一間「賓至如歸」的酒家，把早飯和午餐一起解决。這時侍者拿菜牌過來給你點菜，你儘可以把「食在廣州」這一句名言着實的實驗一回。淡水海海鮮的味兒不壞，淡水蝦蚧的風味更不錯，其他菜式的烹調作風，假如不要說是不同凡響，也是别饒風味。在淺斟低酌之餘，你也許會感覺到此行的非虛，而這一天的節目也夠寫意了。假如你打算明天還要上班，或是在廣州玩了大半天，對它特有的風景線的花塔，紀念堂，紀念碑，粵秀公園等等，都看得有點兒膩了，你還可以趁當晚的夜車回港，依然照平時就寢的時間，躺在今朝才和你分別的一張牀上，很舒服的睡一覺！

可是在目前大東亞戰爭到達最激烈階段中，廣九路也負起更嚴肅和重大的使命，它的使用便置在重點的方面去了。筆者懷着上述這一種心情，跑去訪問剛才由廣九沿路旅行返回的商人某君，承他把這次旅行所得見告如左，相信和廣九路隔別很久的人們，都以先覩為快的吧！

這一次旅行的任務，是想到廣九路沿線採辦糧食的地點，做一實地調查和聯絡工作，準備回港着手辦一點循陸路輸入食糧的事業。這次開出的列車完全是貨卡，客卡只有三個掛在後面。列車在黃昏時候蠕蠕開動了，速度漸漸增加，車廂裏面的悶熱也頓然消除，變為凉風習習。因為不是直通快車，所以沿途到站都要停留，給貨物上落。沿途經沙田，大埔，粉嶺，上水各站，都停留約十分鐘。深圳圩，是這次旅行的第一個目的地，所以便由此下車，車站左邊矗立着深圳戲院和娛樂塲，規模相當偉大，從前是香港一部份人士的週末消遣處，有「小澳門」之稱，它的熱鬧可見，但是現在只剩下敗瓦頹垣，顯出一片荒凉的氣象。深圳雲片糕本來是很出名的，但在火車開到深圳站時，也不再聽見深圳雲片糕的叫賣聲了。車站右邊有一座小山，山上原日設的中國海關，從前有緝私兵三四百名長駐，準備隨時出動去沙頭角緝私，每次出動人數總有百數十名。原來從前沙頭角一帶的私梟，都配有犀利武器如快掣駁殼手槍等，聲勢浩大，三幾十名緝私兵不是他們的對手，但現在環境不同，留駐關內的只有關員三四名。由車站到深圳小站，要循着和車路平行的公路徒步約二十分鐘就到了。深圳小站的右邊就是深圳墟，這兒有一間深樂旅館，裏面很骯髒，但深圳墟沒有熟人投宿，權且暫住一宵。第二天恰巧是墟期（逢二，五，八日），每逢墟日，附近鄉村士人都拿出各種農產品和家畜到墟場販賣，由紫紅色的禾粟（即雀粟），粟米以至白米，瓜菜，豬，鷄，鵝，鴨，小鷄，小犬和小貓，林林總總，目不暇拾。其中最值得注意的是禾粟（即雀粟），每斤只賣大洋三十至四十元，在這個新穀還未登場的時候，鄉下人多數吃它充飢。食法是連皮磨爛，和水加糖煮成糊狀。在營養上相信是比香港人吃的木薯粉和西穀粉好得多（聽說鄉下人吃木薯粉和西提粉，多數腸胃不能抵受的）。深圳最特別的食品是用糖煮麵條，風味不錯。深圳圩雖然是純粹的鄉村，但是市場却很大，管理得很齊整和清潔，在鄉村市場中是罕見的，不過物價相當貴，全用大洋，豬肉每斤二百五十元，米一百一十元，鷄蛋每個十二元，墟內有賭場四五間，很是熱鬧，在這兒呼盧喝雉的多數是惠州客，他們一擲萬金，毫無吝色。墟內還有金舖兩間，表示這一處地方也是相當富庶的。深圳墟情形在一日內調查完畢了，當日，一路經布吉，李朗平湖，天堂圍，塘頭厦，林村各站均有停留，列車一到站頭停留，就有當地鄉人上車兜售食物，所賣的東西有正式鷄蛋糕每件十元（大洋算，以下均是），熱鷄蛋每只二十元，汽水每枝五十元（連樽）。我把鷄蛋糕加上「正式」兩字，並非想替鄉下人賣廣告，但事實上蛋糕的食味確是不錯，比香港最名貴的蛋糕還好，這是值得特別介紹的。

樟木頭是廣九路的中站，和惠樟公路銜接，所以貨物上落特別多，停留的時間比較長，這處是調查的第二個目的地，所以就下了車。這兒也有一間旅館，不過裏面比深圳的旅館更骯髒，幸而這兒的河田商會主人是素識的，就跑到他的店子去歇宿一宵。樟木頭是一個墟場，地方非常骯髒，所以蚊蠅特別多，人口不很多，大家都面善了，外來的不良份子是不能夠在這裏立足的，加以日軍保護特別嚴密，所以治安非常好，簡直做到夜不閉戶的地步。圩內有日本商行幾間，經營穀米，和豬牛牲口的業務。茶樓也有三間。樟木頭車站裏面還有食物店，新近才由廣三路的石圍塘站遷至樟木頭，或者是爲着這個原因，所以價錢和廣州差不多，店裏隨時都有餅食，汽水，炒粉炒麵供應。

由樟木頭車站乘腳踏車沿鐵路到常平墟，這兒物價很相宜，米是六十至七十元一斤，豬肉是一百五十元一斤。不過到常平墟採買糧食的都是附近鄉人，外人很少。由車站到常平墟的一段路，盜匪出沒無常，最近有和平救國軍開到，秩序比前好一點了。

樟木頭的調查工作完成了，當夜又再上車，一路經茶山，橫瀝到石龍。石龍是廣九路最大的站，火車在這處停留十五分鐘才開。這兒是調查的第三目的地了，下了車徒步十五分鐘就到石龍鎭，鎭內有順昌隆旅館，和平旅館兩間。在昌興米店歇宿一夜，明天就開始調查工作。石龍鎭是東江米穀的重要集散地，它是僅次於惠州的一個東江貨物交流的中樞。由惠州循着東江順流而下的穀米船，起碼是載着三幾萬斤的穀米。由各地——主要香港運來的物資如棉織品，也是要先到石龍鎭才溯江東上惠州轉老隆各地，所以在石龍想買三幾萬斤的米，是可以隨時一呼即集。因爲它的來源是大批由東江各地運到，和深圳樟木頭等處只靠客籍人担運數十斤零星小數的來源不同。石龍鎭裏面的東龢元路，是鎭上的商業中心點，有金舖，銀舖和東江辦莊。其他雜糧如麥米等也很大宗。它可以說得上是廣九沿線上最大的食糧採集地了。由石龍到廣州，沿途沒有什麼可供紀述。

# 體育與健康

## 由香港體育說到走警報

蘇以誠

讓我們先來檢討一下吧！

過去在舊香港時代，體育運動的發達，在南中國堪稱首屈一指；祇可惜當時體育的發展，僅能造成一部分的明星球員，始終未有達到體育普遍化的境域；且一般主理體育事業的人，亦多藉體育爲增進名利的工具，根本沒有存着體育向上的心理，這是很遺憾的一件事！

及經過戰爭的洗禮，香港體壇亦隨之更新；以前明星化的球壇遂亦換上了一副新的面目，而當局對本港體壇之發展，又銳意扶助，一般熱心體育事業者，復挺身出來倡導，卒於去年組成了香港體育協進會，努力推進寓慈善於體育及爲體育而體育的宗旨。至是，香港體育運動開始踏上了正常軌道。

可是好景不常，今年正月間美機忽暨次對本港施行無差別的轟炸，災情非常慘重，各界紛起救濟，尤以體育界份子，奔走呼號，并搶救災區最爲出力。這並不是說體育界特別賣力，乃是因爲體育界份子一向得到體育的修養，臨到緊要關頭，便會自自然然地受着內心的驅使，去把他們練就了的一副超人的毅力，而能應付環境的原故。

後來災情擴大，體育工作受了影响，一時難以再照協會原定計劃發展下去，可是，體育家的精神與及仁俠行爲的表現，則已給與本港僑胞一個最深重的印象了。

現在東亞戰事仍在劇烈進行中，香港所處環境，今後當繼續會受戰事的波及；作爲香港的一個居民，處此時代，每一個人都應要謀求養成最低限度的刻苦耐勞底習慣，勇敢的精神，和堅定的意志力，方克以應付一切不測境遇之發生。可惜香港體壇一向缺乏此種有組織的體育訓練，除少數運動員外，一般大衆至今仍無此種修養，因此臨到急難時，勿說是去救人或互救了，直是連如何自救的常識都未曾具有呢。

本來體育對個人修養的得益是：機警，勇敢，堅定，忍耐，決心，自信，克己，進取和熱心的鍊成的；對社會和團體方面則可養成仁愛，不私，合作，友善，互助，信託，正直，誠實，周密，和大方等崇高的品格。至於各種奔，跑，跳，擲，攀，游泳等技能之增成，除以運動爲最高尙之消遣外，原來是注重於（一）爲應付不測境遇的發生，（二）養成判斷速度，距離，高度與時間而曉得如何運用身體以應付環境。這些問題，筆者三年來曾先後在香島日報體育週刊提出討論；每一個人若對上述技能或修養，曾加以相當的訓練或認識的話，則臨到危難時，最低限度不至眼巴巴地把自己完全陷於絕望的境地了。

目前香人所遭受的禍患，雖說是多數從天而降，但並非絕對突然而來，而又不可規避的，事前必會有一分鐘的警報，或種種防避的措置；當局不是再三公佈警報發生五分鐘後始禁止通行嗎？最近且正式開放防空洞以

走警報

確保居民的安全，因此，問題只剩警報後五分鐘內，我們能否跑過警戒線，或到達附近的防空洞和比較安全的地點。

這個動作，當然要靠跑步來完成，往往警報一響，只見市街上的人幾乎全都鐵青了臉，然還扒起來狼奔豕突，有些人更會馬上腳軟起來，結果雖或能跑到認為安全的地方，但已上氣不接下氣了。體力這樣的人開首就打了個對折，說不定事後回家，還要臥上三天兩夜，才能恢復一有的健康呢！這是什麼原故？完全是因為缺乏體力，耐力的訓練的關係而已。

講到這一點，反觀我國體育家輩，除專門從事徑賽如怪傑劉長春者外，一向亦鮮有重視或認眞去練習跑步的。讀者諸君有無見過游泳大家陳振興，除游泳外，亦嘗認眞地去跑步嗎？球王李惠堂，網球國手林寶華，除打球外有無以跑步去做補助運動？這些都是大大的疑問；多數的球員，都是只在球技的練習中附帶地跑跑而已；其實假若他們能另外認眞去練習跑步的話，相信必定能收更大的進步和成就的。因為跑步無論對任何一項運動，都是一種最有效的培養耐力和體力的方法；而體力和耐力乃是運動家所不能缺少的一種要素。

至於普通的人，在平常生活中，則絕少須要奔跑的機會，當然也不會去特意練習跑步了。可是現在是非常時期，隨時隨地都有賴跑步來獲取安全的事實。那麼跑步倒變成了非常時期生活中所不能缺少的一種訓練了。

跑步經過訓練後，能使我們得到兩條結實的腿。這兩條結實的腿將直接對於吾人的體力，耐力和動作的活躍性，都發生很密切的關係；間接且會給我們一種勇氣，自信，和鎮定與冷靜的態度去應付環境。

在人們決心開始去練習跑步的時候，起初也許只能跑五六十米，但假若經過多次的嘗試後，便可以自然地增加到五六百米以上的程度了。現在讓我們來定一個目標吧：八百米突！要能一口氣地跑八百米突！

讀者諸君請千萬勿只以為我們是用腿來跑，其實我們也用心和肺來跑的，心和肺之外，還需要些內分泌腺的幫助呢。在緊張的情形下一口氣跑八百米突，還當然不是一件怎樣適意的事，若非平素有訓練，還會加有痛苦的感覺；為征服這種痛苦，吾人唯有訓練自己跑步了。那麼在不知不覺中，就會養成不屈不撓的忍耐力與及勇氣。

你跑八百米突的路程需要五分鐘嗎？這是最起碼最劣等，而且一定於最後一個入防空洞的人了，普通，你應該可以三分鐘跑到，最合標準，最理想的時間，當在二分半至三分之間，警報一拉，你便拔足跑了，警報聲停，你知道已經跑了一分鐘，防空洞或你認為安全的地方已在前面，當你從容不逼的跑進防空洞時，僅僅是兩分多的三分不到。於是脫下帽子，拿出手帕來揩揩額上的汗珠，這時才遠遠地聽見有轆轆的機聲了。再看看狼奔進來的人，上氣不接下氣，你一定要微笑而幸慶自己已了跑步訓練的修養。

八百米突的世界紀錄是一分四十六秒六，靜靜地告訴你，在運動場許你一輩子都破不了這個紀錄的，可是走警報，呀，我可不敢相保你了！

從今天起，為適應非常態勢，讓我們把練習跑步作為是生活課程之一，也作為是香港體育大衆化的先聲吧！

## 積極性健康

英國生物學家 哈塞里原著
方 靈 節譯

健康不是一種消極主義，也不是以不致患病便算滿足。健康是要有積極性的，健康的人除不發生疾病外，還要體魄的舒適與精神的安寧。缺乏健康的人是生活的累贅，社會的重負；充分健康的人是一種推動力，是生命的源泉，是生活的助長。

注意健康的人不要忘却精神的安寧較體魄的舒適尤爲重要。精神不舒適會影響到體魄的健康，我們醫治精神的疾病如醫治胃癌或腸熱症一樣，不但要精神的疾病不致發生，而且我們的精神要活潑，要康健，對心情上的愉快，要與體魄舒適的人喜悅體育運動與趣，有同樣享受的意味。

健康不是屬於個人的；健康同時屬於社會的。我們個人的健康，無論關於體魄或精神方面，都有繫於社會組織——社會沒有容納與推進健康的機關，就談不到個人健康問題。同時那社會本身也須是一個健康社會——它能發揮圓滑與有效的機能，有一個團結性，它裏面有聯絡感情的機構（如較佳城市中人民有參加高尚聚會或儀式的機會）。

最近幾十年來，我們人類才知道健康的標準。從前我們對於健康的懷憬是沒有一種標準的，現在我們可以從這一個國家或某一種人而量度健康的標準。比方現在我們有所謂飲食健康的標準。這是最近才有的。一九一一年霍金斯爵士才發現維他命第一種，在近廿年我們才知道其他維他命與其他主要糧食要素如鐵質或銅質之類的礦質食素。在以前沒有人知道那種飲食是對健康有益抑或無益的。我們於飽飲飽食之後或許感覺滿足了，我們的健康也許很好了，但是我們或者對於某種食素未夠充分之故，是以我們的體格未能達到所應達到的標準，未有充分體魄或精神能力，未能抵抗所應抵抗的傳染病。我們人類，無論現在或以往，都沒有對於體質發育與人類蕃殖上有過最適宜的飲食。野蠻部落的土人有很多是營養不足的，我們的祖宗在多天時期時常有營養欠缺之處，現在我們對于飲食健康較爲注意了，但爲了種種問題我們還沒有達到充分的健康程度。

健康統計也是近年才有的。假如某一國的死亡率在某程度之上，那一國的健康事業一定很壞。假如它的嬰兒與產母死亡率在某字數之上，它對于嬰兒與母親的看護一定疏忽。我們每人都要在某時期死亡的，但在健康國家裏，死亡就延遲到較老年歲的時期，於是它的死亡率每年就減少了。不錯的，有些嬰兒不到一歲就會死亡了，但我們不能把嬰兒死亡爲一種天然的理由吧。

現代人類對於健康問題已注意到字數的比較，我們住居地方就要每個人需空間若干立方，衣服要有若干纖維質可以保暖，鞋要若干尺寸方不碍足力。這都是現代人對健康量度的標準。現在許多國家對於社會健康都有專門人材去研究，把所知道的字數與程度去做標準。比方在英國政府已調査有孩子三人以上的家庭都缺乏健康的設備，因此孩子就變成了社會的健康問題，多孩子的家庭每因担負太重而致營養不足，死亡與疾病，接踵而至，由家庭健康而影響到社會健康，在這種情形之下，健康不是一個醫藥問題而是一個社會問題了。

所以我們現代人類，由自給自足的個人而轉到社會的人，個人社會主義變爲合羣社會主義。從健康方面來說，我們不特注意個人健康，消極的防病主義的健康，我們更須注意到社會健康，增强公共健康的事業，積極提高舒適與安樂的要素。這樣我們個人才得到健康而推到社會也獲得健康，由體魄上的健康而再得到精神上的健康。

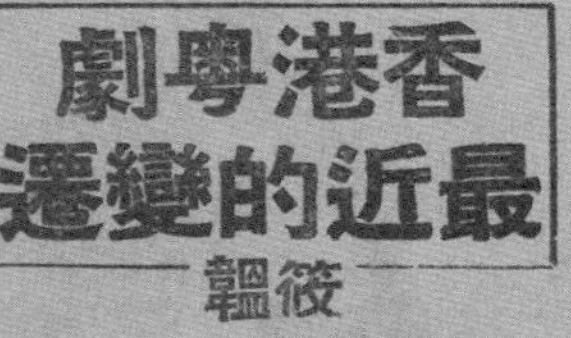


## 香港粵劇最近的變遷

筱韞

近年來，香港的居民一切都能够從節約方面着想，在這戰時的艱辛環境裏，能够欣賞藝術的有閒階級，自然是極少數，所以香港近來粵劇營業的狀況，由盛而衰，最近更是每況愈下，大有不能支持之勢。現在留港粵劇界爲一擎天柱石羅品超，亦已經申請渡航，不久要上省獻藝了。今後本港劇壇，將更見沉寂。回憶香港戰事初了後的粵劇團蓬勃狀態，眞使人有不堪回首之感。

戰前，香港原有的粵劇團中，最得觀衆擁護的，該是薛覺先上海妹領導的「覺先聲劇團」。戰後，「覺先聲」亦以新的姿態，在娛樂戲院登台上演，那時上海妹已經脫離，但其他演員依舊能够保持舊時的精華。同時還有其他新興的「共榮」，「鳳凰」，「大江山」，「平安」等劇團出現，人材方面有譚蘭卿，唐雪卿，衛少芳，新馬師曾，陳錦棠，李海泉等著名藝員，後起新人材中，亦發現不少優秀藝人，像剛從海外載譽歸來的羅品超，余麗珍，蝴蝶女等，當時也都能够吸引不少觀衆，這是新香港粵劇的黃金時代。後來薛覺先，譚蘭卿，新馬師曾等相繼離港，劇團多數解散，祇有平安劇團依然實力雄厚，主要演員有李海泉，羅品超，余麗珍，區倩明等，爲適應環境需要，從新調整改組，成立了兩支新的生力軍：「大東亞」與「新香港」兩大劇團。「大東亞」有羅品超，靚次伯，衛少芳，蝴蝶女，王中王，崔子超等，「新香港」有李海泉，余麗珍，陸飛鴻，區倩明，張活游，白駒榮等兩班人材勢均力敵，演出落力，輪流在港九各戲院上演，盛況歷久不衰。尤其是大東亞劇團，編演羅品超成名傑作「羅成寫書」，接連五集，賣座成績更打破紀錄。半年後，兩班內部發生意見，終於解體。不久，又產生了新香港最理想的時劇團「光華」，聯合了羅品超，李海泉，余麗珍，靚次伯，蝴蝶女，崔子超，六大台柱。演技各有千秋，羅余合作更見成功。同時新起粵劇編劇家李少芸，亦貢獻了不少有力劇本，更奠定了「光華劇團」的聲譽。這時其他「大時代」，「新中國」等劇團爲應對「光華劇團」的優勢，合併爲「大中國劇團」，以電影紅星鄭孟霞，鄺山笑主演，唐滌生編選的電影化新型舞台劇，一時亦有相當號召力，這是香港粵劇團第二個穩定時期。經過了這一個過程後，粵劇班次，已走上了衰落之路，「光華」，「大中國」兩大劇團，終於又告解散，港中藝人又不少離港他去。羅品超自組超華劇團，與鄭孟霞唐滌生夫婦合作，全班人材，除了二三主角外，其他配角演技不够水準，以致演出缺少精彩，雖然努力支持，經過了九個月的長期新紀錄，終因營業上的失敗而停頓。在這時期內，鄺山笑曾向廣州方面聘請藝員來港，集中人材，組織一大公司，以陳錦棠，冲天鳳，李海泉，余麗珍等分配成「錦添花」，「大榮華」兩班，結果營業上又告失敗。後來鄺山笑再主持組成「百福劇團」，羅品超余麗珍再度合作，雖然博得好評，但亦不能挽救將近垂危的粵劇命運，同時余麗珍又因生理關係，須作短期休養，羅品超感覺合作無人，已在計劃去省另謀新發展，一切條件已經醞酿成熟，不久就可實行了。另一班李海泉等所主持的大富貴劇團，亦因不能維持而停止，現在香港粵劇界，可說已入沉寂狀態，未來再有如何變化及新發展，須待事實來證明了。

★ ★

# 史太林奮鬥成功史

張錦鈿

這次歐洲大戰的解決，蘇聯可以說是得到一大勝利，而史太林於是更爲世界人士所注意了。但，他得到了現在的地位，並非是倖致的。他有的是不屈不撓的精神，勇敢耐勞，和偉大的意志而一向作着不斷的奮鬥，纔得到了今日的地位。

## 史太林的家庭

史太林於西歷一千八百七十九年十二月二十二日生於高加索的喬治亞狄第利洛村，直至今年——一九四五年——他已經有六十六歲了。關於他家庭的傳說，一向都是不甚清楚，有的說他祖上是業農的，也有人說他歷代都是補鞋匠，後來他遷居到戈果去，還是以補鞋子爲業。他父親的名字是維沙利安（VISSARION），而他的母親叫愛加脫連娜（EKATERINA）她一共有三個孩子，但都夭殤，剩下來只有史太林一個罷了。他的母親是一個極端信仰宗教的人。

史太林現在是成名了。聽說在他還未出生以前，他的母親曾虔誠的向上帝禱告，她願她這次所生的是一個英偉的男孩，待他長大的時候，她願意將他奉獻給教堂，奉獻給上帝。

## 史太林的名字

和其他很多人一樣，史太林是有着許多名字的，他原名第仇薛微里（DMGASHUIU），後來又叫戴維杜柯勃，倪善拉鍵里狄可，伊凡諾琪等的名字，最後改爲約瑟·史太林。這個名字他一直用到成名，用到現在。

## 幼年的史太林

史太林在幼年時期，曾患過一次天花病，病情很重。那時，他家裏正窮得要命，那裏來診治費呢？還幸他的身體相當強壯，不致被病魔招了去。十一歲時，他的父親便死了，幸虧他的母親還算賢德，寧願出去幫人家縫紉，以維生計，並儘量設法，供給他在第佛利斯的一個教會學堂裏讀書。

史太林在當初雖然是奉母親的命，誓爲上帝的信徒，但他對宗教的觀念，是這麼的薄弱，於是革命的浪潮，便衝進腦海了。史太林於是一邊唸着聖經，另一方面又孜孜不倦的在研求馬克斯主義，因爲那時俄國各地，馬克斯學說是非常的流行，結果，一個獻身上帝，受宗教洗禮的青年，一變而爲革命的青年了。

## 少年時代的史太林

史太林在十七歲那年，便開始參加革命的組織。這時他的活動，不祇在學校裏面，還和革命團體和社會黨主義者互通聲氣。從此之後，他的思想便一天一天地革命化起來，由是他的行動，更引起了儕人的注意，終於有一次，學監在他的書案上，搜到了一本馬克斯主義的書籍，便被學校當局開除學籍。那時他已是十八歲。

但這不但不能改變了史太林傾向馬克斯主義的思想，反而使他用全副的精神力量，參加革命實際工作，復努力從事研究革命理論。於一八九八年正式加入社會民主黨爲黨員。

在他二十歲的那年，他認識了一位曾充軍到西伯利亞的列甯同志，名叫弋拉那託夫斯基（KURANATOVsKY）的，得到了他不少的指導，同時，並開始認識列甯這個名字，即在那一年，史太林開始參加了社會民主黨第佛利斯地方支部的建立工作，翌年冬天，史太林便被派到巴庫地去組織黨部，並進行向工人羣衆宣傳和組織的工作，可是爲了太活動了，不久即被捕入獄，被判決處徒刑兩年。

## 屢次被判充軍後被逃脫的史太林

一九〇三年，史太林第二次被捕，判決充軍到西伯利亞，但他在還沒有到達目的地之前，便給他設法逃脫了，那年適值社會民主黨在倫敦開第二次大會，他便和列甯作第一次通訊，復在巴庫地方參加叫作「地下的革命工作」的秘密工作。那時，同他合作的是加米涅夫，自從在倫敦大會之後，社會民主黨已分裂爲兩派了，一是列甯爲領袖的布爾塞維克派，另一是以蒲列諾夫爲領袖的孟塞維克派，史太林就和加米涅夫，同心合力，對抗孟塞維克派，來一個毫不留情的堅決鬥爭。

到了一九〇五年十一月，布爾塞維克黨在芬蘭召集全國代表大會，史太林被派出席，那時他纔第一次和列甯會面。

一九〇五年俄國革命失敗，於是布爾塞維克和孟塞維克重復妥協。一九〇六年，兩派重在瑞典的斯託克荷姆京城開會，這次，史太林又被派出席大會，再後，史太林回到第佛利斯，担任報館的編輯。一九〇七年，倫敦再召集大會，史太林又第三度出席，但是這次，給孟塞維克派佔了勝利，史太林祇得回到巴庫重復他的秘密工作，首先開辦一份工人日報，再復組織革命工會，沒有多久，就被捕入獄。受了約有七八個月的監禁之後，便被判充軍到北俄去了。但他是不會馴服的就在那裏而不謀逃脫的。於是，在一九〇九年七月，他又逃回巴庫去了。自此，他和列甯的感情，更形密切，因爲列甯對於他的英勇剛毅，格外欽佩。不料不會不一年，他又重復被當局捕去。不用說，無論他怎樣狡獪，也總脫不了逃犯的罪名，他祇得又復重新被充軍到西伯利亞去。這次，充軍的期限，遂由三年增加到五年了。可是，期限的加長，他是不會感受到影響的，任由沙皇的警察制度，怎樣嚴密，這一位不凡的英雄，是可稱爲逃走的聖手了。不由你不信，他有的是突破法網的本領，並且，又因爲了做慣了秘密工作，他知道怎樣來掩飾自己，怎樣逃避偵探的耳目，終於在一九一一年三月間，他又在充軍地方逃跑了去。政府的警探奈何他不得，跟着他就參加布爾塞維克的中央工作。但是卒於又在聖彼得堡被捕，仍然充軍到原來的地方去，結果又給這個逃脫的聖手逃返了聖彼得堡。在那裏，他幫助列甯担任組織工作，同時並在列甯的「社會民主報」上發表文章，後來因爲布爾塞維克中央改組，史太林就正式被選爲中央委員。

一九一二年，俄國政府屠殺西伯利亞工人，羣情忿激，引起廿多萬工人大罷工，列寧和史太林等，就一同認定革命的高潮，已經到達頂點，是一個不容失去的機會，立即加緊羣衆的組織，並由史太林組織一個中央機關報。這就是一直留存到現今的「眞理報」了。不料這個中央機關報，出版了不久，當局便查出了史太林的行踪，又一再將他逮捕，重復充軍到西伯利亞去，可是不久的時候，又給他逃跑回來，這時恰值國會選舉，他就負責作布爾塞維克的選舉運動，結果，有六個人當選。

爲了「眞理報」的經費不足，想找點錢，同時想找一個機會和幾位同志討論事務，史太林於是開一個音樂會，他自己也冒險到會場裏去，誰知這次又爲偵探們知到了，一早便埋伏在會場裏面，等候他的來臨，故當史太林一在會場露臉，便被一個便裝警察用一件女人的外衣，把他的頭裹着，又再次被捕。這次，史太林被監禁在聖彼得堡的牢獄裏，過了幾個月，重復充軍到北極的脫羅格斯克地方。那裏的囚犯一共有三百多人，尤以政治犯佔多數。據說在史太林還沒有抵達到那裏以前，全體的犯人都已準備去迎接這位曾經逃脫過七次的偉人了。

## 史太林在脫羅格斯克的生活

脫羅格斯克的地方，約有人口共二百名，那裏有一所監獄，和一所醫院，之外就祇有一所中央巡警局。因爲全境都是水田，出產自然很少，居民祇得靠着漁業來維持生活，在那裏，史太林度了三年的光陰，他每天一早，便負了魚網向冰河去找尋食物來維持一天的生活，假使有空的時候，他就斷不肯輕易的把它放過，必然利用來寫點文章，只是在這樣的環境裏，那能容許他做得出偉大的事情呢？這次，他一直待到了四年之後，推翻了君主專制，革命成功了，才得恢復自由。

從這次觀察，我們就可以知道史太林的偉大處了。不管他是在充軍期中或是在監獄之內，他絕不因艱苦的打擊，而氣餒或灰心的。他反而能利用一切機會去鍛鍊一己的思想和毅力。換句話說，他每一次的被充軍或坐牢獄，他必然更加强了他對革命鬥爭的精神，這就是因爲革命熱情在他的血管中好像烈火一般燃燒着的緣故。他之從充軍或由獄裏逃脫出來，不僅是表現出他底行動機警，和勇氣過人，並且顯露出他底思想是縝密的，計劃是周密的，總之他一生的革命事業和政治生涯，全都是在驚濤駭浪中鍛冶出來的。

## 革命是成功了

不論沙皇的手段，是怎樣地殘酷，怎樣地壓迫，但總消滅不了革命的[illegible]。它仍然雨後春筍似的在萌芽着，要把無數的革命戰士，作[illegible]的飄流和刑罰中，鍛鍊出他們堅強的意志。眞的，他們決不會放棄每一個時機來策動羣衆，組織羣衆，使全民起來反對沙皇和帝國主義的統治。就在一九一五年那年，革命的火力已開始爆發了，革命的潮流在一日千里地高漲，洶湧澎湃了起來，卒於一九一七年三月間，在俄[illegible]了民衆反對沙皇專制政府的革命。這就是由工人階[illegible]的民主革命的，然而前進的布爾喬亞和自由的大布爾喬亞，也都參加了，結果，沙皇是退位了，臨時政府也立即成立了起來，當時，史太林還在北極地方，政府强迫他去當兵，但由於醫生檢查，說他底右手有些彎曲，不能拿槍桿打仗，便作罷了。後來他卒於設法秘密逃回聖彼得堡。他立即動手將「眞理報」改組，由自己來担任總編輯的責任。跟着列寧也回到了聖彼得堡，於是所有的布爾塞維克黨員，就共同站在一條戰線上，來進行革命的工作。這時主要的是用反對戰爭，和分配土地給農民及工人階層奪取政權等爲口號，一味煽動和組織羣衆。

## 第二次革命

當他們看到了臨時政府不但不能解決工人的麵飽問題，和農民底土地問題，而且繼續帝國主義底戰爭，還是已經完全變成了是反革命的布爾喬亞底御用政府了。他們便堅决起來反對臨時政府。到了五月半，布爾塞維克黨在聖彼得堡開大會，議决了繼續進行革命，建立蘇維埃政權。以反對和孟塞維克及一切自由主義的布爾喬亞黨派妥協，反對帝國主義戰爭，保障工人階層利益，並發動土地革命。史太林不但很堅决地站在列甯這一邊，而且還貢獻了不少關於革命策略的意見。這一次，他是被選爲黨中央執行委員會委員，並且還參加政治局担任常務秘書，兼負編輯黨報的責任，此外他還担任了組織革命羣衆中很重要的指導工作。

直到一九一七年六月間，因爲臨時政府底軍隊在大戰前反攻失利，死去了不少士兵，全國震動，於是國內民衆對於政府的不滿情緒，更高漲起來。布爾塞維克就利用這一個機會，在羣衆當中，組織起幾次廣大羣衆的示威運動，要求取消臨時的政府，馬上停止戰爭，把土地分配給農民。像這樣洶湧澎湃的革命高潮，不得不使臨時政府的執政者們如克倫斯基等，和全國地主與布爾喬亞，不期然的心驚胆戰起來。於是臨時政府就宣佈了戒嚴，在以前沙皇曾用來對付革命者的把戲，現在又被克倫斯基政府重復演了一回，强迫解散士兵的革命團體，復殘酷地逮捕或屠殺革命戰士，並且，不僅如此，還散佈一種卑鄙的宣傳，說列甯及其黨羽都是德國底偵探，同時下令逮捕布爾塞維克黨人，因而託洛斯基被捕了，「眞理報」也被封禁。那時因爲列甯在革命的都市中實在是無容身之地，由黨决定要他暫時躲避開去，史太林負責主持秘密的黨務工作。

旣然布爾喬亞的反革命政府不能滿足民衆底要求，即使任由臨時政府用盡九牛二虎之力，也不能挽回它沒落的命運，何况布爾塞維克在羣衆中的信仰，一日千里地在不斷的增長着呢。於是終於在十月七日湧現出來了，這是蘇俄歷史上驚人紀錄的革命，把那垂死的布爾喬亞政府推翻，而建立起來這個普羅列塔利亞獨裁的農工聯合政權的蘇維埃政府，掌握這個新機構關鍵的就是列甯，因爲他是布爾塞維克黨和蘇維埃政府底靈魂。至於史太林也被任爲民族事務委員長，他之担任這個缺，是因爲史太林對於民族問題，一向都有研究，而且獨具卓見的原因。當時史太林主張國內各民族於自由平等的結合上，組成一個聯邦的民族共和國，不但在政治上各民族間享受同等的待遇，而且在文化上也有共同發展的機會。當然，民族的自由結合，决不是超階級的，而祇是服從階級的利益，共同支持革命的一種同盟罷了。

## 握政權後之蘇維埃政府

自布爾塞維克握住政權後，把土地分給農民，和剷除革命勢力，停止前方的戰爭等，這些都是他們主要的工作，可是當時前方的總司令杜康甯却不肯接受蘇維埃政府停戰的命令，然最後卒於被群衆解决，隨由蘇維埃政府派遣柯里倫科去替代。

當德帝國主義者底軍隊繼續東進，而前方的士兵因爲疲憊無力作戰的緣故，致蘇維埃政府隨時都有被顚覆的危險，列甯主張馬上和德國單獨謀和，藉以保全革命的實力，當時雖然也有不少人起來反對，但結果列甯是勝利了。那時也祇有史太林等少數人擁護列甯的主張，而布哈林等是主張繼續戰爭的，反對對德媾和，不過託洛斯基却是主張不戰不和；還更有一些黨員，憤恨列甯，說這便是和帝國主義的妥協。還幸後來的事實，却証明了列甯的主張是正確的。

雖然德國的進攻危機是因爲列甯底政策解决了，但是國內的反革命勢力，仍很爲利害滋長着，例如社會革命黨人反攻莫斯科，烏黑蘭宣佈獨立，高加索騎兵隊謀叛，捷克斯拉夫兵在協約國底援助之下，進犯西伯利亞等等，的確，蘇維埃政府是已在萬分動搖和不安之中了。假使布爾塞維克底領導者有了錯誤的話，則蘇維埃政府隨時都有顚覆的危險。然而，布爾塞維克終於壓服了一切反革命的反攻。這固然是因爲一方是靠着全黨策略的正確，和羣衆的擁護，但另一方面也不可不歸功於那些英勇的戰士了。自然，史太林也毫無問題地被派到前線上去，和反革命者作戰。但這時他除了担任查里辛地方的指揮工作外，還更靠着他底毅力和雄心克服了戰事上各種的困難，他決意整頓紅軍，知道如非加强軍隊中的政治教育，則不足以挽狂瀾的，便在這時開始了和託洛斯基等作無情的政治鬥爭。等到前線的空氣稍爲比較有些和緩了下來之後，史太林就被召回莫斯科，担任黨內的組織工作了。但當反革命軍捲土重來，再攻舊稱彼得格勒而現稱列寧格勒的時候，史太林又復重新被派到前線上去，一舉又把叛軍打敗了。不消說，就是一九二〇年當波蘭軍二次進犯俄境的時候，也是史太林担任總指揮，把波蘭軍打得落花流水，片甲不留的。

總而言之，史太林在革命時代的內戰中，他常時馳騁於火線上，和反革命者作殊死戰，同時，託洛斯基底英雄主義也就成了史太林政治鬥爭的目標。史太林從一九一九到一九二〇年担任工農監察人民委員會主席；由一九二〇年到一九二三年被選爲蘇維埃共和國軍事革命委員，同時兼任黨中央委員會的書記。他和阿麗紐耶華女士結婚，據說也是在一九一九年舉行的。

## 五年計劃

誰都知道，蘇聯的五年計劃就是在史太林底領導之下施行的。這就是因爲在史太林以爲蘇聯應該根據列甯底理論，和生產技術上，能使蘇聯由一個落後的農業國家變爲一個嶄新的工業的社會主義國家，並且，還可趕上進的資本主義國家，所以，在農業方面，也和在都市方面一樣，必須以集體的社會主義底生產成分來代替私人的資本主義底生產成分，而城市和農村間的差異，逐漸於以消滅，同時，在文化方面，拚命努力肅清文盲，提高勞働者和農民底文化水準和技術程度。正因爲如此，改善工農底生活狀態，當然是五年計劃底主要目的了。自從施行五年計劃後，蘇聯不但是已經沒有失業的工人，而且常還感到勞働人口不夠的恐慌，不用說，工人底工錢，已大大提高了，即使是工作時間，也縮短了不少，同時，國家底勞働保險，和衛生設備也改良了，若與以前比較，眞是有天淵之別呢。蘇聯因爲還感到技術幹部的人材還很缺乏，便在史太林底建設之下，加緊訓練工人，同時派遣優良的熟練工人到先進資本主義國家裏去實習各種工業技術。但是實施五年計劃過程中，史太林所領導的蘇共，曾遇到了右派的障礙，這就是以布哈林，賴可夫，湯畢斯基等爲領袖的右傾反對派，因爲他們所主張的是反對史太林打擊富農，聯合貧農，使中農中立的政策。他們不但不贊成大規模的集體農場設施，而且反對高度的工業化計劃。可是，這種空洞的理論，終於是經不起了史太林底打擊，宣告不戰而死。

蘇聯底第一次五年計劃是以四年多工夫完成的，第二次五年計劃亦跟着完成。在第二次五年計劃將近完成時，他即又在開始進行斯達哈諾夫運動了。這些都是爲民衆謀利益幸福的。總之，這些也都無非是出於史太林想把蘇聯推進到更鞏固的社會主義階級吧了。

## 蘇聯的和平政策

的確，在史太林領導下的蘇聯，初期是抱着和平政策的。他曾反對帝國主義共管瓜分中國，和重劃殖民地，及對蘇聯的進擊。例如蘇聯代表會在國聯軍縮會議席上提議澈底而普遍地裁軍，於一九三六年間，和波羅的海與東歐諸國及法國，締結互不侵犯條約，還有和美國恢復邦交，與反對義大利侵略阿比西尼亞而號召各弱小民族起來制裁和封鎖等。這些，都已表明是蘇聯和平外交的勝利，誰都不能把事實抹殺的。至於史太林在一九三四年一月廿七日的聯共第十七次大會上，有一五小時的長報告，在分析現階段資本主義恐慌的特質的時候，說那時是已由工業危機的最低限度過渡爲一種特殊的不景氣。同時，他又警告帝國主義備戰的狂熱，重申蘇聯底革命和平政策，附帶陳述蘇聯社會主義建設之所以得到勝利，決不是祇靠少數的工作人員努力可以辦得到，乃是取決於蘇聯成千成萬的工農，不，是取決於全世界廣大的勞苦大衆底同情和擁護的。

## 歐洲第二次大戰中的蘇聯

在歐洲第二次大戰期中，德國在戰爭初期，橫掃直取，眞是所向無敵。在侵入波蘭時，蘇聯爲了本身的安危，也侵入波蘭，最後和德國共分波蘭，簽訂互不侵犯合約。可是，德國終於對蘇聯懷着極大的恐懼心，放棄了侵英計劃，而對蘇聯作戰，蘇聯在史太林指導下，艱苦作戰，卒獲現在的成功。雖則今後世界的局勢，仍未可樂觀，然蘇聯和英美間的微妙關係，是難以測度的。

## 史太林描素

史太林是一個長於實際工作的人，但在理論上，他也很不錯。總之他底演說的煽動力，是跟他有組織的能力一樣强的。至於他底私生活也和列甯很爲相像，是非常樸實無華的。他和他底妻子們是住在公共宿舍裏，屋內的陳設很單簡，就是飯食也和一般人毫無分別。他在平時，因爲是特別喜歡讀書，所以很敬重那些革命的智識份子，連一點官僚的脾氣也沒有。

現在全世界人們底腦海裏，大概都已有史太林底名字深印着了吧！是的，他在蘇聯誕生以來，沒有一刻不是站在社會主義建設的前線上活躍着的，但實權移到他底手裏的時候，那還是在列寧死了之後呢。

# 實行家庭會議

—動員家人解決生活—

卓傑

假如一家之主——做父親的，今天要是不幸死去的話，一家生活如何維持？這個問題，在中國家庭就很少有人會注意到的，尤其一般人的心理，以爲將會想到壞的地方去是一個不祥之兆，所以家庭發生變故，有兒女担負的家庭就臨時束手無策，都爲了平時缺乏未雨綢繆的準備。

我們要如何教育兒女使他們明白這種不能避免的家庭問題？我們不一定需要兒女來担負家庭重責，但至少對於這種家庭變故，做家庭領導的人——父親或母親——就應負責策劃應付方法，或者將問題拿出大家討論研究，以謀得家庭全體動員，解決家庭問題。這種討論研究，我們叫它做家庭會議。每個家庭分子——父親，母親，兒子，女兒，都有權利參加這個會議。

家庭會議，或是在中國家庭有人實行了，是由一個美國家庭創議的。幾年前一個做律師的美國人丹納，他的多年老友突然在事業中途病倒了。那天丹納回家對他的夫人說：「史德身後事我都明白了：他的家屋是抵押去了的，他的汽車尙有分期付款未清，他向保險公司借錢供給兒女讀大學。這是每個男人會這樣做的事，當然各事如史德所佈置就最妥當沒有了——假如他不死的話。現在呢，史太太需要維持自己，她要捨棄她的家屋，她的兒子不能繼續讀書了。」

丹納夫人聽了這種話，驟然想起自己，除了對於丈夫的薪水略爲洞悉之外，他有沒有欠人家的債呢？他的汽車有沒有交足付款呢？甚至他的遺囑內容，究竟是怎麼樣的呢？

丹納也是一個有準備的家庭担負者。過了幾個星期之後，他與夫人對于這種問題有所討論了，他召集了三個兒女與夫人到飧室，桌上放着一堆紙，他以莊嚴的口吻，對他們發表他們將來沒有他存在時的問題。

「我們開一個家庭會議，」他說，「對於家政與家用問題，都用選舉方法解決。每月我們都舉行一次會議。你們做兒女的對於我的薪水的用途像我與你們母親一樣有權參加討論。

「假如我今晚死去了，你們祇有現在少過八分之一的入息，這數目實在給你們日用需要是不够的。以審愼的設計，我可以將我們的入息傳下四分之一，但這樣我們對於一切都要省儉了，如此我們才可以多貯蓄於保險方面。」

他們將家庭經濟狀況分析，知道他們付了太多的房租，他們不能維持汽車與女僕。夫人對汽車認爲是必需要的，丹納以爲女僕較爲需要，因有了工人幫忙家庭瑣事，夫人就有多時間照顧正在發育的女兒。

「你們各自思量一下，下次的家庭會議時我們大衆拿意見來研究。」

兒女覺得很興奮，第二天他們有了較便宜家屋的計劃了，過了一個月找到了一所近郊外房舍，有一畝地方，種有蘋菓樹，三間有牆邊火爐的房間。第二次會議時，大兒子與丹納計算出來，這所房舍若果買了下來，連地稅，利息，保險包含在內，每月比他們付房租的還可省二十三元。買賣房屋的業主手續問題，都弄妥了，兒女與夫人對於稅務與納稅問題，都因此增加了新智識。大家都票決要買這新居，夫人的女僕問題限於一個月內解決。

夫人找到一個高中女學生，願意以供給住食作酬勞，担任廚房工作與服務餐室。每星期有個女傭來洗刷笨重工夫。第三次會議時他們將家庭事務製成一個工作表。夫人爲廚師，兒女整理床舖，一個淸理牆邊火爐，一個掃除屋外污物。家庭工夫是極其煩惱的，爲了節省費用，大家都要克己節制。兒女的使用，包含衣服與娛樂，都有另分給他們的。有時不能測知的費用就需要修改預算，大家對這點有些爭執，但他們練習改善性情與修善客觀態度。

過了一年，兒女方面有大大的改變了。他們知道金錢的價值，知道合作消費的效用。他們的家庭週年會議得了以下的成績：付了十期家屋金，增加多一種保險貯蓄，一輛汽車，一幅庭園，與一幅大家建造的絨球場。

他們的大兒子準備進大學了。爲了家庭會議他們都明白教育的費用與價值了。大女兒預算也進大學，假如她能够考得一個獎學金的話。因爲她在學校的成功與否有影響到整個家庭預算的。她就很努力於功課，所以很容易合格了。大兒子在學校半工半讀，食宿問題也因之得到解決。不久，小兒子也進了大學，二人就合資組織一個七年期學生貸與金；他們以經營所得的補助家用。借債有它的用處，但到期還債就需要有計劃的步驟。

有時家庭會議發生個人問題起來。爲了意志薄弱，大女兒購買了一件出了預算的新衣服。夫人願意幫她的忙，但兒子方面吃醋了，若果女兒可以買到新衣服，兒子也可以買新西裝。結果，夫人雖偏袒女兒，家庭會議規則不能破壞，女兒便自己要墊錢購買自己衣服了。

最後，各兒女都靠了自己力量，在大學畢了業，大兒子先行結婚。他那時候的入息不多，但他從家庭會議的經驗，得到了組織家庭的實習，所以他有把握去結婚。他們的兒女知道朋友中對于家庭經濟狀況有許多還不明瞭的地方。照大女兒的報告，與她在學校同室的女同學，因爲父親去世時，積欠債務過巨的原故，以致一家都臨了窮困的境地。「假如我們老早知到父親的情形，」那女同學說，「我們就預先會節省起來了。單是把出喪費用節省下來，就足够一年的房租呢。」

爲什麼家庭經濟問題會這樣秘密呢？無他，一般人心理對於死亡的那種不快意可能性不想拿出討論。這種不願意的狀態幾等於一種禁止談論。尙有一種原因是普通做父親的對於私事缺乏有效的處置，多數做父親的把生活做賭注一直等到兒女能自食其力。

另有一種原因是工作問題。比方，上面所述的丹納的家庭，當他們未實行家庭會議前，照丹納的報告，他要費了很多時間預備那家庭狀況報告表，計劃如何對家人報告時，不使他們過於失望。對於經濟問題，不影響兒女前途與興趣，使他們對經濟實在情形有信心，但要明白金錢并不是解决問題唯一的標準。

家庭會議要有不斷努力的工作，指導兒女如何運用家庭經濟是需要詳細解釋與忍耐精神。家庭會議的效果就係家人有安定心，對將來有信任心。丹納的家庭與其他家庭的沒有什麼大分別。他們有債務，有疾病，有其他不如意的事情，但他們經過了家庭會議之後，一家五人團結一致來應付這種變故的發生。家庭會議最低限度，至少兒女方面由於家庭的實習，對於經濟有了相當認識，這種認識對於他們將來應付社會的不測是有着很大的意義與很大的價值的。

# 妻子對丈夫

## 應有的體諒

秀蘭女士

在無數的家庭中，正有着無數的妻子在詢問着，她們眞是那樣傷心地問着她們自己，因爲她們的丈夫祇顧他們的工作，而把她們忽略了。

她們願意知道她們對於這事有什麼方法，但是她們總得不到滿意的答。「他爲什麼要和我結婚呢？」那妻子會這樣想「爲了要我終日看空屋，而在晚上又把睡房作了臨時的辦公室嗎？」有時情形確是這樣的。

她知道她爲什麼要嫁給他，她要和他時常在一起，在一起和他過着那含有詩意的愛情生活。但是她得到了些什麼呢？她所得到的，祇是他的極小部分的時間和極少的注意；同時也難得他毫不介意地談論一些關於辦公處的煩惱事件。她雖和他在一起吃早餐，但他卻會毫不在意；接吻也逐漸成了心神不定的接啄，每天晚上他所剩下的時間，總是最後的一分鐘，有什麼消遣娛樂，她祇好單獨出去；她有時溜進他的私室，希望從他那裏得到一二句情話，然而他所告訴她的卻是：「回去吧，我實在很忙呢。」

假使是爲了另外一個女人，那你很能明白這些事情的原因了，但事實並不是這樣。因爲事情是那樣的無理由，所以比較因爲「另有外遇」而使你更感憤慨。

當然，妻子們是以爲這樣便把她們的結婚生活毀壞了，普通一般年齡較老的婦女，也會聳聳她們含着哲學意味的肩膀，以爲她們之效忠於上帝偉大的創化工作，而從事於結婚生活是不大公道的。

但是妻子們，你應從丈夫方面來作觀察，現在是生活競爭的時代，其劇烈的程度，已到了極點，你可以揮霍你丈夫的進益，但他得設法去把錢賺進來。請你相信我，賺錢不是一件容易的事。

他曾經熱烈的追求過你，直到後來他和你結了婚，他把你安置在家裏，而你自然盼望你成爲他生命中最重要的一部份，但是你不能這樣，如果他和你在一起卿卿我我，坐坐談談，那是何等有趣，但是你知道，他必須維持家庭的生活。如何設法，如何維持，是他日常所要努力的事。他不但須負責維持家庭的生活，同時還得設法加以改良。他必須設法獲得社會上較好的地位，使他的後面有更多的保障；他必須爲他的子女有所準備。你們的中年和老年，以及你們在一起生活的各種物質上的需要，在在都須依賴金錢。

一個男子必須向前邁進，他如果不是這樣，你一定要恨他，「可是我寧願少要些錢，而多看見我的丈夫」，你或會這樣說。但是你的眞意是不是這樣？眞正懷着這種思想的女人，爲數並不很多，他們雖這樣想，但是經過幾年，她們的論調就轉變過來了，金錢和保障是中年人的一種極大報酬，而且，假使你有了孩子，那也是你應當加以考慮的問題，世界上沒有一個母親，不想有一些金錢，以便使他的子女在將來得到一種良好的機會。

你或者還可以批評，你在你丈夫的思想中，祇佔着工作以下的第二地位；但是假使他在你的思想中祇列在第三位，那實在是一件慘事，因爲他爲使你和你的子女生活安適富足，向社會獲取足數的物質，已宣告失敗！

你每星期要工作七天，當心家務，看管孩子，而且要按排時間來想到你的丈夫。在你的一種概念中，你丈夫是你的主人；除了他，你不再想使第二個男子樂意，但是他，卻另有他的主人，那主人要他忠心從事，不願意他的注意力分散，正像你一樣，他所需要的是你的丈夫的一切，其中的分別是他的工作是有代價的。並不是祇爲了愛情上的空名義。他可以得到實實在在的現金，供給你各種的支付。

你與其對自己的問題嘮叨不休，何不勇敢的去抓住它呢？你又爲什麼不把你結婚的理想生活改爲現實生活呢？你應該承認你的鬥爭，並不是跟你的丈夫，也不是別的，而是現代這黑暗艱苦的時代。

然而，你的丈夫是在和它奮鬥着。那末，你爲什麼不幫助他去獲得勝利呢？你應該把你那種悲愁的觀念——「他祇是管他的公事，絕不顧我；除了工作，他不關心到別的，」——改變了，你不但把那創傷你心房的針刺拔除了，而且你還須中止了你的自私，不再和你丈夫爭吵。

當你丈夫在晚上把公事帶到家裏來辦，你應該遏止你那十分自然的要反對的欲望。你應該用常識來遏止這種舉動。因爲當一個女人想獲取她丈夫的注意，而又對他嘮叨不休，那時，他祇有不和她接近了。

你應該是他的工作的友人，你應該對這件事運用一種理智的興趣，這樣，你和你丈夫在合夥方面就能樹下良好的基礎。假使你眞能進入他的工作，那你所得到的，自然更多，因爲你對於自己所需要的，已經有了很大的進步；你能和他多相聚，多得他的時間來顧到你。

但是不要讓他把所有的時間都用在工作上面，事業上所需的時間也許要佔你丈夫一生的四分之三，但是不一定是全部，其餘四分之一應該是你的，你不能用嘮叨的方法去堅持你的權利，你應用吸引的方法，從他那裏去取得那種權利；你自己一定知道誘勸你丈夫出去消遣的方法。他爲賺取生活，已經相當勞苦，有時也應該娛樂一下。

假使你能說服他，使他覺得有這種必要，他將怎樣地愛你呢！



## 現代的中國青年

蕭艾

青年期爲人生變動最大的時期，關係很是重要，尤其在這非常的時代，我們對於中國青年更宜特別注意。青年期內，身體的發達，理智的擴張，感情的興奮，人己權限的覺悟，道德意識的加深，都有顯著的特徵。青年的情感很易衝動，而理智又不足加以控制，若沒有賢明家長的指導，或欠缺良師益友的陶冶，則難免誤入歧途。青年對於現實每發生懷疑，對於環境也感覺不滿。這不是青年的壞處，正是他們的好處；有這些好處，才有朝氣，進步和希望！中國自七七事變後，戰場由北而南，由東至西，整個中國免不了兵燹。破碎的河山，流離的羣衆，現代的中國青年將來都要負起重建安擾的責任。祖國對於青年期望既殷，我們對於青年關懷更切了！

一，求學的青年　在現階段的社會，有許多青年因生活困難，雖有良好的學校亦不能求學；同時也有許多青年因沒有適當的學校，雖經濟豐裕也不能達到求學的願望。在千百萬青年的當中，而有求學的機會，可算是青年的幸運兒，實深慶幸。現代的戰爭，前線和後方都發生戰時的狀態；但前線的戰事無論怎樣熾烈，在可能範圍內，後方的教育仍繼續進行。正在求

# 寫給期待和平的青年們

凡子

是四年前的夏天，我剛剛在中學校畢業出來，為了抱着打倒「畢業即是失業」的勇氣，便開始去找工作。我是出身貧乏的家庭的，沒有游手好閒的機會，更不甘于蟄伏的無聊。于是計劃着畢業後找一份相當適合身份的職業幹。我的要求很簡單，那是希望一份能够適合我底學歷的抄寫工作而有着可以自給的薪水便算滿足。為的是剛拋下了書本，經歷當然是沒有，人情世故更談不到，加之自己還在懷疑書本所學得來的，實用到世面上，會得些什麼效果？但，不久，事實告訴我，我底希望可以實現了。我已經是某一所機關裏的書記員，生活倒也安定。

同年十二月，大東亞戰爭爆發了！驚醒了「沙漠駝鳥」們的桃源夢。而我底職業也隨着消失了。

然而，我底勇氣隨着消失了麼？不，不僅不，而且更加壯旺了起來！為的是作為一箇青年，尤其是受過教育底青年，是不應該蟄伏的。我需要有正視事實的見解，和向前邁步的決心，在經過短時期的考慮和父親底訓導之下，心田裏便沖然地孕育着一種旺盛的抱負，覺得做一箇警察即是做一個社會的公僕，嚴格地說，乃是正義執行者羣裏的一個單位，負着保護人民生命財產和維護軍政施策的施行的責任，這正是一個委身服役於社會的一個好機會呢。于是，我又重以從業員的姿態，活躍在新香港的拓荒者羣裏了。威嚴而筆挺的制服，和靄親切的態度，剛強不屈的氣慨，負着保衛市民生命財產的前進工作，在長官們不斷的訓練和指導下，協力軍政施策於邁進的大路上。

在這過程裏，我經驗着崎嶇的階段，嘗遍了疲乏，風雨，飢餓，驚險，艱苦，然後始達成任務，然後才吃到這頓飯。但是，還繞着我的是同情麼？不！歧視和毀謗吧了！同學們懷着偏見，藐視；朋友們抱着疏遠，鄙視：「□□」這名詞，在許多人的心坎裏，總懷着恐怕和鄙視的陰影。我找不着同情，更找不着尊敬！連我底戀人和她的家裏人，也鄙視我底職業而疏遠我，離開我，在人們面前否認我們間的關係和友情，師長們更是遇着避面，沒有打招呼。每常清夜，或是在夢回，心情抑鬱的時候，心田裏便常常掘起不平的波動。這是職業性的可恥麼？還是我底人格的可恥？假如是我的人格的可恥，我早已不容于這個社會裏的人羣很久了；是職業性的可恥吧？那麼，難道做「□□」的人們都是沒有靈魂的麼？難道一切的「□□」都應該可鄙的麼？我不否認在全隊裏沒有人格不健全的同僚，可是，為什麼沒有受到善意的糾正和改良，而只有惡意的批評和鄙

學的青年切勿因戰事影響而怠於求學，應利用可以求學的時光加倍努力，以免辜負了大好的機會。戰爭終有結束的日期，戰事結束後，社會各種事業都恢復了常態，若沒相當的學識或專的技能，就不能在各種事業上與人競爭了。正在求學的青年幸勿錯過了求學的幸運，努力準備你們的學識和技能為將來服務罷。

二，工作的青年　現在有很多青年因家境貧窮或其他原因，不得不拋棄求學的願望，而埋頭於工作的生活。他們本來是活潑天眞的青年學生，也變成早熟苦幹的受薪階級。他們年紀幼稚經驗缺乏，實在識不到工作的生活。幸而機關也似學校，辦公室好像課堂，在那裏可以學習待人處世的技術，和獲得辦事謀生的方法，這些現實生活的常識在學校裏學不到的。正在工作的青年，要把握着現實，努力和改善你們的工作罷。將來再有機會求學時，你們總比平常的青年更努力，並且知到欠缺和需要甚麼。

三．閒居的青年　閒居的青年包括輟學而不須工作的青年，與及輟學而失業或找不到工作的青年。閒居的青年不要徬徨，更不宜苦悶，因現代的青年和你們站在同一的環境更實在不少啊。若要找尋工作，努力去找尋，不用灰心失意，終有一種需要你們的工作。若不須要或找不到工作的時候，就應該利用寶貴的時光來自修，以增加學識訓練技能。古來和現在，許多名人都由自己努力學的研究而成功。安廸

視？從經驗所尋求到的結論，這正是不良的傳統觀念所遺傳下來的惡質。奇怪的是在有毒的時候，我也會受着恥笑和鄙視我的人們所訶諛諂媚，尋誠拜訪呢。而事情過後他們又重回復以前的恥笑和鄙視的面孔。這是人們的矛盾心理麼？

是四年了。我經歷過各層階級，接觸各樣的人物，幼的，老的，男的，女的，高貴的，流氓的，奸詐的，淳厚的，多疑的，率直的，可憐的，孤寡的，各式各樣都有，有囤積居奇的上流人，有俠義慷慨的勞力者，現社會裏的黑暗，人與人之間種種的互相利用，不一而足，煞是令人感慨和驚異。從這一切裏，我體驗到了不少人情世故，見到了不少蒼海桑田。

這是我底過去對生活和環境的奮鬥。青年們，別再游疑了。我們還可以憧憬着未來的世界而忽視了現實麼？這便是大大的錯誤。世界是前進的，別再遷延，別再期待，把握現實吧！過去已經浪費地逝去了。假如我們還在期待，隨着時代的進展，我們便是落伍的一羣了。將來世界和平時，我們是被淘汰的時候了。假如在這艱苦的大時代裏也不能夠貢獻現社會和國家一些什麼，將來——將來是渺茫的——將來在「和平」後，我們自信可以貢獻些什麼給這箇進化中的人類？試看，在這艱苦的大時代裏，人們自強不息地負起最艱苦的責任幹下去，除了生存要素的事情不用說，只看看各種慈善事業在極力地展開和推動，扶助孤難，協力軍政施賑，展開施粥，扶助三院，收養孤兒，組織保衛團，非常後援會，災難急賑，協助歸僑，推進衛生種種，試問在這些工作裏，我們參加過什麼工作？幹過什麼事出來？區役所，警察局，保衛團，慈善機關種種，一切我們所指摘的，有想過委身這些事業的一部門，以身作則來更正人們不客氣的批評和示範的決心麼？嘗過一箇從業員的或是受薪階級的生活麼？有什麼感想沒有？假如以爲這些都不是自己能力做得到的事，那麼，試想想，自己本身又有什麼貢獻，抱負？就讓短促的生命無代價地衰頹老下去而至毀滅麼？我親眼看見過一些游手好閒的青年走出軌道而墮落和被現社會所淘汰。我常常聽見着他們後悔的嘆息。可是，太遲了！

記得有一位長官說：「人力足以戰勝環境，適者生存。坐以待食之人，決難存在和不應存在於現社會……否則不啻自暴自棄，終爲時代所淘汰。……」我們青年們，看了這，有什麼感想？遷延期待，終不免成爲時代的淘汰者吧了。

在這劇烈地動盪中的大時代，我們青年們正是最勇敢的戰鬥員，歷史的酵母，世界進化的原動力，未來宇宙的墾荒者，我們一齊起來F種子，協力吧！諺語說得好：「我們將收穫我們所下的種子。」我們下什麼種子呢？請想想吧，鍛煉健全的體魄，養成健全的頭腦，活躍在這動盪中的大時代裏，走在人羣的最前頭！

★ ★ ★

# 新生金舖

珍珠 鑽石 玉器 黃金 白金 首飾

「中明治通一四八號」——「電話二七〇六一號」

生是世界著名的發明家，他的成功完全由於自修研究。獨學無友則孤陋寡聞，并且欠缺激勵切磋的益處。若聯合志同道合的青年組織讀書會，共同補習所需要的學識，或研究有興趣的技術，以爲再行求學或找尋職業的準備。閒居的青年，幸勿荒廢你們的光陰，努力去自修罷。

平板的人生是枯燥無味，波折的人生是饒有意義。現代的中國青年的人生具有酸甜苦辣，不是平板的乃是波折的人生。孟子曾說：「天之將降大任於是人也，必先苦其心志，勞其筋骨，餓其體膚，空乏其身，行拂亂其所爲，所以動心忍性，曾益其所不能。」盼望現代的中國青年，記着孟子的說話來勉勵自己，更隨時隨地，利用環境，利用機會增進自己的學識和技能。青年期是人生最重要的時期，無論在學校，在工作，在閒居，除了人生的各方面不斷地學習和改善外，中國的現狀，世界的趨勢，也要有相當的認識，這樣對於個人才能進步，對於國家社會方面有貢獻。

獻

# 青年男女們

## 教師常常苦笑的裏因 自己對付媒婆的手段

羽

離開現在已經有八年多了。當時我還在廣州的一間中學校的初中部唸書。那時候當我們的級主任和國文教師的某先生，是一位不到三十歲的青年，身材略爲高瘦，鼻梁上架着一個近視眼鏡，平常最喜歡穿着灰布長衣，和趁着西裝長褲。這樣的裝束，在當時的廣州是很流行的。

他爲人很和靄，跟學生們很合得來，我們時常喜歡跟他說笑。他的臉上也常常露出笑容，不過在笑的當中，偶然使人發覺到他有時是在苦笑，跟着，我們就可以從他底臉上看到一種失意的情緒，同時還含着一種悲觀的成份。

至於他的失意和苦笑，內幕究竟是怎麼一回事呢？起初我們是全不曉得的，只存着一個疑問罷了。後來，從同學們的傳說中，知道他是曾經自殺過一次的人，這當然是因爲所受的刺激太深所致吧。不用說，他的不死是給人救回的。

不久，他的消息又給我們探知了一些：原來，他自殺的原因是爲了「愛」，爲了「不自由的愛」。玩皮的學生，因爲好奇心的驅使，便去探本追源了。聽說他從前和一個女子非常要好，漸漸的便訂下白頭之約。但是，他的家庭是不會知道這件事的，因此，也在暗中替他定下一門親事，他和那女子既定了婚約，但又不告訴家庭，在我的揣測，他們一定是有所等待，或者是等待他能够得到經濟獨立的時候的。可是，出乎意料之外，他們在等待中，他的家庭便替他定下來另一頭婚事了。無論如何，他是不肯承認的，並且極力反對。然而古舊的家庭，是不容許兒子不服從命令的。結果，在進退兩難當中，爲了這不自由的刺激，便演成了這自殺一回事。

可是，自殺不成，另一面便給壓迫而去聽從父母之命，和那不相識的女子結了婚，直到他當我們的教師的時候，已是個做了父親的人了。不過，聽說，那和他訂約的女子，還是守着不貳的信條，情原獨身一世。

爲了這個關係，在愛情的一段波折，終於在心上劃上一條裂痕，某先生便時常露着失意的苦笑了。但是，這到底是聽別人說的，不曉得是眞是假？爲這原故，我們就很想直接問問某先生，可又不知道應該怎樣開口？倘若我們所知道的一切都是眞實的話，我們問他時，會不會因此而惹起他傷心呢？那就使我們一直都沒有開口的膽量了。

他平時曾答應過講一個故事給我們聽的，但始終還不會實踐這一個諾言。

有一天，我依稀還記得是星期六，另一位教師因事請假，我們便有兩堂空着。那時候，距離畢業會考已經很近。剛巧某先生上來對我們說，這兩堂教師請假，叫我們自修工課。我們馬上記起他的諾言還未實踐，爽快的答應把工課留待回家溫習，同時要求他利用這個機會實踐講故事的諾言，並且說我們畢業後就離開他了，以後他再要我們聚在一起聽講故事時便很難找到機會。果然，他被我們這一番說話打動，便開始在講述一個故事。……

初時，我們還在交頭接耳，不大靜心去聽，可漸漸地，他愈講愈來得動人了，我們就靜心平息起來，他一口氣的講了兩個鐘頭，最後，故事是講完了。我們每個人都感動到垂下頭，不發一言。還是他先開口，他說：「你們聽了這故事，有甚麼感想呢？」我們大家都沒有回答。他繼續說：「這個故事，是在埃及神話裏面的（我也記不清楚是否埃及神話，姑且暫用），你們大家有機會可以找出來看看。這故事的重點，就是說：「不忠實，便沒有愛情」。這句話是很有道理的，你們將來會感覺到這句話的價值。」

老實說，我現在也記不清他所說的故事內容，究竟是甚麼一回事，不過，「不忠實，便沒有愛情」這句話，卻經給他一說，便深印在腦海裏，永遠不能磨滅了。還有一點，我自已當時，正到了受着「愛」的教訓，便益發覺得他說的這句話是有着深奧的道理，而且確是一種經驗之談。

男教員對女學生在課室上講這些故事，在頭腦古舊的人看來，未免有點那個吧！但在我看來，不特不覺得那個，而且他這一個故事，正給予我們不少的經驗呢。雖然我始終還未翻開那本「埃及神話」看過，但是，只知道這一句說話也就够了。這一句說話對於我，以後就有很大的幫助。」

漸漸，我們更長大了，親戚中不少的表姊妹們在鬧着訂婚，結婚的人生最大的把戲。這些事，暫時還不致輪到我，我就樂得站在人旁，冷眼看着她們怎樣被人愚弄。雖然我有時也忍不住，向她們警告，可是這是沒有效力的。然而她們總是畏羞，甚麽也不敢出聲，結果，就馴服得如一匹羔羊，任由人家擺佈了。

三姑六婆們，最拿手的是替人家做媒，但苛刻一句說，她們都是處女們的劊子手呵。她們掉其三寸不爛之舌，說得對方如此這般的富有，品性學問又是如何的優良，天花亂墜，說得不由你不信。不知她所說的，離開事實有多少千里遠。而那些當家長的，誤信她們的說話，結果是害了自己的子女。

我不明白，三姑六婆她們永遠是那般神秘，她們永不會把男女兩方面，大大方方的介紹大家認識。她們的拿手好戲就是鬼鬼祟祟的竊竊商議，有時還是全部保守秘密，最多時是半公開而已。當她們商量得有些頭緒的時候，她們便進行第二步工作——設法使她們心目中的男子跟她們心目中的女子相見。她們牽線的見面方式很多，或藉口帶那女孩子到劇場觀劇，那末，有連帶關係的男孩子是會被發現在前後左右的座位上的；又或者帶她到酒樓餐室，同樣的會在附近的卡座中發現到了男子；更或帶着她有意經過那男子的門口，好讓他看個詳細。凡是這種種的情形，男子本身當然是明白了然，但那女子本身便不同了。她們縱然極不願意，然迫着如此，也就無可奈何了！最可憐的是全無所聞，給人家利用了還不知道。

我看過這些情形，已不下多次，當其時，我就有一種反感，同時，下了一個決心，假如將來我自己也遇到同樣的事情的時候，無論如何，我一定不依從。若要我就範，一定要光明正大的給我介紹。倘若糊裏糊塗，鬼鬼祟祟的瞞着我，我是怎也不依的。

那個時候，我雖在廣州，但我的家却在香港，而且，我父母的頭腦不像那些人的腐敗，所以我能够避免她們的進攻。父親和母親常對別人說：「兒女的終身大事，我們是不理的，由他們自己去選擇，只要他們規規矩矩，光明正大就行了。我們只可以站在指導者的地位去指導他們。」

因爲這原故，我就得很安靜的去繼續唸書，以至初中畢業。廣州事變了，我從廣州回到香港來，又風平浪靜的唸了幾年書，直到香港戰事發生，我從此失學。我正想找些事情做，然而，那做媒人的三姑六婆——她是我們的親戚，便向我下手了。

我眞不懂，她們看見我家有着這一個偌大的女兒，便很不以爲然。照她們的意思，是應該早日打發出門才對。於是，她們問我有沒有跟男孩子來往？我答她：「當然是有的，我有我的男同學吓。」她再問我：「心目中，可有那一位是當意的？」我說：「至今好像還沒有。」因此，她便自告奮勇，要替我找个當意的人。以後，我便常常遇到這種事情了，不過，我是不怕她們的，她們問我，我便照實回答。其實，我心目中，尙沒有對像，大家都是朋友罷了。我就不懂她們爲甚麽這般着急？我自己不着急，父母不着急，她們到底爲甚麽着急呢？

大約是前年的事吧，有一天，我們還沒吃早飯，她——那媒婆便來了。她首先對我說：「我認識有一位男子，他是住在新界的，現在新界做着甚麽長，很有名聲，家庭也很富有。他自從戰事發生到現在，從未需要政府配給他的米，而且人品和學問都好；是一個獨子，父母對他都很鍾愛；年紀也不大。現在他想找一個終身伴侶，要有相當學識，能够幫自己的忙，並且要品性好，樸實不慕虛榮爲最適合。我想把你介紹給他，不知你的意思怎樣？」

我聽了那一大堆說話之後，不曉得怎樣，我整個人在發抖。心想：竟然有這樣的男子？既然他家這般富有，又得到父母的鍾愛，他也許是個花花公子了。花花公子而要找一個樸實的女子爲伴侶，這是不可能的吧！而且，她還說：「只要性情好，相貌他是不論的。」這也就奇了，我以爲一個花花公子對於妻的美貌與否，是斷不會隨便滿意的。倘若他不是個花花公子，那末，新界裏邊，就不乏樸實不慕虛榮，耐勞耐苦的女子呀。爲甚麽他不在新界那邊找呢？我對於這幾點，都是疑問。不過，我打算不在這個時候結婚，便索性回絕她了。

我對她說：「我現在還不打算結婚，這些事不必提了。多謝你的盛意。」

她聽我這般說，知道我這倔强的孩子是不易說服了的，她便在我跟前，說一個人不能說不結婚，結婚是人生必經的階段，結婚有什麽好處等等，滔滔的講個不停。聽得我討厭起來，便對她解釋：「我不是不結婚，我不過是暫時不結婚罷了。等到我要結婚時，自勞煩你介紹吧！」

不料我還幾句話，又給她不少機會了。她說：「你雖然不是不結婚，那末，跟他來往也不要緊，你不要把這面好親事白白放過。你要知道，將來如果你要我介紹之時，也許找不到這樣的好人家了。」

我給她纏得不耐煩，眞想狠狠的駡她一句「誰要你給我介紹！」不過看在親戚的面上，不好發作，惟有不理她。後來，她見我說不動，便轉移方針，向我媽那邊去游說了。

我知道媽是這樣答覆她的：「你先去問淸楚，只要她願意，我是不成問題的。」於是，她便如奉了聖旨的去了，臨行時，還答應改日再來。

她走後，媽也沒有向我提起，我也沒有去問她，但我知道那人不出數天，一定會再來的，我便自己準備應付的對策。

我有一個同學，她是新界某機關的女職員。我隱約記得她曾對我說過，她的上司是一個怎樣的人，姓甚麽的我也記得。我把他和那人要介紹我認識的人聯貫起來，很是相似，大約就是他吧？我在想。

第二天，是星期日，我的同學便回到香港，她每次回來，必定到我家坐談，這次也沒有例外。在閒談中，我向她探問關於她的上司的事，她就原原本本的告訴我。因此，我決定他就是他了。但是，雖然是他，不過她所說的他和那人所說的他，便有些相反了。因爲我的同學不是要替我做媒，當然我是相信她所說的一切。

她說他爲人很浪漫，甚麽人都準備去追求，他的家庭，有幾兄弟，有庶母，家庭間常發生爭吵。他的學問，也不十分高明，她勸我，認識他要當心。

從此，我便發覺那媒人在騙我和騙我的媽。所謂「媒人多說謊」，就最切合她的行爲了。自此，我也不去理會這件事，總之，「拒絕「這兩個字便包括一切。

隔了數天，那媒人果然又來。所有的事，我都藏在心裏，也不去告訴媽，靜心觀看她如何擺佈我。

她跟媽經過一個長時間的密談，媽便來對我說：「現在有人想替你做媒，你有照片嗎？拿一張出來給我。」我已經明白這是甚麼一回事了，我跟着問：「他的照片呢？先給我看看。」

媽這時有點惱，她說：「那有這規矩的，你的照片不給人家看，那裏來人家的照片？」

我說：「我沒有照片，有的不過是前兩年在學校映的，給人家看，你就不怕失禮嗎？」

媽說：「去影相館映一個吧。」

我說：「映未必映得好，不如帶他到這兒來見我吧。」

媽沒有作聲，我便跑去親自跟那媒人說：

「他叫甚麼名字？」

她說：「這我倒記不清楚，讓我去替你問一問。」

我說：「你不必去問，我已經知道了。」於是，我便告訴她，他的名字。她有些奇怪，奇怪我怎會知道。我繼續說：「他的家，不如你所說的這般好，他家有兄弟，有庶母，家庭中時常吵鬧。是嗎？」

她學得更奇怪了。她說：「你怎麼知道得這般清楚？」

我說：「當然囉，這是我自己的事，不淸楚便受人家騙倒了。你跟人家做媒人，比較我所知的還少，你也不必多費唇舌了，我是不會答應的。」

這樣一來，她也覺得不好意思，再坐些時，便告辭去了。以後，她也不敢多見我。

之後，我怕媽還不明白，便詳細告訴了她，並且說：「假如我將來眞的跟他結婚，我便得到新界去居住，你願意我遠遠離開你嗎？」這句話，我是看準媽的心才說的。果然，媽說：「當然我不願意。」我跟着說：「那末好了，我不願意，你也不願意，那件事便告一段落了。」

看來，這也是不忠實的結果，不忠實縱然可以獲得暫時的愛，但也不會有美滿的結果的。

所以，我以爲不談愛便罷，若要談愛，一定要忠實。無論做錯了事，或者互相誤會了，也應該忠實，坦白的解釋，這樣便容易獲得對方的諒解，甚至可以增進感情。「不忠實，便沒有愛情。」這確是一句「愛」的金石良言，懂得用它的，便可以領會到有無窮的價値。

拉雜的寫了一大堆，不知寫出些甚麼，但總括一句來說，就是想把「不忠實，便沒有愛情。」這一句話，貢獻給一般少年男女，並且把一些事實說出來，給大家參考參考，大家能夠實用那句話的，我敢相信，不特不會有愛的煩惱，並且會覺得愛的幸福和快樂。不是我在空發議論，這是大家可以嘗試得來的。

# 你的閱讀速度如何？

清泉

假如你是古人所說「一目十行」的天才讀者，或者是一個無須担憂「六両四」的有閑階級，整天都有空去自由消遣，那麼你對於這個問題，就沒有研究的必要。

然而，不幸得很，我們大多數人既不是天才的讀者，更非整天都有空去自由消遣的倖運兒，對上述這個問題，就有研究價值了。

宇宙的一切事物，無時無刻不在變動之中，隨時隨地都會發現新的智識，尤其是在目前的世界局面，戰後歐洲的政治戰如何呢？蘇聯在歐洲勢力的不斷膨脹，是否會在短期內引起對英美的正面衝突？大東亞戰爭如何呢？這一切的一切問題，都和我們有間接直接關係。換句話說，我們一日在這世界生存，一日就要和它保持密切聯絡，為着這一個目的，每日就不能不消化大量新鮮的精神食糧，然而在生活鞭策之下，我們能够抽出去閱讀書報的時間，相信都很少，因此就不能不講求較高的閱讀速度。

你每分鐘能讀多少字呢？根據專家的統計，普通成年人每分鐘閱讀二百五十字左右，但是如果經短期簡單練習，可以增加到每分鐘能讀四百至六百字。這一位專家是專門訓練人們如何增進閱讀速度的，他會擬定的基本練習法則如下：

每天花五分鐘時間，强迫你自己去閱讀書報比平時快一點，這樣繼續一個月。只要盡快讀下去。不要担心你會漏去幾個句子或是全段的意思。暫時不要管那些優美的辭句，只要把握全篇的意義。同時把每天五分鐘內所讀的字數，都要記錄起來。在開始的第一天，你趕快讀完以後，必然會感覺到所獲得的意義很模糊，但是過五天至十天之後，你自然可以領會較多意義，一個月之後，你的閱讀速度就比前快一半了。

以上所述的不過屬於一部份的練習而已。人們在孩童時期，由師長教導逐個字去認讀。到成年以後，很多人還沒有放棄了逐個字誦讀的習慣，這種習慣就是人們閱讀不能够加快的一個原因。因此假如你要開始練習快讀法，首先要拚棄這一個習慣才有進步希望。例如你去聽音樂，你所聽到的完全不是一個個獨立的音韻，而是流水一般的和諧音律。有經驗的讀者也是一樣，他每逢閱讀一篇讀物，也只是吸收作者的整個意思，而略去無關重要的字。

練習速讀的方法很多。例如用五秒鐘的時間望一下廣告上的短標題，和它內容的簡短句子後，你試試能够述出多少關于它所宣傳的出品是怎樣的。或是把一張卡片割一條和報紙上一行字大細的洞孔後，把它放在報紙上移動，試一試你在一瞥之間，能够領會多少意思。不過首先要明白的一點，就是不要把你的注意力集中在每一個字，而在每一句的意義上去。假如你能够領會這種讀法，你的閱讀技能就可以毫無困難的一路進步了。

同樣，你閱讀時目光注視的範圍也要增加。比如你的目光在報紙上面以跳動方式溜過，在每一個跳動的中間，你的目光會於一秒鐘的幾份幾停留一下，這就叫做「注視」，你就在這一瞬間閱讀了。這一些「注視」越少，你就越能够越讀得快，而你越讀得快，就越能够吸收整句的意義。

我們最好是養成一種對各種讀物用各種不同的讀法。第一種是溜讀的方法：例如你想將當日的新聞，作一個鳥瞰式的閱覽，溜讀法就用得着了。又假如一位朋友對你說及當日一段有趣或是重要新聞，你就拿起報紙來看，試試你需要多少時間才把這一段新聞尋着，也可以適用溜讀的方法。聽說湯馬斯．卡萊爾，和提奧多．羅斯福兩人，能够略一審視，即可讀完全篇的書報，這種顯然不可能的能力，其實也不過是溜讀法練到升堂入室的地步而已。任何人都可以養成每分鐘能够溜讀八百至一千字的能力。

第二種：你應要習慣普通閱讀的速度，達到每分鐘不能少過三百五十字或五百字。同時你的注意力是要和你閱讀保持平行，不可超前面，否則你是不能够達到最大速度的。

第三種：這是對於須要用腦力思考的讀物，你的閱讀速度就不能不要慢一點了。例如分析一篇評論的文章，或是欣賞一篇優美的辭藻，你的閱讀速度有時會慢到每分鐘五字或六字的。又假如你是讀一段重要的外國通訊，對電訊裏面每一個字用腦力推敲，想從複雜的句語中領會特約通訊員企圖逃避新聞檢查員察覺的一點弦外之音，或者你想細心研究一篇專家的技術論文，須要慢慢的再三翻讀，這自然是要當別論了。

# 我的自述

英：哈雷斯原著
木馬・青人合譯

▽▽▽▽▽▽▽▽

我因早年時期就犯了錯誤，又看見許多青年也犯了更可怕的錯誤——都是爲了無知之故。我要向一班靑年與易受感情衝動的人警告，警告他們預防這種無知的危險，讓他們出發於生命底茫茫大海的時候，有了一幅航海圖，免陷於暗礁與淺灘。

△　△　△

當我初次學習射鎗時候，我的父親給我一枝單發的長鎗，後來我對于鎗的構造都熟悉了，我的父親就對我放心，給我一枝雙發的長鎗了。幾年之後，我就得到一枝連珠短鎗，可以連發十二次而不需再裝子彈，我的效能跟着智識增加了起來。

△　△　△

在天的父親——我們創造者，當我完全沒有經驗而我年紀剛在十幾歲的時候，也可以說給我一枝連珠性的鎗，然而我對它的用途與賞玩還沒有熟悉時，上帝就把它搶回去了，他換給我一枝双發的長鎗；數年之後，上帝又把它搶去了，祇給我一枝單發的長鎗，至今的一生，我祇好利用這惟一工具吧了。

△　△　△

近年我年紀老了，那枝舊式單發的鎗已經與年月漸呈損耗；有時它發火太早了，有時連一點火氣都沒有，使我慚愧，祇做我所能的而已。

△　△　△

我要指導青年如何運用他們的連珠性的鎗，可以多用幾年，到了要用雙發時候，如何將那工具留置到了五十歲才享用，而那單發的則可以賞玩到七十以外。

△　△　△

「你要享受自由的生命，當你尙存在世間，
找住了飄忽的今時，獲得愉快即是幸福；
雖然短促，每日都有太陽高照着那天空，
雖然昏暗，夜裏天上，也有點綴着星和月。」

△　△　△

當我四歲那年，我的母親就死去了。我的姊姊大我四年，我們常於夜間起來搜食麵包，菓漿或方糖。有一次天將破曉時，我偷偷跑進保母的房間，看見一個男子與她同床，那男子有紅鬚的，帶了姊姊去，她也看見了。我們靜靜地退回自己的房間。我的感覺不過是驚奇而已，但第二天保母就不給我方糖和牛油用在麵包上，我就說：「我會說的。」

「說什麼？」她問了。

「有一個男子在你床上」，我答，「是昨晚吧。」

「靜些，靜些！」她說，於是她給我方糖了。

自此以後我祇要「我會說的」就達到我所欲的目的。我的姊姊希望知道我要說的是什麼東西，但我終不對她說。我很清楚記憶我佔了她上風的優勝心理，因爲她沒有發現獲取方糖的秘訣。

△ △ △

到了五歲，姊姊與我同讀於一間女塾。因我算術最精的原故，許多女學生都喜歡我了，尤其較大的女生。我還記得當我每次算好課題之後，我會把鉛筆擲落地下，我就離開座位，故意搜尋鉛筆，跑到女生的脚邊，循例的向她們的大腿望上去。爲什麼？那時候我也不能够說出原因來。

性感在幼童時發育，也有可能性的。有一年我與梅列笛斯，倍德，王爾德等同飱，席間就談到性感問題。倍德與王爾德的意見以此爲春情發動期的象徵；倍德意指春情發動始於十三至十四，王爾德就推遲到十六，祇有梅列笛斯指出較早的時期。

「象徵會時起時止的，」梅列笛斯說，「有時春情期未到而已先有了象徵。」

我讀歷史時會憶及拿破崙五歲就與一個名叫格娜柯美妮蒂女同學發生戀愛了。梅列笛斯笑着說那年紀的性感恐怕過早，我把我上面的一段經驗說給他聽，他就停了一會：「還是頗有趣味的」他這樣想，「但是太特別了吧！」

詩人哥德會說過：「在變體中，自然界洩露它的秘密。」這是一種變體，因此，就值得注意了。

△ △ △

從這次的性感發生以後，直到十一歲我才再有性感發生。那時候我已陞至第四班，同學中有名靄華的，有一次因我和一個同學格鬥帮，他是幫着我，我們由此做了朋友。同學中還有一個牧師之子叫史倫威，他是十四歲，大我三年。有一天我們三人偶然談及性的問題，靄華以其所知向我們誇耀，我與史倫威就給他傳授自淫了。那時我是十一歲，因太年輕之故，對於這種實習未感興趣，但，孩子如何產生及其他的性的新智識，我就喜歡知道了。

△ △ △

過了一個星期，史倫威把我們驚動起來，他說他如何得了他的妹妹的婢女底同意，在夜間與她同床的經過。最初她是不許他有一些舉動的，過了一兩夜，他就想方法去接觸着她。他說婢女把房門鎖起來，他就想方法把鎖匙偷了去，又再和她同床。初時她很不高興，或許她假癡呆罷，但他頻頻吻着她，要求她，漸漸地她讓步了，他就再觸着她。過了幾夜，他對我們說，他成功了。「噯，天啊，妙極了，眞妙極了？」

△ △ △

「你怎樣做呢？」我們更想知道地問。於是他把全部經驗講出來了。「女人是喜歡吻的，吮的」，他說，「於是我不停地向她吻吮了，把兩脚放在她上面，拿她的手，我又不停地撫摩她那兩隻乳房，現在，我每夜都與她來那麼一回，有時也會在日裏的，她喜歡有着神秘的觸覺，但却需要很輕柔，」他說，「她敎我用一隻手指這樣做。」他把那動作形容出來。

史倫威由此不特我們是捧他爲一個英雄，而且是一個超特人物；我們托詞不信他使他多說一點，但在我們心中知道他所說的都是眞的，我們幾爲這種無厭慾所瘋狂了。

△ △ △

到了暑假，我的父親給我一個很好的機會，帶我到英國最貴族的寄宿小學去念書。英國人誇耀他們的敎育紀律由年紀較大的學生保持傳統下去。可是這種紀律祇給學校做了一所殘忍與淫穢的監牢而已，較大的學生做成一種傳統，祇有卑劣者才對上司告發，由此他們就有自由發洩他們最下流的獸性了。

同學中有兩個班長，一個是狄克，常對着一班較小的學生，而騷擾他們的睡覺，使自己的發興盡了才罷手。那班較小的學生都不喜歡，但又逼於處境，祇得忍受他的殘忍的所爲。狄克也向我進攻一兩次，但我將他的睡衣來承接，他就罵我「小龜蛋」，把我放走了。

第二個班長是瓊士，他是利物浦一個富商之子，十七歲了，功課很低能，但體魄很强健，在同學的格鬥中有「雄鷄」之稱。他對一個年輕學生特別有賞玩味，那學生是亨利。有一次當瓊士與亨利同床時，有一種痛苦的聲音發出，隨後聽到瓊士在吻吮與撫慰他的受難者，有一個鐘頭之久。我們都在猜疑瓊士有沒有成功抑或有什麽變動了。這秘密後來由亨利朋友宣洩出來。

△　△　△

若果沒有較大學生做班長，那就單獨手淫也會有的，然而這習慣不成爲慣例，除非有較大學生在鼓勵着，互爲依賴，在愛爾蘭這種事是甚少見的；在英國就永遠有發生，在英國學校裏面，像上面這種的事已變爲純然的鷄姦了。

△　△　△

在我方面，因爲對體育非常注意，所以有一種壓制勢力使我不致常犯自瀆行爲。我尋出一個結論——就是在犯的前夜，我對於競走與跳高都退步了。

有一位同學，因爲不節制自瀆手淫，他的面色漸呈蒼白了，有時他感着神經痛苦，躲在課室的一角痛哭起來。他實在過度，即在上課時間，他也不停地將手插進褲袋裏去。爲了便利，他把褲袋剪了一個孔口，而且教員都毫不知道。

歷史說，古斯巴達人教育兒童不飲酒的方法是將國中最下等奴隸的酒徒給他們看；我因爲要跑得快，跳得高，知道犯了自瀆之後，即不能跑得這麽快，跳得這麽高了，我就很節制自己，由此影響我的意志力加强了不少。

△　△　△

有一個經驗，使我永遠戒絕自瀆行爲。

學校有組織歌詩班，因我唱得不錯而且有靈敏的聽覺，我就被選爲獨唱者。教會每年舉行的歌唱會，由各地方選派代表到禮拜堂練習。有一個女生唱最低音的與我担任獨唱，練習時我們與其他男女生分開，我們是在大鋼琴之側的地位坐着或立着，幾與其他男女生有不見面的距離。那女生叫伊黛，約摸相等我的年紀。她很美麗，在我看來，有金絲頭髮，碧青眼睛，我便以我的童年態度追求她。有一天，那琴師在解釋時候，伊黛爲着可以看見或德得較爲清楚。便站在一張椅上，伏在鋼琴的後面。我是在她的後面坐着，她的雙腿擺在我面前，因她向前伏着的原故。她的裙子向上縐起，我的咽喉立刻感覺到有點透不過氣來。她的腿很美觀，我想，於是有用手去觸它一觸的試誘，那是沒有人看見的。

我立即站起來，在她的椅子旁邊站立着。偶然地我的手與她的腿接觸了。她并不退縮，像不覺到有我的手的接觸，於是我的胆子壯起來了。她動也不動，雖然我知道她一定對我的手有感覺了。我將手輕輕地向上滑過去，突然，我的手指在她的膝蓋以上沒有襪子的地方觸着溫暖的肌肉。她的嫩膚給我一種不可名狀的感覺。我的手按上去，愈上愈覺溫暖，突然觸着她的最高峯，那裏是柔軟粉嫩的。我的咽喉直覺着心在跳動。我不能形容我當時情緒的緊張。

感謝上天，伊黛一點都不動或顯示她的厭惡。我的好奇心戰勝了我的情慾，我再去觸覺，於是我依了史倫威的話，將手指輕柔的進去；而伊黛還是不動。我將手指在她的肌膚摩擦，由情慾的滿足，我當時眞可向她吻了一千次了。

驟然間，當我繼續動作之時，我覺着她移動了。我仍然繼續下去，顯然地她指示我的觸感給她最愉快的地方。

倉猝間，這秘劇中止了。琴師剛解釋完了他的歌詞，伊黛把腿抬在一邊，我撤回了手，她由椅子跳下來，我對她耳語說：「你可愛的，可愛啊！」但她蹙蹙眉，然後從她的眼角裏她對我微笑着，表示她并不是不滿意。

我并不會忘記伊黛對我的好感，她允許我撫摩肌膚那種溫情。她開放了天堂的大道，使我第一次嘗試到性感的秘密，五十以後的今日我仍感覺她給我反應那種深刻的愉快。

我與伊黛的經驗，得一個結論。事實既指明女子的感覺既與男子所感覺者無異，就增加我對女子的悅歡心理，而把我對於男女思想的程度，更抬高了一點。男女間的緊張與愉快既比我以前所經驗的更爲熱烈，我就決意將爲此種更高的歡樂而保持自己身體的健康。我戒絕自瀆了；我知道有比它更好的東西。

我知道有比它更好的東西。

讀了司各脫與他的女主角戴華嫩的小說，也給我一個深刻的印象。我立心將我的熱情留給我將來的戴華嫩。由第一次熱情的經驗與閱讀愛情小說將我的惡習完全戒除了。

△ △ △

在一次假期中，我同家居住了幾天。我的父親在巴巴里村買了一座別墅，我與姊姊及哥哥維安都在那裏過了一個冬天，在一個晚餐之後，姊姊與維安辯論如何結好女子與博得女子歡心。維安的意見完全與姊姊所說的不同，我就問姊姊她所說「諂媚」是如何解釋。

「你說凡女子都喜歡諂媚的，這是什麼意思呢？」

「我的意思，」她說，「是女子都喜歡有人讚她美麗的，讚她有美眼睛，美牙齒，或美頭髮。她們都喜歡她們的美麗部分有人注意而給與讚美。」

「祇是這樣嗎？」我問。「不是，」她說，「她們喜歡有人注意她們的服裝，她們所戴的帽子。凡女子都這樣想，若你注意她們的服裝，你就對她們喜歡了。因為許多男子都不注意她們的服裝的。」

「第二條，」我說，「還有什麼呢？」

「當然哪，」她說，「你要對與你同行的女子說她是這個房間或這個城市最漂亮的女子，她是你世界上獨一無二的女子。凡是女子都喜歡她是許多男子的獨一無二的女子呢。」

「第三條，」我說，「難道她們不喜歡接吻嗎？」

「那是遲一步的事啊，」她說，「許多男子一開始就接吻了，還未熟悉對方就先發生愛情。那就教人退避三舍了。諂媚第一在她的容貌與服裝，然後講到專心愛情，其後接吻自然會跟着來了。」

「第四條吧！」我把這四件步驟重複試驗過，即對年紀較大的女子與姊女試驗這種步驟，結果她們對着我就立刻有較高的評價了。

我把新智識初試於拉萊小姐的身上，我的哥哥維安對她是要好的。我依照姊姊的方法讚美她：最先是她的眼睛與頭髮（她實在有很美的一雙碧青眼睛）。使我驚愕的她立刻對我笑起來；跟着我就對她說：「你是這裏最漂亮的女子了。突然間她雙手捧着我的頭，吻着我說：「你是一個可愛的男子！」

但我的偉大經驗還沒有來臨呢。在宴會上我遇到了一位很漂亮的男子叫康諾雷——五呎十一吋高，深藍的眼睛，漂致的面孔。大家對他的訪問都伯林總督的故事在那裏講述。故事是這樣的：總督夫人有一個很漂亮的法國女僕，康諾雷與她極為要好。有一晚總督夫人生病了，她叫丈夫上樓去喚女僕。當那丈夫叩着女僕房門說他的夫人需要她時，康諾雷以高聲回答他說：

「你太失禮貌了，在這時候來妨礙一個男子。」

總督當時道歉，立即退出了。然而他呆笨似的將此事對夫人說出，夫人發怒了，在第二天早餐的時候，她命一個侍衛立在她的旁邊，將康諾雷席位調到餐桌最後的地方。康諾雷習慣是晏些到來的，當看見佈置已變更時，他知道了一切了，就對那侍衛說：

「閣下，你的機會將來很多，把位置讓給我吧！」於是他辭退了侍衛，坐在夫人之側，但夫人仍不與他說話。

過了片刻，康諾雷對她說：「我不會對你怪責，因你實在太好了。你想誰有心對一個初次與男子發生關係的女子而加以非難呢？」這句話說出來全桌都為之失笑，自後康諾雷便以厚顏著稱了。

人人都對他有所議論，我也想找着他問他一點高見。

「康諾雷先生，人人都說你可博取任何女人的歡心，我想知道你怎樣做，你對她們說什麼話。」

「一種信心吧了，我也不知道。」他說，「你是一個奇特的青年。你問這些究竟你有多大年紀？」

「十四歲了。」我大胆地說。

「你不像十四歲，就算十四歲也太年輕了；你須等候些時。」於是我不再問下了，但我仍未放棄我的答案的追尋。後來他與哥哥談起我所問的話，他笑起來了，過了一兩天，他見我追隨如故，就說：

「你給我問得很有趣，我想出一個解答。你若能以某種東西放在女人手上而同時能大哭起來的話，你就接近任何女人的心理了。但不要忘記眼淚啊。」

△ △ △

我雖然無立刻流淚的可能，但康諾雷所言是不會使我忘記的。

在學校的末年，學校設立一個十鎊數學獎學金，我有雄心要得那筆獎，自信對於數學有相當的把握，其次是我有心到美國去讀書，那是一個新世界，我要到那裡搜尋新智識。獎學金十鎊居然給我得到了，但我不願將赴美的計劃與家人商量，所以當學校發給我十鎊金時，我也騙了學校說我要將獎金當旅費去探望我的家人。我拿了十鎊金到一家船公司買了一張大艙船票，什麼行李都沒有帶，到了大艙，那船醫生很奇怪我一個這樣年輕的青年獨自乘船到美國去。他可憐我孤獨樣子，大艙是沒有被舖的，船醫生看見我是一個有才學的青年，常邀我到他的房間。他的房間裏藏着幾本莎士比亞，馬可來的書，都給我翻讀遍了。有幾首詩我在學校時已稔熟到可以背誦出來的，船醫生驚歎我的記憶力之強，提議我給頭等客來一次背誦會，在當場由客人捐助我二十美元的助費，由此我就升到頭等艙去了。

船開了幾天，海上有點風浪，許多人都暈倒了。船醫生那天很忙，當他出去時，有人來叩門了。我去開門，看見是一個美女子。

「醫生在那裏？」她問。我對她說醫生到頭等艙去了。

「請你告訴他，那大伙的女兒約絲想找他。」她說。

「若你有意的話，約絲小姐，我知道醫生在那裏，我可以立刻去找他來。」

「沒有主要的事，」她回說，「但我覺得有點發暈，他對我說有方法治療的。」

「在船面吹生風是最好的治法了，」我說，「吸了新鮮空氣會把眩暈消除的，你會好好地睡個覺。一到明天就舒服了。你可以嗎？」

她一口就答應了，不到十分鐘，她說那欲嘔的感覺都給一陣快風吹散了去。當我們在船面逛來逛去時，因船側動得厲害，我要時時把她扶住。約絲說出她個人的來歷，現在她是到紐約去探望她已結婚的姊姊，或者在那裏住幾個月；又說她的父親是非常固執的。在回答中，她知道我的全部歷史了，她半信半疑我是十六歲。她說我已經十六歲了，但她不能像我站在衆人面前背誦詩句，如我在頭等艙所做那樣，她說那是「妙極了。」

她回去時，我對她說她是船上最美麗的女子，她就吻着我答應明天再來在船面步行。到了明天下午，我們在船尾無人經過的一隻救生艇裏，以兩張毛毡裹在一起，坐在那裏享受新鮮空氣。

約絲身材短小，淡紅褐色的眼睛，嫩滑的肌肉。我不一會就用手繞着她，不停向她接吻，以致她對我說從來不知有男子像我這樣貪歡接吻的。她這樣謟媚我，使我更激賞她的眼睛，嘴，她的體態；當我摩着她的左乳房時，我對她說她的身體一定是美觀可愛的。我將手想撩起她的衣裾，正伸到大腿部份，她就止着我了，說：

「我們需要訂了婚，我就可讓你這樣做。你真的愛我嗎？」

（待續）



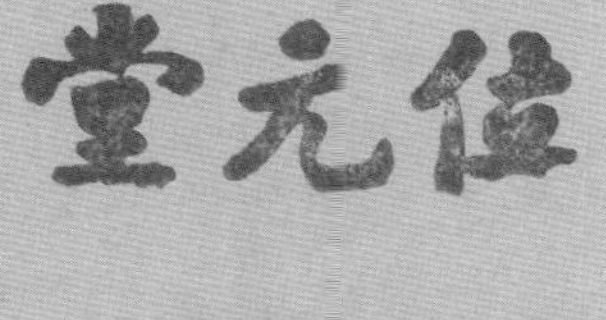

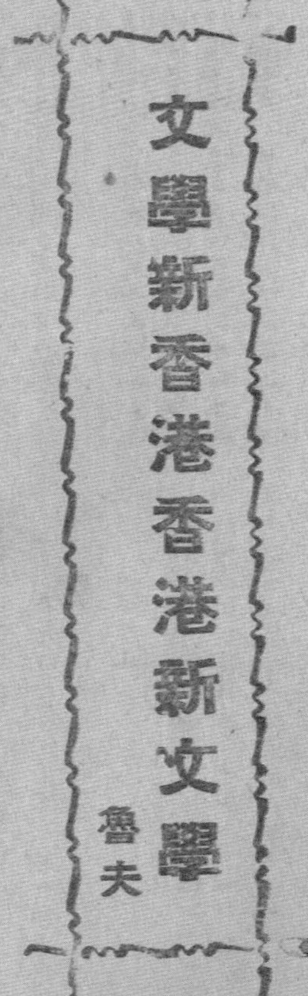

# 文學新香港香港新文學

魯夫

中國的新文學運動，不自今始。魯夫先生這篇文章，係對香港這一方面的現實，予以有力的攻擊，同時並加以合理的建議的，雖然話說得有點過火，却也見到他對新文學的熱情，不無是處；但，竟運鄙人也牽了入去，那未免有互相標榜之嫌了。鄙人對此本已從事多年，慚愧毫無建樹，加上生活的迍邅，根本對此就不曾得到較深的修養，故一向不敢稍露鋒芒，其實自己也缺乏了勇氣，凡有這種運動的發生，從來都站過一旁，未便參與。不過，人終未能爐火純青，在這種現象一有了畸形發生時，就不肯放下自己的武器。現在，對香港的文壇，又不得不拿着這枝禿筆當掃帚用，把那些攔擋掃向大海去了。魯夫這篇文章是拿鋼錐寫的，故顯得有力，而呼聲又這麼響亮，便特在這刊物裏開闢一欄，名爲「新文學吶喊」。以後還望志同道合之士，踴躍參加，在清潔和建設兩途，分頭致力。

——編者——

## A Radicalism 之嘯

「文學不是木乃伊！不能任牠停滯地輝映着埃及金字塔而終古。」

「人生不是盤游餐！必得藉文學的罏梅，造成牠具有各殺味！」

這是我昨日的Radicalism之嘯，跟着語學同志胡適之的八不——「不作言之無物的文學，不作無病呻吟的文字，不用典，不用套語濫調，不重對偶，不作不合文法的文字，不摹倣古人，不避俗話俗字」；文學同志陳獨秀的三推——「推倒瑚琢的阿諛的貴族文學，建設平易的抒情的平民文學。推倒陳腐的鋪張的古典文學，建設新鮮的立誠的寫實文學。推倒迂晦的艱澀的山林文學，建設明瞭的通俗的社會文學。」在嚷作震天響！

這急進的呼聲，在當時，曾充份表見其行爲價值。

然而時至今日潮流變更，昨日之呼，漸呈微弱，想「發聾震瞶」——近合趨勢，以新行動感召「東方文化民族」共鳴，改善各個關係，造成東方特色文學——東方文化陣線各點圖趨向一致。」——那非「檢討現實，主自地激蕩潮流展開强勁的Radicalism之呼，——引起共鳴，揭去文學階層的隔膜，打破文學歸潮的堵塞，融化文學小衆的對立狀態，造成新時代新面目」——不可。（Radicalism——行斷然政策之傾向）

試檢討現實，——扒上喜馬拉雅的極頂遐觀，蒼狗白雲，已改變了人生過去象！——

---

挹歐風？則高爾基，辛克萊，蕭伯訥的含咀，已不成爲東方人的絕對的永恒的環實，正和苗族的李耳印度族的曇瞿同運，能馳譽先秦，不能盡適合另一時代另一旮旯。

擷古趣？則風頌雅騷雖然是晶瑩的北極冰層，然而久經掘掏，其中已沒有新鮮的凍結猛獸肉。

看「文學表現形式」，則多數人仍只在胡陳路線裏轉圈；他們還沒感覺到胡陳的八不三推，已有了罅點，——「八不」的一六兩項，觀念不明；第八鴻溝不清。「三推」也有火燃昆岡之嫌。（參看拙作再吶喊）——耑一模仿古文的，那更是「自鄶以下」。

窺「文學表現精神」，則「主自的創作的表見東方特色的」是魯殿靈光；而「模倣的稗販的洋迷信的」翻成爲豺狼當道。

觀照種種畸形，昨日之呼，今日確應加強作潑貌之吼，——基于這個原則，於是——「文學大中國！文學東半球！」——的觀念形態便欲破口而出！（附注：文學大中國的「大」字，是動詞）

然而又想到一個問題！——文學大中國？中國太遼濶，文學大東方！從何處大起？——戍卒之叫，不能使每一旮旯的文學羣衆，在這戰火瀰漫的世界，同時發動文學的急行軍，——那只好用「太山基于丘壤，千里始于一步」的原則，先找文學革新的「丘壤」，和文運新行動的「一步」。

旴衡過去，擬捻現在，臆測將來，覺得只有這「扼南海珠江的交流孔道，控西南七省咽喉」的香島——香港島可以勝任愉快！

香港之與中國，爭似伯叔弟兄，——從來西南各方行動，和香港關係，是「伯仲銅山洛鐘」。以香港作基壤，進行融洽西南感應中國，絕對可以！——「三一致」使人不須攷慮！不過：舊香港是太殘舊了，人們使用基壤，得先整治基壤！以此我們便在嚷「文學大中國！文學大東方」之前，先高呼——

文學新香港！

香港新文學！

強勁的Radicalism之嘯！從此開端！

（附注：Radicalism代表三觀念，本文所用是主觀的「斷然政策之傾向」）

## B 文學新香港

我們打算用香港作文學改進的基壤，但香港本身有不少穢跡——這密味覺的海島，沒來由給「古老肉」，「鹹水蝦」，「洋黑油」的渣滓薰臭——一世紀的洋鐵皮統治，腐化氣的熏蒸，楞給香港塗上種種惡垢，不除舊布新，牠沒法以新面目和天下人相見。——試指出穢跡。

第一是：洋鐵銹，英夷從英倫來香港，目的不是來造象牙之塔，當然不會帶些文學資材來，再則東西情勢不同，即使帶點不列顛古典文學，又何嘗合東方青年脾胃；——更何況牠帶來的只是淺薄的迷信的無理的水手風。百年留居只是物質上的粉刷太平，精神建設上，只留下古老臭。

而且，潑樸Radicalism，笛復 Radicalism（英文學家）沒在筲箕灣卜居。「文學」只能任阿黑三妹之流，不改故態。年年虛度，萬苦千辛只掙下些在「語文組織成分」上的「士担」，「水車館」等「蜒色采」詞句；在「文學表現形式」方面的「如要停車乃可在此」……「仿〇〇賦，仿〇〇體」等「香港地中文」，給地方文學現眼。

第二是泥古藝：古人是早就作古了，今人誰願意與古爲鄰，可是舊香港是」泥古—三一致」——報紙充滿古色古香，學校喧 詩云子曰，古典文人，本身吮古人唾餘，更以唾餘饗衆——故紙推當宮室，陳死語當聖經。

第三是糟粕塋：退一萬步說，即使倡讀古書，也該澈底一點，正確地解說古書精義，多方地指導吸取古代文學精神，才對；——

談先秦文學，該指出風雅的「樸素描寫技術」，「詞句反復而不嫌重複的技巧」，「描寫的象徵美」，「音節的和諧」，楚詞的「高尙理想」，熱烈感情，浪漫風態，以及富有藝術上缺陷美的矛盾生活描寫技術。

談兩漢文學則西漢仕宦文學的豐縟典雅，民衆文學的自然樸實，漢末建安文學的沉雄悲壯。

魏晉六朝的藝術至上主義文學的「唯美主義傾向」，「瀟洒出塵氣度」，「表現強烈思想，接近自然」。等特點，應令學生領略。

此外盛唐樸實文學，文氣應吸收牠的「明顯流暢」，歌詩應吸收牠的「奔放豪雄」。

五代文學應賞玩牠的浪漫纖艷，宋代簡勁文學，則取法牠的改革文體解放詞式的改革精神。玩賞元代戲曲應品啜牠的自然眞摯，和高超的描寫藝術。遊心明代文學則應該注意牠的小說傳奇的溫雅高尙，小說的撰作精巧。淸代文學則貴族文學的創新，通俗文學的暢達，該吸收牠的特色。

還感着，使青年多少得着點文學精英，也算積下陰隲？然而平均觀察一下，他們多半連曲解都不完全，——多數的青年在「文學捉迷藏」，中小學生只是在「看字型」，「哼曾設」，「嚼糟粕」——不信請走進哪一所學校，拿些文學問題，問一問他們的高材生，要是答得圓全，那才怪！

跟着糟粕至而生的，又有淺薄型，——旣然歌誦古人，則深進地研究古學，才能算是忠實信徒！可是他們又犯「淺薄」。——姑舉三例——

（一）談到古文，韓愈柳宗元當然有資格使他們「見風兒就跌」，當然可以作他們的膜拜的偶像。然而他們大都是只能哼哼韓柳的詩文的字段，比較有資格的只能誤學「文以載道」埋沒文學的進化觀念，而沒學到韓的「聖賢所爲書具存，詞皆不同，……師其意不師其詞」的卓見，以及柳的「引筆行墨……意盡便止……亦何所師法」的創作精神。

（二）桐城派文，他們當然津津樂道，然而他們學桐城派文，只模倣形式，而忽略牠的「褒貶不當，摹倣剽竊……」等比較有意義的韻律。

（三）濫作濫俗的古體文詩，流毒社會，而不知廻誦顧炎武的「文須有益於天下」，「怪力亂神之事，無稽之言，……無益於人，」等箴語——這些話說得「天地良心」。不信，請拿某些報紙比照。

還有一塊更糟的是「頑俗型」。流俗化巳經夠瞧，俗而至於頑，那更是不可救藥——讀香港的粵語戲劇，粵語書報，以俚辭迎合流俗，以竊文古詞，竊化青年；二重交侵，彷彿如迂叟虔婆在合唱，「頑」不可階，「俗」不可耐。——實在瞧不過眼，對他們盡心地進忠告，結果是引起「猖猖」，「齗齗」。

第六是「誤解型」

最大的誤解有三點：

一．淺明瞭形式的文學的手段，不是文學的目的。

二．狹荒地記認文學，誤解只是彫文琢句對于文學的要素——思想，情緒，想像，形式，四本幹，「創作的想像」，「聯想的想像」，「解釋的想像」，「純正適合的情緒，活躍有力的情緒，階級的特性情緒，情緒的繼續，情緒的領域，情緒的變化」，「特殊形式，普通形式」，「個人性思想，時代潮思想」等支流，所蘊蓄意義，不甚明瞭。

三．誤解文學即文章，正則的文學概念，爲而看金批啦，章太炎，阮芸台，羅家倫，盧夢殊，高效爾，戴昆息，梅萬夫，勃魯克——諸氏對于文學的定論：

「文學是人生的表現和批評，從最好的思想裏寫下來的有想像有感情有體裁，有合于藝術的組織，集此衆長，能使人類普遍心理，都覺得他是極明瞭極有趣的東西。」

「文學是心靈活動的途徑的結果」

「文學是寫下來的思想表現，有想像有感情有風格，能使普通人類的心理覺得明瞭，感覺有趣……」

「文學是思想的文字的表現，通過了想像感情趣味，而在于使一般人們對牠容易理解，並且惹起興味……」

「文學是寫的印的從人類心理綜合而成的出品，這種出品必定有高尙健全普遍的思想，有適當純粹美麗的體裁，而且是合于藝術的構造」

「文學是最好的思想的紀述」

「文學是世間男女寫下來的思想同感情，布置得很好，可以使讀者愉快」

「文學是求學的結果，是知識和想像寫下來保存着的」

「文學是知識流傳在書籍裏」



「以美藝運用文字表現人類心理精確的狀態者謂之文學」

「有文字著于玉帛，謂之文」

「沈思翰藻，始名之爲文」

「美學是美麗的文學」

「……心生而言立，言立而文明……夫豈外飾，蓋自然耳，……形立則章成，聲發則文生……寫天地之輝光，曉生民之耳目……」

「文學是包括散文或詩的一切著述，其目的與其在反省實在的想像的結果，與其在教訓和實際的效果，寧在給快樂于最大多數的國民並且是排斥特殊底知識而訴于一般的知識」

「先有知識的文學，其次有力的文學，前者的職能是教，後者的職能是動」

「聰明的男女的思想，感情的記錄，用了一種要給與快感于讀者的方法安排」

「文學包括人向他人綜合地表現他自己的一切著作」等文學的界說，反不甚了了。

再其次是效顰：若拿文學比美人，——西子效顰醜氏，徒然使「粉黛汙顏色」，決顯不出本身的特具風姿。可是香港是效顰成風，很少能標新拔俗。

再次是泥守：若拿文學比波濤，則飄颻激蕩朝暮更新的南海狂潮，決不能強牠像泮水瀦浸，——然而舊香港的文學工員，偏要強學生咀嚼經史，墨守陳例，文學思潮，即希冀牠像「古井無波」。

這些惡壁，是香港新文學的推進的障碍，是香港文學航程的暗礁，是國內視香港爲「文學思潮的沙漠」的主因，——我們得劍及履及地剷除這種種汙跡，——運用「創造」「維新」「前進」「正確」「眞實」「更新」……等方式，把所有的殘跡，大加剷除，——剔去靑年的文學茅塞，紓暢靑年的文學創造機能，激蕩文學靑年的朝氣。——使香港人和舊香港文學絕交，和新香港新文學攜手，這是必須展開的行動——下邊再合稽香港新文學的建設怎麼樣兒進行。



## 口 香港新文學

文學新香港，是文運第一方式；香港新文學是第二方式。第一方式，前篇已露出全貌，現在討論第二方式。

說「香港新文學」詞面畫界，牠有兩種意義（一）香港方面，該刷新文學——「新」字是動詞，「香港新文學」是兼詞，（二）文學中別具風格的「香港新文學」——新字是添綴副詞，全句合成獨特名詞——綜合觀念是「香港方面，該刷新文學了，用香港居留的文學人的力量造成新文學以「新」香港。

從這原則，產生香港新文學的構成條件：——

第一　文學表現形式方面：文學的繁榮，一方面雖由于文學精神的滋長，一方面則由于文學表現形式的增加，舊文學表現形式，雖然也有一百二十三種，新文學的表現形式雖然也有二百三十一類，但是已成了吃膩了的家常餅，刺激文學嗜慾的力量不大，得弄點兒新鮮的「文學美點」——新的文學表現形式，供給「文學飢饉的香港民衆」，且以表示香港新文學的特點。我以爲新創造的文學表現形式——例如極力行的「不繫舟」「簷吟」劉繼善的口語文修……有賡續創造的必要。

在舊玩意方面，先秦的寓言，唐的弄參軍，明的鼓兒詞……也可以用牠換換大衆的胃口。



現階段中國諸多人口的文藝創作，多給牠一個發表機會。

文學表現成份——詞類，已有的健全的盡量介紹，未有的盡量創造。

第二　在精神建設方面：應實踐左述各點——

（甲）造就「對文學有特殊見解及能担當文運工作單位」的文化工作細胞。

（乙）正則地灌輸文學給大衆，使他們對文學觀念正確。

（丙）揄揚「文學的永久性」的特色，激勵作者精心結構——好些粵報所登載的作品，連結構都談不到，更談不到精心，所以要拿出這點來「匡謬正俗」。

（丁）用文學的普遍性的特點，改革社會，提高文化水準。

（戊）用文學的美麗性，美化人生。

（已）用文學的神秘性，移人感情。

（庚）用文學的眞誠性，感動社會。

（辛）以文學的樂趣，消泯厭世思想。

（壬）以文學的描寫技巧，嘘拂人生，根絕危險思想及利己主義惡露社會某階層惡態。

第三文學建設特質和原則：撮分十一點——

（甲）一元地樹幹，多元地敷蘖。

（乙）相對的疏同，絕對的創造。

（丙）客觀的吸取，主觀的整飭。

（丁）不嫌少數民族的文學狹小，要吸收多端的狹小，形成綜合文學的龐大。

（戊）不自矜綜合文學的龐大處，且時時檢點龐大中有沒滲進不適合「時代的時代」的狹小點。

（已）恢閎文學人的特殊精神——風味，魯迅的嚴辣，盧夢殊的雋永，老舍的輕鬆，威歐烈的眞誠。

（庚）兼容並色，但「兼容」只容「合條件的精髓」，「並包」不包，「雜協調的糟粕」。

（辛）文學標準語，標準語文學，（文學標準，兩詞，在這兒是「名詞動詞化」。）

（壬）以下的色色文學，和牠絕緣：——

（一）反映頹廢傾向的頹廢文學

（二）未達到藝術熟煉程度的標語口號文學

（三）不合時宜的古典文學

（四）不合現實的「以實現社會主義革命」爲目的的無產階級文學

（五）曹魏中葉的統治階級的御用文學

（六）由個人的失意，浮世的紛擾而產生的厭世文學

（七）依傍古人的僵屍文學

（八）冗詞太多的泡腫文學

（九）思想過激的偏頗文學
（十）詞句鄙俗的流俗文學
（十一）抱殘守缺的庸俗的應用文學

（癸）以下的種種文學，算是香港新文學的一分野：——

（一）以農村爲題材，以農民生活爲內容的農民文學
（二）包有柔軟而富于情感的文藝詩歌小說小品的軟性文學
（三）能正則啓迪兒童的兒童文學
（四）以都市生活爲描寫對象的都會文學
（五）不違悖現勢的「在宗教社會政治藝術各方，有一定的主義主張，以其主張爲作品主題而寫作」的傾向文學
（六）合理的報告文學
（七）適合多數民衆理解，但不迎合低級趣味的通俗文學

（子）下記的三種文學，算是香港新文學的機構。

（一）正當的主張自由思想的啓蒙文學
（二）合理的宣傳文學
（三）眞誠的哀憫勞苦大衆——爲勞苦的大衆的利益，而創作的勞苦大衆文學

香港新文學的建設條件特質和方式，大致如右。這並不是小我的特異主觀，實在是潮流傾向的激勵。——

文學的篝火狐鳴，目的在引起文學同志的協力，燃起文學改進的烽火，更以此烽火的熱力，融化壁壘，促進東方文化交流。——中國有極豐富的足以裨益某一方面的文學儲能；廣東和香港有不少文化食糧的名厄言。一冢月餘合的力量，依着計劃，逐步進行，使香港文學更新，中國人民進益，以次實現「文學大中國，文學東半球」二原則，是當務之急，不是不急之務。

香港是西南文學的觸鬚，香島是文化宮城的基礎，願共同努力，爭取至上的光榮。

---

# 李卓吾評本水滸傳眞僞考辨

戴望舒

袁無涯刊一百二十回「忠義水滸全傳」，首有李贄序，楊定見小引，世均認爲僞托李卓吾評本。胡適之，孫子書，鄭振鐸諸君均以爲係楊定見改編本（註一）；魯迅則以爲係葉晝贋僞托本（註二）。諸家斷爲贋刻，鐵案如山，幾成不變之論矣。

葉晝托李卓吾之名評水滸傳之說，遠在明季已有之。錢希言「戲瑕」（一六一三年）卷三「贋刻」條云：

「……比來盛行溫陵李贄書，則有梁溪人葉開陽名晝者，刻晝摹倣，次成勒成，托於溫陵之名以行。……於是有李宏父批點水滸傳……並出葉軍，何關於李？晝，落魄不羈人也……近又輯黑旋風集行於世，以殺進賢，斯眞滑稽之雄已（註三）

清初周亮工承襲其說，其「書影」（一六五七年）卷一有云：

「葉文通，名晝，無錫人。……當溫陵焚，藏書盛行時，坊間種種借溫陵之名以行者，如四書第一評，第二評，水滸傳，琵琶，拜月諸評，比出文通手。……」（註四）

關於葉晝托龍湖之名評水滸，此爲最早之記載，魯迅先生之論斷，即以「書影」爲據者。錢希言與李卓吾及葉開陽爲同代人，其言自當可信。然以李卓吾評本爲標榜之水滸傳，至今猶有傳本者，據孫楷第「中國通俗小說書目」，共有三種，吾人安得斷言袁無涯刊本即爲葉晝贋本？

三種版本爲：

一，容與堂刊「李卓吾先生批評忠義水滸傳」，一百卷一百回。

二，袁無涯刊「李氏藏本忠義水滸全傳」，一百二十回。（有郁郁堂及寶翰樓覆印本）

三，芥子園刊「李卓吾評忠義水滸傳」，一百回。

芥子園本刊於明末清初，當非「戲瑕」所指，可毋論及。袁無涯刊本現有傳本中均未記刊行年歲，然袁小修「遊居柿錄」卷九，有萬曆四十二年（一六一四年）所記「袁無涯來，以新刻卓吾批點水滸傳見遺……」等語（註五），可證袁無涯刊本水滸傳，實於是年刻成。如是，此本亦非錢希言編「戲瑕」時所能見及者。此本及芥子園刊本既非錢氏所見者，則除非另有其他版本，錢氏之言，必係指容與堂刊本矣。

容與堂刊本水滸傳中土無傳本，今惟日本內閣文庫藏有一部。據孫楷第先生「日本東京所見中國小說書目提要」，此本亦不載刊刻年月，惟在卓吾序文後，另行題云：「庚戌仲夏日虎林孫樸書於三生石畔」，我即此刻本書手所記。明曉庚戌年有二，一爲嘉靖二十九年（一五五〇年），一爲萬曆三十八年（一六一〇年）。此本刻於卓吾歿後，則此庚戌年必係萬曆三十八年無疑。而卷首「述語」有云：「和尚有清風史一部……」又手訂壽陽縣黑旋風集，令人絕倒，不讓世說諸書……」，其後小叚復云：「本衙已精刻黑旋風集，清風集，將成矣。」等語，則又與「戲瑕」所云葉開陽「近又輯黑旋風集以譏進賢」等語恰相符合。

據此種種，可見錢希言所云僞托卓吾批評之水滸傳，必爲容與堂刊本無疑，與袁無涯刊印本問無涉也。

容與堂當作僞技倆頗爲精到。如採用已載於「焚書」之「忠義水滸傳序」（註六），如在述語後題「小沙彌懷林記」（註七），如到處自稱「李載贄」，「李禿翁」，「和尚」，「李和尚」等等，用以造成此本確係宏父所爲之印像，可見其用心之深。然文字拙劣，議論膚淺，一望而知其爲贋鼎，再加書坊宣傳廣告，其作僞原形，於是畢露矣。

容與堂刊本水滸傳爲葉開陽僞托李卓吾評本既已昭然在目，則吾人當就袁無涯刊本試作探討矣。研究之點有四；一，李卓吾是否曾批水滸傳？二，從楊定見「小引」觀察，楊定見是否與袁無涯有通同作弊之嫌？三，楊定見爲何等人，與李卓吾之關係如何？四，袁無涯爲何等人，有刊行贋籍可能否？

關於第一點「李卓吾是否曾批水滸傳」一問題，吾人可立即作肯定之答覆，曰：「有之」。李氏對水滸傳推崇備至，可在收入「焚書」之「忠義水滸傳序」窺見。「焚書」刊於一五九零年左右，則李氏至少在此時已有評水滸之意，或竟已着手批評，亦未可知。前引袁小修「遊居柿錄」卷九記袁無涯贈新刻水滸傳後，又云：

「……記萬曆壬辰（註八）夏中，李龍湖方居武昌朱邸，予往訪之，正命僧常志抄寫此書，逐字批點。常志者，乃趙瀫陽門下一書吏，後出家，禮無念爲師。龍湖悅其善書，以爲侍者，常稱其有志，數加讚嘆，鼓舞之，使抄水滸傳。……」

由是觀之，李氏批水滸傳於何年何地，膽錄者何人，均有明白之解答。因而李卓吾曾否評水滸傳之問題，迎刃而解。

其次，吾人當試就楊定見「小引」加以觀察。查袁刊本水滸傳楊氏小引中有云：

「……自吾遊吳，訪陳無異使君，而得袁無涯氏。揖未竟，輒首問先生，私淑之誠，溢於眉宇，其胸中殆如有卓吾者。嗣是數過從語，語輒及卓老，求卓老遺言甚力，求卓老所批閱之遺書又甚力。無涯氏豈狂癖耶？吾探吾行笥，而卓吾所批定忠義水滸傳及楊升庵集二書與俱，挈以付之。無涯欣然如獲至寶，願公諸世。吾問二書孰先？無涯曰：水滸而忠義也，忠義而水滸也，如我罪我，卓老之春秋近是，其先水滸哉，其先水滸哉！……」

據此可知：一，李氏遺稿之藏於楊定見處者，至少有水滸傳及楊升庵集二種；二，楊定見之遇袁無涯係偶然之事，而非挾卓吾遺著自鄂至吳求出版家者；三，袁氏之刊卓吾遺著，出於私淑之誠，癖愛之深，而非爲博利者。（註九）序引之楊定見與刊行之袁無涯，非葉晝與容與堂所能比擬，實爲明顯之事實。故懷疑袁無涯刊本爲贋刻，實爲過慮。

尚有二事可間接證明袁刊之非僞托：第一，水滸傳刻成時爲萬曆四十二年，則交稿時當在萬曆四十一年至四十二年間，而在此時期，容與堂僞托本刊行已有四年餘，袁無涯自無再接受另一僞托本之理。第二，與水滸傳同時交與袁氏者，尚有楊升庵集一部。此書現尚有傳本，題「李卓吾先生讀升庵集」凡二十卷，有卓吾及焦弱侯評語，其出版日期，當不致遲於萬曆四十三年，即水滸傳刊行後一年。按焦竑歿於萬曆四十八年，則「讀升庵集」刊出之時焦氏尚在世，當非僞托。由此而推及水滸傳，當亦非贋品。

第三，楊定見爲何等人？關於此點，胡適先生以爲不可考，鄭振鐸先生亦以爲不可知。（註十）是皆未加查考不求深知之過。欲知楊定見，並非絕對不可能之事，於習見之袁中道「李溫陵傳」（註十一）即著楊氏之名：

「……公（按指李氏）遂至麻城龍潭湖上，與僧無念，周友山，丘坦之，楊定見聚，閉門下楗，以讀書爲事。……」

而於李卓吾「焚書」中，楊定見鳳里名亦數見不鮮。如卷一卷二有致楊書四通，卷六有「喜楊鳳里到攝山」二絕句，其一云：

「十年相守似兄弟，一別三年如隔世，今日忽從江上來，孤雲野鶴在山寺。」

而卷四「八物」篇中，記楊定見更詳：

「……如楊定見，如劉近城，非至今相隨不舍，吾猶未敢信也。直至今日，利害如一，毀譽如一，然後終不肯畔我以去。夫如是，則予之廣取也固宜。設余不廣取，今日又安得有此二士乎？夫近城，篤實人也，自不容有二心，楊定見有氣人也，故眼中亦常常不可一世之態。夫此二人，皆麻城人也。……」

據此可歸納如下：楊定見，字鳳里，湖北麻城人，爲人有氣節，師事李卓吾，從之學，追隨無間，甘苦同嘗，毀譽與共，十載如一日。

此外，馬經綸與「當道書」（註十二）亦紀萬曆二十九年（一六〇一年）李卓吾第二次於麻城被驅時，楊定見受累情狀：

「聞年丈檄令縣學，行查楊生定見。……楊生篤志向道，雖爲劉晉老，焦漪老敬重，其人可知。人言波及，蓋恐卓吾或隱於家，未曾潔避。夫楊生亦有家室之累，亦懼池魚之殃，非但不能匿，實不敢匿。……」

楊定見與李卓吾關係既如此深且久，身爲入室弟子，位處朋友之間，氣節學問，均爲人所敬重，豈能僞爲先師故人之書，以博蠅頭微利？故云楊氏保藏卓吾遺稿（因當時禁李氏書，未有即時刊行機會，設法出版，以詛正容與堂之僞本，實爲更合情合理也。

刊書者袁無涯爲如何人？胡適先生亦以爲不可考。據吾人所知，無涯名叔度，字無涯，蘇州人，爲書林中白眉，其刊書之所稱書種堂，公安袁氏弟兄三人著作，類多爲其所刊行，且向袁中郎執弟子禮（註十三），當時文人，多樂於交往，萬曆崇禎間文人書翰中，往往見有與無涯書，袁小修日記中，亦記與無涯往還事；而「太霞新奏」第五卷，又有馮夢龍散曲一套，題爲「送友訪伎」，即譜贈無涯者，其小序云：

「王冬生，名妹也，與余友無涯氏一見成契，將有久要，而冬迫於家累，比再訪，已鬻爲越中蘇中矣。無涯氏固多情種，終其家侯姓，並其門巷識之，刻日治裝，將訪之六橋花柳中……」

不但可見袁氏與當時文士關係之深，並其風度亦躍然紙上矣。以袁氏與當代著名文士關係之深，又何屑刊刻贋本乎？再則，袁小修「阿雪參前集」卷二十三，有答無涯函一通，言及袁中郎與李卓吾爲人僞托贋刻事，云：

「……近日書坊贋刻，如「狂言」等，大是惡道，恨未能訂正之；李龍湖書亦被人假托攙入，可恨，可恨！比當至吳中與兄一料理也。」

小修欲袁氏共同料理袁中郎，李卓吾爲人僞托之事，豈有袁氏反刊刻卓吾僞本之理？此亦不可能之事也。

由是觀之，袁無涯刊本李卓吾評忠義水滸傳之確爲眞本，實無庸置疑也。

然亦有一二事可容假定袁刊本水滸傳或有楊定見愚筆在。第一，當袁小修初見袁無涯所贈新刻水滸傳時，曾記云：「……今日偶見此書，諸處與昔無大異，稍有增加耳。……」（註十四）所謂「昔」者，係指小修以前所見其他刊本水滸「乎抑係萬曆壬辰（一五九二年）小修在朱昌朱邸時所見卓吾批點稿本乎？如係前者，自無置疑必要。如係後者，則新刻本之增加部份，亦有係楊定見所爲之可能否？曰，亦有可能，然安知非卓吾於別小修以後所增加，而小修未及見者。況小修云「稍有增加」自當不至過多。稿置案頭，作者難免時加修改，此亦常情，未必係楊定見所爲也。

第二，「發凡」中有云：「記事者提要，纂言者鈎玄，傳中李逵，已有提爲壽張傳者矣……」按容與堂刊本水滸傳有「又平訂壽張縣令黑旋風集，令人絕倒」，及「本衙已精刻黑旋風集，清風史，將成矣」等語，設若「發凡」所云「壽張傳」即「黑旋風集」則此即爲楊定見僞托李卓吾之明證，因「黑旋風集」刊出之日，李氏去世已有八年左右，墓木已拱，安能見及？然吾人又安能斷言所謂「壽張傳」者，即容與堂所刊「黑旋風集」？卓吾在世之日已有人將李逵故事提爲「壽張傳」亦爲可能之事。在沒有充份證據以前，吾人實難斷定「發凡」非出李卓吾手筆也。

至於袁刊本與以前以後各本水滸傳不同之處，優越之點，胡適「水滸傳新考」及鄭振鐸「水滸傳的演化」均已言及，不在本文範圍之內，不多贅。

註一：見胡適「水滸傳新考」；孫楷第「中國通俗小說書目」；鄭振鐸「中國文學論集」中「水滸傳的演化」篇。

註二：見魯迅「中國小說史略」第十四篇「元明傳來之講史」

註三：據「指海」本。

註四：據原刻本。

註五：據明刊本。

註六：胡適之先生以爲「焚書」輯於李氏歿後，實誤。按蔡弘甫於萬曆十九年（一五九一年）已著「焚書辯」指斥李氏；焦竑於萬曆二十七年序李氏「藏書」，亦言及：「書三種，一藏書，一焚書，一說書。焚書，說書，刻於亭州」；均可證明「焚書」刊於龍湖在世之日。

註七：懷林爲李卓吾侍者，其名已見於「焚書」卷四三大士像議，故葉書黎得以僞托。褚人穫「堅瓠集」卷三「卓吾侍者」條亦記懷林，并引袁小修隨筆識其一絕。

註八：卽萬曆二十年，公歷一五九二年。

註九：關於此點，但觀袁氏所刊各書，以及其所師事之袁中郎對李卓吾執弟子禮之關係，即可恍然。

註十：見胡適「水滸傳新考」，鄭振鐸「水滸傳的演化」。

註十一：見袁中道「阿雪齋前集」卷十六。

註十二：見「續焚書」附「李溫陵外記」卷四，明萬曆四十六年虹玉齋刊本。

註十三：袁中郎「錦帆集」題「門人袁叔度無涯校梓」。

註十四。見袁小修「遊居柿錄」卷九。



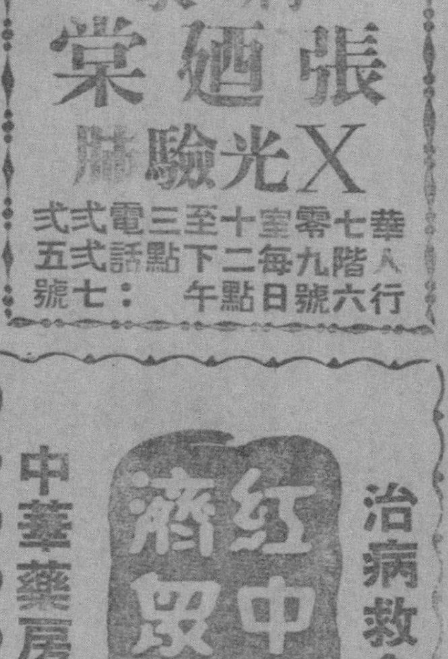

# 詩文書畫論上的虛實之理

青木正兒

臧生　譯

古來論詩文書畫之理的人，有時用『虛實』一語來解釋其配合佈置。本來所謂虛實正如『孫子』虛實篇內所說的『兵形避實擊虛』，以事之照應爲其根本觀念，這在藝術理論上亦免不了這種氣味，要之，虛與實，乃形成了對照的妙處。

借用此理來論文學，據我管見所及，則以弘法大師的『文鏡秘府論』卷三論對一條內所引唐釋皎然的『詩議』（此書已亡佚），舉出『雙虛實對』的對法爲最早。其句例及說明如下：

詩曰。故人雲雨散，空山來往疎。

此對當句。義了不同互成。

蓋此以『雲雨』之實對『來往』之虛，復在一句之中以『雲』對『雨』，以『來』對『往』。故謂形式上頗似互成對，但其性質却與此截然不同。所謂互成對，據『秘府論』卷三，說是如『天地心間靜』『麟鳳千年貴』，在一句之內，『天』與『地』爲對，『麟』與『鳳』爲對。然雙虛實對是以上下兩句間實虛相對，並非單純是互成的。又據『秘府論』卷四論文意一條說，普通原則是『語對不可以虛無對實象，若用草對色，即虛無之類也。』然而却又說『夫境象不一，虛實難明。有可覩而不可取者，景是也。可聞而不可見者，風是也。雖繫於我之形，然用妙而無體者，心是也。義貫衆象而無定質者，色是也。凡此之類，可以對虛，亦可以對實。』又宋羅大經的『鶴林玉露』卷十三，反駁或人指摘杜甫詩「桑麻深雨露，燕雀半生成」，以『雨露』對『生成』，及陳師道詩『鬢髯扶日月，起廢極吹噓』，以『日月』對『吹噓』，以爲『虛實不類』之意見，謂倘以『生成』，作『造化』，『吹噓』，作『陰陽』解，則其氣勢力量足匹配『雨露』『日月』，故用以作對，固自不妨。按杜詩及陳詩的這種對法，正是皎然所謂的『雙虛實對』，本來就無可非議。不過，據此觀之我們應該知道普通人是以爲虛實不可作對的。

在唐時，正如『秘府論』所引，僅就境象上之虛實來分，還未想到要就文字上之虛實做分別，但到了宋朝，每一論及詩的字法句法，便要立出『虛字』『實字』的區別了。其見於詩話一類上的，據我管見所及，是始自南宋以後。楊萬里的『誠齋詩話』說：

詩有實字而善用之者，以實爲虛。杜云：『弟子貧原憲，諸生老伏虔』。老字蓋用『趙充國請行，上老之。』（按漢書，趙充國傳云：時充國年七十餘，上老之。）

蓋謂『貧』『老』二字雖本爲實字，但妙在轉用之爲虛字也。

然則，實字虛字之別又如何？范晞文的『對牀夜話』卷二，有論五言律詩之第三字下一拗字的，舉出杜甫詩爲例，其中有以『萬里』『百年』『一冬』『野花』『春水』『玉佩』『翠帷』『雨』『夜』『旱』『飢』（凡有傍圈者乃一句中之第三字）爲『用實字而拗』，又以『遲隱見』『時有無』『集古寺』『度寒塘』『亂淋幔』『低度牆』『過水白』『動沙虛』爲『用虛字而拗』。魏慶之的『詩人玉屑』卷三，唐人句法一條，列舉『眼用實字（五言以第三字爲眼），七言以第五字爲眼）』之例，如摘出這些詩句中下在眼處的實字，那就是『人』『鳥』『春』『夜』『秋』『波』『雨』『碑』『書』『蟬』『雁』『書』『燕』『風』『角』『雲』了。又在『首用虛字』之舉例，摘出那些詩句在第一字所下的虛字，那就是『無』『不』『多』『以』『憐』『出』『傍』『到』『隔』『似』『載』『思』『但』了。『詩人玉屑』所舉的實字全是名詞，但『對牀夜話』所舉的却在名詞之外，還包含了『萬』『百』『一』之類數詞。遍查兩書，其對於虛字都是包括了『集』『度』『亂』『過』『動』『憐』『出』『傍』『到』『隔』『載』『思』等動詞，『遲』『時』『低』『不』『但』等副詞，『多』『似』等形容詞，及『以』一類前置詞在內。（此外，虛字中尚有助動詞，接續詞。留待下文示例）那末，皎然所謂雙虛對實，以『雲雨』（名詞）爲實，以『來往』（動詞）爲虛，所指正復相合。不過，他當時似乎尚未有文字分類的觀念。『對牀夜話』卷二，在虛字中又再分成『虛活字』及『虛死字』。所謂虛死字，據其所舉杜詩之例，乃指『猶』『自』『有』『忽』『且』『未』

「亦」「初」「更」等副詞之類而言。關於虛活字雖未見示例，但徵之「詩人玉屑」唐人句法一條所舉的「眼用活字」的句例，可知乃指「燃」「移」「入」「留」「妨」「鎖」「消」「開」等動詞而言。要之，乃以名詞，數詞爲實字，以動詞爲虛活字，以動詞以外之虛字卽副詞，形容詞，前置詞之類爲虛死字，此種分類，極其合理。

又南宋張炎的「詞源」卷下，虛字一條，列舉詞中的慣用虛字，以「正，但，甚，任」之類爲單字之例，以「莫是，還又，那堪」之類爲兩字之例，以「更能消，最無端，又却是」之類爲三字之例。他的門人陸留的「詞旨」，又搜羅虛字的單字集成「任，看，正，待，乍，怕，縱，問，愛，奈，似，但，料，想，更，算，況，悵，快，早，儘，嗟，憑，嘆，方，將，未，已，應，若，莫，念，甚。」上面列舉者以虛死字爲主，但却包括了「正」「將」「未」「但」「最無端」等副詞，「任」「待」「想」「怕」「那堪」等助動詞，「若」「縱」「況」「又却是」等接續詞在內。

清末，馬建忠的「馬氏文通」卷一，以名字，代字，動字，靜字，（形容詞），狀字（副詞）五種爲實字，以介字（前置詞），連字（接續詞），助字，嘆字四種爲虛字。而曾國藩在他的與人書中，又說到「實字虛用」「虛字實用」，例如「春風」「解衣」的風字和衣字本爲實字，但當說「風人」「衣我」的時候，便變成虛用，「步」含有行的意思時是虛字，但說「國步」「天步」時，便變成實用，馬氏對此說不免發生疑問曰：「此乃以動字爲虛字者也。然若焉哉乎也諸字，不知曾氏將何以名之？」實則曾氏所說乃嚴守宋朝以來的傳統，其屬正當，固不待論。馬氏僅憑臆見，爲獨斷之說吧了。然近時的文法書中，亦有與此雷同者，如楊樹達的「中國語法綱要」，卽以名詞，代名詞，動詞，形容詞，副詞爲實字，以介詞，連詞爲半虛半實字，以助詞，歎詞爲虛字。其理論之是非，姑置不論，但皆屬不稽古之說也。又如馬氏所舉出而以詰問的「焉哉乎也」諸字，宋人稱之爲「助辭」。南宋陳騤的「文則」說：「文之有助辭，猶禮之有儐，樂之有相也」，據他列舉的得用法之妙的示例，除「焉」「哉」「乎」「也」「矣」「耳」等用在句末的助辭外，又復以「其」「以」「之」「乃」等代名詞，前置詞，接續詞看做是助辭。不過，關於實字虛字之說却沒有。大概因爲實字虛字之別因論詩而起，助辭之說因論文而生吧？可是，韓退之的「送幽州李端公序」裏面的「弓韔服」，朱熹註道：「韔與服皆弓室也。然詩云：言韔其弓。又曰：交韔二弓。則韔字又可通作虛字用。此弓韔服乃謂納弓於服耳。」據此可知論文法時亦會應用過虛字的分別的。

其次，實字虛字在詩上的作用又如何？元范德機云：「實字多則健，虛字多則弱」，（見續昭昧詹言卷八所引）此乃原則。故後來就有「凡詩眼用實字，方得句之健」之說，（見藝苑名言卷三，詩家全體所引）又或評唐錢起的送李評事赴潭州詩，譏之爲「瘦而不健，虛（字）之病使然也」。（見四溟詩話卷四）明謝榛的「四溟詩話」卷四，論唐詩上虛字用法的變遷說：初唐七言近體，句法嚴整，或疊用實字，或單使虛字，言無「敷衍」之病，如沈佺期的「漢家城闕疑天上，秦地山川似鏡中」。以及如杜甫的「一去紫臺連朔漠，獨留青塚向黃昏」，雖然上二字用虛字，亦復措辭穩帖。到了中唐詩用虛字愈多，却與杜甫詩的氣象不同，例如錢起的「不知鳳沼霖初霽，但覺堯天日轉明」。凡多用虛字，卽變成「講」，（說道理）「講」是宋詩格調的根底。像錢起，劉長卿的七言律詩的兩聯，多用虛字，聲口雖好，格調已漸低了，如上引錢起的一聯，竟可去了上頭二虛字湊成五言，云云。多用虛字，易陷於「敷衍」換言之易陷於「講」的弊病，蓋其在解釋上流於冗漫，故極可厭。然虛字固不可輕視，所以「對牀夜話」卷二說：「虛活字極難下，虛死字尤不易。蓋雖死字而欲活之，此其所以爲難也」。接着又論到詞更須虛字的地方。張炎的「詞源」卷下說：詞與詩不同，詞的句子有由二字三字四字以至七八字的，若重疊實字，則不特讀時難以索解，而且歌時亦不能通其意思，故不得不用虛字來聯貫語氣，倘虛字用得的當，則句語自靈活，不會質實，使讀者不會窒而生厭云云。

又在南宋時代，更有以虛實之理來說明詩的章法的。周弼的「三體詩」便是此類。其法就唐朝的五七言律詩及七言絕句三種體裁。大半根據虛實之理，將其款式分門別類，大約以「景物」（叙景）爲實，以「情思」（抒情）爲虛，復根據這兩者的配合佈置所生出的美的效果，舉例表示學唐詩的法則。卽就唐人律詩的中聯四句的章法，分成「四實」「四虛」「

前虛後實」「前實後虛」四種款式，又就絕句的第三句說明「實接」「虛接」之法。今據其所說觀之，則所謂四實乃指中聯四句皆是景物所謂之實，要在雄麗與重之中含有雍容寬厚的態度。

（四實之例）雲霞出海曙，梅柳渡江春。淑氣催黃鳥，晴光轉綠蘋。（杜審言：早春遊望）

所謂四虛乃指中聯四句皆是情思。即謂之虛，此又並非把情思照樣敘述，而是要成爲化做景物的情思。

「三體詩」卷三云：四虛，周弼曰：謂中四句皆情思而虛也。不以虛爲虛，以實爲虛，自首至尾，如行雲流水，此其難也。「對牀夜話」卷二，引周弼之說曰：四虛序云：不以虛爲虛，而以實爲虛，化景物爲情思，從首至尾，自然如行雲流水，此其難也。否則偏於枯瘠，流於輕俗，而不足採矣。

按三體詩中周弼之語，比對牀夜話所引較爲簡略，正如上引，且「否則偏於枯瘠」以下三句，却見之於裴庾的增註內。這大概是元初釋圓至註此書時，加以刪落的吧？

（四虛之例）老至居人下，春歸在客先。嶺猿同旦暮，江柳共風煙。（宋之問：新年作）

猶對山中月，誰聽石上泉。猿聲知後夜，花發見流年。（劉長卿，喜鮑禪師自龍山至）

按對牀夜話引周弼原書的四虛之例，列舉上引之詩，各摘出後聯，加以說明曰：「若猿，若柳，若旦暮，若風煙，若夜，若年，皆景物也。化而虛之者一字耳。此所以次於四實也。」盡言盡了「同」「知」等一虛字的作用，化景物爲情思的句子也，可以此補三體詩註。

所謂前虛後實，乃指前聯言情爲虛，後聯寫景爲實之謂。實則氣勢雄傑，虛則態度諧婉，前輕而後重則「酬量適均」，無窘塞輕俗之患，然結果却不及前二體的渾厚。所謂前實後虛，乃指前聯寫景爲實，後聯言情爲虛之謂。前重後輕，則多流於柔弱。

（前虛後實之例）乍見翻疑夢，相悲各問年。孤燈寒照雨，深竹暗浮煙。（司空曙：雲陽館與韓外卿宿別）

（前實後虛之例）雨中山果落，燈下草虫鳴。白髮終難變，黃金不可成。（王維：秋夜獨坐）

實接與虛接，乃指七言絕句的第三句，（轉句）而言。絕句側重其第三句，此處以實事寓意來接續便謂之實接，用虛語接續便謂之虛接。因此，實但語雖實而意虛者，亦可謂之虛接。接是「轉換有力」，彷彿與前面斷了聯絡而續下去，虛接是「略加轉換」，雖與前面密接，但亦不露形迹。以上即周弼之說的大概。

（實接之例）行盡江南數十里，曉風殘月入華清，朝元閣上西風急，都入長楊作雨聲。（杜常：華清宮）

（虛接之例）長洲苑外草蕭蕭，卻算遊程歲月遙。唯有別時今不忘，暮煙秋雨過楓橋。（杜牧：懷吳中馮秀才）

按絕句的實接，虛接上的「實」與「虛」，雖與律詩中聯同樣，指的是景物情思，但實接的句子中，除了景物之外，如「秋來見月多歸思，自起開籠放白鷴」。（雍陶：和孫明府懷舊山）「馬上相逢無紙筆，憑君傳語報平安」。（岑參：逢入京使）那樣敘述事實的也不少。這就是實接詩不限於「景物」，而稱之爲以「事實」承接的原因。又實接與虛接的分別在於一句之首如何，於「三體詩」所列舉的示例，則在句端的詩法上，其通例是，凡實接都用實字（如「朝元閣上……」「太平天子……」「科頭箕踞……」之類）承接，虛接都用死虛字（如「懸懸好去……」「如何說得……」「那知今夜……」之類）承接。蓋實字在句端，語氣便會因此而改變，使人如有轉換急促之感，死虛字在句端，語氣便會與前面接續，使人如有轉換緩慢之感。周弼論實接，說他是「轉換有力」論虛接，說他是「略加轉換」，不就是多少增加了這種感覺嗎？周弼此說本屬啓蒙之論，尚未可爲高遠之理，但仍不失爲說詩的一種良法。當時「對牀夜話」卷二，曾批評他說，有益後學，識見高者往往由此解悟。但反對他的人又說，如諺「刻鵠不成尚類鶩」則徒做了空疏輕薄之徒的藉口云云。

濟方東樹的「昭昧詹言」論律詩之法，每着眼於「情」與「景」的配合佈置，以啓發其妙處，此說雖與周弼的情景爲虛實之說有不同之處，但仍似是汲取了這一個流派的。其說曰：

「詩人成詞，不出情景二端。二端又各有虛實，遠近，大小，死活之殊，不可混淆，不可拘板，大約宜分寫見界畫。或二句情，二句景。或前情後景，前景後情。或上下四字三字，互相形容。尤在情景交融，如在目前，使人凖詠不置乃妙。』（見續編卷一）

據此，以『虛實』爲『情景』之一種，雖與周弼之說異，但其所謂『或一句情，一句景。或前情後景，前景後情』，主要是就律詩的中聯四句而說，實質上却與周弼的前虛後實・前實後虛之說相同。上引的他的律詩說的根本理論，其得之『三體詩』的地方，實無法可以掩飾的。例如他說明杜甫的『秋興八首』的章法時云：『第一首。起句秋，次句地，亦霧秋，三四景，五六情，情景交融，興會標舉。』這也不過是前實後虛之說吧了。又如『第七首。思昆明池。中四句分寫兩大景及兩細景。收句結穴歸宿。』這又不是四實之說還是什麼？周弼之說亦可謂已得後繼之人矣。

論文時亦有用虛實之理的。例如南宋李塗的『文章精義』便說：莊子文字善用虛，以其虛而虛天下之實。太史公文字善用實，以其實而實天下之虛。』然此不過是說『莊子』之文以虛無之理爲主，『史記』之文以史實爲主吧了，並非說到文之修辭法。明清間人批評唐宋八大家的文時往往有以虛實之理來啓發文法的。或指某段說他是『虛叙』『實叙』，或指某章說他是『虛實起下』『實指其事』，說他是『實處虛也』『虛處實也』，或指某句說他是『虛句』，說他是『用虛字』，此類便是。按在文之修辭法上論到虛實，有人說那是發端於科舉的經義文的股法。清初顧炎武的『日知錄』卷十六說：明天順以前經義之文雖無定格，然觀成化二十三年及弘治九年會試之文，則已兩處各設四股，每四股中『一反一正。一虛一實。一淺一深』，八股之制，蓋始於此。至清初唐彪的『讀書作文譜』卷七，文章諸法一條，論『虛實。淺深』道：文章以『實』闡發義理，以『虛』搖曳神情，故宜『虛實相濟』，以『淺』指陳其大概，以『深』刻劃其精微，所以深淺不可相離。那末，如以由虛入實，由淺入深，虛實淺深，相間成文爲一條通例，則其變則可以當前段實義已盡，使在後段虛構成文，來推廣餘情，又當前段刻意深入，便在後段輕描淡寫，附及他事。因爲所謂『實』是從正面來叙述與文之本題直接有關的事實或要旨，即『闡發義理』是也。所謂『虛』是從側面或背面來叙述與此間接有關之事，修飾其要旨，使他的效果深入一層，即「搖曳神情」是也。而由虛入實時，「虛」對於下文的「實」含有假定性質，即『虛實起下』是也。在先實後虛時，『虛』對於上文的『實』含有補足性質。這些所謂『虛實相濟』乃關於文之配合佈置的修辭法。他如『虛處實也』『實處虛也』，都完全沒有拿了虛與實做相對的叙述，或者表面上專注於虛錄但其眞意却在於實，這點就是此法最微妙的地方。又有就戲曲作法而論及虛實之理的，清李漁的『閒情偶寄』詞曲部『審虛實』一項便是。他的理論是叙述關於寫作戲曲時採用素材的方法，應如何配置實說與虛說，大體上歸納爲如用虛說則用虛說到底，如用實說則用實說到底，但不應虛實相雜。這種見解本來就是拘泥之論，而這樣意思的虛實，又並非作劇上的重要之事。不如說在其結構上應講文章家的虛實那種同樣法則，遍覽古來之作，並無不應用此法的，雖則應用程度或多或少。但我却至今沒有見到特意來討論此事的文章。

在書畫法上論虛實之理，唐宋之間向未可以見到。僅書法的執筆法有以『虛掌實指』爲要訣，此說則始於唐代。唐太宗的『筆法訣』（見書苑菁華卷十九）說：『大抵腕豎則鋒正，鋒正則四面勢全。次實指，指實則力均平。次虛掌，掌虛則運用便易。』韓方明的『授筆要說』（見全書卷二十）說：『夫書之妙，在於執管。……其要實指虛掌。』他如林韞的『撥鐙序』（見全書卷十六），盧雋的『臨池妙訣』（見全書卷十九），李華的『論書』（見全書卷二十）亦有此訣，以上所引，並爲唐人。在時代晚了很多的明董其昌的『畫禪室隨筆』卷二，有以用筆之詳密疏略爲虛實之論。他說：畫山水不可不明『虛實』，所謂虛實，就是各段用筆的『詳略』，一個地方有了詳處，別的地方必要有略處，虛實互用，因爲疏則深邃，密則乏風韻，但倘能審虛實之理，用這種心情來繪描，那末畫就自然而然畫得有趣了。這是用筆上的虛實配合說。又是對於畫的佈置（構圖）亦可以同樣說的一個道理。故清笪重光的『畫筌』論山水之法曰：「山實則以烟靄虛之，山虛則以亭臺實之。』鄒一桂的『小山畫譜』卷上，論花卉畫法曰：『章法（構圖）以一幅之大勢而言。幅無大小，必分賓主，一實一虛，一疏一密，一參一差，卽陰陽，晝夜，消息之理也。」這就是畫家常用的手段。

又有用此理以說明書之章法者。淸蔣驥的『續書法論』說：

『爲幅以章法爲先。運實爲虛，實處俱靈。以虛爲實，斷處俱續。觀古人書，字外有筆，有意有力，此章法之妙也。玉版十三行，章法第一，從此脫胎，行款無不入彀。若行間有高下疏密，須得參差掩映之迹。』

蓋他是以文字爲『實』，而以無文字處（如借用他兒子蔣和的話那就是『行間空白』了，參閱下文）爲『虛』，因而說明「虛」之妙用。所謂「運實爲虛，實處俱靈，」就是說，不要僅知留意文字，只管整頓其配置，反之，如把他置之度外任意揮灑，文字却會變成全體靈活。所謂以虛爲實，斷處俱續」，就是說，不要在一行之中沒有文字的空白處輕輕放過，反之，如能重視這個地方拿筆來寫，文字之間隙空餘便能互相保持聯繫了。他所欲說的畢竟是，並非排列文字每行拖成一條直線垂直而下，亦非平勻的把文字分成間隔使之成爲均一，而只是說必須有『高下疏密』，留意文字的空間和配合而已。這本是古來通行之論，殊不足珍，但他以「虛實」來說明此理，却令人覺得甚饒新意。他所大加贊賞的，視爲「章法第一」的晉王獻之的玉版十三行，雖是楷書，但其字排列並不整齊，且一字大一字小，或偏左，或偏右，字之間隔有疏有密，天眞爛漫，眞是極虛實之妙的神品。而蔣驥則以爲此種妙味不如說他是出于留在文字以外的空白多少，卽生於「虛」之妙用。故曰：「觀古人書，字外有筆，有意，有力，此章法之妙也。」

蔣驥善書畫，在書論之外，又著有「讀畫紀聞」，關於畫之章法說過：「如作文之開合」，但沒有用到虛實之理。其子蔣和亦善書畫，著有「學書雜論」「學畫雜論」兩書，其書論則承襲父說謂：『結體在字內，章法在字外。眞行雖別，章法相通。予臨十三行百數十本，會意及此』，但在畫論上却力言父說所無的虛實之理。他先論畫之章法說：嘗謂玉版十三行其章法之妙在『行間空白』之處，畫亦如此，『大抵實處之妙皆因虛處而生。』故章法之妙，十分之三在於天地位置之得宜，十分之七，在於雲烟之渲染方法。又說樹石之法謂：『樹石之布置，須疏密相間，虛實相生，乃得畫理。例如近景以墳塞樹石，佈置人家，作出空處，遠景以墳塞山崖，渲染烟雲，作出空處，這是同樣的法則。又關於作水村圖說：山水畫如以山爲主則山實水虛，然水村圖則水實而坡岸反成虛，以坡岸之佈置顯出水之濶大，云云。要之，蔣氏父子在論書畫章法時所說到的空白的重要性，實值得注意，而此種見解却又與「孫氏」所謂「兵形避實擊虛」的思想相近。

我以爲，虛實的佈置是對照之美，而對偶亦是對照之美。然而對偶之中有虛實，虛實之中無對偶。虛實相配，似偶而非偶。因爲對偶是對立的，虛實是交錯的。虛實之相對猶如陰陽之相對，雖各位於兩極但並非二物對立，正如一陰一陽相交成道，虛實亦相交而成美。唐彪所謂「虛實相濟」便是指此而言。恰若陰陽消長而生出種種現象的變化，虛實之配合亦能生出種種趣致的變化來。蔣和所謂「虛實相生」便是指此而言。像陰陽藉調和適中能造成最理想的狀况一般，虛實亦藉配合勻稱能造成最穩健的佈置。周弼所謂「酌量適均」如做得好就是這個。故與對偶之對立的均齊美相反，虛實却是交錯的均衡美，是打破了均齊而保持均衡的，換言之，就是避開了對偶的一種東西，這是由於他的權謀術數的性格造成的。

唐人雖承認特殊情形下的虛實對法，但仍認以虛對虛，以實對實爲正當。這是愛好對偶的時代思潮使然。宋人雖有以虛爲景，以虛爲情，來指出其對照的，但猶以四實四虛爲最佳，這就仍未脫掉唐人的對偶習氣。只是在虛實相對失掉均齊的地方反而看出輕重適均的價值，則與唐人的對偶見解不同。到了明淸之間，凡論古文，說書畫之法的人，都完全脫掉對偶的見解，達到了虛實相濟，相生的思想。本來中國人的美的好尙注重左右均齊，其最普通而又最明顯的是建築款式，而文學上之歡喜對偶亦極顯著。這種對偶癖到了齊梁及唐代達到高潮，成爲駢體文，又成爲律詩，而其反動則成爲唐宋八大家的古文，一直延長到明淸。詩文書畫論上的虛實之說，也可以看做是對抗對偶癖的反動思想，其步伐與宋以後的古文復興運動平行，實不是出於偶然的。

中國建築款式以左右均齊爲通則。但是文明人的好尙却以打破他弄成參差變化爲雅，這就是虛實的佈置。明文震亨的「長物志」一卷一，室廬總論說：「室忌五柱。忌有兩廂，前後之堂相承忌工字體，以其近官廨也。」這就是說應該避免大堂之前面左右有東廂西廂，直後有後堂成一工字形，因爲這類乎官廳的款式，到底還是忌其均齊也。又在卷十位置一條說：「懸畫宜高齊中僅上置一軸。若兩壁及左右對列，最俗。」又說：「齋中不可用二爐。」此皆忌對偶也。袁宏道的「瓶史」卷上，宜稱一條論插花的佈置說：

「插花……高低疏密如畫苑之布置者妙。置瓶忌兩對。（花）忌一律，忌成行列，忌以繩束縛。夫花之所謂整齊，正以參差不倫，意態天然，如子瞻之文隨意斷續，青蓮之詩不拘對偶，此眞整齊也。夫若枝葉相當，紅白相配，此乃省曹墀下之樹，墓門之華表，惡得爲整齊？」

這是極力排斥對偶之言。淸李漁的「閒情偶寄」卷四，器玩部位置一條，特設「忌排偶」一項，專論此事，他說：「體列古玩，切忌排偶，此陳說也。……但排偶中亦有分別，有似排非排，似偶非偶者」。如天有日月，是似排非排，拿了本來不是可以做成一對的東西，故意以同類來使他相配，用非偶之物使他成偶，是應禁忌的。大約排列之法最忌做成「八字形」「四方形」「梅花體」（卽在中心安放了一件巨物，又在他周圍用小物團繞起來）。若欲佈置三件東西，可做成「品字格」（或前一後二，或左一右二，或弄成相反樣子），如欲佈置四件東西，可做成「心字格」「火字格」，擇其中一件高物或長物安置到主位，其餘則應排列於他的前後左右，使之疏密斷連。上引各家之說，雖不能稱之爲虛實，但其思想却完全與虛實之理暗合。像這樣的思想與詩文書畫論上的虛實思想是否有直接關係，雖難遽明，不過說到他的根本觀念，則却有一脈相通的地方，倘認定這種思想的前進時候也一致的話，似或可以把他歸結到時代思潮，承認兩者之間的關係的吧？

余見聞不廣，搜羅不周，姑羅列所得，附記鄙見，故蕪穢荒雜，無一貫之論旨，倘將虛實作廣義之解釋，連疏密輕重之理亦包括起來說，那就可以說，詩文書畫以至文房之結構佈置之妙，很少越出「虛實相濟」之理以外，虛實到底是勢力絕大的，特別提出這個問題來，殊非無益也。且近代的虛實思想，假定是像我的鄙見一樣乃本之避忌對偶的觀念，那末他在中國藝術思想史上便會有重要的意義，這豈非吾人所應更加努力研究的問題嗎？

（譯自中國文學思想史）

# 散文兩題

## 簡

黃魯

是兩個星期前來的事，溫坐火車到我們這裡，我是在他來到的第二天的黃昏，在旅館裡相見着的，那時候，還有一兩個我並不十分熟落的人在座，我們只談着一些毫不關重要的閑話。我和溫的友誼的來歷，你是比旁的人知道得更清楚；現在計算起來，又是三年前秋天的事情了，在我生日的那一天，你和幾個遠年的舊友集資請我到「兆豐樓」去吃晚飯，算是對於我的生辰的祝賀，當時在我的孤單的旅人的心中，這一頓飯是包含着怎樣深厚的人情味啊！就在那一次的晚飯席上，只有一個我所陌生的人，這人就是溫。本來我向例對着新相識的陌生人總是保持着沉默的態度的，我常覺得對一個並不相知的人說着太多的話是一件頂浪費的事情，就爲了這一種沉默的態度，不少人都以此非難着我，認爲我並不會處世應酬，我衷心裏明白，多年來生活的潦倒是由於還不懂處世之過，許多人不肯和我接近，事實上，我更不願去接近他們，或者和他們接近多了，我的生活會馬上獲得充裕的解決罷，然而，生活的充裕和貧困我常覺得是毫不成問題，只要不會因飢餓而死亡，無論是吃着麥糠，飲着清水而活着，我總要過着我認爲愉悅的日子，唯有這樣，方才有生着的趣味，要不是這樣，我們又何必活着呢？讓我長久的潦倒好了，省得我花去許多時間用在處世的功夫上，其實我們何必去找尋這一些世間的苦惱呢？即使像一株被人類遺忘了的蘆葦那樣孤獨地活着也是有意義的。

在那天晚上，或許是由於酒多吃了一點，我竟然嚕嚕囌囌地跟溫說着許多話，我再記不起當時所談着的是些什麼，但是情緒總是異常的興奮，我和溫一邊乾杯，一邊把酒杯摔在地上，有一下我還摔到你座位背後的茶几上，險些把酒館裏的一個醉紅花瓶摔毀，這些情形在我的記憶裏漸漸變得模糊了，或者在若干些時以後，我亦將完全忘却，可是，溫對我說着的一句話，我是永遠記得起的：

——想不到你是這末粗野的傢伙。

「粗野的傢伙」這樣的形容自有不少人是不會高興的，而我却樂意於接受，因爲我知道，在一個新相識的朋友的心目中我還不至於成爲一個生活中的弱者。

我和溫的友誼只此而已，就是在這一個晚上飲着酒相聚過一次，翌日絕早，溫獨自搭拖渡到石岐去，我從你說話裏知道溫充當着一份收入並不很壞的差事。溫走後不久，我又離開你，重又回到海島上來過着勞人的日子。

人世的聚散常常是這樣的飄忽，杳冥中似乎有神在操縱着一般，恍惚是暗自在編排着人們相聚和離散的日程，而這些日程，你和我是絕不會預先知道的啊！雖然我們都有着不少人世的聚散的經驗，但是對於聚散的悲喜的感懷總難得以避免，我們就時常浸淫在悲喜的眼淚中過日子。

你必然會記起屠格涅夫所描寫着的那一個不知名的俄羅斯女郎，她是怎樣的鼓着最大的勇氣闖進一「門檻」裏的，這人間的「門檻」裏面是充滿了淚和笑和鬬爭的噪音，而且黯黑得無法看見一些什麼，我們現在是不知不覺地闖了進去，我們只有摸索，摸索，永遠的摸索。

這回與濕重見，談話的情緒已經沒有以前那麼興奮了，這許是由於沒有刺激情緒的燒酒罷，我們只飲着淡得和清水不相上下的茶，雖然只是淡淡的談着，但是他頗帶來了一點關於你的消息，知道遠方的友人的訊息又該是怎樣欣悅的一回事啊！我們都有這樣的習慣，當朋友各處一方的時候，總懶得執筆寫信，這應該說是弱點，也應該說是好處，永恒的友誼常常是這樣淡漠的延續下去，友誼就好像一根膠絲，只要慢慢的拖着任令無限的延長，而突然的用力過度則會截然的斷了。

濕還把你們辦的一份全人什誌送給我，我方才知道，你是「爲了不願成爲終生殘廢而到醫院裏去住了半年。」生的抑鬱沉重地壓着我了，我想起你躺在病牀上，你的不幸的患病的腿是怎樣消瘦啊，縱使胴體任何一部份變成殘廢，這都是絕對不幸的事，然而當醫生一天沒有宣佈無法治療的時候，當然還有醫好的希望。

我並不是在這裡說着幸災樂禍的風涼話，縱使身體某一部份要成爲永遠的殘廢，這還可以說是比較幸福的，如果是精神上的殘廢，這却是無法可以彌補的了。

在我們的週圍活着不少精神的殘廢者，他們並沒有自覺，像泥虫一樣活着。要救濟治療這一班人是絕對沒有辦法的事。我們都曉得人與獸都是動物，都是吸吮着母親的乳房而長大的，如果沒有精神上的差異，人與獸實在是分別不開。

試想着那久遠了的平和而靜穆的往日，那時候你已經爲疾病纏擾着，躺在牀上過着無垠的曠寂的歲月，我以及而今已星散了的幾個友人都常伴在爾病榻旁閒話，我們沉醉於人類過去優美的文化，有時在深沉的午夜，對着掛在剝落的牆上的孤燈，我們在共讀着尼彩的「查拉圖如是說」，這本用孤高的哲人的血液寫成的書，是你熱衷地愛着，於是，我把這書作爲禮物送給你，現在也許還在你身傍罷。

我們好像掉落在寂寞的泥土上的籽子，灌溉我們的是自然降落的雨水，照耀我們的是明朗的陽光，我們在寂寞中長成，我們經過了許多寂寞的春天和秋天，我們沐浴在寂寞的天氣中，但是，我們是異常的自信着，我們對於寂寞的忍耐是不會徒然的：

我今高於人與獸
我發言時無人聽
我今又高又孤零
蒼然兀立爲何人
我今高聳入青雲
靜待霹靂雷一擊

在尼彩的這幾行短詩中，我們獲得了空茫無際的生的意義，在人生的辛勞，悲哀，以及孤寂中練成我們自己，生命是不會死滅的罷。

## 貓的失踪

朋友把他的房子交給我住下來，是帶有一點看管的意思的。他交給我一個洋裝的書齋，壁上點綴着一些印刷品的馬諦斯的繪畫，哥庚的繪畫，另外書案上，書廚的頂上擺設一些瓷器或銅造的器皿，如釋迦佛，歡喜佛之類，他又交給我一所餐廳，一個臥室，除此之外，他

## 搬家隨筆

秋水

人是愛好安逸而辭勞苦的，如果沒有什麽特別的必要，總是安靜地活着的好。這也就是所謂「一動不如一靜」。遠古的人類，常常長途跋涉，歷盡多少山野平原，原因却是爲了尋覓安定的居所。一旦獲取之後，也就不願再過那流離放蕩的飄忽的生活了。

事實如此，我自己是愛好安逸的，但是在這幾年間却遍嘗了搬家之苦，而且這苦的滋味着實難加以文字上的形容。在此戰亂的時候，搬家要比平時苦過多少倍。

第一次使我深嘗着戰時搬家之苦的是廣州戰事發生的那一年，十月了，南方深秋的風是帶有寒意的，我們在一個絕早的黎明，耳邊隱聞砲聲，終於把幾年來生活上的積蓄財產，熱落而親切的住家黯然地離棄了。流蕩在新會江門之間，差不多個多月，然後決定到香港來。

到了香港，遇見了幾個相熟的朋友，大家在生活上廝混着，這樣我又慢慢的把自己的家重新建設起來，這在我衷心裏是要感到怎麽樣的快慰啊。

但是，安逸的時光是不會怎樣久長的。在一九四〇年冬季，太平洋風雲緊張了，戰爭是有一觸即發之勢，住在香港的人心中憧憧無措，怎麽辦呢？我自己是決定不再離開香港的了。

「不離開香港也得找個安全的地方住

還交給我一頭家畜，這是一隻雄性的金絲貓。

對於家畜的感情，我一向是淡漠的，從來就沒有自動的去養過一隻狗或者一隻貓，時常覺得養着貓狗是一件累贅而又費時失事的事情，在這樣的連個人的生活也感到應付不暇的時候，還有什麼心情去關照另外的動物呢。

不久前，住在鴿巢般的一間斗室裏的時候，因爲苦于耗子的騷擾，倒想養起一隻猫來，然而想起養貓的麻煩以及「成本」的浩大，就不禁把養貓的妄念打消了。

從朋友把這房子交給我住的那一天起，我便在半被迫的情形下而作爲那一隻金絲貓的主人了（應該說是保護人罷）。於是一種沉重的責任感便開始壓抑在心中，我決意以最大的精神來養着這隻貓。

這隻金絲貓最多不過是兩歲至三歲，非常年青，從牠精壯的體格以及灼灼閃光的貓瞳子裏可以看出牠是一隻精明而有爲的貓，有了這隻貓在家裏，耗子是絕不敢把腦袋從洞穴裏伸出來了，這對於家庭裏各樣物件的安全是絕對有利的。

我把這隻金絲貓栓在圓餐枱的枱脚下，我之所以如此，是恐怕任牠自由的亂跑會在外面給人家偷去了，這原是我的一番好意，然而被縛栓着的金絲貓，大抵是因爲自由的被剝奪，時常現着牠的憤怒的態度，最初，牠就以叫囂來表示牠的反抗，牠不斷地「妙，妙，妙，」……的叫着，但是，牠這樣的叫囂並沒有獲得我任何反應，我依然把牠縛在枱脚下。

過了兩天，金絲貓或許因爲叫囂的無效罷，牠竟然以絕食來向我們作最堅決的表示了，開始我還是照舊不理會，可是，情形漸漸不對了，牠絕食了一天半，飽滿的形體頓時變得頹萎了，這情形首先把敏感動了。

——你看貓的樣子一天天消瘦下去，怪可憐啊，牠寂寞得連飯也咽吃不下了。

接着，敏又說：

——我以爲還是把牠解了縛，讓牠在屋內自由的走動，這樣或許會把牠的寂寞與孤獨的和緩痛苦一下罷。

敏的提議我沒有表示反對，也不表示贊同，因爲我深怕解縛後牠會溜掉，這樣對於看管者的責任將難辭其咎的了，我這樣想着，不料竟成爲不幸的預感。

就在那天的下午，我從外面回家，敏把大門推開劈頭就說着：

——貓逃了！

聲音有點兒抖戰，同時充滿後悔的成份。跟着她把貓逃掉的情形說出來。

——我實在不忍看牠的寂寞的樣子，牠時常發出懇求一般的哀叫，我終於把縛着牠的繩子除了，事前我已解經非常愼重的把各個門窗關好了，因爲恐怕牠乘機跑到外面去，但是，不知怎樣的，在不知不覺中從虛掩的後窗逃跑了，從正午到現在還不見牠回來。

——也許等一會會回來的罷。

在這不安的失望的情形下，就不能不找尋自我的安慰，明知牠回來的希望是非常微薄的了。一直守候至中夜，連貓的影子也沒有，我們的希望簡直破碎無遺了，偶爾聽見一兩聲貓叫，神經立即緊張起來，以爲是貓回來了，可是，不久即証明這些聲音是隣家的貓發出來的，我的失望也就更加深重，不安的心煩亂不已，然而，這又有什麼辦法呢，還無可挽的失責是注定的了。

那天晚上很夜依然無法入眠，却突然的有兩隻貓在窗外的曠地上狂叫着，我急急地爬起來向外看望，却原來是不知何家的貓跑到這裏幽會，這却使我聯想着日間逃走了的金絲貓，今夜也許在別一處地方嘗着牠的初戀罷。我心裡暗暗地爲牠默禱着，希望牠不要再給旁人提去縛束着，如果牠能獲得眞正的自由的生活，這次我的失責倒可以有原恕的餘地了。

着呀！」她抖戰地說。

安全的地方在那裏呢？探聽了好久，大家都公認跑馬地是比較安全的地帶，於是我費了不少精神，不少「鞋金」，不少房租，方才搬到跑馬地某街的一幢洋房裏，這樣心中倒頗感安樂。

戰爭是無可避免的來臨了。

跑馬地果是安全的地方嗎？戰爭的初期還可以，臨尾，日軍上陸了，雙方的砲火無形中集中在跑馬地的射擊，這就把我們嚇壞了，有一顆砲彈似有意，似無意地把我們廚房鑿穿了一個大洞。……

一九四〇的戰爭很快的結束，日軍把新香港建設起來。我們因爲經歷過一次砲火的驚恐，總覺得有再搬家的必要。

「搬到何處去呢？」這樣的想了一刻，她回答我：「搬到灣仔去罷。」

我們就在貝夫人隔隣的一座樓子賃了一間小房間住下來。

住了幾年都向安無事。敵機雖然屢向港九侵襲，而灣仔方面總算無事，我們也認爲灣仔是好安全的了。

却料不到去年十二月竟會遇到那樣慘重的災刧，雖然僥幸自己住的地方沒有給炸中，可是家具差不多都被毀壞了。

灣仔的住民心中惴然不安，至少受害者的哭聲是要使人心酸的。

再搬家罷，搬到中區去，許多在灣仔的住戶都往中區搬遷，中區的房子立時租值怒漲。

中區果眞安全麼？其在飛機的盲目的轟炸下不論何處都難以避免的，是以，不久以前的燒夷彈又使中區的人惕然了。

搬到何處去呢？事實「到處楊梅一樣花」，何必去自尋煩惱，想到「天下本無事，庸人自擾之」，一霎時，心中的憂戚也變得坦然了。

# 隨想

## 「四樓兵營窗上的花盆」

慕儒

不管過着怎樣嚴格的軍隊生活，東亞人總不會遺忘他對自然風物之愛。

一捏土，一枝花，一草一木，都能令人領略出無限的雅致而得到慰藉。

有名的田園詩人陶淵明吟詠過：「採菊東籬下，悠然見南山」，這種情趣，不是將我們千古不朽的東亞人共通的情致傳達出來了嗎？親近自然，欣賞風物，不是人類生活最大的樂趣嗎？

然而，如果把人類當機械來驅使，抹殺其個性，趣味，只顧推進，發展那美國式的機械文明物質文明，人類的生活將變成怎樣的呢？那裏有眞正的文明呢？那裏有人類本來的幸福呢？

十年前，我站在紐約第五街街頭，那時候正是所謂「忙碌的時間」，望着那如蟻蠶集的一大羣人，摩肩接踵急急忙忙走上歸途的情形，不禁悵然。於是我感覺到生爲東亞人的幸福。

這一大羣人是爲一日的勞動所疲乏了，而這種勞動又是所謂大量生產上有效率的分業，大部份屬於單調至極的工作。例如做貼商標的，自早到晚總以同一的動作默默地一張一張的貼着，簡直像是機械的一部分。

捱過了如此單調已極的一天的勞動之後，大多數的人步上同一的道路，同樣搭上電車或地下電車，回到「公寓」。

這種「公寓」的怪現象，誰都知道。上層樓的房租比下層樓的貴。下層樓的房間，晝夜爲汽車的噪音所擾，朝夕爲上層住客掃出的塵埃所籠罩，說話大聲一點，隔隣的住客便在壁上敲得鼕鼕響，喝罵一頓。

能夠坐上汽車兜風的有產階級，可以撇開不談，說起一般大衆的娛樂，一星期內充其量亦不過看一兩次電影，上一二回酒場，這裏同樣吹打着狂亂的爵士音樂，使那些可憐的人們底神經麻痺起來，把他們的生命慢慢的消耗下去……。

現在，美國所宣揚的所謂自由的文明世界，歸根結底就是把大衆推進這種枯燥無味的機械化的生活。如果是要創造這種剝奪人類幸福的文明，那我就不敢領教了！尤其是因爲他們老早想要奴隸化我們有色人種的原故。

忙中有暇，還是澆澆花，想想陶淵明先生吧！

# 初夏

隱名

「初夏」的作者是一位馳騁文壇的名作家，讀者可以從文筆上看得出來。因爲作者遠在他處，而在交稿給編者的朋友又不敢斷定他是否同意用眞名在這裏發表，所以給他署上了「隱名」兩個字。讀者想能在讀到這篇小說的喜悅中，原諒了我的過慮吧。

—編　者—

## —一種慾念的詮釋

花園中白玫瑰開得很繁盛，一朵朵垂着頭，思索自己生存的意義。花蕊是淡黃的，像對鑷子招手，「來吧，給你。你來，不會讓你脫空而去。你經營的並不是爲你自己。可是你從我這裏能得到你需要的。你得到的多，我失去的少。我呢，並不失去什麼。我不會失去絲毫！」這是這種花生存的意義？

各些花已謝落了，白中帶綠的花瓣，落在泥地上，使人略感惆悵。一切花都得謝落。一切花都受時間限制，在時間中變化。太陽溫暖與和風細雨中生長起來，由稚弱而成熟。一切成熟都可愛。含苞吐蕊，即成熟時的表現。

于是在人類有「讚美」，或用詩，或用嘆息，輕輕的嘆息。嘆息造物者之手段驚人，與被造者之美麗絕倫。

香，一切在成熟時都各有香氣。

白玫瑰花叢前綠色藤靠椅上，用Ｘ微倦姿式坐在那裏。手上拈一朵含蕊吐蕊的玫瑰，放在鼻間嗅了一會，拋給我的朋友ＸＸ，「香得甜甜的，悶人。」

「甜甜的。」望着Ｘ的臉，一朵花。「一點不悶人，只是急人。」

「怎麼急人，話說得怪。」

「好像會說話，可不說話，怎不急人。」

花格子綢袍子，袖子短短的，領子低，頸長而美如花蒂。肩秀美如花枝。衣如葉子。枝葉間還有花。乳圓而小，在衣下畫出個典雅輪廓。較低處還有花。腿稍瘦而長，然臀部圓腴有致。雙腿準接處一道線，造物者巧藝所成就的線。

髣髴香花美果。

沿湖走得久了一點，腋部汗微濕。用手巾擦了一下，足部也汗濕了，網式鞋子脫去時，赤足在白日中，光明淨潔同花一樣。

「熱吧？口渴。我們找水喝去。」

「如飲甘露。」

「什麼？」

「望梅止渴。」

「不懂。」

「不必懂。」

「男子總是這樣。」

「是怎麼樣？」

「話說得深，僻，怪，使人聽不懂。因爲人聽不懂，就得意好笑。」

當眞笑着，可是笑的是Ｘ什麼都懂，偏說懂。

「花眞香。不特香得很，而且甜得很。一定好吃，我想吃。」

把花摘了一朵擲過去，「吃吧，乘無人看見，不至于笑話你饞嘴。」

把花放在嘴邊吃了一下，如接吻似的。對Ｘ[illegible]，眼睛可更饞。Ｘ什麼都明白，裝不明白。把衣角接起，遮脚。双腿顏色白中帶紅，線柔雅而靜，本身極靜，却爆起人心動。

「鞋子不舒服。」

「怎不赤脚？你脚頂美，看起來使人非常舒服。」

裝不聽到。把衣放下去。想起游泳時那双饞眼睛，旅行似的，各處走到，心中好笑。覺得有趣。不自覺的把双手放在双腿間，遮掩似的放在那裏。因爲眼睛其時正游移到那個地方去。微笑着。看到什麼？一双手，柔而白淨。一個翠玉戒指，約在第四指上。

然而透過手指，ＸＸ却髣髴看到一朵小小的花。好像是一束淺藍色「毋忘我」。再看看，不是花，只一片春草迷目。「芳草芊綿」，髣髴眞是綠色。

還是望着那雙脚，看起來心中舒服，踏踏時全身必更舒服。吻它呢，每個指頭輕輕的用嘴唇觸那麼一下，一定都覺得好。心中沛然起崇拜感，便覷着那雙脚所踏過的土地，足印全成花朵，每一處，也值得親吻一下。

許久作癡想。人并不癡！

「怎麼，癡了！有什麼心事似的。想什麼？」

「想你所不懂的。」

微笑，極賦媚。天上地下，雲裏，水裏，她什麼都懂。那點褻瀆之情與歡樂之忱的混和，如何燃燒到面前一顆心，她懂得多咧。腿子抬起時，意識上什麼地方彷彿被男的吻了一下，有點不自在。好像還覺得有趣，然而不大自在，因此用手把衣角包着那兩隻脆弱的長腿。

不許這麼癡下去，因此說「走累了，眞走累了，坐坐罷。」

「不坐好，站在這裏，可以看你！」

把頭掉過一邊去，口上輕輕吹着哨子，心想「眼睛饞得怪可憐。缺少英雄氣。一個男子，這麼癡，有什麼用。」可是也并不討嫌。

遠處橘子樹林裏畫眉叫得人心軟。

刺桐花大如茶杯，壹朵壹朵往下落，從高過多大的枝頭往下落。

熱。初夏的熱，使人想脫換一件衣裳。脫下一件薄的，換一件更薄的。

靜極。

「坐坐吧，坐下來看也成，你那麼歡喜花，倒是希奇。」

「我眞歡喜花。看它不厭。」

「多看看自然會厭。」

于是重新試去搜尋一下那雙眼睛，稍稍接觸，就避開了。顯然的，事情不習慣。受了傷，眼瞼垂下了。

「眞美。」

不作聲。

「我說……」

不聽。

「我覺得……」

不理會。

「你不熱嗎？」

「不熱。」然而卻用手帕擦手，手心已汗濕了。

「什麼時候去游泳？」

「我不游泳。」

「前一回……你游得很好。」

想起前一回事，咕咕的笑着，「人太多，都是在看人的，不是游泳的。許多可笑的眼睛。」

「身體美，自然引人注意。」

「男子都不大莊重，大家一樣，那証明是很自然的一件事了。任什麼人總不能抵抗美。在美面前得低首投降，上帝意思。」

「你呢？」

「你猜。」

微笑。「不用猜。」

「我是最不中用的。像這時節站在這裏，尤其不中用。」

「你是不是說想要投降了呢？」

「你知道我是個基督教徒！」可是他并不說出口。自已想：得了吧。坐下來。有什麼可投降處？不是戰爭！

坐下來時很近。身體相靠處暖而軟和。事雖陌生，不退避。

寂靜。手濕濕的，即景生情。

「我會看相！」把手捏着了，似乎感覺有點微抖，然而并不縮回。「你手美得很，軟和，長，潤，主貴，主多情。」

手縮回時心想，「走江湖的術士。」

這手重新被捏着輕輕撫着。相士不說什麼了，嘴唇原本不是專爲說空話用的。

於是手掌手背，輕輕吻着。

被吻的薄薄嘴唇抖了。腿略移動。

手又裝作無心似的觸着了胸部，避開了，事不習慣。手肘無心似的壓在某處，略略避開，事不習慣。於是手從背後伸去，按着百合花蒂一般的白頸，嘴唇搜索嘴唇，吻了一下。掙脫了。

再吻一下。微掙，不成。夠了，有人來。

還要更撒野！

「你不慣，誰會慣？」

不成樣子。溫柔的冒犯。不像個君子。怎麼，頰邊，額，眉，耳，頸，下巴，全吻着。

頭髮很香。到處都香。

想起孟珠歌，「陽春二三月，草與水同色，攀條折香花，言是歡氣息。」心中覺得有點紛亂。

手上的花掉落到地上了。

好像有一個輕輕的嘆息落在牙邊。掉落的或者是一粒珠子，或者是一個觀念。

「唉！」彷彿一株花被風搖撼着，成朵的，成片的，在往下落。心如雲舉。有點嗚咽，覺起自喉邊。天空藍分分的。

繁花眞在靜中謝落！

遠處有杜鵑鳥啼喚，如有所招邀。

長篇創作

# 南荒泣天錄

葉靈鳳

## 一

江南七月的天氣，殘暑將盡，金風送爽，顯得格外雅淡宜人。南都人士，在四月初接得從北方逃難南下的京官所口傳的消息，知道闖賊入京，大行皇帝已經殉國，一時人心惶惶，覺得國破家亡的慘禍，大有就要迫在眉睫的模樣。可是自從福王就了大位便覺得國家大業總算又有了承繼。雖說滿人已經入關，却也不見長驅南下，反而西破闖賊，替大明報了弑君之仇。同時，史閣部屯兵江北，壹柱擎天，似乎壹時也絕了滿人覬覦江南之念，因此喘息初定的南京人士又覺得眼前漸漸光明起來，加之滿朝新貴，冠蓋雲集，頗有中興氣象，市面反而比春天更繁盛了。

大家都覺得，北京既然淪陷，從今以後，南京才是大明天子的京師了。對着這壹種的變遷，南京小百姓壹面感得自己肩頭上的責任，壹面在心頭上也感到壹份光榮。在這新秋的午後，指着躺在陽光裏的金碧浮動的紫金山，南京人總要忍不住向新從北方逃難來的異鄉人誇耀地說；

「你看，氤氳浮動，氣象萬千，金陵王氣正長着哩」！

虎口餘生的難民，想到崇禎皇帝慘烈的死狀，京城文武百官迎了闖王，接着貼了「順民」的黃紙又迎接清兵的醜態，雖然心上感到一陣黯淡，可是覺得眼前的景色和天氣，確實值得暫時陶醉。尤其是秦淮河和貢院一帶，岸上秦樓楚館，熙熙攘攘；河中畫船如梭，笙歌如沸，不愧是一個六朝金粉的著名勝地。加之九流三教，士農工商，都以這個地方為吞吐出納之所，於是這一帶就成了一個遊樂聚會的中心。在這七月的午後，曬着暖洋洋的已經沒有熱意的陽光，誰都不約而同的向這邊走來。

這幾天，南京人士都盛傳京中來了一個異人。這人是一個相士，是新近從北京逃難到南方來的，也有人說他是眼見北方氣數已盡，王氣鍾於金陵，特地南下的。這人到了南京以後，就在貢院旁的空地上搭了一間板屋，掛起一幅舊白布招牌，潑墨淋漓的寫着「王鐵嘴相天下士」七個大字，開起測字相面館來。

貢院前有的是數不清的相面先生和測字先生。南京人對這新來的王鐵嘴本不看在眼裡，可是從外地逃難來的人，尤其是從北京逃來的內庭太監們，一聽見王鐵嘴到了就不禁竊竊私議，互相議論着許多關於他的古怪的故事。這些故事有些流傳到百姓耳中來了，於是一傳十，十傳百，凡是到貢院前來玩的遊人，都一定要去看一看王鐵嘴。這幾天這一帶特別熱鬧，正是為了這個原故。

從內庭太監們口中流傳出來的關於王鐵嘴的故事，最使南京人驚心動魄的，就是下面所傳述的一個：

據說，在春初，闖賊漸漸迫近京師的時候，風聲鶴唳，宮中一夕數驚。有一晚，崇禎皇帝退朝回宮，一人咄咄書空，長吁短嘆，侍從們都知道一定消息更不好了，有一個老太監看得不過意，便偷偷地溜出後宰門，要想看一看民間的動靜究竟怎樣。他走過一家測字攤，想起不妨測一個字問問吉凶。便隨口說了一個「友」字，請測字先生替他測一測，測字先生問他欲問何事，他說想問問國家大事如何。測字先生凝神對「友」看了一會，眉頭一縐，搖着頭說：

「朋友，情形不很好哩！照字形看來，分明反賊已經出了頭了」。

老太監見兆頭不好，急忙改口說：

「先生，你聽錯了，我說的並非朋友之友，而是有無之有呀。」聽了這話，測字先生更將臉色一沉，搖着頭說：

「如果是有無之有，那更不好了。你看，「有」字的形象，簡直表示大明天下已經去了一半了」！

太監見他說得更不像話，又改口說：

「我所說的仍不是無有之有，乃是申酉之酉呀」。

「申酉之酉，這回不會再錯了嗎」？測字先生仰了頭問。接着拿起案上的粉牌，醮墨寫了一個大大的「酉」字，看了一會，在酉字上加了幾筆，湊成一個「尊」字，接着將上下加添的撇夬，又變成了一個「酉」字。他突然臉色慘白，用着幾乎戰抖的聲音向老太監說：「酉乃尊字去頭去足之象。你問國家大事，天子爲至尊，今至尊已去頭去足，國家大事尚可問乎」？

一聽這話，老太監的舌頭嚇得伸了出來幾乎縮不回去。他不敢再逗留，拋了一錠銀回身就走，悄悄的回到宮裏，不敢向任何人提起。接着不久，果然就發生了三月十九的慘變，測字先生的話眞的一一靈驗了，事後老太監將這事經過漸漸向旁人洩漏出來。而這位料事如神的測字先生就是王鐵咀。

從太監們口中流傳出來的這類故事到了南京人耳中以後，大家都紛紛傳說王鐵咀的神異。雖然也有人說，這是江湖賣藝的慣技，故意串通了太監們來聳人聽聞的；也有人說他是滿淸派來的奸細，特來探聽南中虛實的。但無論怎樣，王鐵咀到了南京不久，就這麼哄動了夫子廟的人，哄動了整個南京城。

這壹天午後，王鐵咀的舊白布招牌掛出了以後，板屋前面照例又站滿了慕名而來，看熱鬧的人。王鐵咀的相金價格，訂得相當的高：測字每字銀五分，相面每人五錢。而且用大紅紙寫着；每天以十人十字爲限，額滿不收。因了價錢訂得太高，加之請教過的人，也並不覺得怎樣靈驗，所以儘管名聲大，也祇是趕來看熱鬧的人多，眞的肯掏腰包摸出幾分銀子來請教的人倒並不多。可是王鐵咀的生意雖然並不怎樣旺，但他那壹種氣派，正與關於他的種種傳聞相調和，使人覺得他果然是氣概不同，另有來歷，顯然不是一個尋常的相面先生可比。因此又有人相信，他到了南京以後，至今還沒有驚人的舉動，也許是機緣未到罷了。

果然，這天從夫子廟回來的遊人，都紛紛傳說，王鐵咀到底名不虛傳，這天下午到底作了一件使南京人覺得驚異的事情了。據當時在場目覩的人說，這天的生意並不好，他正在含着板烟袋向週圍看熱鬧的人打諢，說抬橋的趙四氣色不好，勸他今後切不要讓老婆跨在他身上。又問開燒餅店的小狗子是否近來生意不好，小狗子點點頭說，近來燒餅的麵時常發不好，芝麻又時常烘焦。王鐵咀笑着向週圍的人使了一個眼色說：列位可知道燒餅不好的原因嗎？請看看這位老闆迎風落淚的風火眼，原來他天天晚上將燒餅爐子搬到床上，貼着小徒弟的背心烘燒餅，怎樣不要烘焦呢？這幾句話，說得大衆都哈哈大笑起來，小狗子却紅着臉着說，王先生，你不要信口開河，你得留神你的招牌啦。王鐵嘴將臉一沉，扯出了板烟袋說：「我王鐵嘴若是信口開河，休說布招牌早已要給人撕爛，就是這張鐵咀怕也要早已給人家打成王歪咀了。可是我卅年來，走遍燕薊，道人吉凶，從來……………」

王鐵咀剛說到這裏，恰巧有一個人這時從外面擠了進來。這人的氣力似乎很大，將兩旁的人都擠得紛紛讓開。王鐵咀的話正說得一半，一見這新擠進來的人，不覺突吃一驚，臉色突然變得重了。他嚥下沒有說完的話，站起身來，拱手向這新進來的人說：

「公子來得正好。正是，踏破鐵鞋無覓處，得來全不費工夫。今日得見公子，鄙人也不虛南來此行了」。

圍着的人看見王鐵嘴這般舉動，却一齊回過頭去，祇見進來的人是一個二十幾歲的少年，太學生打扮，穿着幼勳臣品級的服飾，一望就知道是一位貴公子。

有認識的人低聲的說，這正是新封南安伯鄭芝龍的世子，目前在國子監讀書的鄭森。

這位鄭公子，正是南京人一提起了他，就要滿口稱讚，羨慕不止的人物。他生得身材魁梧，相貌俊秀，而且小小的年紀，待人接物，彬彬有禮，同時更輕財仗義，好打抱不平，從不倚勢欺人，沒有壹點壹般世閥紈袴子弟的熙習。父親鄭芝龍又威鎮八閩，壟斷了南海利藪，家中富甲天下，福王登極後，鄭芝龍會慷慨陳詞，說是以個人資產，抵抗胡虜，也儘够國家用兵十年之用，叫史可法壹般老臣儘管放心，因此朝廷立刻晉封他爲南安伯，算是酬答他的忠忱，有了這樣的殊榮，近來這位鄭公子走在街上，益發引起南京人的羨慕了。

「你看，鄭哥兒來了。錢尙書可說是眼老未花，這樣的家世，這樣的人材，叫我也搶着收他做門生呢」！

「聽說還是錢老頭兒的姨太太柳如是一再慫恿的，據說柳如是還有意要收他做乾兒子呢，可是鄭哥兒拒絕了」。

「不害羞，柳如是怕不懷好意，嫌錢牧齋老了不中用，要想吃童雞吧？到底鄭哥兒有骨氣，那樣的騷妖精叫我見了也生氣」！

這樣一向受人注意的鄭森，來到王鐵咀的相面館裏，引起王鐵咀那樣的一套招呼，本不足奇。走慣江湖的王鐵咀，憑着一双久歷風塵的眼睛，壹望就知道進來的人有點來歷，本是很尋常的事。可是使人奇怪的是，王鐵咀招呼了鄭森之後，隨即又拱手向周圍的觀衆說：

「列位請了，剛才進來的這位公子，諸位之中當然有不少人是相識的。可是我王某初到南都，人地生疏，雖然列位都是我的衣食父母！可是我大多數還未請教過姓名。就以這位公子來說，我還未敢斗胆動問官爵。但是我敢說，列位如果容我放肆的話，公子不以為唐突的話，我可以有壹两句粗淺之言奉贈，藉以表明我王某並非全然靠了信口開河來騙飯吃的」。

壹旁圍着看熱鬧的人本來閑着沒有事做，壹聽了這話，便都興奮地附和着說：

「不會不會，你有話儘管爽快的說，我們相信鄭公子也不會見怪的」。

鄭森也微笑着接着說：

「久仰王先生的大名，今日是特來請教的。王先生如有甚麼偉論發揮，請不吝指示，好叫小子有所遵循，同時也可以使得衆位街坊醒壹醒耳目」。

聽了鄭森的話，王鐵咀將手壹拱，笑着回答：

「原來是鄭公子，豈敢豈敢！今日得蒙公子光臨，又得衆位街坊賞臉，眞是蓬蓽生輝，三生有幸。不瞞諸位說：我王鐵咀半生流浪，閱人多矣。就是先聖烈皇帝也曾微服親幸過。可是能有緣見到相貌生得像鄭公子這樣的人，今天還是生平第壹次。不是我信口雌黄，以我的眼力來看，方今國家多難，闖賊未平，胡虜又已入關，朝廷需材孔亟，以鄭公子的相格來看，若是有意進取，敢信十年之內，何止位躋公卿。祇是有一點……」。

王鐵咀說到這裏，停住了口，將鄭森上下打量了一番，這才接着說：

「請恕我斗膽妄言，鄭公子雖為太學弟子，祇是這一套儒生衣冠實非所宜。依我看來，鄭公子如果無意造福蒼生則已，否則早遲應該拋棄這撈什子才是……」

王鐵咀這樣的說，鄭森雖然並沒有甚麼表示，可是一旁看熱鬧的人聽了，却有人以為王鐵嘴未免說得太過份了，人叢中有人發出噓噓的聲音。聽見這聲音，王鐵嘴將目光向人叢中掃了一週，帶着怒氣說：

「列位以為我侮辱聖賢嗎？列位錯了！旁的不說，請看現今燕京腼顏侍奉新朝的袞袞諸公，文如洪承疇，武如吳三桂，那一個平時不自命聖賢之徒？其實那一個不是衣冠禽獸？列位不要以為我適才的話說得太過火了。老實說，依我的眼睛看來，這位公子決不是吃冷猪頭肉的人物，區區名教二字，決不能把他籠罩得住。我敢拼了腦袋和列位打賭，不出十年，這位公子必然要幹出一番驚天動地的大事業來，說不定東南蒼生的禍福，國家的安危，要都他一人承担着呢」！

始終在凝神傾聽着的鄭森，聽到這裏，不覺將眉頭一縐，他連忙從身邊摸出一錠銀子放到王鐵嘴的案上，笑着說：

「今天得蒙王先生指教，多多感謝。他日如有所成，皆王先生之所賜也」。

說罷，也不待王鐵嘴回答，隨即又回轉身忽忽從人中擠着走了。

望着擠出去的鄭森的背影，王鐵嘴將那一錠銀 握在手裏，笑着向衆人說：

「信口開河的胡說，居然也能騙得這玩意兒，這準沒本生意倒幹得。既然今天酒菜之資有了着落，我也樂得去鬆鬆老骨頭了」。說着，隨即舉手向衆人一拱。

「諸位有空，明日請早罷」。

文人作　　『苛税下的美國』

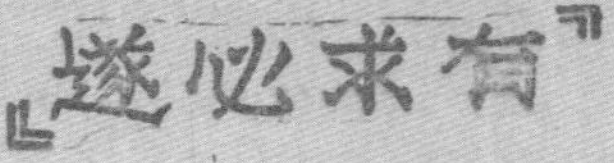

『有求必遂』

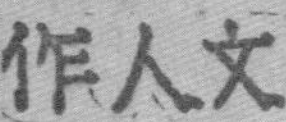

文人作

「敵前短波的放送」

「燼敵的期待」　　文人作

↑『我再也不能久留了』，為的是我的妻子比您底丈夫精明呢！

『甚麼？你們像觸電的跳起來』

文人作

## 編者講話

出版一本定期刊，雖然看似容易，其實是並不容易的。文字從我們的腦子裏一字一字的由手指產生到筆尖，紙上，已是要經過一段艱苦的過程；再從審閱，修改，檢查而至編輯，又是要經過一個相當悠長的階段；更從編輯室到達排字，校對，印刷以至於裝釘，則更在人力和機械的合作中，如其是祇花上一個多星期底時間的話，已是很爲節省時日的了。即如本報，這薄薄地一百多篇的十六開本子，由籌備以至出版，而僅花上二十多天的時間，實然是值得引爲快慰的。

也許這類刊物在香港文化界醞釀了不少時候，但從編者接受這任務的那一天起算，確是一個很短促的時間，好在幫忙的人多，由朋友以至同事，都肯爲這本刊物而盡力，寫稿的儘速交稿，其他的儘速工作，再由編者總其成，費了五個不睡的長夜，便如意地由我的手上產生出來，在我的文化工作的歷程中，要算是一個奇蹟了。但，爲了時間的匆促，缺憾却也不少，比如，編排的草率從事，校對的工作未得圓滿等，都會給與讀者一個很壞的印象的，編者祇得在這裏先行道歉，期以後的改善。

編輯本報的計劃，是在政治，經濟，文化各方面而使它綜合的，再從上述之部門的發展，成功一本完美的定期刊而適合一般讀者的需要。但爲着當前環境底必然的意識形態的適應，編輯計劃便臨時略予更改，於「東亞戰局」之外加上一個「東亞政局」，於「學術探討」之外加上一個「新文學吶喊」。至於下月出版的第二期，編者將或在時代的需要中，說不定更要加以改革，調整。這點希望同文和讀者不吝多方的指教。

在戰時下能夠出版這一本刊物，我認爲無論在任何方面說來都值得珍視的，尤其香港文化由根苗本就薄弱而愈趨沒落的今天，這本刊物便更值得珍視了。然而，在草根都已快要成爲食糧的現實，我們而去珍視文化，致力文化，未免有點不合時宜吧？可是，一想到文化對國家和民族的重要，對世界與人類的重要，則我們縱然要勒緊褲帶兒也得把整個生命投向這一方面了。爲了這，心存救國的我們，斵致世界人類幸福的我們，對於這一個運動的展開，應是當務之急吧！編者的意見如此，編者將更致其不斷的努力，還期望同情者予以最大的支援，同文與讀者予以無限的助力。

編者于出版前一日

# 稿約

一、本報各部門文字，俱歡迎投稿；

一、來稿限用語體文，其有出於文言者，雖特佳之作，亦不刊載；

一、來稿字數以萬字以下爲限，如係特殊之作，不在此例；

一、來稿請用原稿紙，毛筆或鋼筆謄寫淸楚，一紙只可書一面，字跡過艸，及未成熟之作品，恕不刊載；

一、如係譯稿，請附原文，或於稿末註明出處，

一、來稿一經審定及檢查許可，即致送稿費；

一、來稿署名，任作者之便，但稿末請註明眞實姓名及通訊地址，並加蓋印鑑；

一、編者對來稿有删削之權，如不願修改者，請於稿末聲明；

一、來稿請自備副本，刊載與否，恕不璧還，如須退還，請加聲明，並附足回件郵票；

一、來稿請寄香港灣仔道一七七號香島月報編輯部收，請勿書編者姓名。


中華民國三十四年七月五日出版

香島月報 創刊號

（定價每冊二十元）

出版者：胡山

編輯者：盧夢殊

發行者：香島日報社

印刷者：香島日報社

總發行所：香島日報社 灣仔道壹七七號 電話三二〇一一號

分銷：各地各大書店

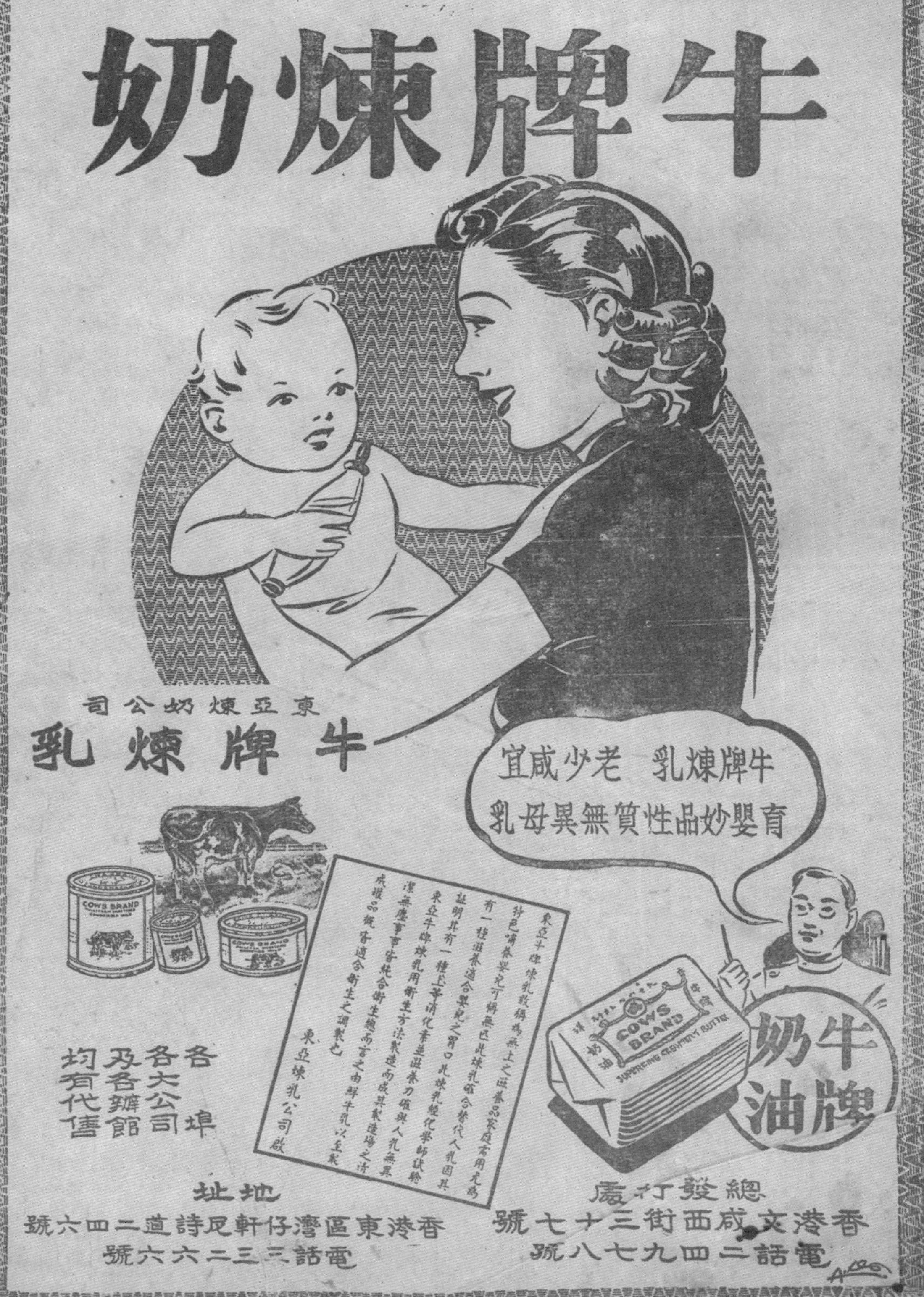

牛牌煉奶
東亞煉奶公司
牛牌煉乳
牛牌煉乳 老少咸宜
育嬰妙品性質無異母乳
東亞牛牌煉乳敢稱為無上之滋養品家庭常用尤爲特色哺養嬰兒可稱無匹此煉乳確合替代人乳因其有一種滋養適合嬰兒之胃口此煉乳經化學師試驗証明其有一種上等消化素並滋養力確與人乳無異東亞牛牌煉乳用新生方法製造而成其製造場之清潔無塵事事皆純合衛生總而言之由鮮牛乳以至製成罐品概皆適合衛生之調製也
東亞煉乳公司啟
COWS BRAND
牛牌奶油
各埠各大公司及各辦館均有代售
地址
香港東區灣仔軒尼詩道二四六號
電話三三二六六號
總發行處
香港文咸西街三十七號
電話二四九七八號

鄧泛記
獅嘜老牌
科學牙刷
到處風行
擔保滿意
科學製造
工精質美
總發行 香港九龍 深水埔荔枝角道壹壹壹叁號
各大公司洋貨商店均售

何東行
寶豐金舖
正價買賣
鑽石玉器
黃白金飾
十足金塊
貨式美備
價格公平
保君滿意
香港中明治通一七六號B
電話 弍零五三七 弍零三八八

# 目錄

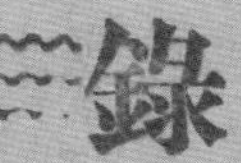

# 目錄

肺病專家
張廼棠
X光驗肺
華人行七樓六零九號室 電話二五七二五號
時間：每日十二點至下午三點

酒國異彩
特蒸
榮生祥辦館
特蒸爲赤米佳釀醞藏日久氣味雋永取價低廉
誠酒國奇釀諸君請嘗試之
榮生祥辦館
香港域多利街十一號 電話二零三九五

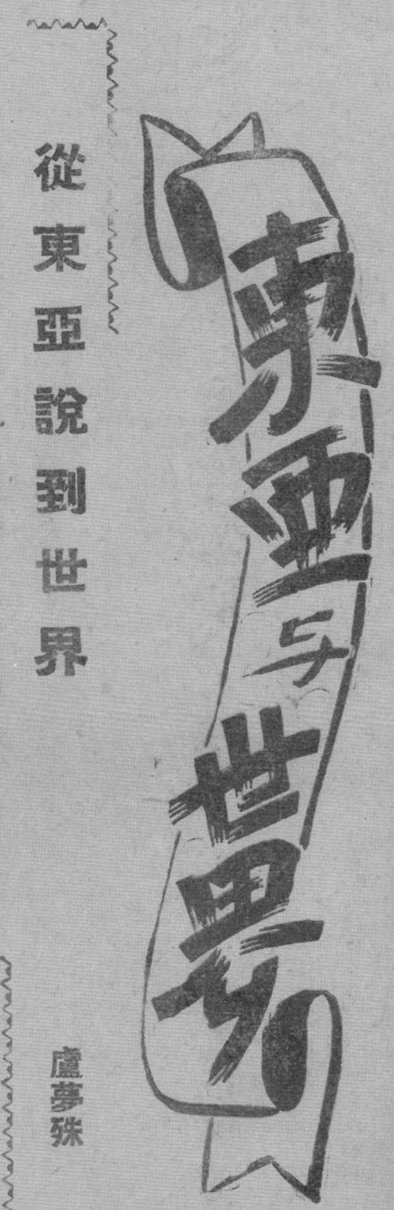

# 從東亞說到世界

## 一・東亞戰局與蘇聯

盧夢殊

從東亞戰局說起，自沖繩陷落之後，已顯著地進入緊張的階段；但在美國的作戰程序看來，至此即告一段落；舊已完成其由中太平洋起逐島蛙跳的作戰方式，此後即爲對日本本土，中國大陸及南方一帶地域的作戰的開始。這種陸上戰鬥的開始，現在正等待着一個如反軸心軍大規模在諾曼底的登陸，發動日本本土及其他的作戰。月來各國人士所注意者便是這一個日美雙方正積極準備的有決定性的戰鬥。——一般人的心目中都以爲太平洋戰爭踏入這一個進程，便是四年太平洋戰爭的終結。

太平洋戰事的終結，或許決定於未來的這一個全般的大規模的進軍——美軍登陸日本本土的作戰。日本軍事當局所以要亟亟完成本土的防禦態勢，並於議會通過「戰時緊急措置法案」的一切付諸實施，發動全部國力以爲應付者，正是爲着透視到聯合國（不祗是美國，但以美國爲主體）對太平洋戰局今後的進軍爲其皇國安危，民族生死存亡的所繫。日本現在所完成的作戰態勢，我們從報道上加以推斷，似乎將整個戰局化爲三個戰區，以爲應付的對策，故不祗其本土入於急激的戰時全面化，即中國大陸的野戰軍與及南方一帶地域的駐軍的全般戰時準備，都在在配合着其在本土的一切態勢。日本這種態勢在沖繩失陷之後即已在其本土完成，而在中國，在南方的日本野戰軍也已完成了這種準備。我們從各種報道上面加以觀察，便可以想像未來的一場戰爭是如何偉大，殘酷而有決定性的生死戰。

可是，在美國方面，在聯合國方面，對於這，似是有其不同的準備。人們都以爲沖繩解決之後，接着的便是日本本土的進攻，而九州是其最理想的地點。不意，戰事至沖繩一役即告停頓，除不斷使用空軍對日本本土作無差別的轟炸外，並不發動任何戰爭行爲，徒使神經過敏者作種種的臆度，甚至以爲暴風雨來臨的一個應有的沉寂狀態。殊不知聯合國在這次期作戰未開始之前，先於政治上作種種的攻勢。這種種政治攻勢的反映，第一就是英・美・蘇的三頭會議，其次便是宋子文的訪蘇；後者的活躍並不單純關於蘇渝邦交的問題，直接是對於太平洋戰局的結束有最大的關係，也可以說是呼應三頭會議中對東亞問題的會談。觀於史宋經過五次會談而後出席於波次坦三頭會議，便可知其內在的關連性。然而，三頭會議對東亞問題的結果，似乎有點諱莫如深，對日勸降的聯合宣言，並不是特・邱・史而是特・邱・蔣。這或者是由於特・邱。史對東亞問題會談的結果而來，因爲蘇聯對太平洋戰爭始終沒有參加，對日勸降之不應有史太林的署名是法理的根據；但，從報道上看，聞說史太林在三頭會議中力曾談及東亞問題，故波次坦的宣言，無法得到史太林的加入。假若此等報道如其是翔實的話，則三頭會議對東亞問題並未得到成功的解決了。不過，其中另有一個報道却說三頭會議至會談東亞問題時，嚴守秘密。然則對日宣言之外還有下文，還許已是構成未來事實的一個原子吧？可是，又從蘇聯的動態上看來，對日的邦交依然友好却是鐵一般的事實。

聯合國攻期對日作戰除了上述的政治攻勢之外，其對軍事仍在準備的狀態。從廣汎轟炸的方面看，這種轟炸是攻期作戰的序幕；在她們認爲廣汎轟炸經已完成任務時，便是攻期作戰的開始了。聯合國在這月來對於軍事的動態是：美國專門出動機動部隊和空軍，英國的機動部隊也已有一部移入太平洋，小規模的譽厘八板的登陸（還是略取基地的戰爭行爲），和重慶的調整戰區，整備反攻態勢。可是攻期作戰何時開始，現在還是一個謎。原因聯合國方面對未來戰爭的一切都似乎未曾準備完成，故對日本對國際現仍採取政治活動。但是，這種活動，可決其不會成功。原因日本到此地步，已確定了她的堅決的立場，惟有作戰以至最後。然我們要看清，聯合國對於日本的政治攻勢祇是一種謀略而已。她們早已深知日本必不屈服的，祇藉此以爲作現狀的和緩，其實不是向日本作和平的試探。（她們可能作攻期決定性底毀滅戰的張本）。聯合國方面對日根本並無和平的想念，她們對日是與德國等量齊觀，絕無妥協餘地。她們的對日聯合宣言完全是戰爭底政治上的一種方式，而不是一種眞意，眞意是要日本踏着德國的覆轍。因此，日本的軍政當局也明知聯合國的意向所在，便愈益堅定她的立場，「縱本土化爲灰燼，亦決不屈服」。以是，我們對東亞戰局的概念，除非蘇聯或有所爲，不然，東亞和平還是要產生於未來的一個大決戰。

## 二·日美英對蘇與蘇對渝延

東亞未來的大決戰，我們預想是一個殘酷的場面，如果想避免這種殘酷，要看幾方面（美國，英國與日本）的政治爭奪戰演變至如何程度以爲定。其實這種爭奪戰誰先得到勝利都可以避免未來的戰爭。幾方面政治爭奪的對象全是蘇聯，蘇聯的動向足以左右東亞現在的局勢。由於一切的報道上看，三頭會議已與對日作戰完全無關，或許是對東亞問題，英美未曾爭取得到蘇聯的同情，便未能獲得如他們底意向的解決。這點眼前似乎對日本有利，但亦有其不利的地方，那是史太林的沉默，而仍有對聯合國的傾向；同時，聯合國方面在外交上依然對蘇聯盡量賣弄，務在爭取得到這一四大熊。以前，在宋子文與史太林經過四次會談之後，蘇聯的新聞報對宋氏此行任務，異常重視，特在其國際記事欄內，論「永久之和平，必須英美蘇渝法之間維持完全之團結」。這雖然並非出自史太林之口，但重慶對蘇外交之已獲得蘇聯輿論的同情，實足以造成蘇渝之間的良好空氣，而間接給與日本的是一個威脅。日本輿論所以敦促政府對蘇外交強化，不爲無因。

蘇聯對東亞問題，據載是在三頭會議中力避談及，但我們從他的沉默，仍有對聯合國的傾向，即是指此而言。可是，他在此傾向之中也還有其稜棱的態度，其所以不談東亞問題者自有他的潛藏的意識；因爲他對東亞問題，已聽取了不少的意見，同時對於各方的動態與現勢，也獲得了深切的認識，問題的解決方法應從何處着手，他蓄已有了成竹在胸，或許正作着時機的等待；也或許，一俟歐洲諸般問題獲得決定的處理，他才翹首東顧，亦未可知。一月以前，我們在報道上獲悉蘇聯已對東亞發生了政治興味，但這興味，除了締結蘇渝友好條約和英蘇渝法四國軍事同盟之外，一般問題中最大的東亞戰事結束問題却緘口不言，如非蘇聯另有意圖，定是史太林心理的變態。我們的意見，以爲蘇聯之在東亞是在複雜的環境裏鑄立着的，然在複雜的環境之中而與交戰的各方維持外交關係，確是蘇聯的微妙之處。不過這邦交的維繫，正是她的外交的高明的手法，是她狡猾的地方。本來，外交是不擇手段的，在今日，更沒有道義可言，惟有權益；權益才是外交的唯一對象。蘇聯在東亞的外交所運用的高明的手法正是以此爲其理想。於是，與東亞有直接關係的各國便要殫精竭慮地向她爭取了。

蘇聯的外交，在東亞方面還有一個微妙之處，便是渝延雙方，都與她結緣，而兩者內在的矛盾，最近更其愈趨深刻而且是表面化，甚至準備動員武力，作一方的解決。渝延衝突，不斷有消息傳來，重慶以前聲言用政治解決，似已未獲如願。兩黨相爭，自然基於政治主張不同，主義各異。可是，蘇渝邦交，愈見融洽，而延安背景，却爲蘇聯。蘇聯與渝延之間既有如此關係，則一般磨擦，照理蘇聯可以使之消除，但反而愈見懸殊，這又是蘇聯外交的特有之點。不過，我們對於蘇聯，原不應有苛求之處，實以渝延的互生矛盾，致爲人所乘，不無遺憾。渝延對日，觀點相同，而政治主張，則永成水火；從延安一面說法，是重慶的把持；但從重慶一面看來，則認延安不當。前數年延安新四軍之被解決，重慶固振振有詞，延安則認爲辣手，是重慶對其一種有力的壓迫，無端破壞抗日陣營，重慶應負其責。自此以後，對立益見惡化，而延安勢力的蔓延，並未因新四軍的消滅而受到任何的阻力，最近且更見膨脹，這是使重慶最受威脅的地方，而爲其欲以武力解決延安的基點。

從這種外表看來，蘇聯似置于不聞不問之列，實則雙方都已取得蘇聯的默許。而蘇聯之對渝延，又似劃分兩種態度，即一是友好，一是後援。故其對于重慶，力避干涉內政之嫌，而其內在却有操縱之處，那便是因爲其爲延安的後援，則足以助成中國大陸內亂的滋長了。外交家的傑作不祇是使國際間永存矛盾，而自己去做漁人：即對某一國的內政上頭，亦且播弄其此種手法。今日愈延的衝突，不無有此種誘因，若謂能從政治解決爭端，除非有一面的屈服。

## 三．英美蘇在歐的爭奪與英對印問題

東亞戰局與中國大陸問題已如上述，現在且從簡略方面（因篇幅關係），談一談世界問題。假如我們再以英．美．蘇為中心，則世界的一般幾乎為她們所有了。試問世界那一個角落沒有她們的勢力潛藏？德國既被她們支配，法國亦已成為她們的附庸——雖稱為五大強國之一——，波羅的海沿岸既在蘇聯的勢力範圍之中，巴爾幹諸國亦因她們而鼎立，土耳其現方從事遷就蘇聯（事實是如此），中亞與西亞的經濟資源如得到折衝，她們或許不再有甚麼會議了。自從德國開始崩潰，蘇聯的外交攻勢便緊跟在飛機坦克的後頭，波蘭既劃入她的勢力圈，奧地利又給她一把捉住；凡是在地理形勢與她有直接與間接關係的地方，她都在外交的攻勢上不肯放鬆一步。這樣會引起英國的悼慮，急起直追，不惜與蘇聯摩擦；然可惜被人先着一鞭，自己已然落後了。美國在歐洲唯一是權益問題，金元國家的心目中自然是在於經濟，其與蘇聯的聯系也以此種成分為最多，她之敢向蘇聯提出東亞問題也無非因與蘇聯有此關係。蘇聯對這方面是有借助於美國的地方，國內經濟發展尤其要美國加以援手。這就是美國有若干所在能夠把握得住蘇聯，蘇聯也正因此而能對美國表示好感。美蘇之間在現在可決其沒有若何的摩擦，除非將來對東亞問題。而東亞問題，最容易演成這種事實的莫如愈延兩方面，因為美國是重慶的背景，正與延安對立。然而重慶近來對蘇的友好極力加強，或許她想利用國際的新矛盾而去解決內政吧？

美國對歐祇是政治經濟而已，但英蘇則有顯著的不同，甚麼都可以對立。蘇聯對歐洲的勢力伸張無疑是有其主義的觀點，而地理環境與及其立場都對此有很大的關係。可是，她的勢力伸張一步，英國所受的威脅便加深一層。原因英國不是一個大陸的國家，歐洲如有均勢的維持，她始能在歐洲作政治上經濟上的發展，否則法國便無形中是她的一堵障壁，而英法海峽足以鎖住她的咽喉，無從呼吸。所以，她在歐洲自始即有均勢的主張，新首相阿特里底「大國際主義」的政見的聲明，毋寧是此種主義的另一面。然而從蘇聯的現勢看來，她在歐洲的政策永遠是與英國對立的，因為兩者的勢力都要向歐陸伸張，即兩者的權益都永遠有其矛盾性底存在。矛盾很有衝突的可能，無論政治或經濟俱很容易在爭奪與對立之中而發生摩擦以至於衝突。因此，英國對於歐洲便極力維持均勢，而蘇聯對其有若干利害的國家全要投入她的懷抱。蘇聯對英第一個毒計是蘇法成立協定，把法國從她的卵翼下拉了出來，使將來復興的法國脫離親英的色彩，直接給與英國關是在她的均勢政策上的一個阻力。其次是波蘭與奧地利等的劃入她的範圍，又突破了侵入中歐與西歐的門戶。達達尼爾海峽的要求，是她企圖擺脫海的門戶的封鎖。波羅的海沿岸的橫斷，正與上述突破的政策相同，巴爾幹方面也是大同小異。這些，在在都與英國有很大的禁忌。

英國戰後最要的工作是原氣的復興，但原氣的復興離不了經濟，那麼印度便是英國當前亟須解決的問題。由於二十世紀一般民族的要求，無疑是獨立。可是，印度如其獨立，則無異割斷英國的生命線。印度不特是她那王冠上的一顆寶石，同時是她底生命的泉源，絕然把它放棄就等於自殺。是以，印度獨立運動在英國的壓力下便至今不能成功，而英國的對印的政策屢換其手法者亦正因這條快要斷裂的生命線不能過於刺戟。但是，刺戟既恐自己作過甚的斲傷，懷柔又等於人之無理的禁慾，兩者都有是處。在歐戰未結束之前，美國已有一部份勢力的侵入，蘇聯也已始對此垂涎，益使英國的對印政策要慎重將事。華威爾的對印政策修正案已現失敗之徵，西姆拉會議是給他打中要害。印度諸領袖已體驗到了一切的革命運動底艱苦過程，對英國的懷柔政策已不再受任何的欺騙。事實上這一種政策在印度的領袖幕中已失去了魅惑性的引誘了。印度諸領袖的堅定主張，就是印度完全獨立。

印度完全獨立已獲得世界一般的同情，同時印度境外也有鮑斯正作着有力的運動。是以，英國的對印統治不特是已遇到暗礁，實在是已遇到致命的打擊。克里浦斯爵士前些時候又有所謂提案的宣傳，然而這不祇是印度人不感到興趣，即同情印度者也以為無聊了。英國的新內閣成立還不曾聽到有甚新的治印方針。但是，縱有新的方針也無補實際。因為實際在印度祇是獨立一個要求，根本就與英國的政策絕對地衝突。——英國這條生命線怕非割斷不可了。

世界問題在眼前表現出來當然不祇上述的幾點，尤其三頭會議尚未完全論及。可是筆者在執筆時祇是一個短促的時間，手邊又沒有參考的材料，僅僅憑着自己一些記憶，勉強寫成這篇東西，實在是簡陋得很。惟請讀者原諒。

——筆者誌

問題的再發生

東亞的問題之國（一）

# 外蒙共和國一瞥

資料員

外蒙古在中國的西北邊陲，那是一塊大得幾乎難以置信的地方。它的面積有一百五十五萬萬公里，約等於英，法，德三國面積的合計。人口却只得八十萬，（根據一九三零年外蒙內務部之調查）密度極低，全人口中的百分之九十三為蒙古人（所謂喀爾喀蒙古人），此外還有一些漢人，布里雅特人和俄國人。以地理環境關係，住民的基本的經濟活動，還是牧畜。

一九一一年，乘中國革命的機會，那地方宣佈脫離中國，實行獨立。一九二四年再在蘇聯的援助下，成立「蒙古人民共和國」，採取蘇維埃制度，實際上成為蘇聯的一個附屬國，蘇蒙之間，除有正式的外交關係外，並訂有互助公約。但中國對於那地方的宗主權，始終未予放棄的，因此成為歷來中蘇間的「懸案」之一。到這次重慶六中全會（本年五月），發表宣言，再度否認「外蒙共和國」的存在，於是問題便重新發生。

當此宋子文訪蘇期中，外蒙總理秋伊加爾也偕同蘇聯大使伊瓦諾夫，到達莫斯科，這兩者之間自不無關係。實在，重慶為加強對蘇關係，尤其為誇耀聯合國的陣容，則外蒙的地位，首先不得不予以澄清。

經過德蘇戰爭的試鍊後，蘇聯現已成爲世界最大强國之一，英美或（或可說全世界）正以疑懼的眼光，注視着蘇聯對於東亞問題的意向。中蘇談判外蒙問題的結果如何，也可爲蘇聯將來對亞政策的一個測驗。

## 悠久的歷史

外蒙與俄國關係的開始，可以遠溯到明末清初的時期。俄清之間，因爲俄蒙國境，通商和其他問題，已發生過不少糾紛，和訂立多種條約。到十九世紀末年，帝俄開始對外蒙採取積極的侵略行爲。一九〇一年，清俄第二次密約，已把蒙古劃入俄國的勢力範圍。帝俄與日本戰爭失敗，在滿洲被迫退却後，更執拗地實行蒙古的呑併計劃。一九一一年，外蒙宣佈獨立，可說是帝俄這種計劃的具體化。一九一二年，外蒙的僧侶政府，以呼圖克圖（活佛）爲首領，與帝俄訂立條約，即使外蒙在實際上，成爲俄國的保護國。

中國成立民國政府後幾次與俄國交涉的結果，在一九一四年訂立中俄蒙條約，雖爭回了一個空頭的宗主權，却承認了外蒙事實上的獨立，和俄蒙的商務特別條約。俄國在外蒙的地位也法律化了。可是不久，俄國革命爆發，帝俄呑併外蒙的夢想終告粉碎，北京政府的勢力，再度回到庫倫——外蒙的首都。那是在俄國革命初起的時候，帝俄在遠東的地位全面動搖，在它保護下的外蒙，亦陷於財政破產，政治不安的狀態，要求「內附。」結果，徐樹錚的大軍於一九一九年十二月佔領了庫倫，外蒙早在前一月取消了自治。但是又在一九二一年，俄國內戰期中，俄國的「狂男爵」史達忠堡，一個白俄國的冒險家，從俄國逃出來，與其他潰走的白俄軍隊，佔領庫倫，扶着活佛再宣佈獨立。同年夏天，新政府的壓制和苛歛，又惹起了一場革命，在赤塔的紅軍援助下，重新在庫倫成立國民政府。一九二四年活佛逝世，共和國於焉建立。

## 外蒙共和國的組織

外蒙共和國的憲法，與蘇聯所行的相彷彿。於一九二四年十一月八日，由大國民會議制定，又由於第三國際代表之提議，將首都改稱爲烏蘭巴特（意思是赤色英雄之城）。

外蒙憲法規定，國家的一切權利，屬於勤勞國民，其最高權力，統歸大國民會議，及該會議所選舉之政府。大國民會議閉會期間，最高權力屬於小國民議會，小國民議會閉會期間，屬於小國民議會之幹部會和政府。

據同時發表的蒙古勤勞國民權利宣言，列舉改革事項如下：

一，改立憲君主政體爲民主共和國。

一，土地森林水及其福利，歸諸國有。

一，廢棄一九二一年以前締結之國際條約及公債。

一，廢棄對外人之債務。

一，企業國營及外國貿易之專賣制。

一，徵兵。

一，政教分離。

一，言論，集會結社自由。

一，普及教育。

一，援助平民職工。

一，男女，民族及宗教之平等。

一，廢止王公貴族之稱號及特權。

在上述外蒙憲法會議席上，加里寧，伽采林和其他蘇聯政治領袖亦列席，並被推舉爲名譽幹部，於此可見外蒙與蘇聯間之關係的密切。

## 蘇蒙關係

事實上，早在一九二一年，蘇蒙締結修好條約的結果，兩方已確立了一體的關係。

那條約規定：

一，對於蘇聯對蒙的輸出入，予以最惠國之待遇。

二，蘇聯市民有土地購買權。

三，舊俄政府所屬之郵政及電報設備，承認蒙古收回。

一九二三年的新協定，更確立了蘇聯在蒙的經濟地位。那條約規定：

一，爲國家之開發，依蘇維埃之組織，廢止貴族之土地及財產世襲權。

二，無主之土地，給予蒙古與蘇聯之貧民耕種。

三，關於天然資源之開發，以及實業及貿易之發達事項，委諸蘇聯專家辦理。

四，礦山移交於蘇聯消費組合同盟與蒙古勞動者，協同開發。

五，蘇聯代表得爲蒙古裁判所員，處理關於俄人事件。

此後，蘇聯在蒙勢力的增進，可由下述事實見之。

一九一八年，外蒙原有華商四百，俄商僅

五十，但到一九二六—二七年度，華商已減少到六十，最有力的兩家英國商行，也迫不得已而退出，外蒙所產羊毛，百分之八十入於蘇聯之手。結果，蘇聯對蒙的輸出入總額比率，一九二四年僅百分之十七，一九二六年便增至百分之二十九。關於羊毛之輸入，一九二四年僅爲百分之十八，一九二六年已增至百分之七十七·七。關於羊毛貿易，蒙古之輸出，事實上，自一九二八年已爲蘇聯所獨佔。最大之外國羊毛公司，亦必假蘇聯之手。

外蒙在一九一一年宣言獨立時，尚無自主貨幣制度，而外蒙的初有貨幣，也是藉莫斯科國立銀行出資二分之一，成立蒙古銀行後，到一九二五年十一月，才第一次發行的。

## 戰略上的外蒙古

外蒙古位於西伯利亞的側面，它對蘇聯無疑具有高度戰略上的重要性。兩國於一九三六年三月，正式簽訂軍事互助條約後，蘇軍由是大舉侵入。關於蘇軍在蒙的軍事佈置，據日人吉村忠三調查所得，在「外蒙之現勢」（一九三六年版）中揭露如下：

蘇聯駐屯外蒙的總兵力，約五師團，配置於桑貝子，貝爾池南岸，經哈爾哈河而至索倫一帶。主要地區：

一，庫倫——庫倫是外蒙的首都，同時也是軍事上的中心點。一九三六年前約有兵力一萬八千名，由騎砲，機關槍隊混成，砲大小四門，高射砲七門，重機槍百三十架，輕機槍二百四十架，戰車八輛，裝甲汽車十八輛。空軍方面，大格納庫有各種飛機十二架，但最新完成的大格納庫，能收容二百架。此外尚有科學兵器製造廠，於一九三四年七月在蘇聯耶里特莫夫少將主持下完成。當地並設有陸軍大學，士官學校等，可收容學生三千五百名。

二，桑貝子——是著名的紅軍屯駐地，該處飛行場常置之軍用機向有百架，惟當地居民則謂有四百五十架。

三，外蒙東境——在國境總指揮官羅次基拉中佐以下，正規軍指揮官共有二千二百人，分佈以下各地：

第一線——自鄂林薩布至海西多羅喀間。

第二線——自料里芬巴印至貝根德爾司間。

第三線——烏哥木里至達木司克間，

駐屯地共十所。烏哥木里之兵數五百，野砲二十，坦克車五，於防禦線的前方，都配有障碍物，達木司克之兵數亦爲五百，野砲十八，坦克車三輛，上述兩地並在積極整備築城工事中。

以上各線，統治於後方的桑貝子，駐有主力兵一聯隊，與該處更以極平坦的汽車路，與庫倫總指揮部密切聯絡，以保軍需的輸送。全國境戒備森嚴，水洩不通，絕對不許出入，交通斷絕，有如無人之境。

## 蒙古軍及其他

上述的紅軍，實爲外蒙的中心勢力，居於指導地位，現在有否增減，則不得而知了。至於外蒙自身的軍隊，向稱五萬，但因義勇軍和募兵的增加，其總數至少當已超過百分之五十達七萬五千人。每年八月，即對滿二十一歲的壯丁，施行徵兵檢查，兵役年限爲二年。又於每年四月召集滿三十一，三十二，三十三歲的壯丁，施以三個月的軍事訓練。蒙軍的編制如下：

一，共五師團，每師團分四兵團，一兵團之兵力爲二千五百名。

二，各兵團由四支隊組成。

三，各支隊由四小隊組成。

復次，蘇聯更以布里雅特人組織的軍隊，爲外蒙的軍事後援。於必要時可充準備。此外，入蒙的七千名蘇聯指導員，五百名蘇籍勞動者，和爲農業建設的一千五百名俄國人，更具有偉大力量。

在交通方面，蘇聯又控制着外蒙發達的汽車公路，外蒙的汽車企業，全爲蘇聯所獨佔，這實具有軍事，政治和經濟多方面的意義。

## 另一共和國

在外蒙古的頂端，三面突入蘇聯領土的，另有一個呼做唐努烏梁海的地方，面積祇二十萬平方公里，人口七萬二千，其中六萬爲原住民的唐努人（亦稱鄂拉人，爲突厥與蒙古的混合種），一萬二千人爲俄國移民。

那地方是否屬於外蒙，向不明瞭，它在十六世紀中會臣服於俄，到清康熙時代，便確定地改屬中國版圖。一九一一年，中國發生革命的時候，烏梁海也受帝俄的嗾使，與外蒙同時宣佈獨立。一九一三年它已被編入俄國版圖，成爲俄國的一縣。第二年正式宣告隸屬於帝俄的主權下。一九一五年中俄蒙協約的結果，該地也名義上復爲中國所有，後來俄國革命，同樣地影響到烏梁海，中國乘機收復了該地，但不久便告退出。又於一九二一年上，烏梁海人聯合紅軍，擊退當時佔領該地的「白軍」而宣佈獨立。與外蒙同時制定脫胎於蘇聯憲法的新憲法而成立共和國，一九二六年分與蘇聯和外蒙結有友好條約。

對於以上兩個共和國的成立，中國始終是採取着不承認態度。一九二四年中蘇成立「解決懸案大綱協定」，其中會規定：「承認外蒙爲中華民國之一部，該地蘇聯駐軍俟與中國議妥辦法後，即行撤退。」那當然只是理論上的承認而已，外蒙共和國的存在，至今是一個儼然的事實。一九二七年，因北京政府搜查蘇聯使館結果，中蘇邦交忽告逆轉，至一九二九年，更因中東路事件，發生戰爭，兩國邦交乃全部斷絕。「滿洲事變」發生後，兩國始在一九三二年十二月十二日在日內瓦宣佈復交。中蘇邦交是如此，則所謂解決懸案者，自然更不在問題之內，於是外蒙的現狀，一直維持至今。四年前日蘇簽訂中立條約，並發表實言，互相尊重滿洲國和外蒙人民共和國的完整。於此亦不難窺見，蘇聯對外蒙的態度如何？事實上，蘇聯與外蒙的關係，正與時俱增。據吉村忠三氏的見解，外蒙對於蘇聯，可為「世界革命的實驗室，和供給必需原料的貯藏所」，所以這一中蘇間的「懸案」，縱告解决，將也不過是理論上的而已。

## 外蒙雜景

外蒙是一個僧侶之國，一九一七年全國僧侶的數目有十一萬六千五百七十七人，佔全國人口百分之二十一．四十八，更在全部男子人口中，佔到百分之四十一．九十五之多，幾乎半數男子，皆為僧侶，但革命後，提倡反宗教運動，這數字便逐漸減少，到一九三二年時，祇得八萬人。

外蒙是一個畜牧之國。每日朝暮，淡淡的太陽光照在蒙古高原的時候，到處可見趕着羊羣的牧童，發出原始的單調笛音，徐徐渡過草原，與七百年前成吉思汗時代的原始畜牧和狩獵，毫無區別。但是這就是外蒙共和國的唯一基本實業了。

蒙古人卑視和畏懼着農業和漁業。他們相信：「掘大地必觸怒地神，致惡疫流行於家畜之間。」或「掘地殺蚯蚓等，將犯殺戒。」

蒙古人多早婚，女子在四五歲時便由媒妁之言，父母之命，與人訂婚。結婚期多在十五六歲，向例女長於男。男方須贈以各色彩禮，女方則毫無所出。訂婚後男死全部奉還，女死半還。

蒙古人進行野葬，辦法是棄屍於野，或棄之山巔深谷，由鳥獸啄食，若三日不食，便以為不祥，須急請喇嘛再行誦經超度。以求捨非。

蒙古人的衣服，因水缺乏，故不常洗濯，永不加修繕，每着一新衣，皆至破爛為止，永不調換，且鼻汁唾涎，污手食器，皆以衣袖揩拭，竟有衣油愈多，愈為榮耀的風習云。

# 東亞的問題之國（二）

# 難解決的印度

資料室

印度是一個帝國，爲不列顛聯邦的一員，面積一百八十萬八千六百八十方哩，人口三萬萬七千五百萬，佔全世界人口五分之一之多。

印度事實上分爲兩部——第一是英屬印度，（面積一百三十一萬八千三百四十六方哩，人口三萬萬一千萬）歸屬英國的法律和行政。第二是土侯國，（面積四十九萬方哩，人口六千五百萬）在英國的保護下，各有各的法律和行政。

一九一七年英國開始準備印度新憲法，英國會於八月二十日訂立原則如下：「逐步成立印度的負責政府，使成爲英帝國完滿的一部。」結果乃有一九一九年的印度政府法案，擴大自一九零九年以來即告成立的參議會，擴大自主和改組各省。然而這對於印度民族主義者，并不能使之滿意，於是一大混亂時期，便隨之而來。領導這民族主義運動的，便是甘地。

在長期的混亂後，西門委員會即於一九二八年被派至印度，調查當地情勢和草擬解決方案。一九三零年該委員會歸國，在倫敦召開圓桌會議，甘地和印度王公等溫和的民族主義者，均出席，但以尼赫魯爲首的急進份子，却被拒絕了。它從一九三零年十一月十二日起舉行，至一九三一年一月二十日才告結束。其後，繼續在印度會談，最後由英國會通過一九三五年的印度政府法案，向印度自治之途，再進一步，但是仍有限制的。這法案便是現在的印度憲法了。它共包括四百七十八組分十六部，大致如下：

英屬印度　印度各邦

克什米爾　俾路支　印度河　巴替拉　剌其普他拿　德里　恒河　尼泊爾　不丹　開治　巴羅達　波保爾　印度爾　印度　卡提阿瓦　達曼　孟買　海得拉巴　奥里薩　巴斯太　加爾各答　亞利　邁索　馬德拉斯　本地治里　開利爾　特拉凡科爾　孟加拉灣

**中央政府**　英王由總督爲代表，任期五年。總督由執行委員會協助之，委員由英王室任命，任爲政府各部領袖，即一般所稱的部長。目前有英印委員各三人。對外關係由總督處理。聯邦議院（其權力目前是有限制的）由立法議會（下院）和國家議會（上院）組織而成。立法議會成立於一九二一年，有議員一百四十一人，其中一百零五人經選舉選出，其餘則爲委任的。國家議會議員五十八人，其中三十二人經選舉選出。立法議會議員任期三年，國家議會議員的任期則爲五年，但總督有權縮短或延長他們的任期。立法議會的選舉，受有極大的限制，投票者應在財富方面具特別資格或具有文化知識的特別水準，事實上，選舉者在全人口中只佔到百分之五左右。總督經英王的認可，得根據英議會兩院所提出之法案，對英屬印度的安全，和平或利益，不顧聯邦議院的意志，制定各種措置。執行委員會是不向聯邦議院負責的。

**各省政府**　按照印度原定的聯邦機構，國內行政主要由各省政府施行。在這方面負責政府的措置，是已達到。英屬印度共有十一個「總督省份」，即：孟加拉，馬德拉斯，旁遮普，孟買，聯合省，中央省，比哈爾，奥里薩，阿薩密，信地，和西北邊省。總督諸省有省立法議會，選舉者也有資格的限制，但比較中央議院的限制爲寬。選舉者在全人口中約佔有百分之十二。

各省府官員由各省省長選定，以可能得省議會支援者爲限。各該官員對省議會負責，除某等事件外，省長得接納他們的建議。各省省長凡經授權得以自由採取行動者，也得受總督的指導。省議會所通過法案，省長得予認可，也得予以拒絕，或轉呈總督考慮。爲防阻任何對和平與安全的重大威脅，省長得頒佈必要之法律。

**土侯國**　中央政府對於多數土侯國的統治，程度各不相同。一概而論，土侯國得有它們自身的行政，它們的居民歸各該統治者所統治，國家則在英國的宗主權下。然各統治者各有英國顧問，凡施政錯誤或內部和平遭受威脅時，中央政府得加干涉。各土侯國，大小不同，從擁有數百萬居民，和良好政績的大國，到二十多祇有數方公哩和由族長統治的小國止。各王公組有王公會議，以討論與他們有關的事務。他們對於英國的態度，是很忠誠的。

**聯邦**　一九三五年的印度政府法案，曾規定建立聯邦，由各省和同意加入的各土侯國組織之。聯邦一經成立，總督將組部長會議，對聯邦議會負責，對總督之施政，得提出勸告，如總督需要自由行動時，則不在此例。然而聯邦的組織，至今還未成功的，原因之一，是一部王公恐懼它會對他們的地位發生不利而加以反對之故。大部王公却已宣佈準備加入聯邦，以採取較爲進步的施政方式，但是一九三九年九月歐洲大戰的爆發，再使之延遲下來。

**印度國民會議**　爲印度國家主義的一大推進力，早於一八八五年由一個英國官員名叫休謨的發起組織。它的目標是使印度境內各民族，組成一個國家，造成類似自治領的地位。然而從創立時起，溫和與激進兩派的國家主義者的衝突，終使會議派分裂爲二。一九一六年，兩派重新聯合，由激進派控制一切。一九二零年後，甘地成爲該派的實際領袖，也帶有多少激進主義。一九三二年，英印政府卒加以禁止。一九三四年非武裝的不服從運動停止後，會議派再度變爲合法的。現在會議派中，仍分有在甘地領導下的保守派，和在尼赫魯領導下的社會主義派兩派。

兩派對於一九三五年的憲法，都會予以猛烈的反對，但是右翼份子受推舉後亦不拒絕參加省議會，從中反擊憲法，而在尼赫魯領導下的左翼份子，則願以阻撓來加以攻擊。在一九三七年的各省選舉中，國民會議派在十一省中的六省獲得了多數。在此省份中，會議派政府終於就職，縱有種種衝突，但從英國看來，成績也堪滿意，直到歐戰爆發爲止。

會議派每年開大會一次，一九三六年和一九三七年的主席是尼赫魯，一九三八年繼以鮑斯（即現任印度臨時政府主席），一九三九年再繼以阿薩特，以迄於今。甘地現在已不是會議派的一份子，然而仍被視爲該派中最有勢力的人物。大會閉會期中，一切會務則由全印會議委員會和運用委員會執行之。會議派的程序是爲爭取印度的獨立，實施民主的聯邦，各族籍，民族，宗教和階級的政治平等，和成立負責的政府，簡言之，是與歐洲各國所施行者相同的民主的程序。會議派縱有回教會員參加，實際是一種印度教徒的運動，領導權總是在婆羅門教徒手中。

因此之故，印度的老問題，即印度教徒和回教徒間的衝突，雖經一再宣言聯合，現在仍極强烈。回教聯盟爲會議派以外唯一有組織的政治團體。該聯盟在琴納的領導下，是反對會議派的，但是，在程序上，回教徒也贊同他們的目的，在求印度的獨立和民主的聯邦。然而他們堅不承認任何制度，可使他們減弱到少數民族地位者，而且爲對抗會議派的大志，他們似乎正有賴於英國的幫助。他們並否認會議派所稱可代表全印民族，和由會議派選定爲國歌的印度教歌「本達．馬泰蘭」值得尊敬。

**種族**　印度居有施用二百二十五種不同語言的民族，比較常說的是身毒斯坦語，和孟加拉話。文盲在全人口中超過百分之八十五。在大東亞戰爭前，全印工業勞工只得一百六十萬人，居民的大部份是貧農，各土侯國的佃戶或大地主，生活於低下的經濟和文化環境中。印度有着難以解脫的種族，宗教和文化的混合，而使他們成爲一個能夠眞正自治的國家，似非短期間所能成功的。所以英國人悍然地說：如英國立刻退出印度，其必然的結果，不是人民的自由，而是內亂的災厄，故最好是建設一些國內的寡頭政治。

在大東亞戰爭前，駐於印度的英軍約爲五萬七千，印度軍本身，有十五萬九千人。印度軍中一師是完全印度化的。印度軍人大部由北方好戰的民族組成。在一九一四年的世界大戰中，印度曾派遣士兵五十五萬，和非戰鬥服務員三十五萬至海外。士兵大部爲回教徒，多自土侯國徵取得來。

**印度與戰爭**　在今次世界大戰爆發後，總督即宣佈印度將與英帝國各邦一致參加戰爭。各王公對此，雖立即表示同意和提供積極的援時，然而會議派一邊還不猶豫地抨擊納粹的侵略，和對反納粹者表示同情，一邊即申斥英國政府的行動，即「宣佈印度爲一交戰國家，未得到印度人民的同意，」並從立法議會中撤回了它的議員。各省的會議派政府，爲抗議中央政府的政策，也都辭了職。國民會議派作戰上和一般的與英合作，須賴：一，對戰爭目的作滿意的解釋，和二，立即授印度以自治領的地位。對此，總督雖提出了組織諮詢團體，並使印度教徒和回教徒參加中央政府，賀爾爵士也代表英國政府發言，在戰後實現自治領地位，但是仍不能得會議派爲之滿意。

以大東亞戰爭的爆發爲契機，印度會議派的反英運動，是愈加强。一九四二年英國乃派克里浦斯來安撫獨立運動各派，努力實現協助英國。克里普斯的提議是：

一：對印度的將來，承認它可獲得如戰後的澳洲，加拿大同等程度的自治。然而那時候如有不加入印度聯邦的省份，英國對之即有極力保護少數派的義務。（這一點可以說是照例策劃分裂，削弱民衆力量。）

二，目前問題是要更多的印度人担任行政參議官。

甘地對於克里普斯的答覆，是只有一句話：「英國啊，離開印度吧！」

●甘地再起● 不管英國如何拚命鎮壓，一九四二年八月七日在彭貝舉行的有歷史意義的國民會議派執行委員會，終作出如下的決議：

一，要求英國立即 出印度。

二，成立印度聯邦政府，由印度本身決定戰爭對策。

三，英國如不能接納上述要求，就由甘地指揮展開全國不服從運動。

甘地在八日的會議席上，會激烈的說：「印度不是任何一國的奴隸，」以督促印度民衆的奮起。但是到第二天早上，甘地便被捕，阿薩特，尼赫魯等二十名領袖隨後也被捕了。

當時反英運動的熾烈，從英國方面所公佈的數字中，概已可見一斑。據公佈：民衆受傷者一六三〇人，死傷九四〇人，被捕者六〇二二九人，判定有罪者二六〇〇〇人。此外，警察與軍隊也有相當數字的死傷。

甘地等的被捕，實爲印度獨立運動的一大打擊，尤其是國際情勢的演變，歐洲戰爭的終結，印度邊境上日軍與自由印度軍的壓力被解除，印度國內情勢，顯然也和緩了許多。甘地，尼赫魯等也先後被釋放，英國乃復提出「華威爾方案」，來籠絡印度人民。該提案的主要內容，包括：

一，總督府行政人員加以更動，使大部份印度民衆得獲平均代表；

二，由總督召集印度各領袖會議，選出組成議會之人員惟總督有接受或拒絕任用之權；

三，除總督及總司令官外，議會一切議員須爲印人；

四，凡與英印人有關之外交事項，除部落與邊界問 外，悉由印人管理；

五，受完全任命之使節，可派赴外國任印度代表，英國將委派高等專員駐印。

如上所述，印度總督仍握有最高權力，它無的政體是仍廣泛的變更。雖然，印度各領袖會議，終於六月二十四日起在西姆拉召開，會議派及回教聯盟均行參加，但是回教聯盟堅決主張組成議會之回教代表，必須完全由聯盟選出，與總督原案（四人中一人得自由推選）不符，於是姆拉提會議經過二十日的長時間會議後，仍是毫無結果而散。印度迄今是世界的一大問題。

# 從古代說到今日的外蒙

張錦鈿

## 沿革

蒙古最古的時候是「獯鬻」，「玁狁」，「山戎」所居住的地方，及至秦漢，則稱爲「匈奴」；北朝時，又名「蠕蠕」，待到了隋唐，又稱爲「突厥」和「回紇」，及至五代之後，則除了「蒙兀室韋」一部之外，都被「契丹」歸併了，南宋自稱「大蒙古國」，這就是「蒙古」名稱的由來。宋末，「蒙古」入據中國，建立元朝，直至朱明崛興，「蒙古」仍爲元時的苗裔所據，至清分作「內蒙古」和「外蒙古」。民國以後，「內蒙古」改爲熱河，察哈爾，綏遠三個特別區域，至十七年，又改稱省，而「外蒙古」即爲今日的「蒙古」。在初，「蒙古」是自治的，後來把自治取消，國民政府因而設有「蒙藏委員會」。近年蘇聯勢力東來，把這幾千百年遊牧民族的外蒙古，逐漸的赤化，於是毘連外蒙北邊，貝加爾湖以東一帶的布利亞蒙古，便首先在一九二三年，成立了自治共和國。

外蒙古自從脫離了中國而樹起獨立自治，組織共和國加入蘇聯的旗幟以後，因爲政治制度，是和資本主義各國冰炭不容，就引起了各帝國主義者的注視。同時又因爲它是蘇聯的東方門戶，我們爲要明瞭蘇聯在於外蒙古的勢力，應該先要知道外蒙社會方面的建設，和它的文化藝術的傾向，以至它的一切的一切。

## 疆域，山脈，河流和物產

蒙古的疆域，東接黑龍江，遼寧二省，南連察哈爾，綏遠，寧夏和甘肅，西鄰新疆，北界蘇聯西伯利亞。面積計一•六一二•九一二方哩，境內地勢概屬高原，北有薩彥川脈，北有多肯特山，沙漠綿亘南境，幾佔全土三份一；河流除烏魯克穆，色楞格，克魯倫諸河外，餘皆爲內陸河。物產以駱駝，羊，牛，馬，皮，毛等爲大宗；此外金礦，復富森林，全境分「車臣」，「土謝圖」，「三音諾顏」，「札薩克圖」四汗，及「唐努烏梁海」，「科布多」，二部，人口凡一百八十萬，首都是庫倫。

## 文化啓蒙運動的開始

自從外蒙樹立蘇維埃政權以後，蘇聯對於外蒙底政策，第一就是民族解放，和民族文化的啓蒙運動。因爲蘇聯是社會主義國家，所以對於外蒙政策，和帝國主義國家之侵略的殖民政策，完全兩樣。

和政治有着更密切關係的外蒙民族文化，到如今不過祇有二十年短短的歷史吧了。但就在起始的十年間，蘇聯對於外蒙政策，早就民族化起來。它是隨着政權的樹立而斷然地實施的。但，在恰哈達從外蒙民族共和國舉行的第一次大會的三年後，爲了忙於軍事鬥爭，就在此三年間，文化啓蒙的工作，祇是在軍事科學方面，於軍隊內推行着。

記得一九二一年三月一日，恰哈達第一次大會的檄文中說：「關於國民大衆幸福問題的解決，及爲國民大衆獲得幸福開拓大道，植必須和其他國民在平等的程度之下，來創造發展外蒙共和國的文化……」從這裏，就可以知道到一九二四年止，普遍的文化啓蒙運動尚未曾實行，而且當時外蒙國民，都是目不識丁的大衆，所以作爲文化運動的順序，其第一階段，就不得不以國民教育來開始了。

## 普遍國民教育

一九二四年，在外蒙政府內開始獨立組織國民教育部時，國民教育大臣愛爾頓，巴杜亨，在第三次黨大會上，提出國民教育大綱如次：

（一）無貧富差別的教育國民，不許富有者排除貧人；
（二）派遣留學生到海外去；
（三）研究實施文化教育的方法；
（四）學校內添置體操科目；
（五）發行教科書及參考書；
（六）開設手工業學校；
（七）規定教師旅行海外研究；
（八）建設校舍；
（九）校務局內設置翻譯編纂委員會；
（十）改良石印；
（十一）解決各外蒙民族，如補留特，巴爾金亞，察哈爾民族等的一樣就學自由。

蘇聯爲了指導外蒙教育，便把學校教師送到蘇聯去留學，使其努力能深加注意於社會主義化。

其後，國民教育得到蘇聯所有一切物質的援助，得以順序地發展下去，達到最高峯的，就要算是一九三二年了。在這一年當中，小學校已增加五百所，學生有七千三百名，中學校有十四所，學生也巳有了一千九百六十名。

蘇聯對於外蒙費了所以九牛二虎之力的目的，是使外蒙底國民教育和政治，堅固地連繫起來，因爲學校是最好的宣傳場所，是社會主義政治的源泉，假若我們將外蒙小學校的教科書一看，就可以知道這是露骨地被編纂了的。

## 軍事科學和文化

國民教育是和作爲外蒙文化底基礎，而並駕齊驅的蒙古革命黨的最大武器，就是當作國家權力之一表現，在蘇聯也加以萬分注意的外蒙紅軍，因爲牠也是最大的文化所有者。所以，在啓蒙時代所使用的近代科學武器，就是外蒙文化的直接的推進力。

自戰勝了威凱爾白軍後的外蒙紅軍的研究對像，却是巳經傾向於科學方面的了。從軍隊學校，軍隊俱樂部，成爲「赤隅」的一般科學研究所，軍人黨研究會等，所有一切方面，都是強迫施行了軍隊的文化教育。

紅軍兵士的軍服，都是用粗糙的木綿製成的，但將校們却穿着和蘇聯一樣漂亮的服裝，每個士兵有着一本血紅的軍隊小冊子，這些小冊子全是寫滿着「政治」，「權力和紅軍」，「革命和紅軍」，「民族和革命」等等的說明。

成爲紅軍文化中心的，就是「俱樂部」和「赤隅」，但在一九三三年，除了紅軍四十家「俱樂部」，一百三十家「赤隅」，四十所紅軍圖書館，三十隊移動電影隊和二十架移動無線電外，還有着照蒙古古代的樂器組織而成的音樂隊五隊。

據當時所調查的紅軍士兵底學力，能識字的有百分之六十，在此過程中，有學識的有百分之十五，而文盲則祇有百份之二十五而巳。

## 宣傳隊的普及文化運動

由共產青年團員編成的地方文化普及宣傳隊，從外蒙地理的狀况說來，是巳有着很重要的意義的。

一九二六年夏，在烏拉巴爾市組織起來若干隊地方移動文化宣傳隊，而且巳着手了音及地方文化，如却拉派似的宣傳隊，是和電影，樂器，演說者一處傾向於地方宣傳的。

地方，百姓，每看到了在銀幕上活動的人們，也許會胆戰心驚，覺得奇怪起來吧！眞的，他們甚至連看到手電筒，也都以爲是不可思議的東西呢！據其中的一個宣傳隊的佈告，有一個族長，曾牽若干頭牛來和他交換手電筒。

誰都知道，蘇聯的五年計劃，是集中在重工業上的，但外蒙的五年計劃，却是集中在普及文化上頭。

至於一九三二年的外蒙暴動，在政治上當然是受了很大的打擊，但也得到了反面的很好的宣傳材料，在這次暴動前的宣傳隊的廣告畫中，他們把中國封建制度壓迫外蒙民族的歷史，作了宣傳材料的大部分，可是在暴動後，這就和反革命軍打成一片了。

## 蒙古民族的演劇和國立劇場

「形式是民族的！」

「內容是革命的！」

從機械地翻過來的文化後，當作使其第一步躍進的表現，就是這樣的口號了。機械地翻過來，到了一定的階段，當然要起着反動，而成爲向着其克服過來的新發展——飛躍的理論，不過這在外蒙也都巳體驗過來了的，那就是以一九三二年的反社會主義暴動爲分水嶺的文化的躍進。

將文化的發育權給蒙古族！

反社會主義暴動的艱苦經驗，放棄了直到現在爲止的浮調子，導向創造眞劍的文化，民族和蘇聯文化的結合，這巳成了文化指導者的問題。由蘇聯指導者的方面來詳細研究民族意識，民族生活樣式，由民族方面來創造自已的文化運動。

但其最能得到有意義的成果，現在能表示出外蒙文化的頂點，就是中央國立劇場的設立，和蒙古民族的演劇。

要理解外蒙民族演劇的存在，把牠如何地導入於實踐，這是一個相當困難的問題。首先和政治文化規律地組織起來的教授並立的，主力就是注重於理論和舞台藝術的實踐，民族戲劇的創造。

繼一九三二年創立國立劇場之後，到組織起演劇學校爲止，巳經嘗試過的演劇，還是逃不了帶有着原始的性質；但這經過了怎麼樣的過程而表示出的演劇巳產生了，這是非常有興味的。

爲了蒙古民族演劇的誕生，繼續積極參加的，就是青年詩人普揚．納梅風，他在這些戲劇練習的過程中，曾寫成了一部小戲曲「眞理」。這是簡單地描寫蒙古革命中的縮影，上演時間是三十分鐘。他是蒙古民族最初的詩人，作家和演員，他因爲知道把演劇的材料搜集來了之後，用藝術的形態，把材料表現了出來。

他又創作出一部原始形態的喜劇「明天」一。這個內容是諷刺舊官僚主義者如何滅亡的笑劇。在上演的時候，因爲各人都担任一定的角色，所以演員在那裏就找到了自已的任務，演技都很高明，尤其演員蒲哈特別可看到優秀的演技。

唯一的詩人曾揚不斷地努力的結果，又產生了「過去，現在和將來」的作品。這劇是描寫代表國民革命派的演說者們，用詩的形式對於事件敍述出自已的意見，就是在政治上，其內容也是有着重要的意義的，即是加以壓迫殘存着的過去的封建思想而昂起將來的建設。這其中，個人，商人和消費合作社員，代表着各個自已的舊的和新的東西。這就使觀衆無任地想到喜歡了。在演說着的演員，加上了靈活的動作，就增加了表現的技巧不少。

一九三二年，已有專門的演員學校的設立，在這裏所養成的優秀的演員很是不少。

一九三三年春，國立劇場竣工，詩人曾揚的有名的「黑暗權力」用寫實主義的舞台裝置演出，這在蒙古演劇史上，就劃了一個大時代，國立劇場就已成了演劇的國家的研究所，蒙古現代文化的中心地。

因此，外蒙民族翻過來的文化，逐漸更有民族獨自的文化，不拘其有多大的懸案和困難，却已經萬分地有着了確定的方向和發展性。

明天的他們底文化，在蘇聯是期待着的，他們將希望會佔有文化史一頁的一天。

## 在蘇聯勢力下的外蒙建設

蘇聯的勢力侵入了外蒙不久，便計劃把這地方改建成爲偉大的畜牧塲，不惜重大的代價，徵購各地純血種的牲口，以改良其本地種，復設計建設良好的馬厩，牛欄，猪圈，羊檻和製乳塲。莫斯科方面更派出獸醫和畜牧專家担任科學方法的指導，所飼養的牲口達四百萬頭之多，已成爲蘇聯主要畜牧區之一了。

蘇聯除了把外蒙闢爲畜牧區之外，更努力的將牠造成爲工業區，在貝加爾湖邊，設立了機關車和汽車製造廠多處，此外更訓練了一枝空軍。如今，這一大羣成吉思汗的子孫，已經拋棄了他們所愛好的馬兒而能駕駛着新型的飛機了。

自沖繩陸上戰事告終，舊金山會議結束以後，重慶首先在軍事上和外交上採取活躍的姿態，以爭取「抗戰」的勝利，和在國際間造成一個有利的地位，故重慶的企謀，實深長而遠大。在檢討世界以東亞問題為中心的現政局時，我們可從此說起。

第一，自從美軍奪得沖繩基地，使登陸中國和直接侵攻日本本土成為可能，而且迫於眉睫的時候，重慶便高呼「反攻時期已至。」蔣介石氏更聲言：「對日作戰，將於今後十八個月內告終。」實際上，重慶為貫徹「抗戰」計劃，由來念念不忘於「反攻，」但是八年來，大陸戰場上重慶的反攻，始終不見積極展開。在這期間，日軍却在多方面擴張和鞏固其陣地，尤其是「去年大陸橫斷作戰」成功，使日軍的陣勢，有了劃期的增强。重慶的堅强據點，包括長沙和桂林，一一落入日軍掌握，美軍在華東一帶的前進航空基地，也隨之一一潰滅。當時，重慶曾作極大的努力，以阻遏日軍的推進，雖不能否認，但是依然使日軍得以完全切斷重慶和沿海方面的聯絡者，當為基本的重慶的戰力問題。於是為强化其戰力，重慶唯有依賴美國一途，迄今還是如此。

然而重慶這次在日美兩軍同時準備最後決戰當中，重新發出「反攻」呼聲，它欲以美軍之力，以恢復自主的地位，實已灼然可見。蔣介石氏七七在參政會席上，也指出：「美國對重慶軍事上的協助，洵可謂滿足，然而今後欲完成驅除『敵人』的大業，尤非吾人自力更生不可。」蔣氏的話，可為一種激勵，同時也可為一種警告。然而固執不變的「抗戰」，終使重慶軍對美軍的依賴性，不由得一日加深一日，至於不能自拔。

## 美軍侵入大陸

藉着重慶抗戰的弱點，美國勢力已如疊風從空中侵入，又從陸上侵入了大陸。

根據最近報告，除原來駐在中國的美國第十四航空隊（擁有飛機八百至九百架）外，前屬東南亞洲軍司令部的斯特拉特米亞麾下美國東南亞航空隊，和曾在印度設立基地的第二十一轟炸隊，都已向中國大陸移動，同時，於福建，廣東和江西，重行建設多處機場，由此可知美國空軍在大陸上的勢力，茲已再度增强。

在其他方面，美軍已在六月下旬在重慶設立美陸軍戰術司令部和補給司令部，並計劃以美方武器，配予三十師之重慶軍，和以美國將校，指揮第一線作戰。又傳自本年三月至六月間，準備改編美國式軍隊的重慶軍三十師，大致已經改編完了。除此以外，據重慶於六月中旬發表：美國馬爾斯第一機動部隊，第四百七十五步兵師團，和第一百二十四騎兵師團，也已於五月間由緬甸空路輸送至中國戰線。

又據美軍司令威得邁雅於六月二十三日發表：活躍於戰後歐洲的美軍特務隊所謂「G五班，」也在中國大陸，成立同樣的組織，在經濟部門中，擁有廣汎而强大的權力。

如上所述，美軍在中國戰場上的勢力的增强，對於中國的將來，會致成如何不良的結果，重慶終已不得不加以深長考慮。蔣介石氏曾要求召回斯蒂維爾，可為重慶為其前途，已感覺焦慮的一個徵候。據傳，斯蒂維爾的卒被撤換，就為蔣氏不滿他欲集奪重慶軍權的結果。

## 大陸情勢變遷

重慶對於美國軍力的侵入，實抱着懷疑態度，這從蔣介石氏最近發表，他對美軍的登陸中國大陸作戰，仍不明其具體情形的談話中，也可見一斑。重慶軍政部喉舌，——掃蕩報，最近也表露它對美軍登陸中國大陸作戰的見解稱：「接岸作戰，將不免使大陸變為日美兩軍的決戰場，令中國人民喪失生命財產，再度流離失所。」掃蕩報又稱：「縱使奪還若干被佔地區，其地亦已成廢墟。」這可以充份表明重慶對於美軍的登陸中國大陸作戰，殊不表歡迎。據傳，自從美國表示祇援助重慶後，延安對美國的登陸作戰，更認為美國對中國的一種，曾即聲言不得不予反對。

猶憶「歐洲第一主義」，盛行於英美輿論界的時候，重慶本身曾要求實行「亞洲第一主義」，主張在中國大陸登陸，以夾擊日本在華的派遣軍。但是現在的情勢，顯然已有莫大的變更，第一，大陸日軍先發制人的攻擊，已將重慶與沿海地方的聯絡，完全遮斷，對大陸作戰確立鐵般的防禦，因此非經激烈的戰爭，使中國沿海的精華部份，盡化廢墟，將難達成預

# 莫斯科爭奪戰

……世界現政局鳥瞰……

周勉齋

期的目的；（為戰後的復興計，這是為重慶所不能忍受的。）第二，滇緬公路的復通，和輸油管的建設完成，可令重慶陷入一種幻想之中，那就是當重慶軍得到充份的補給後，可以獨力對日作戰；第三，在這日本本土作戰，將近成為事實的時候，中國大陸的重要性，顯然已相當削弱，重慶自然更願意藉此慫恿美軍在日本本土上陸，自己處在一傍。

如此，隨戰局之演變，重慶對於美軍登陸作戰，所抱態度已大不相同，殆是當然的結果。但是那些還是表面上的，最足使重慶憂慮的，當是美國隨其軍隊的侵入而俱來的政治上的侵入。

事實上，迄今為止，美國在援助的名目下，已在中國佈下雄偉的勢力，且這種勢力，還在增漲中，一旦美軍正式在中國大陸登陸成功，化中國為日美兩軍的決戰場，則美國的勢力自必更為膨脹，足可使重慶的抗戰，無論如何說法也變得毫無意義，使中國多經一次戰火，這當是重慶真正所要避免的。

在這情形下，重慶的現狀，實極暗淡。同時，它的苦悶是日益增加。重慶新任行政院長宋子文氏，留舊金山將近兩月，返重慶後不數日，便匆匆赴蘇，或正是它的結果之一。

## 重慶的新外交

宋子文的訪蘇實可謂重慶外交的一大新發展。英美要拉攏蘇聯對日，重慶或要拉攏蘇聯來對日和英美三者。其中關係的複雜是可想而知，所以經過六次會談後，對於問題如何處置，還須留待將來討論，這殆是史太林的一個詭計吧。

宋氏在三頭會議前夕，往訪莫斯科，自也含有為英美測驗蘇聯對東亞態度的意義，當此歐洲戰爭已告結束，三頭在新的會議中，將涉及東亞問題，已為世界所公認。然而蘇聯對於東亞問題，依然採取着保留態度，不肯輕易吐露，就是有所表露，也須在三頭會議之後，這或非英美（和重慶）所能料及吧？她採取這種態度，是殊易理解的。因為對東亞不負任何責任的史太林，在與特魯曼和邱吉爾進行交涉中，自可較負有責任時為有利。而且，當她對東亞問題下結論時，也須在事前試探明白英美的意見。

在這情形下，蘇聯不免難為了重慶，雖然，蘇聯應允在三頭會議後再開交涉，則宋子文似也不無所得。東京方面認為，僅宋史會談之事實本身，即可為美國於東亞成立「安全立足點」之計劃，將宣告崩潰的「準確徵象」。這實為比較準確的觀察。

宋子文寧不出席於「七七」紀念日開幕的國民參政會，作他得意的對美外交的報告，反赴克姆林宮與史太林作夜談，這在重慶可說是外交的爭先。假如波次坦的會談，三頭卒不顧重慶方面的意見，而對東亞問題有所決定，這勢必令重慶在國際外交上陷於孤立的地位。宋子文的匆匆訪蘇，可見重慶對這局勢，是憂慮日增而亟欲在事先予以應付，所以它亟圖拉攏蘇聯的目的何在，不問自明。總之，重慶顯已走上了一條新的外交之路，渝美間的關係，將不免以此為契機而陷入微妙之境。

## 美軍的半自動式步槍

美軍現在使用的「加蘭特」半自動式步槍，是從陸軍部的斯勃林菲爾德兵工廠技師約翰C加蘭特得名的。它的優點，是裝彈槽一經裝彈後，就可以繼機連續射擊。在彈槽裏的子彈未射完之前，射擊者自始至終都得保持他的手和眼在瞄射的姿勢中，所以發射速度很高。

從前美軍用的斯勃林菲爾德步槍，每發射子彈一顆，須將彈殼取出，把笨重的塞彈機拉動，才能夠發射第二顆子彈，但是新的半自動式步槍，彈殼在射擊後自動跳出，這是利用火藥爆發時的膨脹氣體，由槍管前端下面一个小孔，輸入後膛機關，把運用桿推後三英寸，逐出用過的彈殼，推同機槍，同時把新彈裝入槍膛，由於這種自動裝置，一个普通步兵使用加蘭特步槍射擊，每分鐘可瞄準發射子彈三十發，老練的還可發射至一百發。假如是用從前的斯勃林菲爾德步槍，雖老練的步兵也只能瞄射子彈二十發。

加蘭特步槍重量是九磅半，比從前的斯勃林菲爾德步槍多重半磅，可是這種半自動式步槍還有一个優點，這就是發射時的反坐力，一部為自動裝彈機吸收，震動減少，這對於射擊命中率的增大，是有很大關係的。

假使因此而推測重慶與美國間的關係，將會發生什麼裂痕，那仍是很危險的。僅爲應付「共同的敵人」，即足使兩者的行動，不得不求其一致。如所週知，儘有顯著不同企圖的美國與蘇聯，在對德作戰上，仍始終是一致的。宋子文的訪蘇，縱有他自身的目的，那就是企圖牽制美國勢力，保全大陸，（這一點無疑也爲蘇聯所需要的，）但說他想從此改變依賴美國的方針，而依賴蘇聯，那是爲今日重慶所不能採用的。據傳，除政治問題外，史宋會談並會討論到中國的東北失地問題，渝軍政部長陳誠亦於七月十二日在參政會席上聲言：「東北失地一日不收復，對日作戰一日不終止。」這與斯蒂維爾在就任美國第十軍軍長後所稱：「對日作戰，不僅目前之空中攻勢一端，日本本土，華北，滿洲亦須展開作戰，」實有着顯著的共同點。

除此以外，重慶與美國爲求戰爭早日結束，冀望蘇聯參加實際行動，無疑地尤屬一致的。

## 三頭會談

由此而看三頭會議，當它觸及東亞問題時，美國與蘇聯間將遭遇如何微妙的局勢，殆已不能窺見。

至記者執筆時止，第三次三頭會議依然在波次坦繼續舉行中，一切會議情形，被保守着秘密，三頭討論的真正內容，自然不得而知，但是它除討論歐洲的和平問題外，並將涉到東亞問題，實不難想像而知。美國將在波次坦會議席上，極力誘勸蘇聯予以協力，自在意料中。

特魯曼，邱吉爾和蔣介石於七月二十六日自波次坦聯合發表宣言，要求日本宣佈無條件投降。這是第一次正式表示三頭會議已提出東亞問題，於此特可注意的，是問題中的史太林，並未簽名在那宣言中。

說史太林對於東亞問題，將不感興趣，那實在是不確實的，史太林只是隱而不宣，他或仍有所待。第一，自然是大東亞戰爭尚在繼續中，其最後結果仍待決定。第二，三頭會議雖已提東亞問題，但是尚未到達確定階段，史太林自還不願輕易表露他的態度。最後，史太林心裏明白，他雖未參加東亞戰爭的漩渦，但是他的決定將可予戰局以重大的影響，他是在舉足輕重的地位上，因此，他的決定自將在對於蘇聯最爲有利，和最適當的場合下，才予發表。

這場合，或在波次坦三頭會議獲得最後決定之時，或在史宋再度會談結束之時，或再在其後。實際上，爲確保和擴展她在東亞的利益範圍，蘇聯本身對於東亞戰局，也將不得不有新表示，而史宋會談，以及「特·邱·蔣三者聯合宣言」，都可爲其前奏的。

現在國際間的交涉，正分頭在東亞和歐洲進行中，它們的目的卻只有一個，那就是莫斯科。可是深居簡出的史太林，還把他的大煙斗遮住了臉，不給人家看，只在心裏打着算盤。經過歷史上空前的德蘇戰爭後，她不免已感疲乏，不能再忍受一次戰爭，現實的史太林無論願作何表示，是不能不顧到這一點啊！

現代戰爭雖然側重於重兵器的使用，和各項兵種的高度機械化，因而步槍的使用範圍和機會都比較減少了，可是步兵的用場，依然還是不能缺少的，而步槍就是步兵的第二生命。這種半自動式步槍經美國陸軍部採用之後，就向美國國會提出保證這是最優良的步兵武器，要求通過一千五百萬圓的製造費；但美參議院軍需委員長厄爾馬多馬斯卻不大相信，要求實地試驗這種步槍的性能。美陸軍部迫不得已，才打破不許積極試驗的條例。在一九四零年五月，以六桿加蘭特半自動式步槍，採用輪流射擊式（以免單一桿步槍完全負責），和兩桿MM約翰生式半自動式步槍，來一次射擊對抗。約翰生式步槍，是唯一的半自動式步槍，和加蘭特式競爭的。

那時最出名的射擊手——明尼蘇達州的六十一歲參議院員厄湼斯，蘭甸担任試驗，他從前本是陸軍預備役的大佐，在三百碼距離，約翰生式步槍開始射擊時的準確度是勝過加蘭特式——（四零四與三九三之比），後來又給加蘭特式勝過它——（三四八與四零五之比）。加蘭特式經過一百五十發的連續速射，性能還很好，仍然相當準確，在六百碼的距離，約翰生式是略爲準確一點，但是發射速度是比加蘭特式慢些。

參議員厄湼斯，蘭甸，在三百碼的距離用加蘭特式射擊，連接命中目標！六次。用約翰生式射擊連中十一次。兩種步槍的優劣，就在硝烟中決定了。其實兩種步槍的性能都相當優秀的。——（泉）

最後一個饒有意義的事實是，日本與蘇聯仍保持着外交上的接觸。正當中宋會談進行中，日本駐蘇大使佐藤，曾於七月十日與十一日，分別訪，蘇聯外次羅茲夫斯基和外長莫洛托夫，有所會談，顯示日本對於英美蘇的外交進攻，也不是完全沒有應付的手段。

日本也不低估今日的三頭會議，將予日本以直接的影響。日本「產業經濟新聞」於七月二十三日特別指出：「該會終了之日，其所談內容，或對日本不甚有利，此日人於事前，須有所自覺。」因此要望日本外交當局，對於蘇聯作積極的施策，使不利於日本者，轉爲有利於日本。在目前形勢下，這工作當非輕易可成，但是日本的堅持作戰，尤其是對波次坦的三國宣言，決然置之不理，當必予蘇聯以一個深刻的印象。

另一方面，以不出席參政會而頓然表面化的重慶與延安的衝突，更在這三頭會議進行中，造成小型的內戰，這或無礙於史宋的繼續會談，但是還至少可能更延遲了史太林的採取決定的時間。



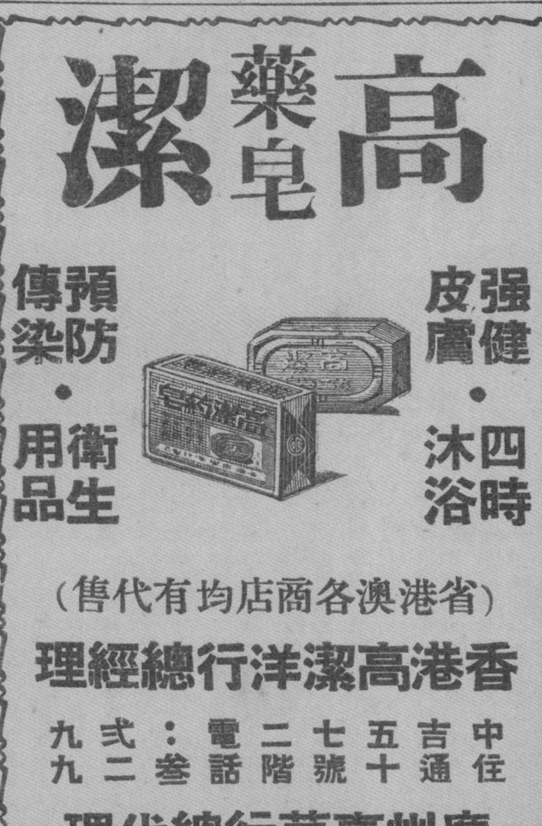

# 在廣州的所見所聞記

## ——旅程雜筆——

禾子

這是一个很偶然的機會，我到廣州去走了一趟，雖然逗留的時間只有十多天而已，但是，這南中國的革命策源地的廣州，給我的印象委實太深刻了。因而，從觀感中所得的印象也似乎特別多。

廣州對我並不是一塊陌生的地方，戰前我曾在廣州住過相當的時間，不過，這一次舊地重遊，却未免有點生疎的感覺罷了。

廣州是比任何地方都好，我到廣州以後第一個印象便覺得這革命的策源地，似乎比從前更加美豔，越發標緻了。姑不論她的內在的情形怎樣，橫直這年頭兒大家都得從門面上去虛張聲勢，她在穿上了一件鮮豔奪目的蟬翼的新裝，誰說她不嬌媚動人，越發使人愛戀啊！

× ×

目前，據說南中國的經濟都集中到廣州，因而廣州也就儼然成了一塊金融經濟活躍的總匯點，大量的游資充斥在每一個角落裏，廣州人，他們終日埋首在一大批鈔票堆裏，展開了他們那黃金色的美麗的前途。

沒有窮人，這也許可以算得是廣州的一的優異的特點。爲什麼沒有窮人呢？最初，我覺得有點茫然之感。後來一個朋友告訴我，他說：「由於自然的淘汰」。這解釋有着相當的理由，至少我認爲這是合理的。以廣州的黃包車夫來說，他們每天以勞力和汗珠掙到的錢，起碼就二三千塊，這龐大的數目字足以令香港的月薪從業員爲之拍案驚奇。一个黃包車夫有車可拉，還有氣力可以發揮時，他可以生活。但是，沒有車好拉，沒有氣力可以發揮時，只好自然被淘汰。廣州之沒有窮人，這是一個最明顯的證據。

× ×

乎我的意料之外的，我竟碰着了一件奇遇：有一天下午，一個朋友請去長堤的東天紅喝咖啡，喝完咖啡剛剛踏出咖啡店的門首時，突然碰見了一個多年不見的同學。這位同學是大學時代的老朋友，他的形色雖然有點潦倒，但精神倒也並不怎樣頹廢。相逢之下，於是我和他又一同跑去七妙齋喝茶。

這位同學告訴我，他現在正幹着一件神秘而刺激的職業，這職業便是拾烟屁股。他每天自早晨至夜晚，穿插流蕩於各大茶樓，酒家，戲院，娛樂場所，馬路上。把拾到的烟屁股重新翻造，用手捲的方法製造「百鳥歸巢」的香烟，每天獲利也在二千元至二千五百元之間，一个人的生活勉强可以維持。最後，他又告訴我：「大學畢業的文憑，早就拿來揩屁股用了」。他好像在嘆息着。又好像在懊悔他自已過去爲什麼要花了幾萬塊錢去進大學。我聽了朋友的說話，心裏又有點感覺，終有一天，我的銀招牌也會掛在黃包車前面以作招徠的標記——我想。

× ×

夏天的廣州是美麗的，尤其是一般男士和女士們穿起了黑膠綢衫褲時，廣州的氣象似乎更加烏壓壓的，油滑滑的了。黑膠綢衫褲，手錶，金子環，生膠底皮鞋，草帽，襟袋上一枝自來水筆，神氣活現，這些，便是現階段廣州的小規模的新興暴發富，運輸業者，經紀，炒家的標準速寫。

這一類人是廣州最起勁的一羣，他們出入于大同，銀龍，金唐，哥倫布，大三元，愛羣，新華，大東亞，一擲數萬金，毫不吝色，袋子裏全是一大疊一大疊一千元的鈔票，女士們最熱中他們，茶樓酒店的夥計最尊敬他們，坐一次黃包車，不論遠近，一下子就五百元，難怪黃包車夫一招攬到這一類闊客時，莫不加步飛跑，鞠躬盡瘁死而後已。這類人還有一個特性，趾氣高揚，目中無人。當我回到香港以後，香港的黑膠綢的風氣也和廣州一樣盛行着，這也許就是洪學交流的表徵吧？

× × ×

廣州的公務人員——這裏也可以說是月薪階級，他們和香港的月薪階級差不多，但是，他們不同於香港的月薪階級的便是每一个人都得身兼四五職。我有一个朋友，他在一家政府機關任職，但同時他兼任着其他四五个機關的職務，有些機關只要到去簽到，不必上廳辦公的，有些却連到也不必到，按月去領取薪水。兼差的多少，要看自已的活動如何來決定，同時還得講求政治背景。兼四五个差事，或者可以維持一家數口的生活，在廣州，幾乎很不容易找着一个不兼差的月薪階級，不兼差就得喝西北風，而兼差的風氣也就非常盛行，主管機關的長官們對於屬下的人員，似乎也採取放任態度，其實，長官們自已就身兼數十職。新聞記者和文化人，他們也得東兼西任，纔能活下去。相傳有某機關的科長先生，夜晚下了班後乎兼作拉黃包車的差事，我沒有親眼見過，不敢說是眞僞。但是，有某中學的數理化教員，夜晚在長壽路擺賣白菓薏米水是眞的。這也是有趣的風景線之一。

× × ×

從前，廣州人對於香港人都有着另眼相看的態度，香港人吃得好，穿得好，用錢濶綽。現在，這種情形改變了，廣州人對香港人都放射出一線奇異的眼光，他們同時還有着一個很準確的界說，所謂：「州肥港瘦」。今日的廣州人是濶綽的，他們吃得好，穿得高貴，香港人却有點寒酸之態，穿的樸素，吃的粗賤，女士們似乎也廣州的比較香港的要漂亮。他們對香港人所下的批判便是：吃得太粗，完全沒有一點斯文氣。這批判事實上一點也不過分，廣州人吃得很斯文，早餐一碗半，晚餐兩碗，娘兒 不消說吃得更少了。有一次，幾個朋友請我到大同吃晚飯，我眞魯莽，一口氣就吃了四碗，旁邊的女招待看見情勢不妙，掩着口笑了，她偷偷地問我的朋友說：這位先生是剛從香港來的罷？據她的經驗，凡是初由香港到廣州的人客，吃起飯來都這樣毫不斯文。但是，她爲了安慰我起見，對我說：不要緊，再過三五天，你的食量就會突減，如同廣州人那樣吃得更少了。因爲她也是香港回來的一個，所以有此經驗云云。

× × ×

「食在廣州」，這句話到現在還沒有消逝。壹個香港的旅客跑到廣州去，看見廣州人吃的神氣，也許會吃驚，茶樓裡的點心，全是「油水充足」，「大件抵食」，「眞材實料」，價錢自然昂貴，一碟糯米雞五百元，茶每位二百元，兩个人喝一頓茶，吃些點心，炒粉一碟，起碼二千元以上，到小館子去吃一頓隨意小酌呢？起碼五六千元，到大同去請幾位朋友吃晚飯，起碼一萬元以上。然而，廣州人對於這種消費是滿不在意的，只要吃得好，味道好，材料佳，地方舒暢，價錢就再昂貴些也可以，橫直他們有的是錢，有的是一張一張一千元的儲劵，沒有錢根本就不能生活在廣州。廣州住着的人，全都是戰爭下面的天之驕子，人類的寵兒，經濟條件支配下的這社會，他們就是一羣放光的金甲虫。

× × ×

從前廣州有三不的稱譽：電燈不明，一也。電話不靈，二也。馬路不平，三也。說到馬路不平，雖然前已有之，但似乎於今爲烈。有人把廣州的路政比成「算盤」與「墨盒」。晴天走起路來，凸凹不平，忽起忽落，如行崎嶇，如履山坡，此算盤也。下雨天則水漿如糊，泥濘四濺，如墨盒也，令人有行不得也哥哥之感，或問：「爲什麼不加修繕」？曰：「戰時下一切皆從簡」。眞的，如果要認眞修繕起來，工程之大，遠過於蘇聯的第二次五年計劃。先破壞然後有建設，足見未來廣州的路政便將在這破壞中開展建設的大業。然而，目前的情形則令人有點不敢恭維，坐在黃包車上，屁股就給顚得疼痛起來。

廣州人是慨氣和濶氣，用錢並不計較，買東西認爲越昂貴的越妙，三萬元一對生膠底皮鞋，不貴。十五萬元一件大衣，更加不貴。吃東西也是這種原則，吃得少，但吃得好，不像香港人那樣要吃得多，吃得大件，不理會內容良劣。在廣州，還有一個很普遍的現象，吃便宜飯很容易，隨便到任何一個朋友的家裡，商店裡，留餐飯吃簡直不成問題，這與香港人之最愛親朋，恕不留餐者，令人有迴如天壤之感。（完）

# 戲劇化的教授法

•汪洋•

美國人是挺愛新奇的，歷來有名的教師，他們認爲無論是用籐鞭，或是深刻的比喻和其他古怪的教授方法，都已經是戲劇的演員，那麼何妨把教授法也弄成戲劇化。這樣，便把枯燥乏味的一所課室，變成一个喜氣洋洋的場所了。下面所述的就是實施戲劇化教授法的幾個例子：

賓夕法尼亞州的北克斯鎮，有一所喬治學校，裏面有一班研讀社會學的學生，不相信民主主義是最優良的生活方式；他們認爲民主主義是笨拙而且缺乏效率，只有獨裁主義才能够把事體成功。

他們的教師麥法利說：「好罷，我看較好的研究方法，只有實驗呢。由下星期起一連兩星期，全班實施獨裁制度吧。」於是由實行這一天起，禁止一切的討論和質問。凡是做功課失敗的都給予嚴厲的責罰。教師麥法利更由班裏面選出四個學生，組成一小隊秘密警察，教他們暗中混入同學裏面，把各同學在課堂外面所說的話，通記下來，到上課時教師突然把這些報告向他們朗誦，引述學生私下說及教師和其他同學的閒話，其他學生犯規的揭發。這些原本是完全不能夠公開發表的秘密，結果大家都給弄得怪難爲情了。全班學生於是立刻體驗到底獨裁制眞實性的可怕，便在實行的第五天，他們就一致要求恢復民主制度。

下述的教授技術，說出來眞是有點嚇人：密蘇里州大學新聞學院一班學生在上課當中，一個學生突然站起，從袋裡摸出一支手槍指向教師說：「厄特勒教授！你不能夠這樣待我！」說着就開槍，厄特勒教授頹然倒仆在講壇上面，教授的助手就立刻在黑板寫着：「試詳述剛才發生的謀殺案」。

偉大的教師，能夠利用最平凡的事物，把他的一點意思灌輸到學生的腦子裏。美國教育部的基連菲爾德氏，一次把他掛在座椅的外衣拿起對學生說：「我們都知道這樣穿上外衣，但假定我是南海島嶼的土人，一輩子都沒有見過一件外衣的，你們怎樣指導我把它穿上呢？」全班學生沒有一个能夠給他完全無錯的指導。

你自己也不妨試試，不要動手，只許用說話指導。這个小小的技巧，和小把戲一樣有趣，確是能够令人深印腦海的一个教授方法，更是正確思考和如何準確使用句語的練習。

厄爾攸賓斯博士一次教授社會學，給每个學生一个林肯便尼後，便在黑板上寫着：「紀元三千年」又說：

「這一次國際人種學議會特別會議的召集，目的是討論關於已毀滅的一九四一年文明的大發現，我們在地面下一千英尺的地層，發現到一些銅質圓板，這就是你們每人手裡拿着的一个，我們只能夠用古代語言的智識，去推斷這年份的文明程度，試試能够獲得多少事實」。說完了，他就給全班學生五分鐘時間去察驗這个便尼，仝時寫下各人觀察的所得。下面幾點，便是那些思想和眼光敏銳的學生所能發現的一些事實了：—

（一）這顯然是一个貨幣了，那麼一九四一年的文明，必定有了一个財政，商業和滙兌的系統。（二）當時既然有銅器使用，必定有冶鑛的學識。（三）同時因爲這圓形銅板造得很精緻而且還印上標記，當時必定發現了冶金學的智識了。（四）有書寫的語言存在。（五）他們把麥穗刻上這个貨幣上面，可見得當時已經有農業了。（六）既然有麥種植，氣候必定溫和。（七）這貨幣的設計是從形狀和美觀方面着眼，可見到藝術和美術也是當時文化的一部份。（八）這種文化經已具有從前文化的智識。這因爲貨幣上面刻有日期——指示年曆，和一句拉丁文。（九）「合衆國」這幾個字指示當時有一個政府的組織存在，「自由」這兩個字表示這個政府是由人民指導的。（十）那用文明的形式。（一一）信奉一神的宗教。

戲劇化的教授法，好處是把常常感到刻板式和單調的課室作業，成爲極有趣味的求知玩意，不過這種教授法是否完全使人滿意，那就非要經過長期的實驗不可了。

現代史料

# 東亞白俄人的奮鬥史

槁木

今次歐戰結束，蘇聯居於戰勝國地位，自然意得志滿。回憶上次大戰俄國加入協約國方面，戰至一九一七年時，因國內發生革命，而不得不與德媾和。當年十月革命成功，許多沙皇的遺民都被逐出國境，逃避至東亞，所以談起歐洲人在東亞的，俄國難民實在佔有一個特殊地位。在各東亞城市如哈爾濱，北京，青島和上海等，他們始終佔有歐洲人的最大數目，他們開設和建立的商店，教堂，飯店，酒館等，觸目皆是。這些俄國難民是從一九一九年最先逃避過來的，經過的時期已經佔有一世紀之四份一時間了。他們的過程雖然是短短的一頁，但這短短的一頁真是有血有淚，充滿惡劣的艱苦，但也充滿極度的忍耐與不屈不撓的堅強。在最先開始逃難過來的俄民中，有名尼哥勒耶夫者，曾把他們與惡劣環境鬥爭的經過演述出來，這在我們現在看來實在不勝感喟的。

在一九一七年布爾塞維克革命之前，俄國人之有家宅者，東亞遠離沙皇邊界的，多數都住在中東鐵路一帶，而這地域的中心點則是哈爾濱城。在當時這些居民的數目大約是八萬人，全是鐵路的工作人員及其家族。加以困駐在鐵路區域共十五團的黑龍江前線衛軍及其他小聯隊，爲數約六萬人。再加以分散在別些地方的人民，統計在革命發生前住在北滿的俄羅斯人總數是在十五萬至二十萬之間。

當時在其他部份的俄國人數是十分少的，在奉天，北京，天津，青島，上海及漢口等地，居民都不過是幾十至幾百左右。在這些俄民中，以在北京建有古老的正統教會及在漢口設有許多富庶茶葉公司的人爲較有發展。在上海及其他中國大城市中，俄國居民多是幾間俄國商店和輪船公司的僱員，以及俄亞銀行的職員，俄國領事館的事務員等。

## 大還徙開始

在一九一七年九月六日這一個悲慘命運的日子裏，布爾塞維克黨人利用俄國人民經過了三年歐洲苦戰經已筋疲力倦的機會，把權威攫在掌中而在俄國樹起了世界革命的紅旗。那些不幸的俄國人就在共產黨建立世界秩序時開始他們那些顛沛流離的遭際了。鬥爭，焚殺，擄掠一齊在內戰中開始。共產黨人戰敗了缺乏明朗戰鬥組織的白軍，於是許多俄國人都離開了他們的祖國。

而俄國難民的大遷徙便從此開始了。他們中大隊的人向西歐走去，而西伯利亞，烏拉爾，和伏爾加區域的許多民衆，以及這些區域的軍隊及其家族等，都逃到向東去，殘存的便進入中國。在杜托夫大將，巴傑支少將和安蘭柯夫大將領導着的一隊，在一九二零年三月從烏拉爾南部進入新疆。一年後，杜托夫大將遭蘇維埃官吏殺死，而安蘭柯夫大將也被捉返蘇俄，這些逃到新疆的俄國難民便又繼續東進。許多都在途中死去，在巴傑支的一隊人馬中，開始時是一萬二千人的，抵達中國邊城時祇有三百五十人還殘存着。安蘭柯夫手下的哥薩克軍卻全隊抵達天津。而初時是由加潘爾將軍統率，其後改由西米沃諾夫大將領導的那最大隊的人馬，却一路披荊斬棘的戰鬥着，經過西伯利亞冰天雪地中的血戰而終於一九二零年八月十五日抵達滿洲前線。

在衝過接近滿洲里和俄滿邊界的那些俄國難民，大致分別起來是如下的幾種人：（一）奧倫堡，西伯利亞，葉尼塞次克，伊爾庫次克和橫越貝加爾湖的哥薩克軍隊，（二）薩麻拉，伏爾加，烏發，烏拉爾，鄂木斯克，托木斯克，伊爾庫次克，托波兒斯克等區域及滿洲前線的步兵殘部，（三）由伊賽夫斯克和伏爾金斯克兩工廠的工人組成的步兵，（四）騎兵隊，砲兵隊，機械部隊及其他軍隊的殘部，（五）這些軍隊中各將官的家屬，（六）西伯利亞，烏拉爾和伏爾加區域中各城市的居民，以及薩麻拉，烏發，味耶脫加，拍爾姆各省份裏的農民，（七）許多其他獨自進入中俄邊境的小隊伍。

## 水陸並進着

這時候米爾古洛夫兄弟在海參威設立黑龍江臨時政府，當這一個臨時政府崩潰時，便又掀起了另一個難民的巨浪。這從海參威掀動着巨浪的是遠東哥薩克軍隊，在一九二二年十月二十三日，他們在格立波夫將軍領導之下由海參威乘着「奧克可斯克」，「柴斯脫次尼克」，和「蒙古加爾」等號運輸船出發。這班人馬還包括了一些其他軍隊的殘部和他們的婦孺，帶着大部是從哥薩克師團得來的三十枝帝俄軍旗。一共大約是三千三百人，安然到達朝鮮港岸的元山津。在居留的長期間內，格立波夫命令着所有居民和家屬遷移到滿洲，在哈爾濱，海拉爾等地居住下來。而留着與格立波夫同在一處的僅有八百五十人。他們再航行到上海去，在一九二三年九月十四日抵達了。不久之後，亞尼斯莫夫統率下的奧倫堡哥薩克軍隊裏的二百四十個兵士投入共產黨，乘着「蒙古加爾」一號船返回海參威。其餘兩隻船還留在上海，後來却賣了給中國。

大約在同時之間，許多其他船隻在史德爾克海軍中將帶領着也駛離了海參威。他們帶着一千個兵士，七百個水手，七百個士官候補生，一千五百個平民，以及其他種種式式的人，其中包括有一千個塞爾維亞人。在那些船隻中有許多是很細小的，其中一部份在途中損失了，其餘的都到了上海，載着四百人的蒸汽船「雞乃斯坦」號也到了上海，這汽船後來租賃了給德國的根斯脫——阿爾伯斯公司。

在波爾典與摩爾眞霖夫兩將軍指揮之下，大約有八千人離開了海軍省區，從陸路於一九二二年十月進入滿洲，抵達滿洲進入琿春隔鄰，接近着俄，滿，朝鮮邊境聯接着的地方。在軍閥張作霖命令之下，這班人在吉林等地居住下來，而中國當地政府，與日本紅十字會都給與他們以屋宇，粮食及藥物等很大的幫助。同時由史穆林將軍帶領着的五千人也經由別地到了滿洲。

當這些俄國難民的洪流開始到達滿洲之際，在那裏最傑出的一個俄國人是格可爾伐脫陸軍中將，是中東鐵路的監督，他立即獻出他的協力。他成功了替住在滿洲的俄國人建立了最佳的聲譽之後，中國民衆都來協助各俄人。從高級職員下至普通鐵路工人，以及滿洲內的各居民對格可爾伐脫將軍都致與極高的敬重，並叫他做「小祖父」，而在他統治下的鐵路地帶則被敬愛地當作是「快樂的格可爾伐脫地區」。在布爾塞維克黨人僭越了俄國遠東的權力時，格可爾伐脫將軍反抗着，並把他從滿洲組織起來的軍隊開入海軍省區。經過一度哥薩克會議，他被推舉為俄國的臨時領袖。然而，在他向海參威前進時，竟被阻於由戰爭釋放出來的囚徒組織而成的軍隊，那些軍隊當時正控制着西伯利亞東面的大部份地區。格可爾伐脫的部下衹得折返哈爾濱，而格可爾伐脫將軍是在一九三七年在北京逝世的。

蘇維埃努力在一九二五年前後伸展到西伯利亞之後，俄國難民越入中國邊境的已逐漸減少，最後更變作極少發生。橫越邊界最好的地方是在接近滿洲里，黑龍江流域的各城鎮，在那裏有中俄的私運商人會帶着他們攀崖越嶺，經過森林和沼澤。一過了邊界，難民們都設法到哈爾濱或穆稜煤礦區去找尋工作。

## 不回祖國的移民

當蘇維埃政府在一九三五年三月二十三日出賣中東鐵路時，大部份在鐵路工作的蘇維埃人都返回蘇聯去，然而有少數的人，大約是幾百左右罷，不高興回到布爾塞維克人的土地。在這些不回祖國的遺民中，有一部份後來卽移居到中國的別些地方。其後，他們都慶幸當時不回國決斷，因為他們各同事中之返回蘇聯的都給布爾塞維克黨人歧視着，在悽慘可怕的狀況下被派遣去興築西伯利亞及中亞細亞的新鐵路。這情形是從他們後來的通訊中，和那些設法逃出來的人們演述的故事中得知的。

這樣，我們可以看到在東亞的俄人其組成是龐雜的了。有些在革命前經已來到的；有些來自堂堂的軍隊；有些是難民；有些是不願回國寧願逗留着的「遺民」。想用一個術語來包括他們是很困難的，但因地方當局在公文上都稱呼他們作「移民」，我們也衹好用同一的名詞來叫他們作「移民」了，雖然這名稱對他們實在不大適合。

到了一九二五年時，在東亞的這些移民大部份已找到了居住下來的解決辦法，他們的中心區是哈爾濱。由於數千新來的能幹的人之努力，他們緊攣地工作着，在經過了共產主義的夢魘而在設法建設起一個新的生命，那城市很快的便繁榮起來了。在其他住着相當俄人的城市是海拉爾及滿洲里等。

在分隔着興安嶺與海拉爾城當中的三江地帶，有好幾十個貝加爾湖的哥薩克軍隊的家族到來居住了。逐漸地，哥薩克村落發展了起來。那裏有好多地方，而哥薩克人都是熱情刻苦工作着的。後來，有更多的哥薩克人加入了他們，經過了六年的努力工作，三江地帶繁榮着開着燦爛的花。那些住在西伯利亞的人正抵受着窮困并且沒有權力去反抗共產主義的開拓者，對着三江地帶那裏的幸福生活不勝羨慕。終於，在一九二九年間，共產黨人組織遊擊隊從蘇維埃區潛向三江地帶施行襲擊。遊擊隊秘密越過邊境，襲擊着哥薩克部落，搶掠並焚燒了好幾條哥薩克村落，並殺死了大約二百個哥薩克人。雖然這筆血賬始終無法淸算和報復，但三江地帶還是繼續着發展，終於成爲比前更覺繁榮的地區。

從滿洲一條移民的洪流次第流入東亞的其他地方去。小部份人流落天津，經營着毛皮的生意，並利用張家口那一條途徑與蒙古發生貿易關係，其時在張家口也有一部份移民來到。其他的人有些到了青島和上海，更有些去了日本。不論到了那處，那些俄人都証明了他們是頂好的工作者和誠實的商人。

現在統計起來，俄國移民在東亞的約共十萬人，大約有六萬人在滿洲，二萬人在上海，八萬人在日本。

從一九二四至一九二八年間，在美國嚴厲的移民法例許可之下，許多移民還到了美國。到美國去的各人是比較有更高社會地位的，其中包括有教授，教員，工程師和參謀將校等。

## 鐵路工人與兵士

各移民最初來到中國的，不是分文沒有，便是在途中早把錢財用盡，因而不得不靠每日的工作來維持生活。在滿洲幾千的移民在中東鐵路找到了工作，雖然他們有許多從前都是軍官和兵士。他們不久之後，都熟習了他們新的生意經而且變成了十足能幹與可靠的鐵路工人。可是當蘇維埃政府在一九二四年秋季獲得控制了那鐵路時，情形便變得困苦了。一九三五年當這條鐵路出賣了時，留在那裏的俄國人在西面支部做成了一個特別區域，其他的移民也在俄國商店裏找到了工作。大約有一千個白俄羅斯人在哈爾濱的綽連公司裏任職，情形極好。那公司是由一個名喚佛德拉爾的德國人主持的，所有僱員與工人都對他十分尊敬，公司裏的空氣彷彿是個團結的大家庭。

一九二四年張作霖與吳佩孚的戰爭再度爆發，奉天戰事參議會在九月間早就決定利用四百個至五百個的俄國步兵組成一隊俄國義勇軍。尼支耶夫陸軍少將從哈爾濱被召回來担任指揮，而這一隊義勇軍被編入了奉天第一軍裏，那軍長是曾經在俄國居住多年，日俄之役並曾在俄方參過戰事的。

雖然還有許多欠缺而且沒有更多的準備，那隊義勇軍竟向着中國萬里長城開拔了。前進着的奉天軍隊有了俄國兵士參加的消息迅速傳到對方去，發生擴大的作用並且動搖着對方的陣線。在第一次交鋒時，俄軍擊潰了吳佩孚的一部份軍隊在聖誕前攻佔了天津城，所有俄國兵士都獲得了金錢的犒賞。一九二五年正月杪，義勇軍乘坐軍車開入上海的中國站，並于二月三日攻陷無錫，然後在那城鎮裏獲得了休養和軍士的補充。許多將校和人民都來加入義勇軍，有些竟遠從哈爾濱來的。

到了夏季時，義勇軍囤駐在合安。在這裡更以從中學畢業的青年組成一隊特別見習兵。一九二五年十月二十一日，俄國義勇軍再次活躍，但這次是與突然向奉天軍襲擊的孫傳芳作戰。開始時作戰不利，俄軍在固鎮車站損失了四輛軍車，但在一九二六年四月終于擊敗孫軍，佔領了北京而成功地把戰事結束了。一九二七年秋季義勇軍奉命解散，時至今日，除了一部份是担任看守鐵路的外，在中國已經沒有俄國軍隊服務了。

## 貿易與職業

在東亞的俄國移民大部份選擇了商業作爲解決他們生活的方法。新的商業經營在許多城市裏開設了，有的在今日裏還繼續着存在。那些商店的主人多數是從前俄國遠東軍裡的將校與兵士。譬如在上海，許多商業都是由退伍軍官經營的，其中有一家織品公司，一間臘腸工場，一間珠寶店，一間男子服裝店，一間飯店，一間圖書館，一間製藥所，一間照相館，一家食品商店，一間傢私店，一間麥酒廠，一間製麵包工場。在另一方面，許多俄國移民都從戰前曾在俄國開設過的舊商店裏找到生活。其中如拉薩列啡麥酒釀酒廠和格力哥里夫織品公司，是從海參威搬到哈爾濱，最後却搬到上海來的，又如麥基利麥酒釀酒廠是從哈巴洛夫斯克城遷到上海來的，而格眞哥糖果公司和斯蒂賓諾夫鐘錶珠寶店則是從海參威遷到上海來的。

在上海的俄國商會，會長是彼得格力哥里夫氏，他是從一九一二年在莫斯科開始他的商業生活的，在一九二六年却在上海開設了一間布匹織物的商店。他在他的國人眼裏是以熱心公益著名的，他繼續因襲着舊日俄國商人階級的良善方法。上海俄國商會之得以成立，是由他發起的而且全是他的努力結果。

俄國移民的浪潮還帶了許多優秀超卓的俄國醫者到東亞來。俄國人特別眷懷着的是加西購比克醫生，他留居在哈爾濱，做了許多有益的事，於一九三一年因執行職務染病而死。至今在哈爾濱還有一間醫院是用着他的名字的。許多比「非俄國人」享着更大榮譽的俄國特殊人材，從前是帝俄陸軍及海軍裏的軍醫官。

從整個東亞看來，許多飯店，酒吧，酒館，以及其他的娛樂場所都是由俄人開設的，更多的是在哈爾濱與上海。近年來由於戰事影響所及，有一部份已經被迫關閉了。

在隔離着三江地帶的其他地方，以及在大連與青島的周圍，有些俄人還發展着農業。比較上在上海却甚少採用這種方法來獲取入息，其中祇有薩哈洛夫有一個蜂場。

許多俄國移民担任着較低級的職業，如商店的售貨員，侍者，私人及商店的看門人及保鑣，街車與巴士的查票員，騎術教師和當地各寫字樓的抄寫員等。有些却在往來中國沿岸的船上受僱——其中有担任防禦海盜守衛的——和在其他的海事機關。泰爾比克船長曾任上海港務長多年，而和爾眞納斯基則以寫他的「找尋位置海線表」及「超子午線表」爲一般與航海有關的人所熟知。

婦女們有職業的多是女售貨員，速記生，女侍者，酒吧女郎，舞女，看護，教師，音樂教員，語言教員，製衣匠，裁縫，修甲女郎和推拿等。幾乎沒有一種職業不由俄人嘗試過。

## 警察與秩序

移民中有許多加入了警界服務，大部是從伏洛眞哥與米杜勞芬諾夫兩將軍的中東鐵路警務處找到工作，其餘的人則服務於哈爾濱和其他的市警局。到上海去的移民大量增加，許多在前法租界裏當任警察。

一九二七年正月十七日，在上海由兩個團體構成一個特殊的俄國勢力，名義是「俄國義勇軍上海派遣隊」。加入派遣隊的大部份人是從海參威來到上海的史德爾克海軍中將的哥薩克軍殘部，而派遣隊的軍事組成却由格立波夫將軍進行的。後來有第三個團體加入，裏面有不受薪値的志願兵。由於派遣隊的服務與秩序，牠不久便成爲了上海俄國人的光榮。又其後因有第四個團體也參加，派遣隊乃改編爲一聯隊，用着牠自有的聯隊旗幟和舊日的俄國旗。已故俄國皇室的領袖拉迪米羅域夾大公爵曾致電向牠致賀。一九四二年上海義勇軍解散時，這聯隊重新改組爲三個支隊的警察派遣隊，約共有四百個青年人，由伊凡諾夫少校指揮着。

在上海從前的法國租界裏，格立波夫將軍在一九三二年正月裏曾組成了一個俄國補助警察派遣隊，共有隊員三百五十人，由亞達謨域夾少將及沙地爾尼哥夫將軍統率。那派遣隊後來解體，而全體人員則分散在各警署任事。

## 黨派與主義

當各俄國移民來到東亞時，在他們間是有許多不同的政治觀點的，唯一使他們團結一致的理由就是他們對共產主義的憎惡，還不論在保皇黨或社會主義者都同意的。他們多數在不久之後都放棄了與舊日黨派的聯絡，比較上固守他們的黨派主義最久的是那些所謂社會革命黨人，他們後來把他們的會社改名爲「農民會」，大本營設在布拉格。在上海他們出版過一張反對皇室的報紙。但在上海各移民中以忠於保皇主義的居多數，並曾發動過强力的復辟運動。他們在上海和在哈爾濱出版許多保皇主義的雜誌與報紙。然而在一九三八年當拉迪米羅域夾大公爵逝世後，在東亞的保皇運動喪失了地位，現在上海僅有一個保皇主義的團體，牠的名義是「忠義，沙皇與國家」。歐戰現在是結束了，一般人預料日後倘如東亞保皇主義的俄國人能夠與在歐洲的聯絡起來——尤其是與皇室領袖基里洛維支大公爵聯絡起來，說不定這些俄國移民會再次的掀起了保皇運動，因爲在他們心裏還是充滿皇室思想的。

在放逐期內，許多新的反共運動會在年青的一代產生着。譬如，當義大利的法西斯主義抬頭時，他們在一九三零年時曾組成了「全俄法西斯會」，以卍字形及俄國雙鷹作爲標識，牠的口號是：「上帝，國家與工作。」後來這個會分開了，溫斯耶斯基領導的一部，重心是在美國，洛柴耶夫斯基領導的一部則在東亞。緊隨着義大利在一九四三年發生的變故，洛柴耶夫斯基把他的黨社改名爲「俄羅斯國家工黨會」，但標誌與口號則仍舊貫，其後，保皇主義的一部也加入了。一九四三年十一月十八日起，洛柴耶夫斯基還担任了哈爾濱移民局之一員。

從前在西伯利亞區推動自治運動的兩大領袖，一個是曾任西伯利亞白俄政府外交副長的哥羅維夾耶夫博士，現在上海，另一個是現在日本的普羅脫柯夫陸軍上校。

在移民中有個傑出人物，不是俄人也很熟知他的，就是西米沃諾夫上將。在第一次世界大戰中他曾以哥薩克軍官的姿態作戰，而在共產革命後第一個在西伯利亞東部組織武裝抵抗紅軍的也就是他。由於堅忍與毅力，他能够編成一支強大的軍隊，在長期間使共產黨人爲之頭痛，並控制着赤塔至滿洲邊境間的重要戰略地帶。一九二零年後他住在旅順口。

所謂「俄羅斯青年」在一九三零年後也曾有過相當活動，這黨社有許多黨員和一張有力的黨報。他們主張盡忠於嫡裔的沙皇，同時並主張與俄國人民及紅軍作密切聯絡以期推翻蘇維埃政權。這一會社現在已經不復存在了。

## 格立波夫將軍

處在中國的俄國移民，其行政機關是「移民局」，「移民委員會」和「反共委員會」。這些機關在俄人倒像是非官式的領事館，牠們的最大工作是註冊登記，以及在必要時幫助牠們的會員。牠們同時也監視着會員的政治活動，有着蘇維埃或其他公民證的都在摒棄之列。

現在上海的俄國移民委員會會長是格立波夫將軍，一個很有名氣而且很是出色的人物。他生在西伯利亞一個普通的哥薩克家庭，當他最先從事軍旅生活時，不過是哥薩克軍隊裏一個一等兵，但已極受上峯倚畀。在第一次世界大戰時，他常常站在最前線，在猛烈炮火之下英勇作戰。他曾受傷幾次，並接受了許多軍事褒獎，如獲致了四個聖喬治兵士十字架，四個聖喬治徽章，由尼哥拉大公爵親手賜贈的聖喬治一等金十字架等。他被擢昇爲將校後，很快的便再晉昇爲中隊隊長，而不久又躍昇爲一師團的指揮官。革命爆發後，他仍舊效忠帝俄，始終是共產主義的一個勁敵。在內戰中他參加了許多戰役，以其鐵腕率領着哥薩克軍隊縱橫西伯利亞。最後，他昇任爲陸軍中將。在世界大戰參戰的一千五百萬俄軍裏，由平常兵士出身而擢昇至中將的，祇有他一人。

他與共產黨人戰至最後，終於帶着他的哥薩克軍隊來到上海。在他的戰船來至黃浦灘下錨時，上海當局因與俄國外交關係，要求他放下舊日的俄國旗，但在幾年間他還是拒絕着。他在上海多年來曾任俄國會社聯合會會長，但從一九四三年正月三日起改任俄國移民委員會會長。

## 俱樂部與會社組織

在有些城市如天津，還設有「俄國公社」，所有移民的公共事業，都集中在那裏，如護照機關，學校，俱樂部等。在上海，除了有名的「俄國俱樂部」及「俄國退伍軍人俱樂部」之外，還有其他會社組織如由史佩倫斯基上校和味丹耶卡上校合辦的「俄國非公務人員協會」，協會方面並設有宿舍和食廚，又如「哥薩克工會」則附設有小規模的俱樂部。最後還出現幾間由老練軍人組成的會社。

至於在上海那些政治青年的組織，則有二十年前早在哈爾濱組成的「十字軍」，「劍客」，「黑環」等。而教會組織却有「聖次亞沙夫集團」和「聖沙那芬集團」等，由沃安主教領導，青年們在裏面研究着俄羅斯正統教的歷史和正統教裏面的聖靈人物。

最大的一間體育會是「萊斯基索哥爾」，在東亞共有會員千人以上。牠的格言是：「在心——勇氣，在肌肉——力量，在思想——祖國。」在各城市還有許多童子軍分會，其最大工作是對俄羅斯年青的一代貫輸以愛國教育。在上海有兩大童子軍集團，一是「聖喬治童子軍」，一是「聖尼哥拉童子軍」。

## 移民及地方當局

俄國移民會獲得各處的當地政府友誼上的極大幫忙，當局盡力考慮協助移民在貿易上的需要，解决他們在社會上和政治上的問題，並竭力調停移民間產生的內在的緊張，對他們的政治觀念表示充分的理解。一九四二年十一月六日在大連舉行的移民會議，西米沃諾夫大將也在座，哥麻蘇上校解釋這事說：「我們並不援助那些不會向共產主義燃燒着不屈鬥爭的精神的移民們。對共產主義燃燒着作戰的精神，緊守着秩序，這是難民們唯一生存的路徑，同時也是他們獲得拯救的唯一途徑。」

在天津的俄國移民尤其是由當地政府協助而堅强地組織起來的，在「俄國公社」裏有一機關是監視着移民的品行和保衛着俄人的光榮與體面的，同時牠還有軍事訓練。在青島俄國移民組成的「俄國反共委員會」，情形也差不多。在北京，俄人生活的中心是在「俄國正統教會」，從政治和社會的意義看來，他們是附從着天津「俄國公社」的。在上海的二萬移民雖然隸屬於各種不同的會社，但他們都要在「上海俄國移民委員會」登記。

在日本的俄國移民人數並不多，而且分散着，所以並無若何組織，但在東京亦有一个移民委員會。

在東亞其他地方的俄國移民更少，而各地正統教堂的教會管區便是他們團結的所在，各教會大都得到地方當局的保護。

所有在東亞的俄人都要向地方當局領取護照，有效期間一年，取價低廉，失業的還可免繳費。決意留在中國生存的俄人都有該國的公民證。

## 出版物‧學校‧舞台‧藝術

俄人辦理的權威報紙，在哈爾濱有「俄文報」及「哈爾濱時報」，在天津有「亞洲之復興」，在上海有「上海俄文報」。但在上海今日，存在着的俄文日報已是蘇聯的出版物了。

銷紙頗多的上海俄文報，總編輯是李奧雅諾爾多夫氏，他在一九一六年已經開始他的新聞事業，首先在西伯利亞的伊爾庫次克城的「生命報」做事。革命後，他在鄂木斯克城的俄國新聞公會担任國外新聞欄的監督，一九一九年他最初是在哈巴洛夫斯克城工作，其後却在海參威兩家報館任職。從一九二一年至一九二五年他都在哈爾濱俄文報做事，一九二五年十月才担任上海俄文報的總編輯。在過去八年間，他一直反對着共產主義。在上海俄國商會裏他還担任中國歷史與文化的講師，出版過好幾部書。

由於紙張印刷的昂貴，許多俄文雜誌都已停止出版，但在哈爾濱還有「邊境」與「亞洲之光」兩種，後者是主張保皇主義的。在上海也有幾本，都是由宣傳機關出版的。

印刷俄文書籍的印務公司也祇有一間在天津殘存着。各作家中以在哈爾濱的貝爾柯夫最爲外國人熟知，他是由於寫他那在滿洲經過的記事成名的。

俄國學校以在上海最多，其中有商科學院，中學，和女子高等學校，有些附有宿舍，大部份是由「俄國中央慈善委員會」辦理的。在哈爾濱的高級學校是男女同校的，學生都穿着制服。還有附設法科的工藝學院以及商科學堂都是自由發展的，接受移民局接濟的地方很少。在其他地方如大連，奉天，滿洲里和海拉爾等，也有很多移民學校，並且辦理得成績極好。

俄國人多數是愛好戲劇與音樂的，在東亞，他們還是熱情地有着這傳統。許多劇團組織和柯爾洛夫氏領導的合唱團，都不時在上海各劇院及俄國俱樂部上演。勒斯舞團更是東亞知名的，每季有六種不同的節目演出，由蘇哥爾斯基担任訓練，布比蓮娜則是團裏首名的舞娘。魯仙氏領導的小歌劇常常上演，有時更作大規模表演，他們現有的出名歌舞明星是蘇菲梳列芝及古丁諾甫等。

俄國移民在其他藝術部門也佔着重要地位，許多俄國音樂家都在東亞各樂隊及舞廳出現。喬治沙蒲尼哥夫以筆寫美術馳名，他出生於土耳其斯坦，是鐵路軍人的兒子，曾從事軍伍，後從名畫家立賓氏習繪畫，一九一五年因受傷而脫離軍籍，進入聖彼得堡藝術學院繼續研究。革命時他加入白俄軍轉戰於西伯利亞，終乃隨同軍隊來到東亞。現在，在各西洋諷刺畫家裏，他是最有名的一個了。

另一個住在東亞享有國際名望的俄國藝術家是畫家卜特緯斯基，他曾在莫斯科與聖彼得堡跟有名的畫家學習，革命後，離開了俄國來到上海居住，加入了上海中國藝術專門學院。在上海許多大厦裏裝飾着的壁畫都出自他的手筆，一九三三年他曾把他的作品送到佛羅陵薩舉行畫展，獲得海外人士的好評。

## 教會與慈善公會

在東亞有許多俄國正統教的主教管區：（一）北京的主教管區由維多大主教主持，管理全中國的教區，以上海的沃安主教作代表，（二）東京主教管轄全日本以至朝鮮的各教區，主持者是日本人，（三）哈爾濱教區，有着最多的教友。此外在滿洲海拉爾等地都有俄國正統教會。

北京的正統教會是全世界最老的一間，存在經已二百六十多年了。在中國最先建立正統教堂的可說是聖彼得大帝，他最先派因諾信斯主教到北京，雖然中國政府不許他進境，而他也終於死在伊爾庫次克，但我們不得不認定他是第一個到中國來的正統主教。

現任中國俄國正統主教的維多，從前是個軍官，名字叫士味耶田，他的先祖曾作教士，但他在一九一五年畢業於奧倫堡神父學校後，曾參與世界第一次大戰，而在內戰中也曾與共產黨對抗。一九二零年他跟隨着安蘭柯夫大將的軍隊來到中國，經漢口而入北京，乃用維多這名字投身作教士。他曾在天津教堂任事十年，對俄國移民做了許多有關慈善與教育的工作。一九三二年被舉爲主教。

在東亞有許多俄國教堂是在革命前建立的，但革命後建立的也不少，其中更有建立來紀念遭難的國王尼哥拉二世的。

至於對俄國移民的慈善事業，最先是從各軍事領袖和難民團體動手做起的，白俄軍隊的殘部會收到了西米沃諾夫大將獻出的二百萬金盧布，作為救濟各軍官及兵士轉為平民之用。他們用這些金錢會開了合作社，商店，飯店以及小型工廠。不幸這些退伍軍人都沒有做生意的經驗，再加以一部份不忠實的獻議，大大妨碍了那事業的發展，其中有許多商店都因而倒閉。在中東鐵路還在白俄人手裏時，他們會給予移民們以工作，土地，貸款以及其他各種援助。

教會對各移民也盡了很大協助，到處捐款來適應他們的需要。尼斯多爾大主教特別關懷老年人與孤兒，許多私人團體和商業家都給以很大的捐助。

在上海以前的俄國么使格羅斯對難民們也熱誠地加以支援。在一九二三年二月，他的助手加柴柯夫醫生組成「俄國正統教友會」，立時成為了福祉事業的中心。現在，這種慈善事業是由「中央慈善委員會」進行的，會長是沃安主教。委員會注意着許多組織，如「俄國公衆食堂」，每天獻出大量廉價甚而免費的食物，又如孤兒院，俄國醫院，學校等，都由委員會支配着。此外又有不受委員會管轄的獨立團體，如「白花」是向肺病宣戰的，「搖籃」則是收容孤兒的。

## 年青的一代

許多從俄國學校畢業出來的青年，他們在生活上已差不多與東亞同化了，便都準備着找尋解決生活的職業。離開了學校後，大部份男子是從俄國及外國的商店去找工作，少數人却自己設法發展商業。

但女人的情形則較為困難，雖然她們出盡方法找尋職業，可是能够讓她們選擇職業的範圍實在有限，有的找到職業了，便在結婚後也設法保持那職業。從前有　多外國商店都聘用俄國女職員的，但那些商店多數已經倒閉。她們祇好向娛樂場所找事做，然而由於戰爭影響，娛樂場所關閉的也不少了。所以在大致說來，俄國婦女在近年來想求生活解決，其困難性是大大增加了。

## 蘇維埃的宣傳

俄國移民在開於離開始國時即對共產主義採取敵對態度，一直到了德蘇戰爭發生，他們的態度還是一樣。祇有一小部份青年人，因受了俄國青年運動影响而稍爲改變他們的思想，他們以爲紅軍是「俄國國家的軍隊」，並相信牠結果會變爲反共的力量。由於對紅軍這樣估量着，這思想日後變作產生所謂「蘇維埃愛國主義」的契機，他們不知道紅軍雖然是由俄人組成，而他們實在爲着共產領袖的目標作戰。

一九四一年正月二十二日，蘇聯邊境發生戰事，蘇軍因抵擋不住德軍猛烈的大炮而節節後退，俄國移民都在歡天喜地，以爲共產主義已開始沒落，而俄國的自由不久便能恢復了。他們把德軍看作同一陣線的戰士。但布爾塞維克黨人立即叫出了「保衛祖國」的口號，並把紅軍改編，使他們相信紅軍實在是眞眞正正的俄國軍隊。戰爭繼續下去，移民給「保衛祖國」這思想淨化的日見增多。尤其當蘇聯政府恢復了肩章及徽章等制度後，他們更相信布爾塞維克會被改變爲眞正的愛國主義者。一方面，布爾塞維克報紙每日都發出了「愛國」的宣傳。一九四二年多季後，紅軍反攻着，移民更信賴着紅軍不祇有俄人的力量，而且還有俄人的性質呢。

蘇維埃的宣傳每天震耳欲聾，移民們都想親到前線去觀看一同大規模的作戰，聰明的蘇維埃宣傳已經成功地令到許多移民忘記了共產主義依然是共產主義了。

布爾塞維克黨人對移民們大肆宣傳的成效之一是，請求作蘇維埃公民的人數日日增加着。大概從德蘇戰爭爆發後，在上海曾有數千移民到蘇維埃公使館去作這樣的請求。在請求後他們都接了一張志願書，塡明他們要加入那一個蘇維埃組織。但具有了這一張志願書並不是就已加入了蘇維埃人民籍或是即時可以得到一張護照，護照發出的很少，請求人必需經過很詳盡的問訊。而且就算有了護照，他們也無法進入蘇聯，據說所有上海移民中，祇有一人獲准進入蘇聯，那人就是作曲家亞力山大維丁次基。

在東亞所有的俄人都差不多一樣是愛俄國，但卻憎惡共產主義的，他們還希望蘇維埃政權終有傾覆之一日。不過，歷史是殘酷的，沙皇已成歷史的陳迹，試正視現實，布爾塞維克主義不祇在國內成功，在戰勝了德國後還有逐漸向外國推進的趨勢，東亞各俄國移民縱然不屈不撓，其反抗力量也不過等於蜻蜓撼柱罷了。

體育與健康

# 中外古今游泳技術談

黃魯哲

游泳，是夏天一種很有意義的運動，近海的居民，每逢到了這炎熱的季節，大部份的時間，都是消磨於這綠波浮沉的水面。游泳除了是有意義的運動之外，同時也是一種高尚的娛樂。民國以來，對於游泳運動，曾下了一番努力的提倡，但可惜成績仍然很是落後，雖有一二選手稍露頭角，爲社會當作「怪物」看待，如什麼「美人魚，美人蝦，混江龍，浪裏白條」等稱呼，然而這幾個如「鳳毛麟角」的游泳家，就其所達到的最高紀錄而言，還在世界的選手的成績之後，故我們不能不承認中國游泳的運動正在幼稚的時期。

中國的有游泳，究竟始自何時？爲了民族自始的屬性的不同，士大夫們又恥談這事，而孔子文藝，又不把這藝列爲一個部門，因之游泳便被視爲「沒人」的生活技巧了。但是，詩經的國風，却有『就其深矣，方之舟之，就其淺矣泳之游之』的歌咏，國語也有「水人居水』的記載，莊子亦曾提到『沒人』，列子復有『習於水勇於泅』的引證。由以上的記載，可見游泳在中國古代已有相當的發達了。

正像其他的技術一樣，總是歷代相傳，沒有特殊進步的演變，游泳在我們守舊的中國，到現代還保存着千百年前古老的游泳方式，試到江邊和海濱，看看漁人船夫的鳧水，那便可見他們的動作，慢的時候，常用一種「犬擺游」，快的時候，見用一種「攀水游」，負重渡水，則用「立足游」，這種種而已；所以中國對游泳的技，從來就沒有人加以研究，只有學識了在水裏能爬，不至會沒頂，便算了事。現在中國新興的游泳選手，和經受游泳訓練的男女，大部份都拋棄了那些古老的法子，他們所採用的是外洋傳入的技術。

就西洋方面來說，游泳也有很久遠的歷史，希臘時代，在斯巴達國裏，男的和女的，都同樣懂得游泳。到了羅馬時代，游泳更加普遍，拉丁民族說到一個愚笨的懶惰的人，就往往用「既不學游泳，也不習文字」這句話來形容他的愚懶，由此可見當時游泳和讀書，是一樣地重要。相傳羅馬大將愷撒在埃及亞歷山大城的時候，曾用口咬着脫下的軍服，左手伸出水面，握着重要的公文，游泳遠至三百咪達，得救自己的性命。於此可知游泳對於生命是如何地關係的了。

歐洲古代，對於游泳雖是發達，但關於游泳技術方面，仍然缺乏記載，我們在倫敦的博物館裡，可以看見義大利的古墓(POMPEI)古城發掘出來羅馬時代細石鑲嵌而成的壁畫，在壁畫上面，表現一些正在游泳的人物。就姿勢來看，那和我們的古老方法「攀水泳」是大致相同的。在巴黎羅浮博物院裡，藏着一個羅馬古瓶，上面的圖畫表現一羣希臘裸體少女的游泳，其中的一個，兩條臂交捷的爬水，兩條腿上下拍水的動作，很接近現代「爬泳」所用的技術。

中古時代的人們，似乎太過夢想天堂的美景，而忽略了眼前的地與水，所以對於游泳並不十分發達。近代歐西各國水上運動已熱狂的復活，約在一八七五年前後，「海上之王」的英國可以算是一個游泳的國家，那時候，英國的蘭克斯托兒 LANCASTRE 地方，產生了很多著名的游泳健將。他們所用的游泳技術是一種「側泳」SIDESTROKE 的方式成功了「單臂出水側游」OVER ARM STROKE。當時英國的沙兒威士，和牛他勒爾兩氏即靠着這種技術，在歐洲的游泳比賽中，所向無敵。

由「單臂出水側游」演變至「拔手泳」，則和我們中國的古法「攀水游」很相像，但我們的古法，頭部昂出水面，身體斜豎，兩腿則像剪刀，動作亦張開得太闊節洩且拍，故反而增加水的阻力，前進的速度，不及歐西人那種身體平臥水面的「拔手泳」為較捷敏。

「拔手泳」經過了許多的改良，前進頗速。一九〇〇年，澳洲選手蘭納獲得世界運動大會二百咪的冠軍，即用此法。但技術方面，還有許多缺點，像泳時將身體左右滾動是太費氣力，且難維持平衡，脚部的動作，亦足以增加水的抵抗力，故自「爬泳」盛行後「拔手泳」便逐漸歸淘汰了。

本來爬泳的策源地是在澳洲，這可以說是二十世紀的一個新發明。發明者叫做嘉維勒，當他參加一個縛住雙脚游泳比賽，發覺伸直雙足不動，比平常雙足屈伸開合的動作，還要前進得快的，於是他把足部的動作改變為高出水面，向下打水，使身體和水的平面成為平行，而減少水的抵抗力，這樣成功所謂「澳洲式的爬泳」。一九〇六年澳洲的大游泳家，希利繼把這種泳法傳入歐洲，引起許多人去學習，其後傳入美國，經過無數的游泳專家的研究和改革，其中以巴拉氏的貢獻為最成功，訓練弟子以千萬計，門下高足首推魏士邁拉，曾在一九二四年以後屢次建立自由式泳的世界紀錄。日本人對此經過八年的苦練，和運用大體相同的技術，一九三二年第十屆世界運動大會，竟得了勝利，故「爬泳」在現代已成為世界上最前進和最速的游泳。

「爬泳」本是一種胸泳，倘應用同樣的技術於背泳，仰臥水面，兩腿申直交捷鞭水，兩臂輪流伸出頭部前方向下划水，那就是「仰爬泳」。這種游泳法，雖較俯爬泳略慢，但另有一種較優美的姿勢，且在背泳許多方式中，以此為最速。自一九二〇年在安和斯舉行世界運動大會中美國選手，應用這種方式竟大獲勝利，以後比賽背泳時，最優的選手，多用這方法。

還有一種古典游法，那就是俯泳，牠在澳洲和歐洲都有很久遠的歷史。牠的發明似是模倣青蛙在水裏的動作，故名為「蛙泳」，那種游法，是俯伏水面，手足依一定的節拍，并伸并屈，使胸部擴大，全身平均發展，是一種最合理的運動，并且可應用於救生，潛水，亦較其他游泳法為便利。自一九二四年德國的拉滌馬克發表其改良技術，建立蛙式的世界紀錄後，各國競相傳習，以日人鶴田氏是青出於藍，操世界「蛙式」泳的霸權。

簡單些說，爬泳，仰爬泳，蛙泳，可說是游泳技演進路上最後階段的三大法寶，要修練這三大法寶，在國際游泳比賽中，爭取民族的光榮，那就必須有着「抑頭趕上」的精神，潛心研究這三項技術方可了。

# 衰老和長壽的研究

綠波

稗史載秦始皇企望長生不老，派徐福帶領三百童男童女，渡東海求不死之藥，據說不死之藥始終沒有拿回來，而東海却多了一個扶桑國，這是中國稗史上一個笑話。不死藥是否能夠尋得到呢？在科學昌明的今日看來，祇是一個神話吧。可是人類終究是萬物之靈，有了文明時代的一切物質享用，便覺得人生未免太短促了——區區百年也活不來，所以對於研究如何延長壽命這一個問題，許多專家們確曾下過不少刻苦的工夫。

據一百年前美國的和姆斯博士，曾提供過一個長壽的答案：「在出生前的若干年，登一段廣告徵求一對屬於長壽世系的父母，就可以達到目的了」。這答案聽來雖然有點滑稽，却是實在情形。原來和姆斯博士說這句話是沒有什麼科學根據的，只憑自己觀察所得立論罷了。可是時至今日，就有很多紀錄證實他的智慧。

萊門特貝耳教授和他的助手，曾在約翰霍金斯大學裏彙集三百六十五名老人的世系——（他們通通都活到九十歲以上的）——發現這一班老人，都是由一對活到九十七和一百零一歲的父母誕生的。而他們祖父的壽數也是九十三，九十八，一百零四，一百零六歲。由此，貝爾教授就斷定凡是能夠活到九十歲的老人，都是「適者生存」這一個天演公例中選出的最適於生存的份子。他們所以能夠活到如此高齡，就因爲他們具有「比較優秀的器官組織，能夠抵抗病魔的侵襲」。

## 我們不是死亡而是被殺！

醫學上的進步，大部份只是延遲人類的死亡。由於近代醫學的昌明，與衛生的講求和設備，我們是該比祖先長壽一點的，可是身體機能終要衰退。假如一個人終生能夠不生疾病，但是他最終還是免不了死於衰老的。

一部份的學者疑惑一個人是否會死於衰老呢？

美國西部預備大學的喀斯拿博士，解剖過一萬九千個屍體，却沒有發現過這種紀錄。至於那些患着毒瘤，動脈硬化，心臟病和其他所謂機能衰退症的年青人或甚至孩童，可有相當數目。這可以解釋衰老并不能產生這種症狀，只會增加它的可能性罷了。在人類的生命一直延長之中，和微菌或其他會致死亡的意外接觸次數是太多了，所以我們并非死亡，而是被殺！

在另一方面來說，人類壽命短促的原因，也是由於「慢性自殺」的結果。這是關係對於任何一樣事物的沉湎和過度的。這種「自掘墳墓」的方式如工作過度，情感刺戟過度，煩惱，運動過度，或是尋求娛樂的瘋狂過度等。例如美國人愛喝酒，所以他們多數是沉湎於酒精的慢性自殺。這些慢性自殺的方式，都能夠大量消耗生活精力，給予心臟和神經組織以苛酷的摧殘。具有二千五百年歷史的希臘健康生活名言「凡事不過量」，到現在還沒有一個比它更優良的健康生活公式。這句話却和中國一句成語：「適可而止」是吻合。

說到健康生活，就拿自認最文明最進步的美國人來說罷。美國人做什麼東西都講「效率」，這就是急功近利主義的西方文明最積極的表現。他們在都市中過着所謂「高速度的生活」。他們崇拜「勤勞工作」。林語堂氏曾批評這是美國國民把自己釘上十字架，他們拚命工作之後，還要拚命尋求娛樂和刺激。

反過來說，我們中國在科學方面什麼都趕不上人家的進步，可是中國人這種雍容不迫的風度，和「日出而作，日入而息」這一個古舊的生活方式，無形中却是最理想的健康生活方式。雖然中國都市裏面一部份時髦人物，在娛樂和追尋新刺戟方面，極力模倣着美國人的「高速度生活」。然而這一羣人也只是一部而已，這一部份人決不是中國民衆的基幹份子，他們最多只可以說得上是寄生蟲罷了。

## 返老還童的實驗

人類衰老的原因，也許是由于一生和病菌，毒素，飢餓，與及情感的過度緊張奮鬥所致。基於這種原理，在生物學的立場來說，人類不一定會衰老的，而人類將來平均壽命比現在延長很多也會有可能性的存在。

醫學界方面對人類衰老問題，近年已經開始從事專門研究了。一本很完善的書名「醫學上的衰老問題」，在一九三九年出版，內容有醫學界名宿廿六人對這個問題著述專論。一九四一年，有二十名醫生，生物學家和化學家，組成一個衰老問題研究會，在一定期內舉行一次會議，把研究所得報告。美國衛生部同時也着手研究這個問題。

他們研究的目的，不獨想增加人類的平均壽命，還要研究老人的健康問題。很多人對衰老發生懼怕心理，就因爲想起老年時期什麼都不濟了，例如知覺力的衰退，筋肉的轉動不能如意，關節的麻木不靈，然而這些是否老年人所必具的呢？

阿勒斯博士曾把一頭衰老到差不多不能站起吃東西的狗，施用灌輸新血的實驗。他施用數次手術，差不多把這頭狗的血液三分之二取出，再把血清裏面的紅血球分隔出來，把血液通常含有的化合劑摻份，混入紅血球裏面，然後才把這樣製成的新血，輸入這頭畜牲的體內。經過手術的震盪後，這畜牲竟然會四週亂跑和汪汪的吠鳴，這是牠多年沒有做過的一件事了。牠的眼睛很清明，眼皮恢復了常態，整個軀體還長出新毛來。最重要的一點，就是牠對異性的同類，已經不像從前的漠不關心，牠是返老還童了！

卡萊爾博士從他實驗的肌肉細胞培殖技術，把這個原理作進一步的探求。他把一片雛鷄心臟，用一種培養化合劑浸漬，保存它生活至廿五年。他發現假如把一頭少壯的牝鷄血液，混入培養化合劑裏面，這鷄心的細胞依然照常生活着，但他試把一頭老鷄的血液混入，牠的生長就立刻遭到妨害了。

由於這種實驗，卡萊爾博士相信人類年紀一老，他的復原力就緩慢了。可是僅僅用新血清換出舊血，還是不够的，這因爲逐漸衰老的細胞，繼續把它的荷爾蒙，酵素，廢物和其他混合物注入血管裏面。施用手術兩星期後的一頭狗，牠的身體內部已經積聚了這種質素不少，再施用手術轉換新血，也只能够獲得暫時返老還童的效果罷了。

假如我們想到衰老的細胞產生這樣多種的混合素，滲入血管裏面，那麼血液的衰老，也只是令人類衰老的一種副作用而已。老人的消化液，也和少年人的不同，舉例來說：一個人年紀到了八十歲後，他的唾液裏面的唾液素份量（這就是分解澱粉質的酵素），只及得年齡廿五歲壯年者的百份之廿五；這怪不得老年人吃澱粉質的食物，都感覺到難於消化。

在醫學史上，有過很多努力於返老還童研究的紀錄。這些研究差不多都和生殖腺有關的。五十年前的布朗·斯戈特氏，到七十歲時曾施行生殖腺的摘除手術，但效力只是暫時的，他終於不免死亡。其他著名的返老還童實行家。還有史甸納哈，他曾把人體腺的導管縛紮，來刺戟生殖機能的活動。科隆諾夫曾把猩猩的生殖腺移殖人體。每一種返老還童的方法，都注重於生殖機能的改進和復活，可是它們的功效也只是暫時性而已；這因爲人體裏面有這麼多的器官，它們都和健康有關的，單把一兩種體內腺更換，顯然還是不能夠延長壽命。

卡斯拿博士曾把那些死於心內膜炎，心外膜炎和動脈硬化的老人屍體解剖，每每發現早期內部受傷創痕的發炎和機能衰退，他因此認定老人身體細胞組織的變化，原因最低限度是由於許久以前疾病的結果。

紐約先納山醫院的士發玆曼博士，發現微菌在長成過程中所排出的質素，會使血管脆弱，淤塞和破裂。這種症狀類似老年人所染的血癆症和出血症。他發現微菌或可致血液衰老，一如卡萊爾博士所報告，且確定了細胞組織和微菌及廢料連續接觸後，終會發生重大的變化。

## 食物和壽命的關係

許久已經懷疑到的一種原因就是食物了。哥林比亞大學教授亨利夏曼和夏理阿金比爾兩人，曾試驗過把獸類的壽命延長。他們二十年來曾實驗過用指定飼料喂養鼠子，發現了假如用富於維他命A，綠葉素和鈣劑的飼料來喂的鼠子，比較其他吃着較少營養質飼料的同羣鼠子，壽命延長百份之十，由此夏曼教授就明瞭了人類也可施用同樣的方法延長壽命。原來人類營養的化學成份，和鼠子營養的有顯著的相關。

他相信一個人假如肯留心他的食物營養價值，即富於維他命A，綠葉素，鈣劑——水果和蔬菜（特別是青色和黃色的），牛乳（包括干乳酪和冰淇淋），他的壽命盡可以延長百份之十的。

## 長壽的遺傳性因素

芝加哥大學教授卡爾遜曾說過：長壽的遺傳性一部因素，也許是「具有克服或適應不利環境的能力」。這種不利環境，包括疾病，食物，工作和毒素等項，假如是予以削減或改善，對大部或是全部人類平均壽命的延長，也許會發生效力的。

工作過度，運動過劇和情感的長時間緊張，會消耗精力，和積聚多量的疲勞產物。這種疲勞產物會妨害人體的天然修理工作。疲勞，憂慮和沮喪，就是對我們警告的訊號，我們假如不予理會，那就要引致嚴重的後果。

貝爾教授發現得享長壽的人，都是先天賦有安定的情感。他說：「凡是認眞長壽的人們，大部都是屬於溫和氣質的。他們永不憂慮，過着雍容不迫的規律生活。人壽的修短，每每和生活的速度成反比例的；生活的速度愈快，生命的延續愈短，這是天演公例」。假如你感覺人生太短促了，就連睡眠和休息的時間都要抽出一部份去努力工作，或是尋求過度的刺戟和瘋狂享樂，可是你的生命會因此更加縮短，造物主——決不會給你佔到半點便宜！你想以時間爭取空間的計劃終要失敗。

緊張的情緒，會產生一種有力的毒素，滲入血液裡面，由此加速心臟跳動，把動脈的管壁抽緊，血壓增高，血液集中身體的某一部份，這種反應會把生命的空間縮短，假如是接續發生，更會致予人體以不能補償的損害。

假如人類衰老的主要原因，是抑壓的恐懼，過度緊張的情緒，習慣性的憂慮態度，工作過度，和其他縱慾，那麼，這種複雜的不利環境，是否為現代高速度和高價的文明所賜予的呢？那就很值得加以詳細檢討的一個問題了。假如是肯定的話，我們還是返璞歸眞，回復我們祖先五千多年的「日出而作，日入而息的生活。」不更有意義嗎？

△▽ △▽

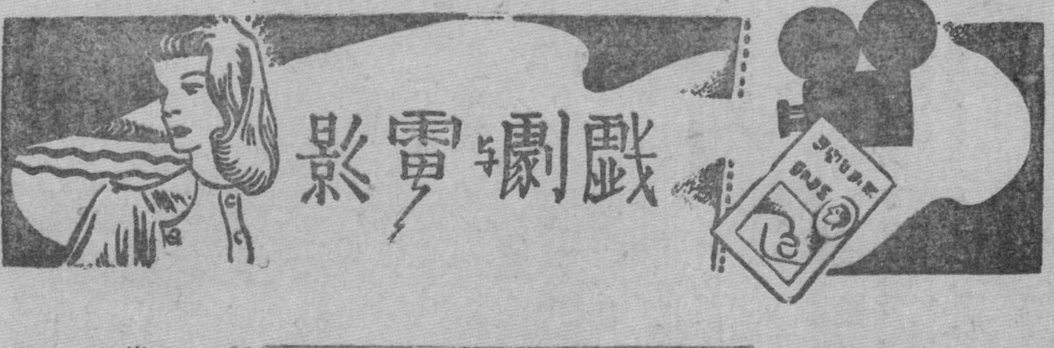


# 本年上半年度香港首輪影戲概況

口碑

## 本港戲院之興衰

戰前香港戲院事業蓬勃一時，由於高等難民大量集中於一隅，戲院生意異常興旺，經營戲院的都大獲厚利，個個喜笑揚眉。當時計有戲院大小凡三十六間，在香港方面有娛樂，皇后（戰後改名明治劇場），中央，太平，九如坊，西園，高陞，新世界，東方，國泰，利舞台，國民，香港以及在筲箕灣區的長樂和筲箕灣，香港仔的香島，一共十六間；在九龍方面的有平安，大華，普慶，東樂，光明，第一新，油蔴地，勝利（戰後改名新東亞），旺角，好世界，明星，深水埗，新華，北河，彌敦（初爲砵崙戲院，後拆卸改建本院，戰後改名和平），以及九龍區的新九龍和文明，紅磡區的紅磡等一共十八間；而在新界方面的則有大埔和元朗區的同樂。

在上述各院中，當時太平，高陞，東樂，普慶四院都以表演粵劇較多，但院內也裝有映機，無班公演時則揮映電影。其餘各院多純粹做電影，祇有利舞台與北河有時也上演粵劇。

經過了新生的洗禮後，電影事業一時未能恢復，留港伶人頗多，娛樂，平安，北河，普慶等初時都演粵劇。和平，文明，新華，香港等院則架搭舞台演較小規模的粵班。其後香港電影協會成立，暫時主持了香港電影的配給制度，當局在從權下通融准予一部份留港的美國影片上映，各院除了筲箕灣戲院已經毀爛，深水埗戲院的映機給人偷拆了去，文明戲院因某種關係而被拆卸等少數幾家戲院之外，都恢復了電影營業，當時電影協會仍然准許各院於必要時公演粵劇。

當日本政府在各佔領地分設映畫配給社支社而推行了影片配給制度一元化之後，本港電影的配給權也落在配給社香港支社手上了。這時候美國影片已遭禁映，但配給社運來了大帮優秀的日語影片，同時由於中華電影公司之協力，新的國語佳片源源運來，使觀衆們在銀幕下得到一種新的感覺。同時映配社指定了高陞，東方，普慶，東樂四院專演粵劇，使一般歡喜看舞台戲的人也有遣興的地方，但這四院是不能兼映電影的。

本港首次推行節電運動時，當局認爲香港在戰時是不必有那麼多戲院存在的，經過了精密考慮之後，決定使一部份戲院停止營業，而在進一步節電時則祇留下了娛樂，利舞台，新世界，平安，好世界及元朗的同樂，六間戲院有電配給。於是其他各院都祇有暫時停業了。一部份小戲院如和平，國民，好世界等在無業可營時，便想出了公演從新派劇變相的小型劇團，頗能盛行一時。昭和十九年十月十六日電流恢復時，上述六院自然繼續做電影，但其他小戲院則仍繼續演小型劇團。

這一次的電流恢復爲期很短，又告停止。但娛樂戲院早已成功裝置了發電機，第一次演出了日本與菲律濱演員合作的「重見天日」一片。明治不甘落後，也於同年十月裝好了發電機，首次映出的電影好像是從托爾斯泰名著「安娜小傳」改編，陳燕燕，徐立，嚴俊合演的「情潮」。不久之後，大華，利舞台，平安，國泰等院自行裝置發電機也告成功。於是在電流停止期內，本港已有六間戲院有電影公映了。

最近一般電流又告恢復，便又多了新世界與新華兩間電影院恢復營業。一共有八間戲院公映電影，老實說，這在目前是已很夠供給一般民衆遺興的了。

## 影片配給今昔比較

上面說過映畫配給社會帶來了大幫優秀的日語影片，使我們想起了該社香港支社最初成立時所提供出來的「夏威夷馬來海戰」，「鴉片戰爭」，「蘇州之夜」，「香港攻略戰」，「大俠殲仇記」，「郎心碎妾心」，「水滸傳」等，以及後來的「星架坡總攻擊」，「奴隸船」，「馬來之虎」，「瓊宵綺夢」，「山盟海誓」，「瘋狂樂隊」，「古寺潛龍」，「綠野芳踪」，「海軍」等，都是藝術卓越的成熟作品，大受中國觀衆歡迎。

由於戰事日趨苛烈，運輸比前略見困難，從去年下半年起，兩間頭輪影戲院（娛樂，明治）不能如前的全部公映新片了；在必要時是要插映二幾部重映的片子。但是新的日語影片還有許多，如「結婚命令」，「單刀赴會」，「萬里長空」，「風塵莽漢」，「鶴髮童心」，「重見天日」，「神童歷險記」，「藝海情鴛」，「故都風雲」，「情淚還征袍」，「神鷹」，「神鷹X六二」，「乘風破浪」，「虛榮果」等，都是頗令人滿意的作品，其中尤以「重見天日」及「神鷹」兩片極佳。

另一方面，在去年下半年間映出的國語片有「秋海棠」上集，「秋海棠」下集，「慈母心」，「斷腸風月」，「情潮」，「蘇武牧羊」，「歌衫情絲」，「四姊妹」，「快活天使」，「三朵花」，「紅粉知已」，「玉連環」，「楊乃武」，「曉風殘月」，「夜長夢多」等可記憶的共十多部，其中「秋海棠」曾轟動一時，這在一般愛看國語片的觀衆說來已經深感滿意了。

在步入本年間，戰爭進入了決戰階段，運輸自然是更覺艱難了，影響所及，日語新片運港的也就比前減少，雖然在一月至六月間映出的還保持相當數目，但已沒有從前那麼多佳作了。至於國語片也是一樣，新的作品可喜在半年間還能保持着十本以上的紀錄，但在四月份竟連一部新片也沒有。

誠如筆者在替某報寫映畫展望時所說，電影雖然是民衆很需要的精神糧食和宣傳文化工具，但爲了運輸上之比前困難，新的影片容或不能源源運港。可是觀衆們是極端信賴當局的，當局當然會極力克服困難以期能多把新片運港。這也許是事實吧，即以七月份映出的片子來說，其中李麗華，梅熹合演的「合同記」，李麗華，鄭重主演的「復活」以及徐莘園主演的「千里眼」，在香港都可以說是純粹的新片（雖然有幾片在別處是看作舊片的）。還有宣傳中的「紅樓夢」與「大富之家」，本年五月一日起已同時在廣州市的金聲和廣州戲院公映，照已往習例，新的國語片從上海運到廣州市，公映至相當時候即運赴澳門，在澳門映至若干時間之後即又轉運來港，則上述該兩新片在短期內必會運到香港來與觀衆們行相見禮的。

回顧本年上半年度香港首輪戲院的經過情形，有特異的兩點是與前不同的，一是從前絕少第三國影片出現的（例外的是「巴爾幹大戰」，「南阿亡國恨」，「醉舞狂歡」及「怕聽銷魂曲」幾部，前兩片是戰後運港公映的，後兩片即是戰前存港的），但從本年二月十二日（即農曆新年）起，映配社竟把戰前存港的八部德法影片（其中祇有兩部是法國出品，餘均德國出品）全部先後推出，每片收入都極平穩。其次是舊的粵語影片得有機會在首輪戲院公映的，打破以往的數目，而重映的國語片（即舊片）之多，也是從前所沒有的。

但觀衆決不計較甚麼是新片或舊片，祇要自己還沒有看過的，舊片與新片實在沒有區別。不過重映片因在第一次公映時已有大部份觀衆看過，所以收入成績決比不上純粹的新片罷了。然而也有例外，觀衆們在沒有別的好片可看時，對於已看過的影片也會重看一遍的，譬如娛樂在四月二十日至二十三日重映顧蘭君與李英合演的「貴天霸」，四天觀衆人數是五三四五人，第一天收入三二五七一·六〇圓，四天總收入一〇二四一六圓，也可說是驚人了。雖然放映這片時還加插歌舞團，而且特別提高券價，則這收入的大半功勞還是在歌舞身上。但我們不妨多看一個實例，如該院在三月二十三日至二十七日重映周曼華，舒適主演的「白衣天使」，五天觀衆人數是三九八九人，第一天收入一〇六九一·二〇圓，五天總收入除稅三八二五二·四〇圓，較諸新片收入，也未遑多讓呢。

在上述期內兩間首輪戲院分映的二十餘部舊的粵語影片中，成熟的藝術作品極少，收入平平無奇。

## 半年來映出的影片分類

任何影片的號召力在首輪戲院以至二三輪戲院都是正比例的（縱然

有例外也可以說是極少），爲了便利起見，筆者祇就娛樂，明治兩家首輪戲院的影戲狀况加以報道，讀者們從這裏也可以推想到其他各院的情形吧。又當局雖已規定九龍方面的平安與大華兩院也是首輪戲院，但事實上各影片都是在香港方面優先映出的（例外的是平安復業時公映「魂斷藍橋」以及農曆新年公映「合家歡」都先於明治，大華在農曆元旦映法國影片「香草美人」先於娛樂），爲了便利起見，對於平安和大華的情形我們也不細談了。

從本年一月至六月間，兩間頭輪戲院映出的影片共一百零三部，一月份十四部（其中日語新片四部，國語新片四部，重映國語片二部，粵語片四部），娛樂佔五部（因敵機濫炸市區殃及該院附近，影響該院在一月十六日至二十九日停止營業），明治佔八部；二月份十四部（其中日語新片四部，國語新片二部，重映國語片四部，粵語影片一部，滿洲出品一部，第三國出品二部），娛樂明治各佔七部；三月份十七部（其中日語新片二部，重映日語片二部，國語新片三部，國語重映片四部，粵語片四部，第三國出品二部），娛樂佔八部，明治佔九部，四月份十九部，（其中日語新片三部，日語重映片一部，國語重映片八部，粵語片五部，第三國出品二部），娛樂佔九部，明治佔十部；五月份二十部（其中日語新片二部，日語重映片二部，國語新片一部，國語重映片七部，粵語影片七部，第三國出品一部），娛樂佔十一部，明治佔九部；六月份十九部（其中日語新片四部，日語重映片一部，國語新片及重映片各三部，粵語影片六部，第三國出品新片及重映片各一部），娛樂佔九部，明治佔十部。

從這一百零三部影片再清晰地分類起來，則日語新片佔十九部，重映片佔六部，國語新片佔十二部，重映片佔二十八部，粵語片佔二十七部，第三國出品佔八部，重映片佔一部，滿洲出品佔一部。

## 日語影片收入概况

由於半年來不再看到規模偉大如「鴉片戰爭」或「瓊宵綺夢」一類的日語片，在與國語片的收入比較看來，日語片的收入是瞠乎其後了。平心而論，在這半年間公映的十九部影片都祇是差強人意的，故不十分適合中國觀衆口味。

然而有一點不能不注意的是，影片不能一概以收入多寡來決定其優劣性的。好的影片未必一定收入好，等於收入好的未必一定是好片。還有一點值得注意的是，日語影片收入較少的原因之一，是爲了當局優待軍人軍屬而指定戲院特收廉價，日語影片觀衆中的軍人軍屬多於國語片的許多，所以收入便較少了。試從各片的觀衆人數看來，你便得知這情形了。

各日語影片以六月二十二日至二十四日在娛樂公映的「蠑面怪傑」收入最佳，而以「佳兒佳婦」一片成績最弱。

現將半年來收入前列的十部日語影片成績報告如下，並略介紹每片內容。

（一）蠑面怪傑——娛樂六月二十二日至二十四日映，觀衆人數一八三八人，第一天收入五三九六．八〇圓，三天總收入除稅一六二五六．八〇圓。

這片是日活社出品的古裝武俠片，故事寫日本小說中一個著名的武俠人物鞍馬天狗。日本武俠影片向來具有一種雄奇沉着的獨特作風，本片由嵐寬壽郎與市川春代主演，即從中國觀衆看來，這影片也是很合脾胃的。

（二）民族先鋒——娛樂一月一日至四日映，觀衆人數五〇四六人，第一天收入七〇七六．二〇圓，四天總收入除稅一六二二〇一圓。

這片爲大映社出品，男主角亦爲嵐寬壽郎，女主角是環歌子與東龍子，寫明治維新後愛國男兒一致蹶起組織國防軍政事，戰景緊張，充滿反英情緒。

論理這片在元旦公映，收入必多於前片，即觀衆人數亦多至三倍，但因本片公映時參價未經增訂，所以在收入上却稍低於前片。

（三）虎將決雌雄——娛樂一月十二至十五日映，觀衆人數三六九五人，第一天收入四六六七．六〇圓，四天總收入一四三五三．四〇圓。

這片原名「川中島合戰」，東寶出品，描寫古代戰爭，如火如荼。演出者全是日本第一流的大明星，如在「鴉片戰爭」飾演林則徐的市川猿之助，「夏威夷馬來海戰記」的大河內傳次郎，「瓊宵綺夢」的長谷川一夫，「郎心碎妾心」的山田五十鈴，以至「賢妻寶鑑」的入江高子等，全部登場。

（九）法師法師捉妖記——明治六月二十九日至三十日映，觀衆人數一五〇四人，第一天收入四九九〇・四〇圓，兩天總收入除稅九九四九・六〇圓。（按本片原映至七月一日，但最後一天觀衆人數及收入均未計算在內。）

這片是東寶公司出品的一部超特諧片，由綽號「兩個傻瓜」的一雙諧角主演，「噱頭」相當豐富。

（十）風流伯父——明治一月十九日至二十二日映，觀衆人數一六二〇人，第一天收入三九三三圓，四天總收入除稅九一五三・八〇圓。

這是東寶公司出品的幽默諷刺片，由性格明星德川夢聲主演，寫一個退隱園林養兎自樂的老人，想替女兒物色東床快壻，不期發生許多令人發笑的故事。

至於九部收入較平常的日語影片却是「守身如玉」，「家庭的秘密」上集和下集，「靑衫紅粉」，「藕斷絲連」，「南風交响樂」，「同舟共濟」，「戰勝環境」及「佳兒佳婦」等，但其觀衆人數，收入以至影片內容等，則因篇幅關係，恕不一一加以贅述了。

重映的六部日語影片是「孫悟空」上集，「蘇州之夜」，「歡喜寃家」，「夏威夷馬來海戰記」，「夢遊妖國」與「今古美人心」，因爲不是好片是不會重映的，所以收入成績都不錯，每片的第一天收入都在三千圓以上。其中以「孫悟空」爲最佳，觀衆人數二八九八人，第一天收入四八一一・六〇圓，四天總收入一九五七　・六〇圓。其次是「歡喜寃家」，第一天收入四千餘圓，又其次是「蘇州之夜」，第一天收入三千九百餘圓。

## 國語新片收入概況

在收入上，十二部國語新片都有相當成績，現在分別介紹如下：

（一）桃花潭水——明治五月二十四日至二十七日映，觀衆四八三七人，第一天收入六七八七九・二〇圓，四天總收入除稅一六五八二四・八〇圓。

這片由周曼華，徐立，嚴化合演，寫一個書家仗義行殺無賴，替其友人家庭掃除陰霾，自己却犧牲而向警署自首。影片本來不錯，但其能夠雄據半年來收入第一把交椅的理由，並不單純靠影片本身的號召力量，這因爲除了影片之外，同時還有歌舞加插。

（二）步步高陞——娛樂二月十二至十七日映，觀衆人數九二三九人，第一天收入八六八八・四〇圓，六天總收入除稅一三七六〇圓。

這片人數多於前者，但前片票價較高，故收入亦較大。本片在農曆新片期內公映，收入之佳是意中事。影片由韓蘭根導演兼主演，殷秀琴，關宏達，張帆等合演，寫一班江湖賣藝人的生活，頗有透澈的人生觀。故事從多年前卽陳利的遺作「一笑聲情淚」改編。

（三）風流世家——娛樂六月二十八日至七月一日映，觀衆人數三一九二人，第一天收入四一五三七・二〇圓，四天總收入除稅一一八九九二圓。

這片由胡楓，舒適，徐風，慕容婉兒合演，顧名思義是寫大富之家的故事。像「桃花潭水」一樣，單靠影片決不能有這樣的收入成績，原因還有所謂南中國魔術團表演，而「雙料娛樂」幾字對觀衆們是有着了很大吸引力的。

（四）美人關——娛樂六月十四日至十七日映，觀衆人數三一八五人，第一天收入三四五七二圓，四天總收入除稅八九五四八圓。

這片是白虹重返銀幕第一聲，黃河，姜明合演，姜明是個退休的警探，因爲看不過昇子黃河給女賊白虹迷惑，不由不親自出馬，結局黃河殉職，賊黨一網成擒。演員中以姜明較有吃力表演。這片公映時也加插歌舞表演。

（五）新生——明治三月九日至十四日映觀衆人數五一二九人，第一天收入一五四四九・六〇圓，六天總收入除稅五七二五一・三〇圓。

這片是香港導演高梨痕北上的第一部作品，王丹鳳是個品學兼優的好女子，黃河是個頹廢落伍的大學生，對都市靑年有很大的諷刺。

（六）鸞鳳和鳴——明治一月一日至四日映，觀衆九九八三人，總收入除稅五三五一一元。（按本片原在去年除夕起映，但第一天收入及人數均未計算在內。）

金嗓子周璇返回影壇的第一部作品「漁家女」，曾大獲好評，這片因有龔秋霞與黃河合演，更是錦上添花了，但以全片太側重歌唱，大致未見成功，然已傾動一時了。

（七）落花恨——明治六月二十一日至二十五日映，觀衆二五四三人，第一天收入一五七二七・二〇圓，五天總收入五三一四一・六〇圓。

這是顧蘭君主演的一部人生大悲劇，因階級關係，貧家女不能與富家子結婚，且珠胎暗結爲鄰里所不容，但終含悲茹苦把她的私生子養大，最後因不堪刺激而死去。顧氏演極賣力，呂玉堃與王丹鳳都很盡職。

（八）千金怨——娛樂一月五日至九日映，觀衆人數八三六五人，第一天收入一二二八五圓，五天總收入除稅四五九九四・四〇圓。

這是封建家庭「重男輕女」傳統思想支配下的一幕悲劇，極力暴露社會黑暗，給人的是眞實感覺。顧也魯的幸運少爺，龔秋霞的悽苦女兒，以至妻明的糊塗老父，均極生動，文逸民導演很是進步。

（九）錦繡前程——明治一月二十五日至二十九日映，觀衆人數四七五二人，第一天收入一三四九九・六〇圓，五天總收入除稅四五一二五・六〇圓。

這片也是文逸民導演，顧也魯主演的，但女主角是胡楓，配角還有嚴俊。以顧也魯代表一個壯志凌霄的有爲青年，全片教育意味十分濃厚。

（十）魂斷藍橋——明治三月十九日至二十三日映，觀衆人數五七二三人，第一天收入一八九七〇圓，五天總收入除稅四四一五一・六〇圓。

影片故事是抄襲西片的，但故事本身頗纏綿哀感，李麗華鄭重表演都很能動人，主題歌一支也極動聽，祇可惜的是片身太殘舊一點。

（十一）合家歡——明治二月二十三日至二十七日映，觀衆四七六四人，第一天收入一一七七七・二〇圓，五天總收入除稅四〇二一〇・八〇圓。

梅熹在本片裏演出老人角式，其感動人之深，不下於他的前作「爲誰辛苦爲誰忙」，許多青年男女看這兩片都爲之感動得淌下淚來，這是梅熹成功的地方。王丹鳳與嚴化演出他的兒女也很努力，同時更努力的是聯合導演者鄭小秋與黃漢。

（十二）孟麗君——明治一月十二至十五日映，觀衆五三三五人，第一天收入九〇五五・六〇圓，四天總收入除稅二七五七六・六〇圓。

這祇是香港的新片，周璇，舒適主演，取材民間故事，孟麗君如何如何的女扮男裝上京考試，風流天子怎樣怎樣的天香館留宿，大概一般婦女比我們還知得清楚吧。

## 重映國語片收入概況

在重映的二十多部國語片中，成績最佳的是「黃天霸」與「白衣天使」，上面已經報告過。現將上述兩片以下的十部最佳收入影片報告如下，至於影片內容，因爲已經重映，觀衆看過的一定不少，可以不必細說，祇每片加入主演人名字，作爲觀衆的備忘錄吧。

（四）劇場奇案——娛樂三月二十至二十二日映，觀衆人數二四〇一人，第一天收入四七九五・四〇圓，三天總收入除稅一四〇四九圓。

這片是新興社出品，頗有新型偵探片的風格，演出的宇佐美淳與黑田記代同是「香港攻略戰」的要角。

（五）劍胆琴心——明治二月一日至四日映，觀衆人數二六九五人，第一天收入四九四七・六〇圓，四天總收入除稅一三三五一・二〇圓。

這片是日活社的武俠古裝片，演出的大河內傳次郎是有名的武俠明星（曾演鐵臂柔腸），導演稻垣浩亦以處理武俠片馳譽（曾導演「古寺潛龍」，並爲中日影界合作的「春江遺恨」聯合導演人之一），故成績絕佳，寫古時劍士派別的鬥爭，驚心怵目。

（六）漁村隱俠——娛樂五月十二至十四日映，觀衆人數一七七〇人，第一天收入四〇九六圓，三天總收入除稅一二七四三・二〇圓。

這片原名「玄海灘」，亦係日本著名武俠片之一，主角是宇佐美淳與山路文子。

（七）魔聲劍影——明治一月五日至八日映，觀衆人數三七三九人，第一天收入四三〇八圓，四天總收入除稅一二五四八・六〇圓。

這片也是武俠片，東寶出品，黑川彌太郎，山根壽子，柳家金語樓合演，寫一個長官在礦石山內失踪，奸徒互相仇視的故事。

（八）紅船俠豔——娛樂六月八日至十日映，觀衆人數一三〇七八，第一天收入六五九五圓，三天總收入除稅一〇八〇〇・六〇圓。

這片是大都社出品，武俠明星阿部九州男主演，女主角是中野孃，寫一隻戲院裡的女藝員因收容一個受傷的義勇軍而惹起其情人嫉妬，結果是其情人因妬而施行卑劣的刺殺手段，但女藝員終於獲與該愛國義勇軍結合。

（一）如此繁華（黎莉莉，尙冠武主演）——娛樂五月六日至八日映，觀衆人數一八〇三人，第一天收入一六五九二圓，三天總收入除稅三五六三二圓。

（二）博愛上集（全體明星合演）——明治四月二十七日至三十日映，觀衆三五六二人，第一天收入一〇三一四・四〇圓，四天總收入除稅三五〇〇七　二〇圓。

（三）新婚血案（陳雲裳，李淸主演）——娛樂三月六日至八日映，觀衆人數二七一一人，第一天收入一三四二三・二〇圓，三天總收入除稅二六〇三七・七〇圓。（按本片係從粵語片「流氓小姐」改配國語對日拷貝的。）

（四）博愛下集（全體明星合演）——明治五月八日至十一日映，觀衆人數一八六五人，第一天收入一一四五五・二〇圓，四天總收入除稅三〇六八六圓。

（五）解語花（周璇，白雲主演）——明治五月一日至四日映，觀衆人數一六八二人，第一天收入一二〇三〇圓，四天總收入除稅三〇三一二圓。

（六）家下集（全體明星合演）——娛樂四月七日至九日映，觀衆人數二七二〇人，第一天收入一〇八五九・六〇圓，三天總收入除稅二八七九八・二〇圓。

（七）蕩婦（顧蘭君，黃河主演）——明治六月七日至十日映，觀衆人數一五三九人，第一天收入八四五一・二〇圓，四天總收入除稅二六八七五・二〇圓。

（八）薄命花（顧蘭君主演）——明治四月十二日至十五日映，觀衆人數二六〇一人，第一天收入八六九九・二〇圓，四天總收入除稅二六三九九・二〇圓。

（九）新姊妹花（陳雲裳主演）——娛樂五月十六日至十八日映，觀衆人數一三三三人，第一天收入八九三二圓，三天總收入除稅二四五六六・二〇圓。

（十）乞丐千金（陳燕燕，梅熹主演）——娛樂五月三日至五日映，觀衆人數一一九四人，第一天收入八三〇〇圓。三天總收入二一〇七〇・四〇圓。

還有其餘十幾部的收入不必細述了，但我可以簡括的對讀者報告的是，其中每一部片子的總收入都在萬圓以上。然而例外不是沒有的，譬如「吉地」就是最劣成績的一部，五月二十八日至二十九日連映兩天，觀衆不過三五二人，總收入祇得六九四四圓。這片是天一公司出品，陳玉梅主演的，陳脫離影壇已十多年則該片之陳舊可知。夕娛樂在六月十八至二十公映，金燄主演的「海角天涯」也是從多年前的聯華舊片「浪淘沙」改名的，收入雖然不弱，但太舊的影片還是不映爲佳。最好笑的是該院在五月十五日公映的「都市春秋」，演員完全是不見經傳的，料是多年前上海小公司的出品，公映日戲院告白寫明是對白影片，那知公映時發覺影片是在片上印着對白字幕而沒有發音對白的，觀衆大表不滿，第二天，戲院告白雖然來不及更改，也連隨改映「新姊妹花」了。類似這樣的事實我們希望不會再次發現，諒映畫配給社方面亦以爲然的。

## 第三國影片八部和一部滿洲片

粵語影片雖然公映的有二十多部，但我撇開不談，並非存心歧視，實因裏面沒有成熟作品。最令我悲痛的還是看到了其中的一部「幽歡如夢」，內容無聊，猥褻，肉麻兼而有之。可惜某華民代表祇有看「秋海棠」中李霞華與呂玉堃發生關係的一幕而沒有看到這片，否則我想他必定會大聲疾呼反對這部「蚊帳戲」的。

現在我想大略一談幾部第三國影片以及絕無僅有的一部滿洲出品，然後把本文結束。

在半年來公映的第三國影片一共九部，但六月二十六至二十八日在明治映出的「怕聽銷魂曲」已經是一部重映的片子，我也撇開不談了。

（一）炮轟蒙地卡羅——明治二月十二日至十七日映，觀衆人數六一三九人，第一天收入六八一一・二〇圓，六天總收入除稅六三二六五・六〇圓。

這影片在八部影片裏收入最佳的原因，我想也是爲的排在農曆新年公映，但是，仍然不足與最佳收入的國語片頡頏。影片是德國烏發出品公演員是莎梨瑪烈莎與漢斯雅路拔，寫地中海一小國女皇降尊紆貴地去追求她轄下的一個風流艦長，演出相當浪漫。

（二）香草美人——娛樂二月十八日至二十二日映，觀衆人數四二一三人，第一天收入一七五五五・六〇圓，五天總收入除稅三六九七二・

六〇圓。

這是一部法國影片，描寫兇手服毒自殺後，屍體忽然失踪，而且不久還復活了，一個少年偵探跟他不斷鬥爭着，鏡頭頗覺緊張。

（三）鸞宮慾燄——明治五月十二日至十五日映，觀衆人數二三五六人，第一天收入一三六五五．二〇圓，四天總收入除稅三二九〇八．八〇圓。

也是烏發出品，主演人多魯菲域克是曾在好萊塢享有盛譽的，全片沒有一個男性，頗覺別開生面，寫一個女宿舍學生熱戀她的女教師，是這幫影片中藝術最深刻的一部。

（四）神秘歌王——明治三月二十四日至二十八日映，觀衆人數四四五一人，第一天收入一〇九七三圓，五天總收入除稅三二六三〇．四〇圓。

這影片的女主角茜蒙茜蒙，其後在好萊塢演「四美圖」及「七重天」等片成名，觀衆們對她頗有印象，但男主角占麥氏的名字倒很陌生，故事寫一個無名歌者因妻子被仇人佔去，他隱姓埋名，但銳意報復，卒令仇人自殺。是一部法國出品。

（五）癡男怨女——娛樂三月一日至五日映，觀衆人數三六八八人，第一天收入一〇三六四，八〇圓，五天總收入除稅三二一九四．八〇圓。

德國烏發出品，男女主角是威利佛烈殊與甘美拉寨，一個青年出盡種種方法去追求一個老人的美麗妻子，不惜充任老人的書記，藉親薌澤，卒之到手。威利佛烈殊演出俏皮，不讓梅禮士。女主角豔如李桃，冷若冰霜。這是各片中最輕鬆香豔的一部。

（六）風塵三俠——明治三月三十一日至四月四日映，觀衆人數三四七三人，第一天收入一一一五三．二〇圓，五天總收入除稅三〇八〇四．九圓。

烏發出品，呂倫夏飛，亨利嘉勒主演。全部歌唱，胡鬧非常，寫三個朋友破產後合作經營汽油站，遇着富家小姐，三人鬥獻殷勤，笑話不斷產生。

（七）學生豔史——娛樂四月十二日至十六日映，觀衆人數三七六人，第一天收入九一六〇圓，五天總收入除稅三〇二．八八圓。

原名「海得爾堡一學生之歌」，富家女郎從維也納抵步，進入大學，男學生爭着追求，幾乎演出比劍慘劇。片中景色浪漫，寫學校情侶在月上梢頭時，在公園裏雙雙對對，細語喁喁，有如集團談戀愛。

（八）情陣疑兵——娛樂六月一日至五日映，觀衆人數二〇九〇人，第一天收入六七六八．八〇圓，五天總收入除稅三〇〇二七．六〇圓。

烏發出品，蓮妮慕鄒與賀文添麥主演，寫一個少年風流律師，因業務關係而不得不於結婚後仍與婦女交遊，便引起妻子嫉妬，惹出疑雲陣陣。故事略似「白晝夫妻」，但輕鬆細膩處比不上。

看這些影片令人有許多感想，其中烏發出品，都是許多年前德國在昇平時代製作的，每片都有着歐洲大陸的浪漫作風，輕佻，放蕩，胡鬧，靡爛。但當這些影片在本年間再度提供出來放映時，德國將士正在前線出生入死，為他們祖國命運的存亡絕續而鬥爭，流着了寶貴的血。所以我們在看這些狂歡醉舞點綴昇平的德國影片，真有無限感慨的。

至於那絕無僅有的一部滿洲影片，是「御碑亭」，燕京公司出品，因為我們從來沒有看過滿洲電影，未知它在技術上的成就如何，所以當時（二月一日至三日在娛樂映）是懷着很大期望去看的，但結果異常失望，原來那是一部京劇電影，祇是把京劇硬生生的搬上銀幕，除了佈景電影化之外，其他一切都像在舞台上一樣，演員們在大鑼大鼓演奏之下，沿用着舞台上一搖三擺的身段台步，大唱特唱，肉麻異常。一般對京劇不感興趣的，看這片必不能等到終場便要離開戲院了。

本來電影與京劇是有其中不同欣賞法的，燕京公司以王瑞卿導演這片，根本全部失敗，甚至選擇的故事也充滿濃厚的封建思想。聽說他是個有名的老伶工，「御碑亭」正是他昔年的得意傑作之一，所以編作電影，以便流傳不朽吧？

在香港這片不用說在營業上也是失敗的（三天人數僅得一〇三六人，總收入僅得九六四一．四〇圓），我們期望滿洲進步，假如再有影片運來的話，應該是有長足進步的電影製作品。

最後我們應該認識的是當局在各戲院協力之下，半年來已盡了供給民衆以精神食糧的最大責任，觀衆們是應該表示感謝的，雖然每人都期待着下半年度更佳發展。

# 家庭婦女精華

## 家庭間顏色和光線

張錦鈿

顏色和光線，對於人生每天的過程上，是有直接的影響的。是以，當我們每日工作之後，拖着懶洋洋的身子，從外歸來，便要在家庭裏得着悠閒舒適的休憩，去洗滌日間的疲勞在家庭裡，假使那種恬靜雅淡的顏色，與柔和的光線，兩者都能夠調和的話，我們便能很快的回復了我們的體力和精神了。因爲五色繽紛，斑爛奪目的顏色，是會刺激人的神經的，强烈的燈光，是會令人暈眩的，這緣故，家庭週遭的顏色和光線的配合，便佔了新家庭佈置上的一個重要因素了。

在未寫「怎樣把家庭間週遭的顏色和光線調和」之前，我認爲當更先行詳細闡明顏色和光線與人類關係的重要，使我們的腦海中，有了深刻的印像，纔易認識這個問題對家庭內佈置的重要性。

我記得曾在一本什麼雜誌上，看見了一段關於瘋人院的病房內的顏色的支配。我依稀還記得那上面所說的大略，它說：「病房內的顏色，分有多種，是體察每一個病人的情形纔配合的；假如他是一個兇惡的瘋人，則把他關進了一所黑暗的病房裏，配以一種慈和顏色的光射進去，使他兇惡的個性，不能顯露出來；如果是一個性情暴燥的瘋人，那末便要把他關在一間深黃帶紅的病房裏，使他的暴燥的個性，受了色的反射，而漸漸和平下去；再如果那病者是有癡呆的形狀時，那就要放他在一間藍色而明亮的病房內，使他的神經清爽，活躍。……！」諸如此類的分配，使每個病者，都能够改變的畸形的本性。

我們再拿現實的明證來作比喻吧！當春天的時候，萬物都在復活，美麗的花，青嫩的草，唱歌的鳥，活躍的魚，尤其最寶貴的便是藍得幾乎要滴水的天空，我們人類，在此期間，又是多麼的興奮呢！俗語說得好，「一年四季在於春，」真的是不錯。這裏的一個原因是氣候的和暖，而另一個原因，却是色的美麗，光的明亮。至於夏季的天空，當烏雲密佈的時候，再加上氣候的悶熱，則又多麼的使人煩悶，而容易感到乏味呢！再如秋天的深空也和春天一樣，蔚藍得令人可愛，雖然大地的顏色方面，稍異春天，但，終歸是「天朗氣淸，日麗風和，」便我們覺得凉快而高興，不像夏天那麼煩熱，苦惱。在秋末漸漸入冬季時，天空中又時常滿佈灰雲，即使在景物方面，也是頹敗枯萎，毫無生趣，滿眼都是死氣沉沉，我們在這個時期中，便會覺到感傷，消極，頹廢了，所謂「觸景生情」，也是一個原因。待到再回復到「春色滿園」的時候，人們又活躍而興奮了。

寫了上面這一大堆，似乎與本來問題，相離太遠了。但是，並不，我是應該要說明「顏色和光線」，與我們人類關係的大略的。我們的家庭，不能離開大自然，人類更不能離開大自然呵！總之，我們要牢記的，是顏色和光線兩者，或即使是任何一者的不同或改變，都能支配我們的神經，能够使我們的精神上起了變化。

這兒，我得寫出「怎樣把家庭間週遭的顏色和光線調和」了。

我們的家庭佈置，不必求它奢侈，祇要它美化，不必重於裝飾，祇要簡單樸素，家具不必繁雜華麗，祇要其清潔齊整，不必要高貴的燈和窗帘，祇要色和光的調和，假定的說，一個家庭的組織，分臥室，會客室，浴室，廚房，盥洗室五個部份，那麼，我們先來談談怎樣把臥室間週遭的顏色和光線調和罷。

臥室，是夫婦倆的同居處所，也就是夫婦二人一天工作的休息地方，其最重要的使命，便是使夫婦倆回復原來的精神，和愛情的密切，使夫婦倆都能得到安慰，和忘記了整天的疲勞。所以臥室內的顏色和光線，絕對要和平，要神秘，要美麗，但是用甚麼顏色和光線，纔能適合以上的條件呢？這裡，我以爲我們要用淡橘黃的顏色。和一些白石粉調合，塗在牆上，調合白石粉的用意，是在不使顏色的漆光反射，與調和顏色的平均。

臥室的天花板，要用白色，地板則用奶油深黃色，或米色，窗帘也應該用淡橘黃色或天藍色，在晚上的燈罩，也得用黃色，如果燈罩的黃色光芒太强，則最好用一種綢質製成的橘紅色罩，蓋在外面，使光線更爲溫和。

至於解釋爲甚麼我們的臥室內，要用這幾種顏色配合呢？而且每種顏色，除白色的天花板外都要一種黃色夾在裏面呢？這個原因很簡單，黃色是最和平不過的一種顏色，假使完全用黃色，未免太單調而無神祕性，所以加入一種橘紅和白石粉，便能成功一種極幽靜而神祕的環境，如夫婦倆，在晚上或夜間，談笑在這樣的一個和平，安靜，的環境內，該是多麼地快慰！如果夫婦倆覺得太靜，那末可用一架收音機來聽一些溫順的美妙的音樂，這時候，我想夫婦間的愛情一定會更爲甜密更爲陶醉的，相信日間的疲勞，也已經溜到九霄雲外去了。

至於家具，當然是要跟隨着時代前進的，但我們不需要紅木的，或英木的傢具，因爲那些未免太笨重了，太高貴了。我們所需要的是溫馴，舒適，輕便，整潔，以藝術的經濟方法使之美觀。在臥室內，我們不必要許多櫈子和椅子，因爲臥室是非常尊嚴的，除夫婦倆之外，除非是自己的至親，旁人是不大可以踏進的。因此，只許一張雙人床，二隻單沙發，一隻長沙發，四張櫈子，一張圓桌，一个衣櫥，一張鏡枱或女子式梳粧枱便足了。如果臥室窄狹，那兩隻單沙發可以不用，櫈子也可以少去二隻，傢具的顏色，隨各个人的本性歡喜，普通看來，還是米色和淡藍色，來得清潔爽亮，除衣櫥外，我們在桌面櫈面及沙發，在夏季裡，最適宜的是用純白色布罩，在冬季裡，則該罩上一層暗綠或橘黃，這樣纔不覺到嚴寒的冷靜寂寞和單調。

安放這些傢具的方法很多，而且要依了臥室的地形去支配，最要注意的，便是要隨着空氣和光線的環境，去安放一切的用具，最不妥的便是把墻角塞滿了傢具。普通人家以爲這是可以放大一點空隙，填沒一个無用的墻角，多放置一些家具，其實這是非常的錯誤的，要知墻角填沒了，非但堆積灰塵，防害衛生，抑且藏匿動物，損壞器具，實在往往有種普通人家，在多年之後，把枱子移開來，曾發現枱脚或枱板，被小動物蛀成洞穿，或脫落，所以我們放置傢具，要和牆角成爲一個三角形的空隙，使我們的目光，可以不時去注意到。

壁上，不妨掛一架結婚照，或二架單人未婚前的照片。

會客室的佈置，可以帶一些音樂室的氣味，因爲我們的親朋光臨的時候，可以會使之寂寞無聊，如果限於房屋地位狹小，那末我們在用餐的時候，不妨將來作餐室，這樣，便可以使餐室，音樂室，會客室合在一個房子間內了。

這裡的佈置，不必十分講究，墻壁顏色，最好是天藍，如果不用天藍用米色也可，天花板用白色或蔚藍，隨着墻壁的顏色來安排，在日間，光線當然應由窗間射進來。

會客室有了充份的光線，射在那和美的色調上，外面即使是灰雲密佈的陰沉天氣，也影響不到室內人的精神，因爲灰色的光芒，是擄不了天藍或米色的，我們有了這兩種顏色的一種，精神方面，除了患病者，決不會感惱的。

室內我們放一架收音機，經濟一些的放一架風琴，一頂書櫥，二隻單沙發，四隻輕便的靠背，和幾隻圓凳，書櫥的旁邊，放一頂藏音樂器具的櫥或箱，再加一隻圓桌，地板最好用厚質的地毯，以免聲浪的響大，四壁，掛幾張偉人像，或幽美的風景畫，至於晚上的燈光，最好是用橘紅的色彩。

浴室，廚房，盥洗室，可以完全用白色，因爲這幾間，祇求清潔，不求美麗，但浴室的窗，應該用白色花玻璃，而且要裝置得高，要橫端長，豎端狹，因爲這窗是用來透光和空氣的，不是用來賞覽風景的呵。燈光亦應以白色爲佳。

# 頑皮孩子 固執父母

## 如何解決言行一致的家庭教育

·卓傑

你的孩子頑皮嗎？他們不服從嗎？還是他們使你煩惱，使你發生厭惓孩子的心理呢？

孩子是天眞爛漫的動物，人就是動物之一。在孩子沒有教育之前，孩子一切舉動都與普通動物無甚分別，他的性情，他的反應，完全是原始人類的雛型，所以當孩子頑皮時候，或者當他們不服從時，做父母的有時就會拿「畜生」來罵自己的兒女，意思就是孩子沒有受教化，與一般動物無異。

可是做父母的管理兒女除鞭打，責罵，恫喝，引誘等方法之外，還要用一種外交家手段來應付一般頑皮的兒童。這種外交家的手段是要體察情形的，以最適合當時環境而予以有效的措置，使兒童樂於接受。

一個幼稚園女教員的喉頭發炎，妨碍她的發話，但發炎的程序不致於使她要告假，她仍照常照顧她的五歲左右的學生。當日她整天緘口不言，然而那天的功課使她非常滿意。一個頑皮孩子在滑台上面躊躇不肯滑下來，妨礙了其他兒童不能上去，她便在滑台另一角拉了幾個兒童將積木砌成一隻大船，讓那頑皮孩子獨自無趣的躊躇滑台上面。不一會，他自動下來了，加入兒童疊砌木船。有兩個把粉筆在牆壁上亂塗亂寫，她將一只跳舞唱片放在留聲機上，其他兒童跟着音樂跳舞起來，那兩個學生也放棄了牆壁塗寫而參加跳舞了。這樣那女教員不發一言而完成她一日的功課。

你不能用演說詞來叫一個六歲孩子服從你的。小孩在這時期對於言語還是不大明瞭。一切言語對他們是生硬的，不重要的，比之能用手用脚或舉動來感覺的就不同了。孩子的學習與發育是有賴於他們的身體。他們是肌肉動物。他們注意舉動——就是肌肉說話，不是嘴裏說話。

普通孩子是喧鬧的。一個母親這樣處置他的小孩：把孩子坐在一張高椅子上，將他兩隻手塗滿蜜糖或一種糖液，同時給他一枝鷄毛，於是那孩子一面忙於擺脫那枝鷄毛，一面又有糖汁舐吮，他就沒有時間來嘈吵了。

有些孩子出外嬉戲的就忘記了回家，尤其在吃飯時間總不依時回家，若你三詩四囑對他說不要忘記，他還是一樣不會依照你的吩咐的；但有一個母親就利用每天喚醒孩子起來的警鐘，叫他每次出外嬉戲的時候，帶了警鐘在他身邊，警鐘到了吃飯時候就會叫起來，他便不期而然依時回家了。用激昂語氣來勸一個孩子不要吃太多的糖果，一定不能防止他的嗜好，但假如你放了胆量給他一大盒糖果隨他來吃一個痛快，他的胃口以後就一定有些變化了。這種外交家手段對付孩子是有效果的，因爲這是舉動，不是虛話，祇有這種實話兒童才可明白領受的。

給孩子一些工作，讓他做些事，讓一個地方給他去做——那就什麼說話都不需要了。一個工作忙的孩子就是一個快樂孩子，這樣的孩子才是向正常的路徑發育着。

所以，上述那位女教員，因爲喉頭發炎，她就利用舉動來代表一切說話。假如在一個家庭裡，做父母的也有一天患着喉病的時候，那就可以學樣，暫不發洩了。做父母祇要使兒童知道父母之所在，而不必知道父母之所言，這是一個很重要的教育秘訣。

對兒童說話當然也是需要，但所說的話，是要簡單的，積極的，客觀的。你帶了孩子去看醫生時，你不要說「去看看你好不好」，你要對他說，「讓他看看你好到怎樣」。

孩子不喜歡吃飯了，一定要吃冰淇淋，做母親的若果對孩子說「阿貓，你不吃飯就不給冰淇淋你吃。」阿貓一定會反唇說，「我一定要吃冰淇淋。」一到那時候不善處理的母親就會申斥：「哎，你一定吃不着，除非你先吃飯。」假如那孩子還是強硬的話，爭執就啓開了。避免與兒童衝突，做母親的可以說，「當然，你有冰淇淋吃的，先吃飯吧。」於是無形中做母親的滿足了孩子自我的心理，同時做母親的也不須煩惱與討厭而實現她的威嚴了。

有時孩子疲倦或其他原因，而顯示一種怠慢的樣子。比方孩子把帽子脫落地下，叫他把帽子拾起來，他就說「我不做。」一個機警的母親明白孩子當時情形的就不會強逼服從，她會這樣說，「好，讓我來給你拾起，大概你是疲倦了吧。」但第二天做母親的就要找機會給孩子自己去拾起東西才是。

若你對孩子說，「好孩子，靜些吧。」這樣比你說「你嚐得我要命了」來得容易收效。直接的，積極的命令比間接的或主觀的易使兒童接受。問話式的方法也會失敗的，若你問孩子「你喜歡洗手嗎？」他一定繼續去做他所做的事；但假如你對他說要服從的話「你先去洗手然後吃飯」他雖有點怠慢也會最後遵照去做的。

在兒童生活過程中有許多工作要做的，許多習慣要調整的。我們教育兒童就不能避免這些問題。某幼稚園教育專家曾解釋這些問題是生活中「一定」問題。孩子一定要擦牙；孩子一定早睡覺；孩子弄玩了的東西一定要自己檢定收藏。這些工作做完了，就「到了」某種工作時間，如「到了」讀書時間就讀書，「到了」寫字時間就寫字，「到了」踢孩子時間就踢孩子。這種習慣要使孩子熟習見識，使他明白成人時候也要一定工作與休息的時間。

經驗告訴我們，假如我們把孩子錯處忽略而不去批評，祇是讚美他的好處，孩子的工夫有着很顯著的進步。孩子做事總有點遲緩，他們對於時間是有一定限度的，我們有時要給他們幫忙，在偶然間或者給他們一點催促。幼稚園裡就明白這種孩子快慢的程度，他們採用一種警告方法來指點孩子。「在五分鐘內，我們就要把東西檢點起來了。」幼稚園教員會這樣警告學生，但這五分鐘實在在十五分鐘前就要提出警告了。不一會，教員又發出警告：「時間到了，各東西收藏好。」這樣孩子都喜歡服從的。假如在這次功課中有一個孩子特別注意他的工夫，到了時間還是不能結束他的功課的話，教員就會對這個學生發出這樣的話，「你砌成的木屋好極了—你還祇有砌五六塊的木頭時間，你得要趕快點了。」

成人所說的話對於孩子的心理有很重要的影響。有兩個父親帶着兩個兒子在沙石和海灘步行。一個孩子說，「石子傷害了我的脚了」，他的父親回答說，「沒有這回事，石子不會傷害的」。其他一個孩子也訴苦了，但他的父親這樣說，「是的，石子痛得很，對不對？」第一個孩子一面跑一面訴苦，然而第二個孩子就不再訴苦了。兩個父親都想他們的兒子對小痛苦的事有容忍態度，但第一個父親已採行一種虛偽態度了，第二個父親成功了。

一個小孩子給一個釘鎚傷了手指。他奔向母親哭着。做母親的這時最忌拿孩子痛苦來取笑或不理睬。她要給孩子一種撫慰，「噯唷，而且是你的最好的一枚手指啊。不要緊，就算最好木匠也會這樣犯着的吧。」

在客廳地毡上，孩子拿了肥皂，牛乳瓶，烟罐疊成一座石碑。你不愼跌了一交就大喝着，「為什麼把爛東西放在路當中。」這些對你是爛東西，但對小孩却是他的奇異的閙樓了。你把他的東西蹧蹋了，一句道歉話都沒有說。假如過了一會，孩子把窗簾上印花布的一朵花剪了下來，你就痛惜到要哭泣，大駡他一句「畜生」。情形就不同了。對你是印花布，對他不過是爛東西而已。你自己以身作則，用說話，用舉動，祇有你敬重他的東西，你才可以教他敬重別人的東西。

孩子是創造的，活潑的，理想的。教育孩子是不需要如何的秘訣方法；應付兒童也不是一件很困難的工作。對付成人一樣，你的立場態度如何，就會收獲效果如何。你的言語，你的舉動，假如不是誠懇的，和愛的，就無濟於事。孩子要確實知道，不須強駁曲辯，你的立場是站於他的那一邊。其他問題就會圓滑地解決了。

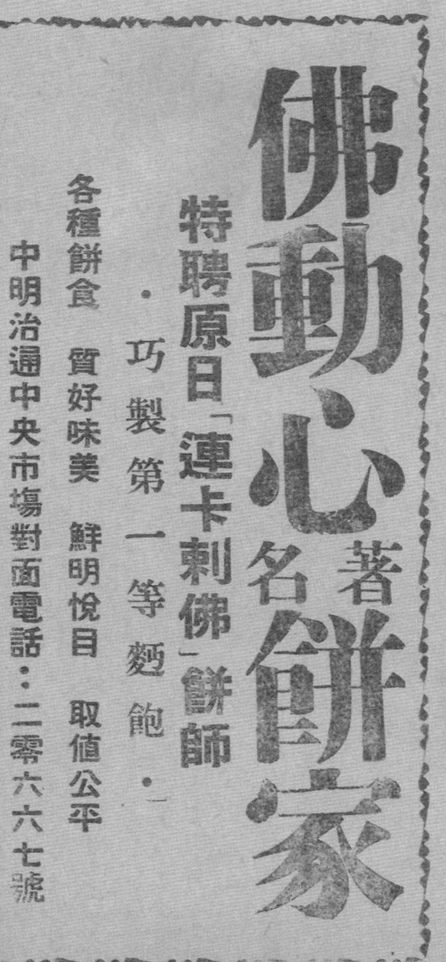

# 人乳哺養法

•女人乳房不是裝飾品•

•嬰兒要吃人乳的理由•

卡利爾原著　方靈譯

生在新時代的嬰兒，已被逼地靠奶瓶來維持他們的小生命了。爲甚麼母親不給自己嬰兒吃奶呢？從普通的理由說來，祇是母親的乳汁不够，成分不足，缺乏健康，乳房疾病，或其他社會職業問題而已。然這些理由都不見得充分；因爲據醫生的報告，百分之九十的母親是可以哺養嬰兒的，祇有懷孕，肺癆，瘤腫及其他幾種疾病才足以妨礙人乳的哺養。

現代的母親之所以放棄人乳哺養是有生理與道德的原因。一般地說：現代婦女在教育上，習慣上都沒有注意到爲母之道。她們沒有把乳房的官能部分細心去研究。她們對於飲食方面也不大注意。所以當懷孕及乳養時期，她們全然忽略了多產乳汁的滋養。當懷孕期內，她們對於乳房部分及乳頭塗抹羊毛脂的衛生與及其他科學的保護都沒有注意和實行。做母親的到了這時候就要明白人乳的哺養，與生產嬰孩一樣是一種重要官能的作用。現代婦女給了一般無知的兒科醫生所哄騙，把嬰兒的生命交給了奶瓶。

也有許多母親爲了職業，爲了社交而輕視保護兒女的責任。她們忘記婦女第一個責任就是做兒女的母親。現代社會的組織與環境，都有影響婦女心理的變態；因爲現代社會之演進完全忽略生物的原理，尤其關於人類繁殖的原理。女子的眞正意義及目的經已全被忽視。她們所受教育與男子一樣。在社會上女子的地位也與男子一樣。她們要靠自己來維持生活。在這種情形之下，工廠與商店的女工，教員，醫生，女職員，社會交際家等，如何能够犧牲至少三至四個月的時間去哺養她們的嬰孩呢？同時，爲了優生問題，爲母親的責任更爲重要。她要注意到兒女最細微的發育問題。爲了現代人的進化，少年時期的身體與意識的健全是不容缺少的。

嬰兒應以人乳哺養還是奶瓶喂飼呢？在這個簡單的問題裏就隱藏着深刻的意義。這個問題由做母親的與做醫生的回答才是。人工喂飼當然於母親及醫生方面都有許多便利的地方。奶瓶的喂法至今已發展到很高的程度。不錯，這方法已有很好的收獲，其用於智識較高的母親和有經驗的看護在施行時就有更佳的收效。不過照一般醫生及產婆的經驗，認定人乳哺養是最爲完善的。紐約衛生委員會曾對市民宣佈母乳爲嬰孩應享權利。但關於爲母之道，在以前的習慣上是由母親傳授給她的女兒的，而在現代大多數社會層的家庭中卻早已廢除了。現代做母親的對生理機能與嬰孩營養都缺乏了常識。

在母胎裏的嬰兒，它的一切器官都與母體合而爲一的。出世以後，這種關係雖並不如懷孕期那樣的密切，但，至少，在幾個月內還有連帶的關係。母親與嬰兒互爲依賴。在空間上母親與嬰兒固然是分離的，但那生理，思想，化學上他們則是相連的了。所以，假如用玻璃瓶來替代了乳房，母親與嬰兒的關係便自然地多了一層隔膜。

乳房是一個完備乳液的製造廠及配給所。乳頭之上有十五至二十個細小孔口，孔口之下有窄管漸漸擴大到乳房陰處的貯乳囊，囊有小窩，如袋形，充滿細胞，此種細胞卽製造乳液的機構。小窩的周圍有無數的血管，製造一安士的乳液，須有三百至四百安士的血液經過此種血管始克完成。

乳房不是單獨發育的；它的活動還與其他器官有關。在懷孕時期，製乳窩就開始發育。窩的生長全靠卵巢放出來的一種物體。懷孕終止時，腦分泌神經就聯絡乳窩使其發生製乳的作用。同時，乳房也對子宮及卵巢有深刻的感應。吸乳時會將子宮收縮。這是有助於產後子宮的恢復。授乳時期也會影響月經的停止。所以製乳細胞，乳頭，血管，神經，子宮，卵巢，分泌腺及其他腺液都是一個組織複雜的連系部分。故此乳房不是一個裝飾品，可以任由裁縫將它來改造形狀與大小。它是爲了嬰兒的發育與母親的幸福而設的。外國女人把乳房束縛實與中國女子紮脚一樣是無智的行爲。

乳頭本身極適合於嬰兒的嘴唇及舌頭。市面所售的膠質乳嘴不過是一種滑稽的模仿。吸乳動作須要嬰兒面部肌肉，舌頭，頸部的伸縮，下顎的活動和鼻部的呼吸。同時，嬰兒吸乳時將手緊握乳房，這樣就可以使乳汁源源增加。吸乳是困難的。這是每個人生經過第一次應受的勞動。由這勞動，牙床，鼻部，上顎就得以發育。這樣面貌的美觀與聲音的響亮都有助其增長的關係。

奶瓶的喂飼祇是用一根喉管灌流液體。嬰

兒吸瓶乳時是被動的，也太快的。普通乳嘴太長了，不適合嘴的含吮。現在許多母親爲了要節省時間就把一瓶代乳去喂飼嬰兒。

妊娠終止後，乳房放出最初的乳汁，略帶黃色。這初期的乳汁對於嬰兒有防毒的作用。出產後第二日，授乳期就開始了。此時須要嬰兒的吸收及乳房的空積。事實上乳房放出的乳量是隨嬰兒需要而增加的。大概在初幾天由數安士增加到八月後一夸爾半至兩夸爾的數量。

人乳的成份是適應身體發育的需要的。婦人的乳液所含蛋白質與嬰兒身體的素質是有相同之處。這種蛋白質是沒有像牛乳所含雜性蛋白質變化的毒性反應。母乳所含蛋白，燐，鈣等成份對於嬰兒的需要比任何人造的藥品爲適合。當嬰兒一面發育時，他的長成速率一面就減低，同時，母乳成份所含蛋白與擴質也隨而減少。總而言之，乳房會將乳液分量與成份隨嬰兒的需要而適審變化。

牛乳或羊乳的成份都沒有嬰兒所需要的化學作用的融和效能。牛乳所含蛋白與無機擴太多而鈣質太少。牛乳不比人乳容易消化。牛乳多有微菌，必須經過消毒，因此就消失了牛乳的本質。即使以人工放出來的人乳也不比直接由乳房吸收的有益。不過牛乳若加以水及糖，配合適勻，也可成爲嬰兒良好的滋養品。

人乳哺養的嬰兒有很多感應的。第一，死亡率減低，芝加哥市立醫院的調查所得，二萬嬰兒中，奶瓶喂飼的嬰兒與人乳哺養的嬰兒的死亡率是十與一之比。在英國，最近三十年來由政府的鼓勵人乳運動，已經把嬰兒死亡率減低百分之六十六。假若那嬰兒是吃人乳的，他在第一年的生存機會至少增加三倍至十倍了。

第二，疾病的減少。凡是醫生都對這點同意。據芝加哥市立醫院的調查：在頭一年中奶瓶喂飼的嬰兒有百分之六十四是染有肺，喉，胃，腸等的疾病的，而人乳哺養的嬰兒祇有百分三十七是會發生疾病。

第三，用玻璃瓶從膠質乳嘴濾出來的乳液與直接吸收乳房的有截然不同的地方。對於面部與喉部肌肉的發育已無感應效能。現在許多兒童患着突出上顎，凹入下頷，彎曲鼻樑，平坦口門等的變形相貌，這種變態足以影響齒系發育，而致惹起扁桃腺，咽喉，耳，靜脈瘤等的傳染病。因此由人乳哺養的小孩在將來至少可節省許多牙，鼻，喉等的醫生費用。

第四，許多醫生相信人乳哺養不特對於兒童健康有較好效果，而且對於身體的抵抗與神經的鎮壓也有極大的感應。有許多人很少生病，能抵抗一切傳染症，可以完全不去光顧醫生，手術家，或者醫院。這種人普通地說就是嬰兒時期由人乳哺養成的。如此健康的人必須有特質性的細胞與血脈。這種特質不獨有遺傳關係，而且在嬰兒發育時期就要注意他的飲食和對他的保護。

哺養人乳對於母親沒有什麼絕大的影響。母的哺養與嬰兒的吸收都是自然的機能動作。哺養可以增加婦女身體與心理的發展。授乳時乳房部分一點沒有受着惡化的感應。斷乳後，黏液線就收縮起來，原狀也可能即時恢復。不過在授乳期前後，對於乳房的保護，宜注意相當的扶托。下垂乳房是由不慎保護及營養不足的結果——并非由於直接授乳的關係。假若有經驗的醫生指導，婦女雖經哺養幾個小孩仍能保持她的乳房美。乳頭發炎與乳房腺腫等症很易遵守醫理而得以預防。

母親有適當的飲食，休息和運動，則健康將會因哺養嬰兒而得到裨益。嬰兒生產後，由哺養而將子宮收縮是預防出血的發生。同時子宮得以恢復原狀。月經停止時，哺養可以給卵巢一個休息的機會。所以授乳期內最要的如注意適當的飲食。哺養嬰兒時，做母親的應對日常生活特別注意。烟，酒，咖啡的不良嗜好都要戒除。此時做母親的不能隨意發作脾氣或意氣用事。

爲了哺養嬰兒，母親就該做了嬰兒幾個月的奴隸，嬰兒每隔三四小時就需吃乳。同時，她又要照顧家庭常務。她需要強制自治能力。她不能有多餘的時間去做家外的事務，如社會交際，旅行，娛樂等。她的酬勞是她獲得非自私與母愛的偉大試練。她賜與自己的嬰兒的是較好的健康，體力和美感。這是快樂生活的表現。許多父母的憂慮是由於他們的兒女的體力與智力的缺憾。聰明的父母們就不可不注意這個問題。

# 廣州小報人物的今昔觀（一）

羽公譔

## 自序

前一個星期，接到本報總編輯盧夢殊君約會的函，我就依約相見，問訊之後，盧君便爽捷地說出約會的意思：他想得到一篇坦白和率直的詳述廣州市之小報發展底階段，與及創辦小報的人物底今昔的觀感，可是在現在香港的一般人，能夠知得這裏的內容，並且身歷其境的人物，實在很少很少，非得老人家幫忙不行。羽公受了那一串的恭維說話，實在不敢當；不過羽公自問確是一個廣州市的創辦小報人物，因此遂大胆許了盧君的約言。

在世界上，不論歐西和東亞，叫得做文化的，就必定有牠的時代，背景；而且在無論那一個民族，那一個國家，甚至那一塊地方，都因爲那民族，那國家，那地方所需求的因素，然後始有這時代，這背景所造就的文化產物；而牠的萌茁出來的過程，一定自有牠的階段。文化，這個名詞，雖然是包括許多事物的，出版物不過是文化的小小部份，但是因爲出版物是人的精神食粮，牠的力量，是負起整個民族精神的營養滋長底重責。况且在某一時代，某種地方，某種人羣，需求某一種出版物，那就可以看出和認識他們因何而要求這樣的精神食粮了！那就是文化歷史家所要尋求的。

本來在小報一類的出版物，是在上海創始最早，然後由滬而廣州而香港，當時上海的「晶報」「福爾摩斯」等，是盛極一時。牠的作風，是專以揭露社會的黑暗面，不論軍，政，工，商，各階層裏的人物，甚而至於一般吃「白相」飯的，和三教九流的人們，凡是多少有其秘密性底行爲動作，他們就把握住牛步不肯放鬆，而他們的敘述，又爲着避免了法律的「毀人私德」之起訴，便用文字去砌出了種種「匣劍帷燈」的一類之隱名隱語，便讀者用心細想，便可以悟到這裏所談的是什麼人物了。所以在正面來說，本來是有「言者無罪，聞者足戒」的優妙處，惟是在無論那一個國家，那一階層的人們，總有好幾種人物。世俗人所指摘的所謂「斯文敗類」，這是無法澄淸，而更是必然的滋生的，所以世間萬物，有牠一面的好處，就必有牠一面的壞處，任你用什麼高明的手法去防範他們，也是枉然的，是以在這一類小報的發展出來，說牠是有益於社會，是對的，但是一說到那種「斯文敗類」，藉那一張小報去敲人家竹槓，就有害於社會了。這樣說法，也是對的，那是對小報的一種社會批評。羽公不是負這責任，不過說起小報的人物，不得不連類述及當時社會人士的觀感，因爲現在羽公之執筆此篇文字，係以超然第三者的地位來立說，而不是以自己係其中人物之一的地位來發言的；所以，以後說到我自己的事情時，我决定赤裸裸把我自己經過事實坦白寫出來，决不自欺欺人，這是我對讀者首先聲明的。其餘的或者對於同業老朋友，有什麼不對的敘述，更希望大家坦白的訂正，則這篇文字，不難成了廣州小報的信史，這是羽公所最期望的了。

## （一）小公評的創刊人物和因緣

我記得似乎是在民國十三年的冬天，羽公由上海返廣州；我的赴澳原因，是因爲在澳門主持民報，以文字關係，與澳門警察廳長白朗古氏發生訟訴，內幕是白朗古遽下令停我民報的版。我知到葡萄牙法律，是警察沒有停止報章出版的權力，又得宋鑑生律師的幫助，向澳門總督控白氏濫用職權。結果，白氏去職，調返里斯本，但是澳門政府各職員，因此仇視我的情感更加深刻，遂借着那不久的紀念葡兵槍斃僑胞一週會這篇文章內裏的一句「濠江之淚，點點皆我華僑的血汗也」的悲痛語，就馬上下令我個人永遠離境，我因此便走入了軍人一途，當時就是負有第九旅旅長許大正的任務，赴滬晉謁老總。在滬月餘，和小報一班朋友週旋，知到滬上的花榜狀元，因桃色的糾紛而逃返廣州，征塵未洗，便和廣州已故的名記者李健兒相遇，說起我在滬上流連，及談到海上小報的發展情態，而李君正在担任新國華報編輯，而且彼此研究廣州報章新近亦有借「報屁股」（即日報的副刊）來做成小報的作風，馬上就懇求我撥出多少時間來幫忙他。當時新國華的副刊名曰「小國華」，我因爲在廣州雖然負有多少軍旅任務，但極爲清閑，於是立時執筆，草了那篇「海上花魁南逋記」予李君。豈料這篇文章一發刊，而那一位海上花魁又恰巧在陳塘的風月場中出現。所以這篇文章，在廣州風月場中有關的人物早到，莫不驚奇，以爲作者必定和花魁在海上有過許久週旋，而又必定同時南下的，始有如許燭照無遺的明確事實寫出來。因此便令到廣州市各日報的報屁股主編人，個個瞪目而視，而人人都急欲羅致寫這一類文章的作者。第一是當時公評報副刊的主編人李一塵先生，在這篇「海上花魁南逋記」刊出的一星期，馬上就央求李健兒介紹作者與他相見。而當時公評報在廣州市的日報，牠的銷場，算得是數一數二的了，因爲他所以能够擁有許多讀者的原因，是在於對「社會新聞」（當時廣州市報人對於軍政和經濟新聞之外，所有社會中各種怪異新聞，尤其是近於桃色的，一概加以此名詞）最爲努力。單就這一類的外勤記者，有一時期，聘用到二三十人的。當時創辦公評報，而決定以這樣紀載爲一報的中心，是該報總編輯陳柱庭的主張，所以對於報屁股，反而比較別家日報稍爲落後，是以當時公評報的副刊，僅僅在版面留出三條四號鉛字的地位，（即是昔日新聞紙對開的日報的八份之一）而別家日報的報屁股，早已改排五號鉛字，而且有許多家將副刊地位增至全版的，至少亦有五條五號鉛字的地位。即當時在負有廣東省政府機關報的名稱之「國民日報」和「國民新聞」兩家，對於報屁股的注意，比較更爲努力。因此李一塵先生和作者相見之後，便把他想將公評報的副刊改進的意思徵求我爲他助力。當時我便坦白的對他說：「李健兒我是不願令他難過的。」然而李健兒却明白向我解釋：「我是知道你的寫作習慣的，因爲令兄（作者家兄太璞，是廣州老小說家）時常談起，說你除非沒有興趣，假使興趣一到，每日寫萬餘字，是作爲家常便飯的。你就算担任三兩家的撰述，實在絕不成問題，總要大家有興趣出來協力，而且我有時也替一塵兄寫三兩篇去塞責的，如此就可見彼此絕無芥蒂了。」我知道健兒如此，便馬上允許一塵予以幫忙，而且即席替他定了將公評報的副刊擬名爲「大羅天」，並全用五號鉛字排版，至少有五條字位，並擬搜羅名人，藝人，的照片，和國內外各地古今有歷史性的建築物，或奇異風俗之照片，製版刊出。一塵君既全部接納，本欲羅致作者担任重要職責，但作者以身負軍中任務，只可盡一已的能力協助，當時只在友誼上每日負責替他撰至三千字，而此三千字，至少亦必分作六篇，因爲副刊文章，萬難寫到過千字，所謂短小精幹，文字簡練雋永。以是之故，第一要搜集材料，小品的材料尤難，稍爲平易一些的，便又變成了一段社會新聞，這是更爲當時撰述公評報的副刊稿件尤難的原因。幸而，出版了一個月，公評報的銷場，增加了三分二讀者，把廣州市各日報的副刊，一切都壓倒了。這時候李一塵更聽到我談述上海的小報狀況，興致勃然，而公評報的社長鍾超羣，報務主任鍾佐霖，咸與作者每夕流連於歌壇或風月場中，於是計劃創辦「小報」。初時本欲另擬一小報之名，但作者與一塵君主張仍以「小公評」一名爲佳，且決以「粉紙」印行，並以有價值之電版爲取勝，而撰述的台柱，仍以公評報副刊大羅天的作者爲多。當時的主幹，李一塵，嚴南方，羽公，三人而外，還有黃祐之，許凱然，梁貫孫（筆名即危坐廳磚者，禪房君子，中宮炮，）小公評出版，羽公爲之撰「紅船外史」長稿以爲之壓陣，幸而此稿果能叫座，其他每期的短稿，均主張精撰精編。寧許稿件少些，只用珍貴的照片來製電版以爲補救。不料過了二十餘期，固定的台柱，當然是有着稿荒的危機來臨，而並非固定的作者，便鬧到三請三催，都無法下筆，結果只有那些塞責的稿件投來。我們負着台柱的責任，怎樣去打破這個難關？而這時候，所以鬧起稿荒的原因，是有一個選稿和撰稿的轉捩點的。因爲小公評出版三個月之後，在廣州讀者的腦海中，被牠佔據不少地盤，各日報的報屁股，不能不各自去掙扎。因此之故，稿的本質，就轉變了，初時的稿件質料，大部份是向風月場中，茶樓的歌壇等等，在這兩個園地之中，便有多方面的人物底動態和私生活之發現，所以稿的來源，是不愁竭涸的。怎料到過了三個月左右，讀者的口味似乎覺得太膩了，吃不消了，是以不能不改變選稿和撰稿的目標，轉而向軍政名流人物的私生活。在這一類的稿件，凡屬執筆的人，沒有不搖手拒絕，以示寧願輟筆的。但是在讀者羣的目光和熱望，卻是日日去期望我們作者必多搜羅到這一類的佳稿，一經刊出，便傳誦若狂。如此，在顧慮到開罪於軍政名流之世俗所謂猛人們，如果遇着個有涵養，有襟懷的大人物，尚可以一笑置之，絕不追究。要不然，碰着一位牛鼻先生的人物，馬上便恐怕「罪孽深重，禍延……」了。是以人人都有着「名哲葆身」與及昔人「文字賈禍」之前車可鑑，便寧願「塔筆」。在這時候不獨「小公評」的因稿荒而時時延期出版，卽各家日報，為掙扎地位，搶奪讀者起見，大家都向這一類稿件搜求。但羽公覺得對於廣州市民衆在這時的渴求這類稿件的因素，是有其不可磨滅的推動力，而那推動力之發生，又有其因為壓迫而起的無可告訴的憂鬱和憤懣。在羣衆裡面，某一階層，尤其是窮苦大衆們，備受了統治者和一般豪富與及在社會中具有一種或幾種權力的人物，因為鞏固他們一己的私權益，而假借法或偽道德底威力去壓迫搾取窮苦大衆的血汗，而窮苦大衆，沒有法子去擁護自己的權益，只有張口睜眼向着灰色的天空呻吟，在這個悲慘只有個自知的環境下，試問有什麼來安慰自己底靈魂呢？因而就引起那一種「過屠門而大嚼，雖不得肉，亦聊一快意，」的自慰之心情，這就是民衆羣的渴求這一類的文章底因素了。

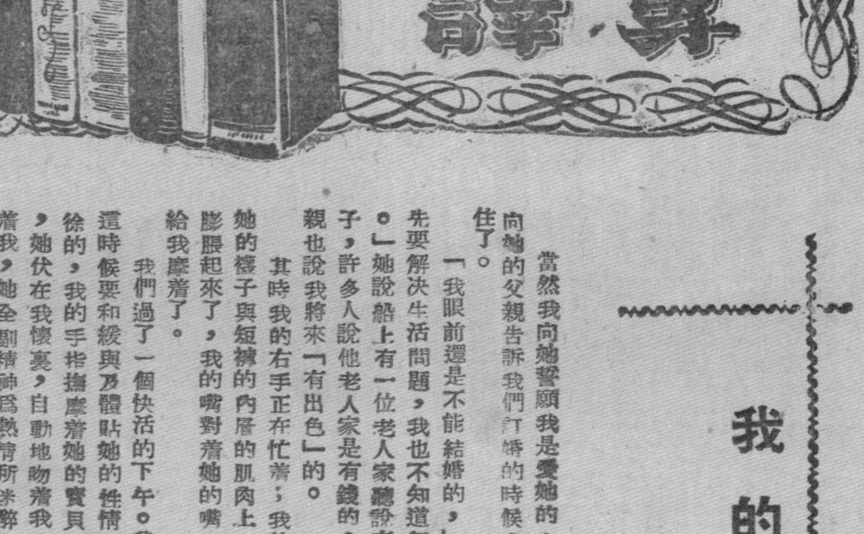


# 我的自述（二）

英：哈雷斯原著
木馬・青人合譯

當然我向她誓願我是愛她的，但當她說要向她的父親告訴我們訂婚的時候，我就有點呆住了。

「我眼前還是不能結婚的，」我說，「我先要解決生活問題，我也不知道何時才可解決。」她說船上有一位老人家聽說有意立我爲義子，許多人說他老人家是有錢的，即使她的父親也說我將來「有出色」的。

其時我的右手正在忙着；我的手指已伸到她的襪子與短褲的內層的肌肉上，我的熱情已膨脹起來了，我的嘴對着她的嘴，她的性部分給我摩着了。

我們過了一個快活的下午。我已有了經驗這時候要和緩與乃體貼她的性情。柔和的，緩徐的，我的手指撫摩着她的寶貝，等它開放了，她伏在我懷裏，自動地吻着我，她的眼睛望着我，她全副精神爲熱情所迷醉。在她要求我停止，要把我的手拿開時，我立刻順從她的要求，她回給我的酬報說我是一個「可愛的男子」與「甜心」。過了一會，我們的擁抱與撫弄又再開始了。她對我的猥褻撫摩已有了反應，當她感着最興奮時，她緊緊地抱着我，用她的熱唇向我狂吻。之後，她在我懷裏哭了一回，然後惱怒地對我說我是頑皮的。但她嘴裏罵着我，眼睛裏還是對着我脈脈含情。

晚餐的鐘聲在那裏響，她說她要回去了。我們約好下次在船面最高層甲板相會。在她站起來的時候，她再讓我的手指去撫摩，我覺得她的那個東西完全濕透了，濕透了！

× × × ×

當夜我們在最高層甲板散步並不如意：一點風都沒有，許多人在那裏來來去去，許多男子都認識她，這個喊着約絲小姐，那個嚷着約絲小姐，使我失望，不高興。我沒有獨佔她的機會，除非暫時的，但她還是一樣的可愛。片刻，我們在救生艇吊柱下停了步，這時我才有機會去撫摩她的小乳房，正當她背着我向前欲行時，我一手就摟住她的腰，緊緊地貼着我，又撫摩她。她把頭顱向肩後閉着眼睛用嘴對着我。寵愛的人兒啊！她眞懂得戀愛的技術了。

翌日天氣陰霧欲雨，但我們于下午二時吃過午餐就躲在救生艇做我們的功課。一個鐘點過去了，我們還是彼此撫愛着，我把約絲克服了，要她撫觸我的，當她觸着時，她的眼睛都變了深沉的樣子。

「我愛你，約絲，把我的觸着你的，好嗎

？」

她搖着頭。「不是在這裏喲。不要在這公開地方，」她對我耳邊說，「等一些時候我們到了紐約吧，可愛的。」於是我們的嘴密封了這契約。

當我們商量在紐約幽會的時候，她聽到的父親命令式的呼喚，拆散了我們的塢合。她去了，我一個人無聊地在那裏夢想，然而那種興奮的回憶，補償了暫別的痛苦。

第二天，船執事派了一個官艙的床位給我，與我同住的是一個赴西印度羣島服務的英國海軍練習生彭生倍。他並不怎樣壞，不過自朝至晚他的嘴裏所談的脫不了女人範圍，他堅持黑種女人比白種女人好得多，他說黑種女人較爲熱情的。

他把他的生殖器給我看，在我面前他就興奮起來了。他說同船中有一位到美國四士倭城做女管家叫白露頓小姐的是與他要好的。當晚他就介紹白小姐給我，她的身材頗高，光潔的頭髮，藍色的眼睛。她讚美我的背脊才幹。她是一個中年婦人，還有點風韻，我從她望着彭生倍的態度就知道她與彭生倍的關係已超過戀愛的範圍了。

約絲整夜都沒有來，我在甲板和她的父親礁面的時候，他怒目向着我，一句話不說就溜了過去。那晚我將這事告訴彭生倍，他說他可設法叫一個水手代我帶信與約絲，假如我要寫信給她的話。

還有一事，他提議我們將房間於每隔一個下午輪流分佔；比方，明天下午他要佔據那房間，我就不能跑進來，假如在何時我們任何一人看見房門鎖起來的話，他要遵守對方的秘密。我極滿意讚成了。那夜我在床上狂思亂想。約絲會冒着她父親的憤怒而到我的地方來嗎？或者，她會吧。無論如何，我總可以寫信去問她。不到一個鐘頭，那水手帶回她的回信了。信裏這樣寫着：「可愛，父親怒了，我們還二三天要小心些，各事妥當之時，我一定來——你可愛的約絲，」下面加了許多接吻記號。

那天下午，我沒有想起與彭生倍的口約，到了房間，已經下鎖了，我腦子裏馬上想起那口約，靜悄地離開了。他難道成功這樣快嗎？她會與他在床中嗎？我在那裏猜惑。

夜間，彭生倍不能隱匿他的成功。

「她有一副你從沒見過的嬌美的身材，眞是令人可愛。你到房門時候我們剛才完了事」。她要求彭生倍與她結婚，但他說不能，假如他有錢，他說他老早結婚了。

我的思想離不開約絲。我恐怕她永遠就這樣離開我了，我有點害怕了，我懇求她給我紐約的住址，末後我對她說我每天下午一時半一個人在房間等候她。

那天她沒有來。那個自稱想立我爲義子的老人發現了我，拉着我說，他是一個銀行家，願意担任我在哈佛大學的一切費用。他由船醫生聽說的話，他希望我將來做點偉大事業。他委實溫祥仁慈，有同情心，但他不能洞悉我自立的決心，我對我自己在生命廣大的戰場上所具有奮鬥的信心。我不需要扶助，我對他的保護態度有點不耐煩。

過了一天，有人叩着門，跑進來的約絲很狼狽地投到我懷裏。「我祇有一分鐘停留」，她說，「父親眞頑固了，他說你不過是一個小孩子，不許我訂婚，他從朝到晚把我監視起來。我趁着他到機房去的時候才有機會跑到這裏來呢。」

她還沒有說完，我就把房門關起來了。

「我要去了，」她喊着，「我眞的要去；我來祇爲了交給你我那紐約的住址」。她把住址交給我之後，我的雙手把她抱住了，我那時的歡情難以形容；我的右手向前摩着她的性部分時，我們的嘴是翕在一起，她的性部分立時開放了，我的手指在那裏撫弄着，我們接吻，一而再。驟然間，她的嘴唇熱起來了，我正在疑惑時候，她的性部分已濕透了，她的眼睛閃動着，向上瞧着。不一會，她想解脫我的摟抱。

「眞的，可愛的，我有點怕，他或許到這裏來嘈吵的，那就要我非死不可了。謝謝你，放我走吧，我們在紐約時還有許多的時間呢。」但我不願意給她走，我擁着她更貼着我，將她的裙子拉起來說，「讓我的接觸你的，我就放你去。」片刻，她已忘了自己，對我的跳動的熱情，不克自已；當我將揷進時，她略爲退後，低就了些，從她的眼睛，我知道她有點憂慮，我立即停止了，讓她的裙子放下來。「你眞是這樣可愛的人，」我說，「有誰可以拒絕你的要求呢，在紐約好了，現在來一個長吻吧。」

她將嘴親就了我，她的嘴唇還是熱烈的。由此我知道當一個女人的嘴唇發熱了，她的下部先有了熱情，她已放縱了自己，此時就是擁抱交合的時候。

× × × ×

到了紐約，我第一件事就是上岸去找尋一個居住的地方。我經過中央公園，到了一條馬路大概是現在著名柏拉沙大酒店的舊址，我看見了一個女人拿了一桶水從一幢木屋搬到馬路邊。那女人注意我站在馬路上佇望樣子，知道我是一個外來客。

「謝謝你，給我一些水可以嗎？」我問她。「當然，可以的」。她用着愛爾蘭的土音答着。「進來吧。」于是我就跟她到廚房去。

「你是愛爾蘭人吧。」我笑着對她說。「對的，」她說，「你如何能猜得着呢？」「因爲我是在愛爾蘭出世的。」她由此對我很親密，從她的屋後面養着的牛擠出新鮮牛乳給我喝，她知道我沒有吃早餐，就請我吃東西，我就對她說了我的來歷，使她驚奇我的遭遇。

她也把她如何嫁給毛拉根的故事給我聽，她的丈夫是一個碼頭卸夫，工錢不錯，是一個好丈夫，祇可惜嗜酒如命，常常吃醉。吃完了早餐，我起來對她稱謝，正預備走的時，他說：「你是一個無知的青年，不知道紐約是怎樣的情形，紐約是一個可怕的地方啊，你在這裏等候毛拉根回來吧。」

「但我要找一個地方居住的，」我說，「我有點錢。」

「你就在這裏居住吧，」她堅決地說，「毛拉根會把你安置的，他知道紐約的一切。」

我沒有辦法，祇得聽從她的意思。吃了晚餐之後，毛拉根還沒有回來，我就對毛夫人說要出去做一點事才回來。我出去把約絲的住址找到了，但我沒有進去，祇寫了一封信給她，約好船到後第二天我們相會。

那夜回去時候，毛拉根回家了，他是一個高大，面孔美觀的愛爾蘭人，稱讚她的夫人是世界上最好的廚子。「所以我娶她，我都沒有懊悔的，對嗎，瑪麗？」「你是沒有懊悔的理由吧，毛克！」

毛拉根也要我住在他們家裏，並爲我設法找職業。第二天，一早我們就起來了，毛拉根跟我一同出去，到了一條馬路搭着馬車，我就自己一個人在馬路觀察，看見馬路轉角地方有許多擦鞋者。有一檔有三個客人，而祇有一個擦鞋者。

「我可以幫你些嗎？」我問他。那擦鞋者望了我一眼。「我沒有問題的。」我就拿了鞋擦開始工作了。我擦完了兩個客人他還沒有擦完頭一個，當我們想談話時候，又有一個客人來了，擦鞋者就指導我用擦鞋布的方法。這樣過了一點半時光，客人就逐漸減少，擦鞋者願意分一半利益給我，我得了一元五角的酬勞。擦鞋者名叫伊力遜，他說以後照樣分賬辦法給我工作。我對他說橫竪我還沒有找到真正職業，我願意每天到這裏來幫他的忙。那時候每星期三元就可以解決搭食問題，所以在數小時內我就把還食的問題解決了。

回家時候，毛拉根說紐約鐵橋建築公司招募工人，每天工錢由五元至十元，毛夫人就說「五元嗎？那種工作一定是危險，不衞生，或其他原因吧，你不會介紹這種工作給年青的人吧。」

我對危險的工作和那豐厚的工錢都引起了我的興趣，決定去幹那鐵橋下的工作。建築鐵橋是一件很危險工作，在水底之下，用抽氣方法在圓筒裏的工人如坐地獄一樣在那裏勞役，因爲空氣不清潔和環境黑暗霉濕之故，做過鐵橋的工人都發生一種痙攣症，耳聾，目盲等的危險病症。因此做了一個月，我打算就辭去這種危險的工作了。

× × × ×

到紐約後一個星期，約絲來信說她的父親於第二天搭船離紐約，約我那天下午到她家裏。我依時到了，她介紹我見她的姊姊，生得高，身材很潤，但一些約絲的美貌都缺如。我們談了幾句，約絲就帶了我出去，一直到中央公園，但那裏的遊客太多了，我們不能暢所欲爲，我對約絲渴望着和她接吻與接觸。約絲想了一個方法：假如姊姊和她的丈夫有了戲院的票子，他們是一定出去的，那我們可以自由了。她說票子要兩塊錢，照她的意思這數目太大了，我聽見就喜歡，給她鈔票，約好她明晚八點前相會。約絲知道到那時候會怎麽樣呢？現在我也不敢確實，不過我相信她一定會猜着的。

第二晚我等候的時機到了，立刻去叩門。當我到了客廳，吻了她之後，我對她說，「約絲，我要你把衣服除去。我相信你的身材一定很可愛的，但我很想知道。」

「不是立刻嗎？」她努着嘴，「你先對我說話，我想知道你近來如何？」我抱了她坐在沙化椅上，「要我說什麽話呢？」我問着，我的手伸到她的脾肉去。她蹙着眉，但我吻着她的嘴，抱了她，把她全身放在我的懷抱裏，這樣我就容易動手。她的唇立刻發熱了，我不停地吻着，撫弄着，她的眼睛閉起來，她已歡樂到不能自制。驟然間她把身子一躍躍到我前面，吻着我，「你不說話呢！」她說。「我不能」我喊着，我意志決定了，「來，」於是我把她抱起，走進她的房裏。「我爲你狂醉了，」我說，「謝謝你，脫下你的衣服吧！」她最初有點抵抗，但當我把她的衣服解了時，她自動脫下來了。她的褲子是新買來的，褲子脫下來之後，她穿着一件襯衣與一對黑襪子，站在我面前。「那够了嗎？」她說，一邊就把襯衣拉緊。「不够啊，」我喊着「美麗要顯露出來的」，不一刻，那件襯衣從她的上身脫下到她的臀部略停了一會，然後從脚部溜脫下來。

她的裸體把我的心停止跳動，我爲性慾所陶醉了，摟抱着她，把她的輕軟的身體貼近我，摟抱着她到床上去。

我們的暖體互相貼着，我們的脈搏跳得震動。未幾，我把她的腿分開，我臥在她身上，我就開始向她進攻，但第一次接觸她就呼着，「唷，痛啊！」她就退縮了些。幾次的接觸，我知道祇有順着她的狀況，使她易受，這樣我就比較動作自由，她的水來了之後，更使我歡樂得無以形容了。雖然我想更進一步的推前，但她仍覺着有些痛楚，我已忍不住了，白如奶色的液體放射出來；那時情緒已達到極點，我也幾爲之呼喊出聲，約絲就慌張起來說着，「看啊，你把我弄濕了！」她讓開了一邊，果然在她的雪白脾肉上有些血點，她就喊着，「喲，我流血了，你做了甚麼？」

「沒有甚麼。」我答她，於是把小巾抹去血跡。約絲已有點害怕，我也不強逼，我正在趁着機會欣賞她的全部肉體，故我仍臥在她的身邊，吻着她的乳房，她的乳頭在我嘴裏堅實起來。我對她的絲毛蓋着的性部分爲之心蕩魂銷。約絲把手掩遮着，說是不好看的。她說「我們還是起來吧，他們快要回家了。」我裝着不聽見，仍把我身體橫在她的懷裏，她吻着我，當我的生殖器再次觸着她的性部分時候，她咬緊我的嘴，讓我停了一些時光，她的嘴唇發熱時，她就說道，「那是這麼大的，然你真可愛啊。」不一會，她又推促了，「還是起來吧，假如他們看見了我們，我就要慚愧死了。」

不到十分鐘，她把床舖佈置好了，我們就在客廳坐談。我此時奇怪約絲不把剛才的經過來做談話。「甚麼給你最快樂的？」我問她。「全都是，」她說，「你這俏皮的人；但我們還是不談這些好。」

我想再去撫摩她的性部分，然而她的姊姊此時回家了。

我與約絲第二次幽會，因爲她的姊姊阻礙，沒有機會成功。她說她的姊姊對我很冷淡，她的姊姊罵她不應該將我當一個丈夫看待。約絲受了她姊姊的勸告，漸漸和我疏遠起來。那時我每天都跑到擦鞋檔去多賺些錢，有一次有一個客人，在我對他說「完了」之時，他也同答「完了」。後來他說他正在癡想一回事，「凝神吧，」我對他笑着。

「甚麼，凝神？」他驚異問着我，「想不到一個擦鞋者能念出拉丁文來。你是一個怪青年，你幾歲呢？」「十六，」我答着。「你不像十六歲，」他說，「我現在沒有空，將來我跟你談談吧。」

這個客人叫做金德力，是在芝加哥開旅店的，他說像我這樣才能，不應該在擦鞋檔過生活，他的旅店現需要一個夜班值理，叫我到芝加哥去照顧他的生意。我在紐約有點厭倦，很想到美國西方觀察一下，我把這件事與伊力遜商量，他不願意我去，他說他的檔口將來一定有發達日子；但是我與毛拉根夫婦倆商量時，他們都贊成我去。當晚我謀與約絲再來一次幽會，但她怕姊姊不肯再給我們在一起，從此我就與她分離了。

新文学吶喊

# 文學標準語

魯夫

## A　文學標準語的形成

新文學的範圍，相當廣濶，得分層列次地推展，同時更得注意這文化舟車的輪軸——語詞的傳佈。

文學是文化的舟車，語詞是文學的輪軸——沒有語詞，則文學徒然在精神上構成，心靈上蘊蓄，決不能從「蘊于中」形于外。

不過語詞在縱的方面有今古的不同，在橫的方面，有「國」「方」的分界。——用古代的死語詞，表象今代的生文學，固然是「鑽牛角」，而用方俗的語詞，應用于大衆文學，那也是「走黑道」。

所以「利用新文學推動新文化」和「應用新語詞敷佈新文學」成爲「必須兼重」。

昨日，我們對于新文化新文學的精神建設，已經奮起戍卒之嘯，——高呼十二原則。

今日，繼續努力，則當致力于「新文化新文學的表象形式，」的整飭棄留——傳播「文學標準語」——建設和傳播文學標準語，作表現文學，發揚文化的工具，作對于惡俗背景形成的香港惡俗語詞——斗零，皇家工，和「香港文章」中的不健全語句——「某某某遇狙」，「因車路關係」「丁兹不景」等文化殘渣的「斷然的掃除」的「定然的瓜代」。

一方面除舊，一方面佈新，——一方面勸止青年別逐俗隨汚，一方面則當「實際行動」給他一個新的工具，使他們別踏「民國六年北京青年用文言討論語體文學」的矛盾的覆轍，使傾向新文學的新青年可以用合理的自己的武器，協力舊文學的掃蕩，和新文學的建設。

現在介紹「文學標準語」和大家見面——，把牠的「識野」「範疇」……逐個兒地具體的提出。

## B　文學標準語的識野

無論研究什麽學科，得先把握住牠的要點，然後從肯綮順及支脈，才可以獲得事半功倍的效果，所以我們在舉述文學標準語的全貌以前，先來表述「文學標準語的識野」；提綱絜領地說：

『用「代表國家」，「適合羣衆」「由自然形成經人爲擴劇」的中國政治力文學力社會力造成的中國標準語，包含時代化的標準語詞語調語法。供給文學創造生活，戲劇小品文和書報，表意寫作應用的一種文化工具，——牠就是「文學標準語」。』

（附帶聲明：識野這詞兒的意義是「一瞬間意識內容的全範圍」不是香港華僑俗詞中的「識野」。）

## C　文學標準語的外型

文學標準語，不是單純的東城西城不同，滿人漢人各異，上層下層分流的北京語，也不是「宋代語錄，元代雜曲，明代演義，清代官話」的「囫圇吞」。牠是北洋南京……各時代中央政府制定，言語科學家文學家心血膏沐成功的隨自然更新以人爲榮養的中國標準語——中國標準語，牠的外型如下：

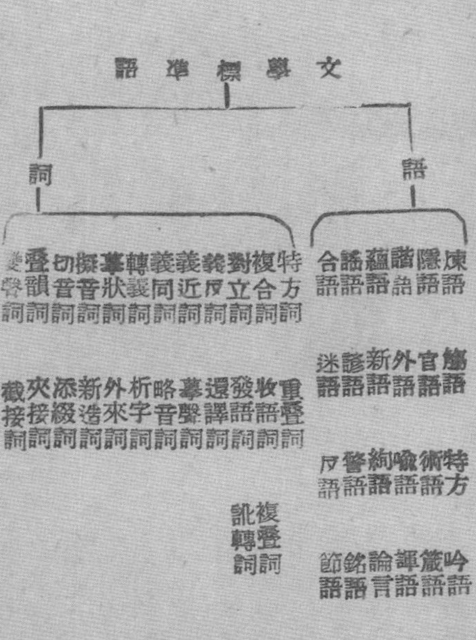


以上只舉述牠的大綱，其中主要的是「官語」「諺語」「譜」語「蘊」語，下邊提供關於牠們的資料，——供給運用。

## D 官語

官語不是流俗意相上的「官吏用語」，這個官字和「五帝官天下」的官字的相等意義，——官語——中國公語，牠的內容，在平凡方面的語詞，坊間的國語小冊子已有一部份，這兒只把普通人所不留意而有差別的官語，舉幾個例子。

（1）人稱代詞的「我們」和「咱們」有分別：我們用于大我，咱們用于小我；

（2）連詞的「和」和「跟」有差別：「和」用于相連，「跟」範圍較寬；

（3）「吧」和「罷」有分別：「吧」詢問用詞「罷」非詢問用詞；

（4）「了」和「啦」有分別：前者兼司問答，後者專用于答述；

（5）「嗎」和「嗎」不同：「嗎」是普通問話用詞「嗎」含有驕矜气；

（6）您和你，怹和他，有分別：您怹用于敬語，你他用于對下；

（7）「別」和「甭」有分別：「別」——不要，「甭」等于「不用」；

（8）「的」或「地」有分別：的字用作介詞連詞助詞，「地」用作副詞，狀詞。

以上的語詞，都是南方人「文藝」「新聞」各方寫作上，常常弄錯的文學語詞，應該注意。

## E 新語

新語在原則上有兩種意義，一種是中國主自創造的，例如九八老人馬相伯的改「抽象」爲「玄摛」，胡以魯稱「領事裁判權」爲「超治法權」，（有一個時期，上海一部份報人把「治外法權」和「領事裁判權」弄混亂了，我曾經作文糾正他們，——上海如此，香港可知！）一種是時代產物隨產詞，例如：鐵道工程上的「詹夫佑」，國民生計方面的「景气人爲」，總名新語，分析起來有「單綴尾新語」「複綴尾新語」「單冠首新語」「複冠首新語」「截接語」「夾接語」「特殊語」「專門語」……多種，試舉數例：

（一）夾接語（狹義的語——詞）

三B政策，三K黨，三C主義，三M政策，四J主義

三B鐵道，阿Q相，三A政策，西印度公司，形式邏輯論。

（二）截接語

檸檬時間　鼻加答爾　卡片　毛瑟槍　代代主義　華爾滋舞　道威斯計畫

諾貝爾獎金　頭腦托辣斯　馬克思少女　唐克車　道爾頓制　斯巴達克團

冰息濂　列寧禮讚　狄克推多制　法西斯蒂化　X光線　乒乓球

赤色亞林匹克　亞姆斯特丹國際　腸窒扶斯　托洛茨基派　但姆但姆彈

森姆叔

（三）單綴尾新語

綴「體」——有機體　結晶體

綴「觀」——宇宙觀　世界觀　人生觀　歷史觀

綴「家」——思想家　企業家

綴「黨」——地下黨　在野黨　民主黨　十月黨

綴「狀」——委任狀　任命狀

綴「能」——放射能　工作能

綴「系」——政學系　太陽系　文學系　政治系

綴「國」——保護國　法制國　同盟國　交戰國

（以下從略）

（四）複綴尾語

紀念——八一紀念　國恥紀念　國慶紀念

革命——辛亥革命　七月革命　土地革命

（以下從略）

（五）單冠首新造語

小——小資產　小市民　小協約國　小有產者　小階級

反——反革命　反封建　反軍國主義　反通貨收縮

（以下從略）

# F　合語

合語又叫做複音單字，新文學運動的中期，王了一教授，桓天挺教授，主張多量應用此種字，杜定友氏所創作的圕，是香港人最面善的語詞。其在質量上說，除了圕以外，還有「政府公佈的」「海外語教促進會議定的」這類語詞，在時代上說，中國在唐朝已有，舉例如下：——

𦬇＝菩薩——敦煌石室唐人寫經

𦬆＝菩提——仝上

圕＝圖書館——杜定友

𨷻＝雷報局——桓天挺

𢈲＝電力廠——前人

𧙕＝包裹——前人

㸃＝主力——前人

𣲧＝冰雪——前人

㚬＝中華民國——前人

𨮁＝金礦——前人

𣱵＝氣節——前人

（全部八千個語詞，詳見中國文字迅捷化方案）

𩋆＝鞠躬　國語會印佈

浬＝海里　仝上

䌶——讀作公絲

兞——公毫

兣——公厘

兝——公分

竡——公石

竍——公斗

竔——公升

竕——公合

竰——公勺

竓——公撮

兛——公斤

兡——公兩

兙——公錢

竏——公秉

粍——公厘

糎——公分

粉——公寸

粎——公尺

籵——公丈

粨——公引

（以上政府公佈）

（以上一個單字讀兩個音）

（以上一個單字讀兩個音，另外還有一種讀法，例如「粉」讀作「公寸」又讀作「咁細咪吙」；「克」又讀作「哥兒姆」，以為香港沒有萬國音標或注符的鉛字，用漢字譯音不正確，而且習慣上多類讀前一種音，所以第二種讀法，暫不刊出）

# G　隱語

隱語在文學上的用處最大，不僅令「聽者有心，言者無罪，」牠的「諷刺」「阿諛」「批評」「描摹」……等本能，足以令某一個文學者和他的作品增價。古代宋國的皤腹謳，齊國的飲酒對，秦國的諫漆城，楚國的勸葬馬，周朝的刺厲王，漢東方朔的弄倡優，吳薛綜的嘲張奉，漢蔡邕的跋曹娥碑，楚莊王的答飛鳥，都是膾炙人口的傳錄。近代語體文學作品對于隱語的引用，更是白熱，下面舉出一部份的資料：

（一）特殊社會的隱語（小說描寫應用）

（甲）淸門切口　（詳見拙著廋辭探賾）

小刀碼子＝袖手旁觀　孝祖—拜師
討慈悲＝求指導　脫節—做錯事
赴蟠桃＝宴會　老江湖—老在外奔走，老于社會
大鍋飯＝聚衆打架　打招呼—安慰，
拉網＝假做喜慶事，令人送禮　吃門—蠻橫

（乙）洪門切口

威武窰＝機關官署　困槽子＝當衣
小噴筒＝手槍　鬧海窰＝浴室
古子＝官員　烘天＝炮
栽桃李樹＝收徒弟　粉子窰＝飯店
受燻＝吃鴉片烟　八狗子＝棉襖
春點＝暗號　蝴蝶＝馬褂

（二）一般社會的隱語

一咀的螞蚱子—罵鄉下人　不是骨頭—不是好人
丁郎兒眼睛—東張西望　乍啦肉—難應付的人
總理衙門—混蛋湯　串秧兒—混血種
不起碗兒—貌不驚人　乏貨—胆小無能的人
囁濂子—碰釘子　二三四—不肯花錢白取利益
二毛子—仗外力欺本國人　二百五—飯桶
二把刀—半桶水　井裏蛤蟆—孤陋寡聞的人
吃獨饍—利益獨占　倒打一耙—反咬一口
琉璃蛋—八面圓通　半吊子—半瘋
菜貨—大飯桶　四五子—酒

# H 節語

節語又稱為節略語，牠的來源很久，在晉代已經有了，以後歷代都有人創用：——

晉陳壽王敦傳—「黃散」—黃門傳郎散騎常侍
南史何戢傳—驍游＝驍騎游擊將軍
北史伊馥傳—中秘＝中書秘書
陳書蕭乾傳—建晉＝建安晉安
唐書溫造傳—遺補＝拾遺補闕
宋書職官志—防團＝防禦團練
金史宣宗紀—防刺＝防禦刺史
元海運圖石刻—慶紹＝慶元紹興
清軼史李鴻章—爵閣部堂＝侯爵內閣大學士總督部堂

現代：

二中全會　軍委會　漢冶萍
中執會　國府　滿鐵
中宣部　中常會　東鐵
參陸處　中宣劇團　中航
電檢會　國聯　蘇聯
托派　軍縮　普羅

# I 外來語

時代國家的文化是多邊吸受的，有外來文化的切磋，有本國文化的陶鎔，有由文化綜合的新文化的滋生，形成文化的龐大，文學語言便是定律的徵驗，除了瑞士比利時多種模準語文的國家不算，歐洲的英法，亞洲的中日，文學成份，都因文化交流而澎湃，現代中國標準語中的外語分為兩種：

（一）前代殘留的外語，例如：——

可汗　閼氏　冒頓　粘罕
伊斯蘭　兀朮　危須
卑陸　狐胡　蒲類　尉犂
單桓　焉耆　渠犂　龜茲
烏孫　身毒　月氏　烏秅

（二）現代外來語的直接接受，例如：——

幽默　浪漫　引擎　卡通　切卡
化粧　抽象　馬達　瓦斯　亞門
木乃伊　卡迭爾　伊太　米爾
布爾什維克　安琪兒　沙龍　探併
阿米巴　杯葛　虎列拉　烟士批里純

## J 諺語

諺語，又叫作「諺」，從字面解釋，牠有九種意義，和本問題有關係的四種：——

（一）諺＝傳言，說文段注——傳言者古語也，凡經傳所傳之諺，無非前代故訓，宋人作許，乃以俗語俗論當之誤矣。

（二）諺＝傳——見廣雅釋詁

（三）諺＝諺　國語越語，諺有之曰……等於俗之善諺

（四）諺＝俗語　禮記大學　故諺有之曰

以上是舊文學的諺的定義，新文學的界說，有兩種：

（一）桓力行說：「諺是特殊口語，具有『美術渲染』『針砭作用』，特殊風光的文明人的口語藝術語；

（二）郭紹虞說：「諺是人的實驗經驗的結果，用美的言詞表現，日常使用，規定人的行為的語言。

牠的應用範圍很寬，詞類非常豐富，全國各省縣沒一處沒諺語，盡量舉列，篇幅容納不下，下面只把標準語常用的諺語，寫點兒出來給大家看看：——

（一）隔行不隔理（二）捨命不捨財（三）隔行如隔山（四）顧前不顧後（五）雞一咀鴨一咀（六）人不知鬼不覺（七）雷聲兒大雨聲兒小（八）牛拗損力人拗損財（九）面和心不和（一〇）換湯不換藥（一一）頂天立地（一二）順水推舟（一三）飛不高跌不重（一四）身不動膀不搖（一五）飲水思源（一六）駕輕就熟（一七）騎驢找驢（一八）倚老賣老（一九）鵲巢鳩佔（二〇）鬼斧神工（二一）逼着懶驢上磨（二二）交人要交心（二三）近朱者赤，近墨者黑（二四）雪中送炭（二五）蜜糖調油（二六）路遙知馬力，日久見人心（二七）趕驢的騎驢（二八）人窮志不窮（二九）趁火補漏鍋（三〇）賤賣沒好貨（三一）買馬看母子（三二）貪賤買老牛（三三）人在人情在（三四）貪多嚼不爛（三五）儘早不儘晚（三六）讓行不讓力（三七）親戚遠來香（三八）生薑老的辣（三九）萬丈高樓從地起（四〇）船多不碍江（四一）住了轆轤乾了畦（四二）人不說不知，木不鑽不透（四三）人是衣裳，馬是鞍韂（四四）人能興地地能興人（四五）人找事事找人（四六）井裏蛤蟆醬裏蛆（四七）井淘三遍好吃水（四八）作到老學到老（四九）光棍不吃眼前虧（五〇）兒不嫌母醜狗不嫌家貧（五一）兩好并一好（五二）八九不離十（五三）含貪着露着肉（五四）君子一言快馬一鞭（五五）和尚無兒老子多（五六）大人不見小人怪（五七）你有我有，就是朋友（五八）天上無雲不下雨（五九）天下人交天下友（六〇）天上一句地下一句（六一）單絲不成線，孤木不成林（六二）官擡別當私擡買（六三）官塲如戲塲（六四）官相官，吏相吏（六五）客去主人安（六六）寅吃卯糧（六七）對佛說話（六八）對牛彈琴（六九）山窮水盡（七〇）柳暗花明

## K 蘊語

蘊語由隱語衍變，牠的特點有三：——

（一）比隱語有含蓄，

（二）描摹事物，烘托有力，

（三）不懂蘊語的人，感覺新鮮，巳懂蘊語的人，聽了蘊語，可引起會心的微笑，——普通人所常見的蘊語，在香港方面最能引用蘊語的電影工作人王玫龍，牠能引用二三十句。北方作家的小品，戲劇，散文，電影——連清代的小說紅樓夢，老殘遊記，……六七部文學色采的小說算上，有一百幾十句，文藝學會搜集二百八十八句，現在寫在下面：——

一　瓷公雞——一毛不拔（注意各詞運用舉例）

二　武大郎放風箏——出手兒不高

三　禿子當和尚子——將就材料兒

四　虎伯辣拿鴿子——瞧錯了

五　猫兒頭戴帽子——混充鷹

六　一塊豆腐的身家——鬧什麼

七　猴子驢綿羊耍棒椎——什麼人兒，什麼傢伙

八　老西兒下棋——搓一個足

九　額爾素吹海笛子——不懂眼的

十　老花子打狗——窮橫

十一　老爺廟求子——錯了地方兒了

十二　黏糕改粽子——折騰嚢兒

十三　虎伯辣餵飯——不正當玩兒
十四　耗子舔貓鼻子——找死
十五　耗子拉木鍁——大頭兒在後頭哪
十六　耗子算卦——擱下爪兒就忘
十七　耗子拉屎——窩兒忿
十八　老太太哭大姐兒——沒了盼兒了
十九　老爺廟的旂桿——獨根兒
二十　老虎戴訴珠兒——假善人
二一　老媽兒吃鍋子——下涮
二二　苣蕒菜餵鴨子——苦大咀兒
二三　老和尚罵街——不像話
二四　老太太送殯——走在後頭
二五　老太太吃柿子——嘬癟子
二六　老鴉落在猪身上——瞧見人黑，沒瞧見自己黑。
二七　耗子爬竹桿兒——一節兒一節兒來
二八　耗子掉在麵缸裏——翻白眼兒
二九　蛤蟆墊桌腿兒——死捱兒
三〇　蠍子的屁股——獨門兒
三一　蜜餞石頭子兒——好吃難尅化
三二　螃蟹過車轍——橫行
三三　武大郎盤杠子——夠不着
三四　床裏下踢毽子——高到那裏
三五　猴兒頭戴帽子——混充人
三六　耗子尾巴尖兒長瘡——有多大膿血
三七　老西兒把寺子——瑚弄局
三八　王大夫候脈——一片虛
三九　二眸子緊腰——稀鬆
四〇　蠍子的屎——獨份兒
四一　街坊的鷄——轟出去
四二　袴腰帶繞在脖子上——錯繫了
四三　裱糊匠上天——糊云
四四　要飯的起五更——窮忙
四五　誇咀的大夫——沒好藥
四六　豁牙子吃西瓜——道兒多
四七　象拉屎——大勁兒
四八　猪八戒的脊梁——無能之輩
四九　猪八戒玩兒老鵰——什麼人兒玩什麼鳥兒
五〇　貓咬膀尿——瞎喜歡
五一　貓兒洗臉——一胡摟
五二　貓哭耗子——假慈悲
五三　買鷄餵鴨子——帶着訛
五四　賣鷄子兒的摔筋斗——一個好的沒有
五五　走道兒檢鷄毛——湊胆子
五六　走道兒打哈式——乏人
五七　遊僧攆住持——喧賓奪主
五八　趕脚的騎驢——眼前快樂
五九　近視眼養瞎子——一代不如一代
六〇　鄉下老兒不認識噴嚏——碎咀子
六一　醬蘿蔔——沒影兒了
六二　野麥子——不分隴兒
六三　野貓戴鬼臉兒——人面獸心
六四　金錢豹拿猴兒——耍叉
六五　錐子剃頭——另個傳授
六六　鋸碗兒的挑子——不見不響
六七　鐵公鷄——一毛不拔
六八　鑽腦袋不顧屁股——鑽頭不顧尾
六九　長蟲吃扁担——直了眼兒了
七〇　長蟲吞扁担——直了脖兒了
七一　閻王爺沒在家——小鬼上殿了
七二　閻王爺的扇子——陰面子
七三　閻王爺拉弓——色鬼
七四　閻王爺的孫子——鬼羔子

七五　關上門兒打要飯的——拿人開心
七六　陰天晒衣裳——白搭
七七　陽溝裏的鴨子——肚兒肥
七八　隔年的臭虫——癟皮了
七九　隔年的蘑菇——泡不開
八〇　隔着聰戶吹喇叭——名聲兒在外
八一　鷄蒔鴨子——白忙和
八二　鷄毛拌韮菜——亂七八糟
八三　鷄蛋裏睡覺——睜眼兒淨是窩
八四　鷄蛋上抹白礬——嗇刻子
八五　鷄窩裏找骨頭——沒事兒找事兒
八六　鷄子兒掉在醋缸裏——酸蛋
八七　雲來霧去——浮而不實
八八　韓信將兵——多多益善
八九　韓湘子出家——一去不回頭
九〇　韮菜包子——從裏往外臭
九一　餓鷂鷹——胡䏶膢
九二　餡兒餅刷油——白搭
九三　餅舖的耗子——吃貨
九四　馬尾兒穿豆腐——提不起
九五　駱駝摔筋斗——倒了煤了
九六　駱駝安鼻子——像了
九七　騎着駱駝吃包子——樂顛了餡兒
九八　騎驢看唱本——走着瞧
九九　鳥槍換砲——越來越哭
一〇〇　鴨子過河——片兒湯
一〇一　鷂鷹抓切糕——黏了瓜兒
一〇二　鷹咀鴨子爪——會吃不會拿
一〇三　黃蓮樹底下睡死人——苦死了
一〇四　黃鼠狼給小鷄兒拜年——沒安着好心帖
一〇五　黃蓮樹底下拉胡琴兒——苦中作樂兒
一〇六　黃蓮拒娃子——苦孩子
一〇七　蛤蟆兒拿鼎——空着鏡兒哪
一〇八　癩果桃兒——十六
一〇九　被 裏放屁——吃獨食
一一〇　蠟舖的幌子——沒信兒
一一一　鄉下老兒買棺材——躺下試
一一二　鄉下老兒不認識元宵——白玩兒
一一三　豬八戒照鏡子——裡外不是人兒
一一四　鋸碗兒的戴眼鏡兒——找鏟兒
一一五　薄沙市兒賣元宵——肚子裏有咀裏倒不出來
一一六　金子還是金子換——好貨不賤賣
一一七　虎伯辣打盹兒——吊了架兒了
一一八　豬八戒進湯鍋——活要命
一一九　蔴繩兒溯水——越來越緊
一二〇　蔴楷棍兒打狼——兩頭兒害怕
一二一　葡萄拌豆腐——一嘟嚕一塊
一二二　八仙桌兒蓋井口——隨得方就得圓
一二三　八十歲留鬍子——大主意各人拿
一二四　半斤八兩——勢均力敵
一二五　六里屯兒着火——謠言
一二六　六月的包子——外面兒光華，裏面兒臭
一二七　倆瞎子掏蛐蛐兒——你聽聽，我聽聽
一二八　倆屎桶擱一塊兒——對臭
一二九　倒水的摔筋斗——翻了簹
一三〇　菜上飛金——配搭兒
一三一　瞎子吃胡桃——砸了手兒了
一三二　瞎屎蜣螂——混推
一三三　瞎子打燈籠——白費蠟
一三四　瞎子賣冰——按竊兒鑿
一三五　瞎子磨刀——快了
一三六　瞎子過河——險得很

一三七 脚面上長眼睛——自看自高
一三八 脫褲子放屁——多此一舉
一三九 睜着眼鏡說夢話——妄想
一四〇 聽評書弔淚——替古人担憂
一四一 何家姑娘給鄭家——正合式
一四二 佛爺桌子！——動不得
一四三 使喚了頭凳鑰匙——担沉重兒，不拿主意
一四四 倆瞎子打架——對抽
一四五 倆豁唇子打架——誰也別說誰
一四六 修脚的扒襪子——修到了行市
一四七 作夢搶當舖——窮邪了心了
一四八 賊說夢話——想偷
一四九 偷來的鑼鼓——打不得
一五〇 傢伙舖兒的鉗子——沖透了
一五一 兩榜底子——近視
一五二 兩口子鋤地——不顧人
一五三 兩口子打架——好極了
一五四 八面兒不傷——處處周到
一五五 八仙過酒——各顯其能
一五六 二百錢不當——疊起來了
一五七 二姑娘梳頭——不必
一五八 二姑娘耍石頭——接不住
一五九 二姑娘玩兒老雕——有點兒架不住
一六〇 二姑娘拿簷蝙蝠——撇邪
一六一 井裏的蛤蟆——沒見過籮兒大的天
一六二 仨鼻子眼兒——多出气——多管閒事
一六三 仙雀打架——繞脖子
一六四 仰八脚兒下蛋——笨鷄
一六五 冷鍋貼餅子！——溜了
一六六 冷飯：——攥不上團兒
一六七 兎子的尾巴——長不了
一六八 六指兒划拳！——有一個算一個
一六九 十五個吊桶打水！！——七上八下
一七〇 爛心爛肺——多疑
一七一 天津蘿蔔——不辣不要錢
一七二 天亮下雪——明了白了
一七三 花椒樹底下睡覺——麻人
一七四 苦黃瓜：——强起來了
一七五 胖子坐驢車——窄得下不來
一七六 脫了舊鞋換新鞋——改邪歸正
一七七 耗子扛槍——窩兒裏橫
一七八 背着丈母娘朝五台——吃力不討好
一七九 茉莉花兒餵駱駝——那得多少
一八〇 肉扛上要乜帖——窮花了心了
一八一 肚臍眼貼福字——大酒罈子
一八二 胡蘿蔔就燒酒——格崩脆
一八三 瞎貓碰死耗子——僥倖
一八四 瞎子的馬桿兒——胡杵
一八五 猴兒嘴裏逬不出棗核兒來——眞奇蹟
一八六 猴兒拉了——一個勁兒
一八七 于母娘娘坐月子——養神
一八八 于奶奶玉奶奶——差一點兒
一八九 于八吃黃瓜——對了色兒
一九〇 瓜子皮兒擦屁股——能幹兒能幹兒鬧一手屎
一九一 瓜地裏讀書——念秧兒
一九二 當當買藕吃——口口兒是窟窿
一九三 瘸狐狸——成了
一九四 瞎老婆奶孩子——胡攥
一九五 糟鼻子不喝酒——寬負虛名兒
一九六 紙糊的樓——坐不得（作不得）
一九七 紙糊的驢——大嗓兒
一九八 繡花枕頭——外面兒光

一九九　缺口鑷子——一毛兒不拔
二〇〇　羊擠籬笆——進退兩難
二〇一　羊肉包子打狗——一去不回頭
二〇二　老墳地——動不得
二〇三　老王賣瓜——自賣自誇
二〇四　老虎套車——沒人兒敢
二〇五　破鞋——提不起
二〇六　破表——沒準兒
二〇七　破風箏——抖起來了
二〇八　破琵琶——彈不得（談不得）
二〇九　破養餑餑——露了餡兒
二一〇　褲子裏栽花——根基淺
二一一　杏瓢兒上的虱子——明露兒
二一二　杏子跟着月亮走——借光兒
二一三　穀糠不叫穀穠——比書
二一四　秋後的黃瓜——晚嫁兒
二一五　窰姐穿裙子——假充正經人
二一六　灶王爺伸手——拿糖
二一七　灶王爺上天——有一句說一句
二一八　竹籃兒打水——鬧了一場空
二一九　牛犄角胡同——不通的死路
二二〇　狗改不了吃屎——江山易改，秉性難移
二二一　狗熊栽跟斗——被家所累
二二二　狗咬呂洞賓——不認得活神仙
二二三　狗尿台打滷——不是好蘑菇
二二四　狗掀帘子——咀兒挑着
二二五　狗拿耗子——多管閒事
二二六　狗咬刺蝟——沒處下咀
二二七　狗安犄角——洋式
二二八　猪八戒彈弦子——等等兒
二二九　猴兒炸麻花兒——炸了
二三〇　猴兒帶鬍子——沒那一齣
二三一　猴兒拉稀——壞了腸子
二三二　澡堂裡的鞋——沒對兒
二三三　潘金蓮兒的裹脚——又臭又長
二三四　火絨子腦袋——沾火兒就着了
二三五　火蟲兒屁股——沒多大亮了
二三六　炕上安鍋——改造兒

因爲蘊語由隱語演化，意義比較難懂，但是經過「難」就是「易」了，（改天對於各詞，加上繹解。）

右邊先舉出二百三十六句蘊語，可以用牠描擬二百三十六個不同人物不同情緒，

在引用的時候，單用上一句也可以。

引用蘊語得加上上下文烘托。

引用蘊語，不可太頻，太頻了就有流俗氣了。

上列種種用語，有的適用應用文學，有的應用于大衆文學——一般文學，因爲篇幅實實關係，不能多量介紹。

現在再舉出民國三十年埠際語教聯席會議議定的文學標準語的標準，給讀者作參考。

文學標準語的標準

（一）外來語本國沒有相等意義的詞兒代替的，用音標直接接受；
（二）世界新事物，本國新事物產生，創造新詞表象；
（三）特有方詞，審查後吸收；
（四）不合時代的語詞，隨時代轉變而更替；
（五）俚言文學化——用文學來整治俗詞；
（六）北平中等以上用語相對吸收；
（七）外詞國詞化；
（八）通俗成語口語化；
（九）詞品部勒標準語，標準語構建新文學；
（十）煉語散語化；
（十一）小衆語大衆化；
（十二）外來詞，中國有相當的詞替代的，用國詞替代。

讀者看了上述標準之後，舉一反三，推衍應用，一兩年後，香港文壇，可以不會再有「文化糟粕」在作祟了。

# 隋唐時代伊朗文化之流入中國

石田幹之助
藏生 譯

自漢魏六朝來緩緩流入中國的伊朗方面文化，到了隋唐時代，更加明顯的流傳起來。試觀中國歷史上所記中國與外國文化的關係，則說隋唐是伊朗文化的全盛時代，實非過份其辭，在宗教，繪畫，彫刻，建築，工藝，音樂，跳舞，遊戲等部門，自不必說，就是在衣食住，尤其在衣食兩方面，亦可看出廣大的伊朗文化的感化。

考其原因，實由於入了隋唐時代以後，中國與中亞細亞方面的交通，日趨繁盛，伊朗系統各民族，北由陸路，南由海路入中國各地的就較前代爲多。華北方面若長安，洛陽兩京，自不必說，就是在交通上及商業上著名要地的西北的敦煌，凉州，東北的營州（即今之朝陽）等地，南方海港若龍編（交州，即今之河內），廣州，泉州，杭州，長江沿岸港口若揚州，洪州，荊州等地，都有不少波斯以至阿剌伯方面的賈客或寄寓或來往從事經商，又自西方各國陪着其國使入朝的人，或來長安，洛陽各大學負笈求學的人，也有了相當數目。我以爲隋唐時代西域文物，尤其是伊朗地方的文物盛行於中國，完全由於這些事情的。下文試按照次序，分門別類，略述梗概。

## 一 宗教

### 甲 祆教

宗教方面是不能不首先舉出可以稱爲伊朗國教的薩剌多西特拉教來。這個教派自唐初以來在中國是喚做祆教，但並非到了唐初才傳入中國。即中國早在北魏時候已可見到這個宗教之傳入，多少流行於華北方面，爲北朝周，齊的王室及庶民所崇奉，此在今日，已成人所共知的事實了，然流行頗盛，則始於隋唐時代。在隋時設了一種特殊官員來取締國內信徒，到了唐時仍照舊置同樣的官員未廢，據此，已足證之。（隋時稱此種官爲薩甫，又稱薩保，至唐則專稱薩寶。關於原語問題，學者之間，尚多異說，仍未見有堪稱定說者，然其爲直接音譯了中期波斯語的某一字，似殆無疑義也。）這種官到了唐朝中葉——玄宗開元年間——大更改官職之時仍未見廢除，依舊保存下來，可見當時祆教徒人數決不少，以爲這種統制到底不能放鬆一天的。

這種祆教似以寄寓中國的西域人信奉居多，中國人的信徒縱使有，似亦爲數極少。此事徵之凡任薩甫，薩寶之職幾乎全是胡人，即是那些有點屬於伊朗系統的西域人，便可揣想得之，又根據近來中亞細亞探險時陸續發見的新材料中，找不出一部漢譯的祆教經典，亦可推測出來。（固然，單據沒有發見遺物即硬指此種宗教沒有存在過，這在理論上雖未能承認，但在大體傾向上亦足看出端倪來。）他們本教信徒禮拜神聖的火的祭壇，似用略與本國相同的禮儀來舉行的，而那任取締官的薩寶則又恰似回教徒中的嘉合（Kadi），一面根據宗教法律來担承裁判官的角色。在其本國他們雖是本來沒有禮拜神像及其他偶像一類東西，但傳入中國的祆教就多少改變了面目，既建了略似祠堂形式的樓宇，又在那裏面陳設了某種偶像，大概他們是對此來祈禱現世的利益的。其實例，考斯坦因發見的唐朝中國西陲地誌；可證在伊州地方能够見到，又據希伯和發見的敦煌石室古書，亦可證該地附近的祆廟內存有神像的彫刻，又據宋初某人曾畫祆神之像來禮拜，神卒賜他以利益的故事倒推上去，也可以想像得出唐時的實情來。長安市內建有幾處祠堂，而洛陽，凉州，敦煌，伊州等地亦有祆祠存在，這據舊有記錄及新發見的材料都能明顯看得出，同時在舉行祭禮之際，亦可彷彿見出伊朗的風俗習慣。祆教祭禮時在雜耍百戲中有所謂幻戲（奇術），有人竟以為那就是祭禮的一部份，此類雜技正是伊朗文化的產物非常著名，但並非附隨了祆教的流入才傳播中國的，而是漢朝以來因東西交通發達向東傳入來，只是到了隋唐之間特別明顯耳，這點實應謹記勿忘的。祆祠的存在，在當時記錄上有明證的實不只上引各市，大概中國內地凡有伊朗人到過的地方，到處都一定有這種神祠存在過，是則可以想像得之，我以為唐徐元與所撰的永興重巖寺碑文所記的地點，或足為其一證，又據入宋以後，其京城汴京（開封）及鎮江（丹徒）等處都實在有過祆祠的確證，就此推想，早在唐時這些地方已有了祆教祠堂，大概是不至大錯的。

祆教就是這樣入唐以後與流寓和往來中國的伊朗系民衆一同繁榮起來，但至唐末武宗會昌五年（西曆八四五年）迫害佛教之際，祆教亦被殃及，禁其信奉，大失勢力了。然潛伏下來，暗中信仰他的人依然還有，這按之自五代至宋元時，各地仍有其祠堂存在，實不難推測得之。

## 乙　摩尼教

在這個時代向東傳入盛行於中國的伊朗系宗教，其居第二席的是摩尼教。摩尼教是第三世紀初葉波斯人摩尼，用祆教做基本，參雜入耶穌教，佛教，巴比倫的古宗教，希臘哲學中的卡諾斯蒂克一派等而創立的一種折衷教，又是在國內受了祆教徒的酷烈迫害被放逐到國外去，逐漸由中亞細亞流傳至中國方面來的一種宗教。這個教派被介紹到東方傳道大概是跟祆教的情形一般，必定是由那些中亞民族裏面商業活動最活潑，遍至各地經營商販的蘇格多人來做中樞，因為傳入中國是在唐時，所以傳說那是在則天武后的延載元年（西曆六九四年）。此教以其是折衷主義之故，極寬容大量，正與祆教的色彩非常濃厚的國教相反，實在包含着很多世界教素質的成份，富有到處向其國民傳播的可能性，東方如蘇格合亞，巴格多利亞方面的居民，自不必說，就是中國土耳其斯坦的亞魯耶民族，蟠據蒙古草原的土耳其民族，以至南方的漢族，都可看出他的普及，西方則自非洲北岸各地以至歐洲大陸的一部份，亦曾佔到相當地位。此事因近年新發見的史料中找到中期波斯語，蘇格多語，土耳其語，中文，哥布特語等譯出的經典，便更加明白確鑿了。尤其當八世紀中葉時，在土耳其族的一支烏格魯族之中傳播極廣，竟有過這樣的有名事實：即幾乎保持着國教相等的位置，摩尼教僧侶則以至高無上智者身份充當烏格魯可汗的政治顧問，甚至參與國政的樞密機關。其傳入中國後在漢人中也找到相當多的信教人，此可用漢譯經籍之存在以證明之，但應注意到了唐朝中葉以後，中國的摩尼教徒却大部份是當時留滿中國各處的烏格魯人。代宗大曆三年（西曆七六八年）京城長安建立了名喚大雲光明寺的摩尼教寺，那是因烏格魯人的請求才建的，過了幾年，荊州，揚州，洪州，越州等長江流域各邑亦許可建立了同樣名喚大雲光明寺的摩尼寺，大概也是出於同樣的請求的。而憲宗元和二年（西曆八○七年）在洛陽及太原都立了同樣名稱的寺門，此亦為烏格魯人向唐朝請求的結果也。唐朝廷早在開元二十年（西曆七三二年）即認定他是一種邪教，嚴禁中國人信奉他，但對烏格魯人及其他西域人則以其屬於鄉俗，可付之不究，寄寓唐土的烏格魯人及西域人的信教維持得較為長久，惟到了會昌廢佛時，仍受了禁止之厄（會昌三年，西曆八四三年），嗣後便再也不能保存舊觀了。

然而，摩尼教徒留在各地的却比祆教徒多，歷宋元以至明朝，其餘類仍借用了種種形式，殘存於華南一部地方。關於摩尼教的教義，制度等的本來面目，歷來即缺欠充份可徵的材料，至於此敎在中國的敎義，寺門制度，僧職階級，經典種類等，差不多更茫然不可知了。僥倖近來新發見的史料，如存於北平國立北平圖書館的名稱不明的經典殘卷，分存於倫敦大英博物院及巴黎國民圖書館的『摩尼光佛敎法儀略』等，還可靠以考究出來。關於此點因已有矢吹博士幾次寫過（如岩波講座『東洋思潮』中的『摩尼敎』等等），這裏再無贅述之必要，但我們却不應忽略了的是，在其術語中常多音譯了伊朗原語便拿來使用（其中主要者雖然是中期波斯語及其一種方言的蘇格多語），又巧妙的借用了佛敎，道敎等用字，俾可易入中國人耳目，利便布敎。（結果摩尼敎的經典竟至收入道敎經典大彙書所謂『道藏』之內，我以爲這個現象也許此敎在受禁後，竭力扮出道敎的僞裝來嘗試布道傳敎，亦爲原因之一）。

關於摩尼敎徒在中國全國爲數極多，我想附帶說一句，那就是他們以各種西域文化介紹人資格，担任了向中國各地大事傳播這類文化的角色一事。其中最明顯之一例是移植伊朗曆法中的七曜名稱於中國。如用蘇格多語傳入那日月火水木金土的七曜名稱這個最饒興趣事實，在東西文化交涉史上是不能忽略的。卽自唐，五代至宋的曆書上所見的，如：

日曜日　喚做『蜜』是蘇格多語 Mir 的音譯

月曜日　喚做『莫』是 Mag 的音譯

火曜日　喚做『雲漢』是 Wngan 的音譯

水曜日　喚做『咥』或做『滴』是 Tir 的音譯

木曜日　喚做『溫沒斯』又做『溫沒司』是 Wrmzt 的音譯

金曜日　喚做『那頡』又做『那歇』是 Naqit 的音譯

土曜日　喚做『雞緩』又做『枳浣』是 Kewan 的音譯

這些在唐中葉開始流傳世間的漢譯佛典如『宿曜經』及『梵天火羅九曜』裏面也可看到（雖則此類書號稱佛經，其實却是與佛敎相差極遠的俗世信仰之書），尤其在釋述七曜各日的吉凶的占星專書如『七曜曆日』裏面也可看到，而自五代至宋初的曆書裏面亦能見到其一部份，我們根據種種事實推測，就認爲把這個名稱如此廣大的傳播普及中國人中是由摩尼敎徒做出來的。這個七曜名稱（至少有一部份）一方面在時代上則自五代，宋一直傳至其後，到了近時仍殘存於華南沿海一帶，他方面在地理上則渡海而輸入日本，日本自平安朝末至鎌倉時代的曆日，都留下了這個痕跡。在藤原道長的有名『御堂關白記』，兵部卿平信範的日記『兵範記』，源俊房的日記『水左記』，藤原家實的『猪熊關白日記』等書裏面亦可見到，其拿來做用紙的所謂具注曆裏面，在日曜日那一天則標記一『蜜』字（或用其簡體字），此大概因爲由上引各種佛典得到了智識，而入唐僧人則又帶回了『七曜曆日』一類書回來，故編曆之人就據此記錄下來的。（『七曜曆日』一書亦見於叡山僧宗叡的請來目錄中，然因日本及中國均已散佚，無從知其內容，到了希伯和博士在敦煌發見了唐抄本，便驚動了整個學術界）。此外尙有未寫日記的具注曆斷片數種存於日本，但直至今日仍未能見到記有『蜜』日以外其他六曜的原名，此頗與中國在五代以後曆書僅標記日曜日（蜜）的情形相應，日曜日乃特別齋日，爲摩尼敎徒所特加重視，故僅特別標出這一日的吧？摩尼敎徒介紹傳播宗敎文化以外事物，實不僅只有這一種曆法，其他尙有多種，正如土耳其系敎徒流傳下來的摩尼敎經籍中竟有伊索的動物譬喩譚，證以此事，可令人對他們藉如何機會，把如何的西方文物介紹傳入東方，作種種揣想的。摩尼敎徒有一種特色是常用五彩輝煌金碧燦爛的揷圖，內封面來裝飾經典，顯示莊嚴，這令人想像此非曾予中國某些書籍形式以影響嗎？佛典的內封面繪了樸素的佛像彩畫，這在東土耳其斯坦吐魯番一帶發見的南北朝古抄佛典上已獲證實，此究其實乃學了摩尼敎徒的流風餘韻，物極必反，改爲一種不美麗的東西，對此雖至今沒有直接證據，但亦不能不作如此想。像唐朝書寫的佛名經上見到的，在文內隨處揷入簡單的佛和菩薩的影像畫，以及令人推想在唐朝恐亦已有的如日本的『因果經繪卷』一類佛典作風，假如有一天能夠證實那並非承受了印度作風，及能斷定那又不是中國人自己發明的之時，則在說明時首先是不應不兼顧摩尼敎徒的風俗習慣的。

## 丙　景敎

這個時代自西方傳入東方來的宗敎，佔着第三位的則有耶穌敎的一派尼斯特爾宗，卽中國所謂景敎。不消說，耶穌敎是生於猶太人之間，不屬於伊朗文化的原有產物，但尼斯特爾宗被正統派視爲異端，遭受迫害，因此將其敎勢向東而下，入了伊朗後得到相當繁盛，便又向東伸張，一直傳到中國來，當他東傳時無疑曾受過多少伊朗化。當時流行於中國的經典，其術語在宗門原有字眼的叙利亞語同時，又兼用中期波斯語，連起源於猶太方面的固有名詞亦都根據中期波斯字形及其方言之一的蘇格多字形音譯出來，又在那些傳教僧人中亦明白有可以認做是波斯人的，而教徒之間所用的曆法，也可證明與沙丹朝波斯所用的一樣，由這些事情看來，說這個宗教是一種伊朗教，料亦不至大錯的。再證以現時在東土耳其斯坦地方發見的與此教有關史料，中有不少用中期波斯語及蘇格多語寫成的經典，認爲那傳入中國來的景教是東來文化的一種，料亦不會不當吧。

景教傳入中國在唐太宗貞觀九年（西曆六三五年），太宗命宰相房玄齡，魏徵等迎入宮中，許其翻譯經典，勸其宣教，過了三年，在長安市中建了一所寺觀，剃度僧人二十一名，此一事蹟已爲人所共知，不用多說了。惟應注意的，這種寺觀初時稱爲波斯寺，可知當日朝廷是把這個宗門看做是波斯的一個宗教。嗣後景教在中國盛衰，在有名的『大秦景教流行中國碑』所誌，及據時時頒佈的詔諭所述，均可藉以想見其中一班，且信仰此教的不僅是寄寓的西域人，連中國人也不少，這就跟祆教的情形大異了。特別是初期傳入中國的經典乃用中文譯出來做弘法的工具，進一步爲了中國布教利便起見又編集教義書來使用，這是殊堪注意的。初期的因出於未甚精通中文的西域傳教僧之手，嘗試翻譯及編述的，所以文章頗信屈晦澀，往往有詞不達意的部份，但後期譯出的，則行文整潔，大概是出於有教養的中國信徒之手，實可無疑。如上引『景教碑』所刻的叙述教義，沿革的文章，雖稱乃西域人亞當（Adam：中國名喚做景淨）撰的，其實却可看出那是出於中國人的手筆，文辭做得非常巧妙。如法國希伯和教授即認爲文中反映出『文選』所收的頭陀寺碑文的結構和用字，故無疑是精通中國古典的人的手筆。其教徒曾一時由長安，洛陽兩京起，直至現在的寧夏省方面，四川省各地都可到見，而其寺觀亦散見於這些都邑，地方，然他隨摩尼教後，與祆教同時在會昌五年廢佛之際，碰到禁止之厄，因而頓見失勢。但潛伏着的信徒依然殘存下來則與其他兩教一樣，此在宋朝的地誌上還留下證據痕跡可尋。（據信教方面所傳——例如上引的『景教碑』文——謂唐朝帝室對景教恩遇隆渥，但自第三者觀之，此豈唐室單獨對他表示相當好意嗎？其實這做法是含有强烈的政略意義，故是否眞正出於尊重其教義，却是一個值得考證的問題）。

歷來關於唐朝耶穌教，除了景教碑文及幾條制勅之外，幾乎沒有算得史料的史料，但因近來歐人到中亞探險的結果，却在高昌故址及敦煌千佛洞發見了宗郡尸有千年的新史料，其中遺珠亦有歸及中國及日本學者手上的，據此已可漸明眞相了。即漢譯景教教籍殘本中，有的完全，有的只剩片斷，已被發見出來則有『一神論』，『序聽迷詩所經』，『志玄安樂經』，『宣元至本經』，『景教三威蒙度讚』，『尊經』等，又據『尊經』所載，可以知道在上引各種之外曾有很多漢譯經典存在過。對於此類經典的研究雖未能說是已做得十足，然由東西學者非常努力而繹明的地方頗多，倘參考這些研究所獲來翻閱那經典，却歷歷可見景教是改變了本來面目與中國傳統思想順應同化的痕跡。如尊重中國天子像尊重上帝及基督一般，或如照着中國的意義來重視孝道，這些都是耶穌教本來所無的一面，景教連這方面也攝取採納，且進一步展開其教義，直至成爲保護國家的護國教，更足證明此中消息了，此乃最近以前完全沒人知道的事實。而此事由日本學者羽田博士來介紹于世界，曾令作者常感愉快，至於唐時景教能在中國人中找到比較多的信徒，我以爲也是出于上述原因的居多。

尼斯特爾教以景教形式傳播于中國之時，亦非照原樣原樣傳入來，首先多少已成了伊朗化，此在上文已略說及，現再稍加詳述：『景教碑』文內用叙利亞文字記出的僧名中，如馬達達，格斯那士甫，如苗斯哈達德，顯然是混入了可以指實出來的波斯人，又建樹此碑的大檀越伊茲杜甫慈得原是吐火羅國巴爾克人，此顯爲伊朗種人，故不能不說此教實染有伊朗色彩。據說碑文作者亞當亦曾參加以中文翻譯那用蘇格多語記錄的『大乘理趣六波羅蜜經』，按凡稱通胡語者則亦可以認爲是由此方面出身的伊朗人，那末我以爲對他也能這樣說的。景教不就是伊朗化的尼斯特爾教嗎？其他證據，如他們所用的曆法並非叙利亞式而是波斯式，例若七曜之名，摩尼教徒是用蘇格多語喚他，景教則用中期波斯語稱他，這些都值得注意。關於日曜日，『景教碑』文內有日子的地方即用音譯，譯成爍森文，此在當時別的文獻內亦有譯成曜森勿嗇，實則全是中期波斯語耶甫森巴特（日曜）的音譯，即等於新波斯語的耶森巴。原來這種情形不特是中國的景教徒如此做法，這些教徒在其他東方地面亦如此做，士耳其族的景教徒也就一樣。（至於月曜以下的名稱，為避免煩複，姑省略不談，如翻閱上引『宿曜經』的漢字音譯，再參考法國人許伯爾及其他的研究，即可知道其原音了。景教徒不用叙利亞以至希伯來語，却用了中期波斯語，其借以稱呼七曜者僅乃一例耳，但亦表示了他的伊朗文化化的一面。恰如後來傳入的回教（特別行於華北方面的）其用語中含有很多波斯語成份，決不是單用阿剌伯語來宣佈教義，實應合併一起加以考察哩。（我以為據此亦可對回教是否像本來那樣謹嚴的原封流入東方考証一下的）。

在此要附帶一說，景教在其漢譯經典內亦與摩尼教同樣採用很多佛典用語及道教用字，這是想令中國人的耳目易於接受的。將法師或上座等中國佛教用語以叙利亞文字音譯出來，在景教碑文內用Papas(fapshi)，shiangtsu（shang-tso）形狀記出，即其實例也。又揣想其天主，天使，耶穌，使徒等的畫像定必借用佛像，菩薩像，天神像等形式畫出來，此雖未免過份出於推測，然最多的證據却是斯坦因在敦煌千佛洞發見的一幅畫，那是驟視狀如地藏菩薩的一個立體像，但在頭頂及胸前則掛着與景教碑上載的十字架相同的東西，正是耶穌教有關的圖像，可是却完全用佛教美術款式畫出，實可拿來做我們揣想的有力根據材料。（英國人華來頭一個介紹於世，且頗疑其究竟眞否乃景教有關之畫像，然其分明之處不獨只有十字架，他如面貌，尤其是鬚形。如冠式，說他是與耶蘇教有關殊不成疑問）。（在高昌國遺址上發見的景教寺觀的壁畫，因有完全未經佛教美術同化者，也許別處還會有此類留下來）。

## 二　藝術

### 甲　繪畫

其次，略述藝術：首先是繪畫，分明受了伊朗影響的繪畫，實物流傳極稀，無巳惟有積極少的而且又是間接的[illegible]文獻對照立論，加以推察，不過，我們不能不承認隋唐時代的作品受過伊朗影響的實在不少。唐初流寓長安的康薩陀，已公認他是出身薩馬爾康特的畫家，如其屬實，則他所擅長的描寫異獸奇禽畫，大概就有很濃厚的伊朗作風。當時還有一位更出名的尉遲乙僧，這位畫家是於闐國（Khotan）人，與其父尉遲跋質那同寓長安繪佛畫及其他外國事物的畫，稱為一代名手。他們的畫世稱凹凸畫，畫有陰影，遠望之令人覺得實物玲瓏浮凸，此分明可以證實是伊朗作風。在敦煌及其他西域各地發見的佛畫之類，姑置工拙不論，但其手法不就是跟尉遲乙僧的凹凸畫相類嗎？而其伊朗氣味是頗濃厚的。據朱景玄的『唐朝名畫錄』，段成式的『京洛寺塔記』，約略可以看出伊朗作風的凹凸畫到底如何，我以為如拿來跟新發見的佛畫類對照一下，即可彷彿看出其一端。又如唐朝一代大手筆的吳道玄，證以文獻可知他也受了凹凸畫的影響，此據宋人蘇軾，米芾等批評其畫的記事看來，亦可推察得之。蘇軾說：『道子（吳道玄）之畫人物如以燈取影，逆來順受，旁見側出，橫斜平直，各相乘除，得自然之數，不差毫末』，所謂『如以燈取影』實可看出凹凸的面影來。而吳道玄弟子盧陵伽，楊庭光，翟琰等也許曾學其師的技法，多少傳出其流風。吳道玄的作品，不特佛畫，人物畫等受了伊朗作風影響，連山水畫亦可看出其受過感化。據張彥遠的『歷代名畫記』，亦令人想到吳道玄在畫山水畫時應用陰影法，使風景畫另拓了新生面。現在世傳吳道玄畫，全是出於後世之手，從這些畫上雖未能充份看出所謂凹凸畫的手法，然仔細翻閱唐朝文獻，也能看出眞蹟中一定有多少是受了西域畫的影響。在敦煌等地發見的繪畫，既然是長安，洛陽的末流之物，做這種傾向實不獨吳道玄等二三人，即唐朝畫家中也有一些人無疑是留有某種程度的伊朗作風影響。固然有人以為凹凸畫的手法發源自印度，其源流如見之於阿賛達的壁畫者，即使如此，但這種手法既一度通過了伊朗文化圈然後傳入中國，則稱他為一種伊朗作風實亦不至失當吧。

### 乙　彫刻　附論工藝上之匠心

其次，關於流傳至今的彫刻，隋唐款式固與六朝者異趣，但亦是沿承前代以來自然發展而生出的結果，尤其是那種整齊富麗的情趣，更易看出其中的伊朗手法，形式的感化影響，而那裏面表現出來的匠心，花樣亦往往可指實有西域風格存在。例如唐太宗昭陵玄武門內的六駿浮彫，那種馬鬣三根一束（三根一束的款式顯然是學了伊朗的習慣，這個正是沙山朝波斯銀器上屢屢可見的王侯所乘之馬的匠心。又如長安碑林中有些碑石，其側面有極流麗的裝飾花樣的浮彫，像大智禪師的碑側刻着實冠正面頂着新月的菩薩像，此類頂着新月模樣無疑是出於伊朗式的匠心，在沙山朝波斯石彫及貨幣上的王爺肖像，以至近日法國探險隊發見的阿富汗受了伊朗式感化的佛像彫刻（在巴美安洞院地方）均可看出，而據我所知，最早指出此一事實的人是該探險隊隊員法國東方學者赫金。這種匠心遠遠的流傳入中國中央是極饒興味的事，而這又渡海而行，至日本也可留得流風餘韻，其對學術趣味實亦匪淺。此外如在墓門以至墳墓冥室牆面的浮彫畫象石上，有二三令人以爲是器具連流寓中國的伊朗人所用的骨壺似亦在內，其刻時的手法，匠心，純爲伊朗作風，也許出於伊朗系工匠之手，縱令出於中國人所刻，則亦可謂深受伊朗影響的。即如收藏於科隆的東亞美術院，巴黎的魯威爾博物院，紐約的世界博物院等處的此種彫刻，實與在東土耳其斯坦龜茲遺址所發掘的壁畫所見的人物之衣裳服飾等，其款式完全相同，龜茲地方的士人雖是出於與伊朗種不同的阿魯耶人種，然當時文化既已受濃厚的伊朗風格影響，那末此類石彫的手法款式亦分明看出有伊朗系的感化。（有某西洋學者以爲此類石彫乃表現龜茲王的使臣一行人，此一意見絕無根據，遽難首肯，然這個想頭的動機却極好）。（又有人以爲這一羣彫刻乃隋朝以前之物，今姑當他是唐物來研究）。

此類伊朗要素不特表現在彫刻上，且廣及一般美術，工藝，現試略述在繪畫，彫刻，織造品及其他各種工藝品上明顯的伊朗作風的匠心梗概。如有人能以此爲推想當時西域文化如何浸潤入各方面之一助，實作者之幸矣。說到彫刻，則有保存於長安碑藪中的三四塊碑石，其側面，碑石，碑座等所用的裝飾，那種濃艷富麗的蔓葉花紋，實有很濃厚的伊朗氣味（例如道因法師碑，隆闡禪師碑，邢國公功德碑及上引之大智禪師碑等），其中有一種冬青蔓葉，未必一定是在這個時代傳入中國，但其直接來源固可謂出自伊朗，幾是從阿康沙斯花樣脫胎而出，此種匠心說他是此一時代的愛好伊朗事物的代表，大概不會錯吧。又如藏于日本正倉院御物的古綢布碎片及法隆寺的四天王花紋旗上的狩獵花樣，在唐時亦用得不少，這無疑乃沙山朝波斯最特色的伊朗作風的設計。又如聯珠花樣，即把圓形或方形小珠排成一列，也屢屢用過，大家早已知道，此即屬於伊朗作風者，而上引關于墓門模型的彫刻，及世界博物院所藏的石造佛像台座，都可明白看得出來。他如沙山朝裝飾花樣的特色的食花鳥設計，亦頗令人可喜，在正倉院所藏的鏡背也可以看出這種優秀的浮彫實例，像飾頸細布片上的人物，佛像，禽獸像等，亦分明表現出伊朗作風的匠心本應在當時的中國會有過，縱使此類遺物今日已絕跡或稀罕，是亦不難從日本奈良朝盛時那些或爲輸入品或爲模仿品的遺物，確認其曾經存在的。把馬鬣分成三綹或五綹束起來，即所謂三花，五花的束法，原是伊朗作風，上文已略涉及，雖並非無人主張要向波斯的遊牧民族求其來源，但亦少附唐時代這種匠心是以波斯爲粉本，則毋庸置疑也。（唐詩詠馬者常常涉及這種三花，五花）。再者，安置於許多帝陵前後的石獸中有一種有翼天馬，此類伊朗式東西不獨用於彫刻，而拿來做工藝品的花樣，日本帝室御物中的銀胡瓶亦嵌有翼馬圖，料大家早已知之。所謂胡瓶，已如其名字所暗示者乃用了伊朗式形狀，當時在中國供人實用的也許今日早無流傳，然明器中所謂「三彩」那種高雅之物已有很多自土中掘出，又日本正倉院御物中的漆器，均是最好的例證。至如樹下有一對動物（羊，鹿，雉等）佈置成勻齊相向一類圖案，亦顯然出於伊朗系統，又甚至有人以爲樹下站着人物（特別是婦女）的圖樣，即俗稱樹下美人圖也是伊朗作風。前一種以證據，今日在中國似已無存，依然得借用正倉院的御物來做揣想會存於唐時中國的材料。關於後一種雖至今未獲確據，說不定將來就會證明那是伊朗作風。我以爲至少主張這種圖案起源是出於印度的，遠不及主張出於痲羅巴比利提的人多。

## 丙　音樂及跳舞

隋唐音樂大有西域樂風靡一代之勢。此雖非始自隋唐時代，早在南北朝時已受到相當强烈的影響了，只是入了這個時期更加分明而已。說到樂曲，如宮廷裏盛行的康國樂，安國樂，龜茲樂，高昌樂，疏勒樂，均屬於西域系，然由此時起說到某樂某樂都是包括了伴着音樂的跳舞在內，但這些固然直接間接總有伊朗式的樂曲。康國樂是薩馬爾康特的音樂，安國樂是布哈拉的音樂，龜茲樂是庫察附近的音樂，高昌樂是多爾芬地方的音樂，疏勒樂是加式格爾附近的音樂，全都是伊朗文化系的國家的東西。樂師和舞工著名者似以自伊朗文化系西域各國遙遙到中國來寄寓的人居多，史上留名的如唐初出身龜茲國的白明達及布哈拉出身的安叱奴，均因唐高祖嗜胡樂，得受寵眷，擢升顯位。其後，胡人出身的音樂家爲唐朝宮廷所重，樂府的伶人，樂工很多是西域出身的名手。如出身中亞蘇格多裏頭的一個國家米國（米馬爾格）的米嘉榮，及其兒子米和郎，疑是米國人的米禾稼，米萬槌，疑是出身曹國（加甫達那）的曹保，曹善才，曹綱，出身康國（薩馬爾康特）的康崑崙，康廼，出身布哈拉的安萬全，安轡新等人，都是極好的實例。隨此潮流而來者，當然是樂器也廣大使用西域之物了。西域音樂之盛行一時，徵之白樂天與友中唐詩人元稹（微之）歌咏當時長安，洛陽富於西域趣味的詩「女爲胡婦學胡妝，妓進胡音務胡樂」，以及王建詩所說的「洛陽家家學胡樂」，大概已知道其大概。元稹所謂「胡」，在這個情形之下，可作指屬於伊朗文化圈內的西域方面的土地及人而言，假使並非如此，然唐時北狄之間有很多詐稱北族的西域胡人混入其中，其伊朗系文物滑雜其間者固亦不少，故把胡音，胡樂看做是西域之樂，到底不至大錯的。

隨了音樂而來的，又曾傳入種種伊朗式的跳舞，特別出名的如胡旋舞，胡騰舞，柘枝舞，唐朝詩文中描寫其狀者就已不少。胡旋舞是蘇格多方面的特技，那是女人迅速作左旋右轉的一種舞法。似乎有時還要踏在球上來表演的，胡騰舞則似源出今日的塔什干一帶地方，中國當時拿他跟胡旋一同列入「健舞」內，可見亦是一種猛烈的跳舞了，柘枝舞也是健舞之一，似亦來自塔什干附近，這是用女童二名，腰纏五彩繡雜，頭戴胡帽，身佩銀帶，以銀鈴鳴聲做拍子來跳，實在是一種華艷舞法。據說，初時各人都匿身蓮花中，乘花開之際，亦相對起舞。健舞中尚有一種稱爲拂林者，雖然其舞法如何未詳，但由名稱上推測起來，大抵可以想出亦是屬於西域作風。今日尚流傳於日本宮廷及別處的雅樂中如蘭陵王，如鉢頭（撥頭），如蘇莫遮，是否還保存了唐朝舞樂的形跡，雖是疑問，不過究竟那仍是由唐時盛行的舞曲傳過來的，其源出自西域，無疑屬於伊朗舞曲一派。尤其是蘇莫遮，本來是薩馬爾康特特有之物，稱做乞寒或潑寒的，那似乎是源出與農耕有關的咒術儀式，後來才變成伴以音樂的舞曲。此舞經由北方民族傳入中國，在那邊時似是騎着馬來舞，屬於此類的僅有一種，據說玄宗皇帝特別歡喜觀他。唐朝音樂跳舞分明受了伊朗影響，即使僅據上述的簡略記事，已可約略知道的了。

## 丁 雜戲

所謂雜戲乃指幻術，把戲，演技而言，這些早自漢朝以來已由西域傳入了不少，故並非到了隋，唐方才有之，但却可以說到了此時始見盛行的。吞刀，吐火，弄丸，舞劍各技以至繩技，竿技等等，全是西域特技，有濃厚的西域風味，爲上下各階級人士所大加歡迎，藝員中有不少是出身西域的名手，這已散見於各家詩文，隨筆了。這些雜戲都是拿來開演，其中有專在貴人府第內表演的，亦有到長安市內繁盛地方如大慈恩寺，青龍寺，永壽尼寺各處的寺內及門前的常備戲場上來開台。

又有一種並非在觀衆面前來演技，却是當做自己取樂的遊戲來拍毬。此可視之爲波斯國戲，而伊朗作風尤其如此。原名喚做波羅，今日西洋尚有此種演技方式，其傳入中國則在唐初，據說太宗極嗜之。最初僅流行武人之間，後來又盛行文官及婦女之中，其流風竟及宋，元，明時代，且越海傳至高麗，在平安朝時代亦曾傳入日本。盛行於唐代的情形，留有很多詩文可稽，而其遊戲法則可據宋朝文獻追溯得出。

在此姑附論那種算不得遊戲的，自古以來即已著名的元宵看燈。此在唐朝，頗盛極一時，據很多紀載，都可見到，而華美極致，匠心絕巧的燈樹的制度，也許受過伊朗影響。張說的詩說「帝宮三五春臺戲，行雨流風姤勿來，西域燈輪千影合，東華禁闕萬重開」，我是試據此來推測的，然到底受西域影響到什麼程度，却仍不詳。由德國格倫威爾在高昌國故址發見的壁畫上的燈樹圖觀之，亦足證明這種推測並非無稽，然認爲此風乃自中國倒傳入高昌方面，却很困難，不過合併張說的詩看看，多少可以認爲是混入了這方面的風俗習慣而東漸的。

# 三 衣食住

## 甲 服飾及化粧

在衣食住中，衣與食兩方面都分明浸潤了伊朗風味，現就此先略一說。

唐朝男女的衣服，帽，靴履等都喜歡西域式，特別是開元以來此風更加明顯，據種種記載，均可明白，所謂胡服，胡帽，胡屐都流行一時。這種胡帽，胡服，胡屐之類，大抵用以稱那些伊朗式之物。現在雖未易一一詳細說明之，但看了近年在洛陽，長安兩市附近發掘出來的土偶，即可推察出其大體了。男女都大多數是穿起反領上衣，彷彿如外套一般披在身上，此即當時所謂胡服，乃伊朗系的服裝也。關於胡服，胡裝，曾有王國維的「胡服考」，而日本原田淑人博士亦有「唐朝的服裝」

及其他一篇好文章，據此巳可詳細知道，現在只好略而不贅。

梳髻及化粧直接由稱爲北胡的突厥人或烏格爾人，又由流寓其間的西胡學了伊朗系統者居多。白樂天在其時『時世粧』裏面，曾批評流行當時長安的化粧法，說他是並非中國風，此亦可作暗示西域款式風靡一代解釋也。

## 乙　食物及酒類

吃食方面，盛行稱爲胡食的西域式食事，尤其是開元以後，據說貴人御饌悉供胡食。實質上如何雖然未詳，似乎頗能投合一般好尙。其中最簡單屬於平民者則有胡餅，從小說或筆記上均可看到，長安市中到處有胡人製了胡餅出售。此外尙有胡食二三種，雖名稱尙存，但其實質如何，僅能得到淡薄概念，殊屬憾事。

酒在整個唐朝都重西域出品，現猶留下記載說，唐初太宗平高昌國時，獲其葡萄種子以歸，植之苑中，復習其釀酒之法，帝自下攄權，得八種葡萄酒，以賜羣臣，酒味極辛烈云。（然葡萄早在漢時巳移植中國，葡萄酒亦有釀造，至太宗時實乂新傳入釀造法，略加更改耳。）又酒類之中，如稱爲波斯出產的菴摩勒，毗梨勒，訶梨勒等，都成爲京城名酒，爲人所貴。此三種之名本爲用以釀酒的果名（以至果樹名）後來轉成了酒名，等於梵文的 amalaka, vibhitaka, haritaka, 亦等於新波斯語的 amola, bahila, halila, 大概是曾譯了中期波斯語的 amalak, bilhilak, halilak 原文而成吧。又有西域出產的龍膏酒，流傳其名於世，此是否實在頗屬可疑，茲特省略不談。

長安及其他城市的酒肆都似出賣上述的各種酒，而其中想增濃伊朗色彩的却又添用了胡姬，此則不能不特別標記出來。凡稱胡姬者，乃異國婦女，在酒肆接客的，當時文人騷客極愛她們，此在唐詩內說得極多。李白的名詩『少年行』說『五陵年少金市東，銀鞍白馬度春風，桃花踏盡遊何處？笑入胡姬酒肆中』，李白詩此外還有『胡姬貌如花，當爐笑春風』，以及『細雨春風花落時，揮鞭直就胡姬飲』等句子，又楊巨源詩有『胡姬詞』，賀朝詩有『酒店贈胡姬』，而岑參的送別詩中亦有詠胡姬者。單說胡姬雖則是廣泛的指異國女子而言，但正如作者曾經考証過的一樣，其中大多數却是指的伊朗系的婦女。所謂酒店胡姬實指碧眼，鬈髮，白皙的波斯系西域人，殆可無疑也。

## 丙　住宅

關於住宅是否受過多少伊朗影響，現在巳無從確切知之，然據作者所知，則可以看出足做實例的一條証據。

即玄宗時代在長安富豪王鉷的邸第內的自雨亭，以及在宮中的凉殿，那是用某種方法把水由高處抽至屋頂，再用一種機關把水由屋上流下來，從四面瓦簷邊像降雨一般的瀉下，住到那裡面，雖當盛夏，亦凉快如秋天。似乎別的貴族富家的邸第內都亦有之。據『舊唐書』載，則在今日的叙利亞，小亞細亞方面，實多如此構造的家屋，東則傳到波斯，西則傳入東歐各地，而凉殿及自雨亭似亦是從波斯方面模仿過來的。此外，在建築上的細微部份及裝飾雖可認爲曾用過西域式的東西，然而宮殿，寺門，道觀，塔等大建築物，自不必說，甚至小者如住宅，在全體上看來無疑幾全爲中國歷來舊有之物，這方面似未能看得出有西域影響。

上述各節，雖極簡而蕪，然作者却想嘗試大略說說唐時所有的二三伊朗系文物。惟未能詳列典據以作考證，此則姑俟之異日好了。又如更作精密研究，則實應另加若干細目，此亦不得不留待將來再寫。要之，正如『舊唐書』輿服志所說『開元以來，太常樂尙胡曲，貴人御饌悉供胡食，士女竟皆衣胡服』，及如元稹的『法曲』所咏『胡音胡騎與胡妝，五十年來競紛泊』一般，實在可以說，唐朝異國趣味的主潮，完全屬於伊朗系的文物也。（譯自長安之春）

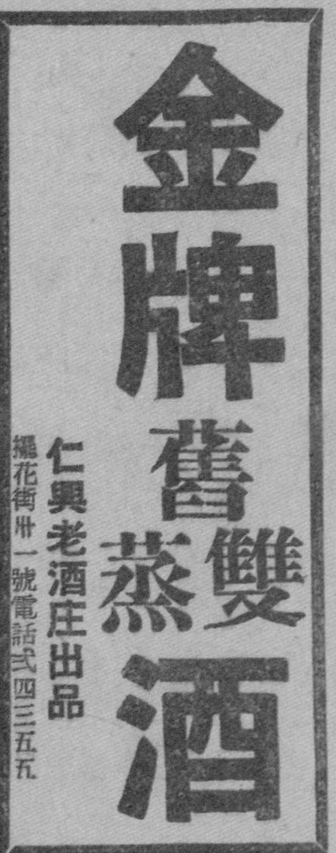

# 娼女問答五題

古希臘路亞諾思著
戴望舒譯

路吉亞諾思，本敘利亞人，生於二世紀時，在希臘講學，以希臘文著作，文名籍甚，其問答體諸篇最佳，如「神祇問答」，「海神問答」，「死者問答」，「娼女問答」諸篇，並稱傑作，而「娼女問答」尤膾炙人口，周作人先生曾譯其四篇，望舒亦曾譯其五篇，長夏得暇，再抄譯五則，原書共十五題，幾可窺見全豹矣。

譯者附記。

## 一·人妖

人物　克洛拿里雍　少年
　　　萊愛娜　娼女

克　萊愛娜，我們聽到許多關於你的新聞！據說那個勒思波斯的有錢女人梅季拉愛上了你，像一個男人似地。你們睡在一起，而你們之間不知道還有什麼把戲。唷！你臉紅了！說吧：這是真的嗎？

萊　這是真的，克洛拿里雍。可是這件事我真不好意思。這是荒唐的事。

克　憑着黛美德爾！到底是什麼？那個女人要你怎樣？你們在一起的時候幹些什麼？你現在不愛我了，否則你什麼也不瞞我了。

萊　我愛你比愛誰更深。可是這個女人有着可怕的男人的口味。

克　看來你的意思是說，她就是勒思波斯所碰到的那幫女人之一，那些女人不願意接待男子，卻和女人幹男人的勾當。

萊　有點差不多。

克　呃！講給我聽吧，萊愛娜，她最初怎樣對你下手，怎樣勾引你，以及其他等等。

萊　她們，梅季拉和那和她幹同樣勾當的有錢女人代蒙拿沙，開了一場宴會：她們叫了我去彈琴娛客。當我唱完了的時候，天已晚了，睡覺的時候到了。因為她們已喝足了酒，梅季拉就說：『唷，萊愛娜，好睡覺了！你歇在這裏，和我們兩人同睡吧。』

克　你睡了下去：後來呢？

萊　後來她們像男人一樣地吻我，不僅貼上嘴唇來，而且還張開了嘴，一邊還撫摩我，摸我的胸部，代蒙拿沙甚至還在吻我的時候咬我。我呢，我不知道她們到底要怎樣。最後，梅季拉興奮起來，除去了她的做得和眞的一樣又裝得很好的假髮，露出了她的剃得精光的頭皮，像一個強健的體育家似的。一看見這個樣子，我弄得莫名其妙。她對我說：『萊愛娜，你看見過一個更漂亮的小夥子嗎？』我對她說：『可是，我現在沒有看見小夥子，梅季拉。』她說：『不要用女人的名字叫我，我叫做美季魯思；我娶了代蒙拿沙長久了；她是我的妻子』。克洛拿里雍，我聽了這話，禁不住笑了，我對她說：『梅季魯思，你是一個男人，像阿豈勒思似地不自知地躲在女人們之間，穿着他的絳色的衣服。這樣說來，你是生得和男人一樣，對於代蒙拿沙做丈夫的事嗎？』她接下去說：『我並不一切都具備，萊愛娜；可是我並不絕對需要那個。再說，你看我怎樣鬆爽地動手，幹事吧。』我對她說：『那麼你是雌雄人了？據說有許多人都有兩性的。』眞的，克洛拿里雍，我當時眞相信她是這樣的人。她回答我說：『不，我眞正是一個男人。』我說：『我認識一個波愛諦亞女人伊思美諾道爾，她是一個吹簫的女人，常常講她家鄉的故事給我聽：她對我說，古時有一個代巴人，由女人變作男人；我相信他是一位有名的法師，名叫諦雷西亞思。難道你也碰到和這同樣的事嗎？』她說：『不是，萊愛娜；我生下來的時候像你們大家一樣；可是我却是有着男人的口味，欲望和其他一切。』我說：『那麼你單單有欲望就够了嗎？』她說：『萊愛娜，要是不相信我，你就聽憑我來擺佈吧，那時你就會相信，我十足是一個男人。我有着使你信服的東西：再對你說一次，你聽憑我怎樣擺佈吧，你會知道的。』克洛拿里雍，我就聽憑她擺佈，我對於她的請求讓了步，她還答應送我一串漂亮的項圈，和一件最精細的蔴布衫子。我把她抱在懷裏，像抱一個男人似地；她喘着氣撫愛我，又好像嘗味着最大的快樂。

**寬**　那麼她到底做了點什麼，她是怎樣擺佈的？還就是你特別應該講給我聽的呀。

**棠**　不要再問下去。這個不雅。再說，我已對阿弗羅第德女神起過誓，我決不說出一句來的。

## 二・愛倘

人物　繆沙里雍，娼女
　　　其母

**母**　繆沙里雍，要是我們再找到一個像凱雷阿思那樣的風流郎君，那就應該宰獻一頭白山羊給大衆阿弗羅第德女神，宰獻一頭小牛給花園潔愛阿弗羅第德女神，又獻一個花冠給那招財進寶的凱雷斯女神，因爲那時我們是幸福又三倍幸福了。我們從這個少年那裏收到的是什麼，你是看見的：他還沒有送你一個小錢，衫子，鞋子和香料；却老是含糊的回話，答應，長期的希望；他不斷地說：『啊！要是我的父親：——啊！要是我承襲了遺產，什麼都是你的了！』你呢，你還說他發過誓要娶你。

**繆**　是的，媽媽，他憑着兩位女神和阿代奈女神發過誓。

**母**　於是你就相信了！大概是爲了這個緣故，所以那天他沒有錢出公份的時候，你纔瞞着我把你的指環給了他：他賣了那指環去喝酒，而後來你又給了他那兩串伊奧尼亞的項圈，那項圈每串有兩達里克重，是豈奧斯的船主泊拉希亞思在愛弗斯定造了帶來送你的。眞的，凱雷阿思是非得拿出錢來湊他的朋友們的公份不可的。至於你們衫子和你的襯衣，我也不用說了。這小夥子實實在在是海爾麥思神送到我們門上來的活寶。

**繆**　可是他長得漂亮，沒有鬍子；他對我說，他鍾愛我，他流着眼淚，再說他是第諾瑪格和大理寺正卿拉凱思的兒子；他答應我們將來討我回去；一等他的父親闔上眼睛，他就給了我們最美的希望。

**母**　呢，繆沙里雍，當我們需要鞋子，而那個鞋匠要我們一個雙銀元的時候，我們就對他說：『我們沒有錢，可是我們却要給你一些希望；拿去吧。』我們對那麵包師也將說這樣的話；而在別人向我們收房錢的時候，我們就說：『等一等，等高里特的拉凱思故世了；等我們結婚之後再付你。』在你的同伴們之間，祇有你沒有耳環，沒有項圈，又沒有達倫特布的衫子，你不害羞嗎？

**繆**　呢，媽媽，難道她們是比我更幸福或是更美麗嗎？

**母**　並不，但是她們却比你更精明；她們知道生意經，她們不相信漂亮的說話，也不相信那些祇空口賭咒的小夥子。你呢，你一心一意地愛着凱雷阿思，好象他是你的丈夫似的，而又除了他以外什麼客也不接。那一天，那個也並沒有鬍子的阿加爾尼的農夫來送你兩個米納，還有他父親叫他賣的葡萄酒的錢時候，你露出不屑的神氣來拒絕了他；你應該和你的美少年睡覺。

繆　怎樣呢？難道要拋下凱雷阿思去接這個發雄牛臭的種田人嗎？凱雷阿思是至少生着嫩皮膚的；他正像別人所說的那樣，是一隻阿加爾尼的小猪。

母　我也同意這話；那人是一個鄉下人，氣味難聞。可是美奈克拉特的兒子昂諦封呢，他答應給你一個米納，你爲什麼不接他呢？他生得漂亮，風流，和凱雷阿思一般年紀。

繆　啊！媽媽！凱雷阿思威嚇我，說如果他有一次看見我們在一起，他就要把我們兩個都殺死。

母　多少別的人都這樣威嚇！這樣一來，你不會有相好了，你就像規矩女人一樣地過日子了；你不是一個娼妓，却是一個凱雷絲女神的女祭師了。可是，說起，今天是收倉節。他送了你一點什麼節禮嗎？

繆　什麼也沒有，媽媽。

母　那麼只有他不知道從他父親那兒撈錢，不會使一個刁鑽的奴隸去騙他，不會向他的母親討錢，如果她不肯就嚇唬她要去投水師當兵！他寧可呆就在我們這裏，要我們負担，既然一個錢也不出，還不讓我們接別的客。繆沙里雍，你以爲你永遠是十六歲嗎？你以爲當他有了錢，當他的母親給他攀到了一份好親事的時候，他還會對你一往情深嗎？你說吧，在他看見了一份五個達蘭東的妝奩的時候，他還記得他的眼淚，你的接吻，以及他對你發下的山盟海誓嗎？

繆　他會記得的：證據就是他現在還不願意娶親，不管別人怎樣軟說硬說，他總是拒絕了。

母　但願他不是說謊吧！但是，繆沙里雍，在必要的時候，我會提醒你的。

## 三・爭風

人物　陀爾加絲　女僕
班尼豈絲　娼女
費洛思特拉德　新歡
保萊蒙　舊歡

陀　我們糟了，小姐，我們糟了！他們說保萊蒙打仗發了財回來了。我看見他穿着一件絳色大氅經過，大氅還是用一個金扣子扣住的，後面跟着一大羣聽差。他的朋友們一看見他，就跑上去吻他。在那個時候，我瞥見那個跟他去出征的僕人是在他後面：我到了他面前去，先向他招呼，對他說：『呃，巴爾美農，你們怎樣？你們打仗回來帶了什麼好東西來給我們啊？』

班　你不應該立刻對他說了這樣的話，但却說：『你們平安回來了！多謝諸神保佑，特別多謝厚道的宙司神和善戰的阿代拿神！我們小姐以前天天問我你們怎樣了，你們在那裏。』要是你再說：『她整天啼哭，她祇想着保萊蒙，』那就更好了。

陀　我開頭就是這樣說的；可是我不願意再對你來說一遍，因爲我急於要把我所打聽到的話報告你。當我在巴爾美農身邊的時候，我對他說：『巴爾美農，你們的耳朵裏難道不響嗎？我們小姐祇說着你們，說起時就流眼淚，特別是在有人從戰場上回來說死了很多人的時候；她拔自己的頭髮，抓傷自己的胸膛，每聽到什麼消息就哭。』

班　很好，陀爾加絲；就應該這樣說。

陀　過了一會兒，我就問了他，我剛才已說給你聽的那話。於是乎他說：『我們衣錦還鄉了！』

班　什麼！他的第一句話並不是說保萊蒙還記得我，以及他希望我仍舊好好地在着嗎？

陀　他對我說了許多這一類的話。可是重要的是他對我說起極大的財富，黃金，布帛，奴隸，象牙；他們帶回來的錢已經數不清，而是用斛來量的了，有好多好多斛。巴爾美農自己的小手指上也戴着一個極大的指環，上面鑲着一塊三色的寶石，紅得發亮。我聽他講給我聽，他們怎樣渡過了哈里斯之後殺死了諦里達特，保萊蒙怎樣打敗了比西第人；於是乎我急忙跑回來把這新聞講給你聽，讓你可以來考慮及拿定一個主意。眞的，要是保萊蒙來到這裏——他一擺脫開他的朋友們，就立刻會來了——要是他知道了你的事情，要是他在這裏碰到了費洛思特拉德，那麼你想他會怎樣呢？

班　陀爾加絲，想個辦法來解決這個困難吧。把費洛思特拉德撵出去是講不過去的，他那天還給了我一達蘭東；再說，他是一個生意人，也許他將來還要給得我多；在另一方面呢，要是我不接那個衣錦還

陀　緞的保萊蒙，我也大有損失。再說，他是一個醋勁兒很大的人；當他沒有錢的時候，他已經是叫人受不住了，現在他不知道要怎樣呢？

班　你瞧他來了！

陀　啊！我沒了主意，陀爾加絲！我不知道怎樣纔好。我發抖了！……

班　你瞧費洛惡特拉德也來了。

費　我怎樣呢？我恨不得鑽到地底下去！

班　我們爲什麼不來喝酒啊，班尼豈絲？

保　這個剛走進你們家裡去的男人是誰？你不回答嗎？好，走開去吧，班尼豈絲！我從比萊斯趕程走了五天，倒來看這個女人！做得好，多謝你。從今以後，你不會再叫我破財了。

班　不幸的人！你糟蹋了我！……你好哇，保萊蒙。好長久沒有看見你了！

費　嘿！朋友，你是誰？

保　你也聽人說起過邦第雍族的斯諦里愛的保萊蒙嗎？從前是千總，現在是五千人的總兵，我還以爲班尼豈絲頭腦清楚的時候，是他的相好！

費　好吧，傭兵的總兵，現在班尼豈絲是我的人了。他已收了一達爾東，而她不久又可以收一達爾東，要是我銷出了我的貨。喻，班尼豈絲，跟我來，讓這總兵帶着他的一千大兵到奧特里亞去吧。

陀　要是她願意，誰可以攔阻她不跟他去！

班　怎麼辦呢，陀爾加絲？

陀　最好是回到屋子裏去。保萊蒙發這樣大的脾氣，你就在這兒不好。再說他的醋勁兒只會越發越大。

班　你既然這樣說，我們就進去吧。

保　很好！可是我對你們說，你們一起喝酒，這是最後一次；我殺人流血不是白白的。喻！我的特拉斯弟兄們，喻！巴爾美農！上前來！叫長矛手佔據住路口！步兵當先！石子手和弩手分排在左右，其餘的殿後！

費　啊！你這傭兵，你當我們是小孩子！嘿！眞是大言不慚！你連小雞也從來沒有殺死一隻過！你看見過打仗嗎？你也許做過一個隊長，一個連長，可是我還把你抬舉得太高了。

保　我要叫你曉得曉得呢，你瞧我們手裏握着長矛，盔甲煥亮的時候吧。

費　你擺好了陣到這裏來吧。我和我的唯一的隨從諦比烏思，我們兩人用石子和蚌殼來對你們；你們就會逃也不知道往那裏逃呢。

## 四．報復

人物　特麗斐拿　娼女
　　　哈爾米特　少年

特　叫一個妓女來，給她五個銀元，跟她一起睡，卻背朝着她，自己儘管歔欷流眼淚；這樣的事你也看見過嗎？沒有的事；你喝酒一點快活也沒有；你不想吃東西，而在吃飯的時候，你又淌眼淚；我看得清清楚楚。就是現在，你也像一個孩子似地啼哭着。哈爾米特，你怎樣會這樣的？什麼也不要瞞我。這樣，就是不睡覺和你過一整夜也是值得的。

哈　戀愛傷了我，特麗斐拿；我抵抗不住我的痛苦的劇烈。

特　可是你所愛的並不是我；這是顯然的了；因爲在我要親你的嘴的時候，你既不表示不屑，又不表示拒絕；你並不把這隔住我們兩人的，你的衣裳的襞疊除去，害怕我碰到你。可是對我說吧，那樂人兒是誰：也許我可以對於你的戀愛幫一點忙；我知道這樣的公事是怎樣辦的。

哈　啊！你是熟識她的，她也認識你；她是一個紅信人。

特　把她的名字告訴我吧，哈爾米特。

哈　是斐萊瑪諦雍，特麗斐拿。

特　你說的是那一個？有兩個斐萊瑪諦雍。是住在比雷，剛開了苞的，做着現任總兵的兒子達繆書思的相好的那個呢？還是綽號叫「盤絲洞」的那個。

哈　就是那個「盤絲洞」；就是她傷了我，她把我捉住在她的網裏。

特　你流那麼許多眼淚是爲了她嗎？

哈　是的，那還用說！

特　你愛了她長久了呢，還祇不過是新近的事。

哈　長久了：自從在酒神節第一次看見她以來，到現在有七個月了。

特　你還是看見她整個身體呢，還是祇看見她的臉兒，以及她這個四十五歲的女人答應給人看的東西？

哈　什麼？她發誓說，她到清明纔二十二歲呢？

特　你難道相信她的發誓而不相信你自己的眼睛嗎？你仔細地看一看她吧：你看看她的鬢角吧，那裏祇賸着幾根頭髮，其餘的都是假髮。等她染髮的顏色褪了的時候，你就可以看見她滿頭的灰白頭髮了。可是還有呢：你逼着她脫光了給你看看吧。

哈　她從來不肯答應我這樣辦。

特　還不是沒有理由的。她知道你不能看見她那週身的不斑點而不生厭；因爲她從奶子起到脚膝爲止，完全斑斑點點像一隻金錢豹一樣。

哈　你因爲不能夠鑑賞這樣的美而傷心嗎？你受了她的殘忍和蔑視嗎？是的，特麗斐拿，雖則我送了她許多禮物。今天，因爲我沒有能够立刻給她所要求的一千銀元（你知道我父親是吝慳的），她就接了葦思豈雍，把我關在門外。爲了報復她使我受的痛苦，我纔叫了你來。

特　灃阿費洛第德！要是我早知道你找我來是爲了報復別人，特別是報復那個棺材木香的斐萊瑪諦雍，我也不會來了。現在我要去了；雞巴叫到第三次了。

哈　不要走得這樣快，特羅斐拿。如果你對我說的關於斐萊瑪諦雍的話是眞的，如果她帶假髮，染頭髮，生斑點，我就從此不看她了。

特　問問你的母親吧，要是她曾經和她在一處洗浴過。至於她的年齡呢，要是你的祖父還在世，他也能告訴你的。

哈　既然她是這個樣子，我們就除去這重壁壘，湊近點，親一下嘴，而且密合在一起。讓斐萊瑪諦雍去快活吧。

## 五．誤會

人物　郁愛沙　娼女
　　　比諦亞絲　娼女
　　　呂西亞思　少年

郁　你跟我爲難嗎，呂西亞思？很好！我從來也沒有向你要過錢；我從來也沒有關門不讓你進來，對你說：「有人在着」；我從來也沒有像大家一樣地竄掇你去騙你的父親或偷你的母親的錢來賣東西給我；我立刻不要你破鈔接了你，也沒有叫你拿出份子來。我打發走了多少熟客，你是知道的：現在做了法官的愛多格萊思，船主巴雄，得了父親大筆的遺產的你的朋友梅里蘇思。只有你來我纔開門。我的意中人，只有你一個人是我另眼看待的；只有你來我纔開門。我還可憐的傻子，我相信了你的誓語；而我對於你的愛情又使我像珮奈洛泊一樣地過着貞潔的日子，也不管我的媽媽噪鬧並對着我的女友們罵我。可是你呢，你一看見我已爲你所有，一看見我爲了你顚倒，你就一意地使我痛苦，或是當着我的面和呂凱娜戲耍，或是當我們睡在一起的時候稱讚那個彈琴的瑪季第雍。我呢，我祇是啼哭着，受着你的侮辱。那一天，你，特拉松和第費勒三人一起喝酒：座中還有吹簫的沁巴麗雍和比拉麗思——她是我的對頭，你是知道得清清楚楚的。你親了沁巴麗雍五次的嘴，這個我也管不了那麼許多；你吻她的時候自己討了沒趣；可是你向比拉麗思打了多少次招呼！當你喝酒的時候，你叫人把你的酒杯交給她；而當你把酒杯遞給那奴隸的時候，你在他的耳邊說，要是比拉麗思不吩咐，他就不可斟酒在杯子裏給任何別人喝。最後，你咬了一口蘋果，看見第費勒蠻倒了身子在和特拉松談話而看不見你，你便瞄準了把蘋果丟到她懷裏去，也不顧被我看見。她接住了那蘋果，吻了牠一下，隨後就把牠藏在胸口衣飾下面。你爲什麼要這樣做？我難道曾經觸犯你一點說你一句過嗎？我曾經使你極輕微地痛苦過嗎？我可曾看過一眼別人嗎？我可不是祇爲了你一個人而生活着的嗎？啊，呂西亞思，使一個情癡的女人傷心並不是一件英武的事；可是有一位女神，阿特拉思德，是看到一切的。也許有一天，當你知道我已不在世上了，我已經免得你見了討厭而上了吊，或是投了井，或是用其他方法尋了死的時候，你會流眼淚吧。那時你會勝利了，好像一個人立了一件大功似的。可是你爲什麼斜着眼兒看我呢？你爲什麼咬牙切齒呢？如果你對我有什麼不滿意，你儘管說呀；比諦亞絲可以做我們的評判人。呃，你一句話也不回答嗎？你走了嗎？你這樣離開我嗎？我的比諦亞絲，你見看呂西亞思怎樣對待我嗎？

比　哦！這個孌子！怎樣！這些眼淚不使你心軟嗎？你難道是一塊石頭而不是一個人嗎？郁愛沙，我也說這是因爲你太愛他，向他露出你的弱點，而寵壞了他了：男人們看出別人愛他們，總是自以爲不可

「一世起來的。不要哭了吧，我可憐的孩子，要是你還相信我，你就請他吃一兩次閉門羹吧；不久你就可以看見他熱起來，發起狂來了。

郁 啊！不要教我這種法子吧。咄！叫我閉門不納呂西亞思！但願他不先走就好了！

比 可是他會回來的。

郁 比諦亞絲，你害了我。也許他聽到了你說：『請他吃閉門羹。』

呂 不，我不是爲了這個女人問到這裡來的，比諦亞絲：我不願意再看見她了；我是爲了你而來的，免得你說我行爲不好，又說：『呂西亞思是一個沒有良心的人』。

比 呂西亞思，我的確說過這話。

呂 比諦亞絲，有這樣的事！這個今天哭得那麼起勁的郁愛沙，却實在對我不忠實；那天我親眼看見她和一個年青男子睡在一起。

比 呢，呂西亞思，她難道不是一個妓女嗎？可是你是在什麼時候看見他們在一起的？

呂 大約有六天了；我說得不錯，正是六天：那天是初二，今天是初七。我的父親知道我發狂地愛着這個老實女人，把我關將起來，不准看門人給我開門。我呢，我是少不了她的，我就吩咐特洛蒙在較低一點牆邊蹲下來，爬在他肩上，這樣地跳過牆去。總之，我跳過牆來；我來到了這裏，我看見大門關得緊緊地：那已是半夜了；我並不打門；我輕輕地把門托了起來，我這樣辦過好多次；門開了，我就不聲不響地走了進去。大家都睡着了：我沿着牆摸索過去，就走到了床邊。

郁 他不知道要說什麼呢？天呀！我真難過極了。

呂 我聽到了兩個人的呼吸聲音。起初，我以爲她是和麗黛睡在一起；可是，比諦亞絲，並不是這麼一會事。在摸索着的時候，我摸到了一個沒有鬍鬚的下頦和一個剃得光光的頭顱，而且是香噴噴的。那個時候，要是我手裏有一把劍，你要曉得，我就毫不躊躇了。你爲什麼笑呢，比諦亞絲？難道我的故事是發笑的嗎？

郁 呂西亞思，使你發脾氣的就是這件事嗎？好吧！和我睡在一起的就是比諦亞思。

比 你不應該告訴他的，郁愛沙。

郁 爲什麼呢？我的好朋友，那是比諦亞絲呵；我因爲你不來，心裏難過得很，請她來陪我一起睡。

呂 頭皮剃得精光的是比諦亞絲！過了六天她會養長這一頭的頭髮？

郁 呂西亞思，她生過一場病，頭髮都脫了，所以不得不剃光頭。可是，比諦亞絲，你讓他看一看啊，叫他可以心服。喏，這就是那個美男子，你所妒忌的那個情敵。

呂 郁愛沙，我當時是實逼處此的。我戀愛着，而我又親手摸到了……

郁 現在你心服了。現在呢，你要不要我報復你使我引起的痛苦，也對你發脾氣？我倒是理應正當的。

呂 不，好人！我們還是來喝杯酒吧，比諦亞絲也和我們一起喝。我願意她參加我們的和好。

郁 她不會走的。呵，比諦亞絲，你這美少年，你叫我受了多少苦。

比 那倒是真的；但是你們終於和好如初了：所以，呂西亞思，你不應該再恨我了。可是，我求你千萬不要對別人說起我的頭髮吧。

# 夏半小集

黃魯

## 虫聲

這是一個充滿了多種的繁複的聲音的世間，有許多聲音，故然令人聽了沉悶，煩燥，不安，這好些聲音，我們無以名之，只大概地稱爲「醜惡的聲音。」然而，除掉這「醜惡的聲音」，在這世間，自然也有「優美的聲音」，比如薄暮時海潮暗泊着寥廓的沙灘的聲音，比如春末的黎明，從嫩綠的林間漏出來的斷續的鵓鴣聲，比如解人哀愁的初秋的風，在疏落的梧桐葉上逡巡的聲音，比如凝冷的冬夕，從瓦簷上點滴在花崗石砌成的階前上的聲音。……這多種聲音，都應該歸列入優美的聲音裏面，因爲它們全都是發於自然的「天籟」，並沒有人工的矯揉造作，是那樣清朗，那樣和諧地與自然調合着。

虫聲也是「天籟」之一。我愛虫聲，我愛夏半秋初的虫聲，我雖然對於各種虫聲的判別能力是那樣地薄弱，然而，姑毋論是它們唧唧地叫着也好，嚷嚷地叫着也好，或者沙沙地叫着也好，我是一視同仁地覺得一片悅耳的和諧。

有時候，聽着虫聲也會引起我一片空虛的生之傷感，然而，卻又暗示了人生是永恆的悲劇的哲理，對於這一種暗示，我是安然地接受着的。記得木下杢太郎有一首題作「石竹花」的小詩這樣寫着：——

「走到薄暮的海邊，
唱著二上節的時候，
龍鐘的盲人跟著說道：
——古時候的人們也這樣的唱也——
那麼古時候也同今日沒有變化的
人心的辛苦，懷慕與悲哀。
海邊的石墻上，
淡紅的石竹花開著了。」

從古時候一直到現在，人們是在唱着同一的哀歌，而細小的虫，也一直無間斷地在唱着哀歌啊。

現在，已是極深沉的夜晚，如果院子裏沒有不知名的蟲在叫着，那麼就要變成一個「無聲的世間」了。窗外天際雖然黯黯地略帶一點月色，可是卻瀰滿了風雨的雲塊，相信不久將要降落傾盆的暴雨了，假如是在急激的風雨中，而虫聲還是一樣的叫着罷。

我不能不想起一個日本失名詩人的詩句：

——

蟲呵，蟲呵，難道你叫着，「業」便會盡了麼？

雖然「業」也許永不會盡，而蟲聲也永遠叫着的。外面的風雨果然來了，恍彿是蒙古馬隊一般迅疾，我連忙把半掩的窗子也關閉了。

在如此狂暴的風雨中，我依然聽見蟲聲在那裏低低地叫着，但是，更其令人發生悽厲的感覺了。

## 樹

常常想起了人煙疏稀的世界，那裏應該是一些無完轆的山脈，或者是一片廣闊無限的平原，在那裡，有沉默的湖沼，有長可沒脛的草叢，有茂密得令人生出神秘感的林間。

於是，我也常常想起了「樹」，孤單地生長着的樹，密結成林的樹，靜默無言的樹，在天風中多姿地舞着的樹。因爲長久的住在沒有樹的城中，而對於樹的懷慕也就更深切了。

我是怎樣地熱中一所建在樹叢中的高樓呢，一切樹頂都在我樓宇的窗下，碧綠的一片，彷彿是無數張開的傘我就如帝王一般俯瞰着這許多碧色的傘頂，風來的時候，它們唱着歌，像鼓掌的藹穆的稱頌一般，使人忘卻了生的無聊。這樣，在春天的時候，我看住每一枝樹上苗長着嫩葉，漸漸的，葉子肥大起來，每處空罅的地方都給葉葉的綠色填滿了。

這只是幻想而已，我從就沒有住在一所建在綠林間的高樓。我又時常設想自已是一個單獨的行脚者，在沒有火車和汽車的古代，從一個驛站到另一個驛站的旅行着，只騎着一隻驢子罷，手上又執着一卷李長吉的詩集，在暑熱的日子裏，悠然地觀光着壯偉的山川風景，如果熱倦的話，就不妨把驢子栓在路旁，然後自已倒身於一顆百年開外的老大樹下，一邊乘凉解暑，一邊默誦長短詩句，漸漸的進入午睡的昏沉的狀態裏了，有時候會因爲一隻不知名的小昆蟲所擾醒，有時候卻一覺睡到初夜，爲星月的寒光所壓醒了，這樣的境界就非常的令人貽然神往，一面在星月下繼續騎驢行脚，一面對於剛才曾成爲我的夢的所在的古老大樹卻不知要戀戀的回盼多少次數了。

新近從鬧市遷居到幽僻的半山上，在我的

房子對開沒有數十步的地方，就有幾株遠年的榕樹，從它們垂吊下來的氣根便可知它們是如何龍鍾的植物，多年沒有親近樹木的我，現在居處的旁邊有着這樣的幾棵榕樹，心中倒獲得不少的慰安了。

然而，却又有使我發生不快意的事情，原來在我而今的書齋的窗前，本是有着兩株合歡樹的，據鄰人向我說，在我沒有搬來的前一些時候的一個晚上，給一些可惡的無賴漢砍掉了，這兩株多麥的合歡樹，大概是給售以附近的人家作山柴燒掉了。

——這是多麼不快意的事情啊！

聽着鄰人告訴我這兩株合歡樹的不幸的故事的時候，我深深地嘆息起來，一面故然在惋惜着這兩株樹的悲慘的際遇，一面是怨艾自己沒有福氣得以享受這兩株合歡樹的陰翳，如果這株樹沒有被砍掉，我的書齋將是如何涼快的避暑勝地啊！

因為對於樹的熱愛着的緣故，便覺得做人也應該像樹一樣，無論怎樣孤單，或無所依靠，也得昂然直立於世間，這是一種英雄的氣概。

在空曠的大野上，雖然是一株孤獨的樹，但是靠着天風和鳥類替它撒播籽子，籽子落在遠遠近近的泥土上，捱受過冬季的雨雪之後，在春天的暖和的空氣裏，籽子便從泥土中茁長起來，而且很快變成高大的樹，於是遠遠近近的空曠的大野，便一變而為一望無際的森林。

我們應該像樹一般，在這荒漠的世間，把生的籽子，撒播到遠遠近近去罷！

## 鄉愁

不久前，母親和我商量着，要把廣州的故居出賣的事，因為我極力的反對，母親只得把這個提案取消了。其實，如果不是為了家境的拮据，母親何曾會有這樣的念頭呢。當時，我看出一種極大的悲哀，在母親沉默的顏容上浮現來，最後，她竟深深地嘆息起來！「算了罷，橫直已經窮了這許多年頭了。」母親是一個安於命運的女人，特別是近幾年來，因為生活的磨折，而對於運命的馴伏，就彷彿是一只羔羊跪在張着貪婪的嘴的狼的面前一樣。

年前夏晚秋初之際，我回到過廣州一趟，那時候，我寄寓在城西一個朋友的家裏，因為當時生活的忙迫，我只能抽出一次很短的時間，從老遠的城西趕到越秀北路上去看望過我的故居一次，這一次的看望，簡直使我失望，使我傷心的，因為故居的模樣全都改變了，應該說是全被撤空和破壞了。這也難怪，因為戰亂以後，我們一直就沒有人在那裏看守過。

而今，故居的木的門窗被拆掉了，曾經纏生着茂綠的牽牛花的竹籬不知去向了，父親手植的那兩株幽加利樹，似乎是被人家用鋸鋸斷，只剩下很短的一點樹幹。在我從前的書房旁邊的幾株梧桐和鳳凰樹却幸然無恙，院子裏生滿了野草，一片寥落以及一片荒涼的感覺在我心中浮蕩不已。在陽光照耀着的台階上，有三兩隻小雀子在跳躍着，它們見着我這一個陌生的人客到來，就啾啾地飛到高高的鳳凰樹上去了。我心裏只是在默默的想着：

——難道雀子也遺忘了我是這裏的主人麼！

我站在故居的四週閒踱着，有時候駐下脚來望着一塊紅磚呆呆的不知想着一些什麼，本來，我很想在每一個荒涼的角落裏去找尋一些故舊的溫暖的記憶，然而，我的太多了的記憶，竟使我煩亂不已。我三番四次想馬上離開破落了的故居，但是，不知怎樣却又戀戀不捨；這樣，我就在門前的一塊小石上坐下來了，托着腮子，在望着明靜的天藍，連那一朵輕飄飄的浮雲，也彷彿是我舊時所稔見的。偶然，有一個巡警，在我前面走過，大概他覺得我很奇怪罷，於是，他問着我：

——喂，你坐在這裡幹嗎？

最初我想，他大概以為我在這裏鬼鬼祟祟的，大概是想偷竊一些什麼東西罷，於是我馬上向他解釋，我呆坐在這裏的理由，我說明這是我的故居，我之所以在這裏呆坐，只不過是對故居的一種探望罷了，這樣的解釋之後，想不到他竟表示着非常稔熟的樣子對我說：

——你是這裏的舊主人麼，啊，你不會再記起我了，我在這兒當巡警差不多二十年了，我叫做陳錦，當時，你的爸爸媽媽和其他的家人都跟我很熟識呢！

我聽了只漠然的應着：

——啊，啊，我記不起了，那時候，我年紀還很少罷。

——你們離開這裏許多年了，一向住在香港罷？現在打算搬回來嗎？

他欣欣地追問着。

——但是，現在這裏毀壞到這般田地怎好搬回來呢。

——你們可以再把它重新建築起來呀，你

們搬回來，我可以不再這樣寂寞了，你看，這裏舊時的人家都搬到不知什麼地方去了。……

他越說越高興，似乎我們非搬回來不可。

——唔。

我又只有茫漠地以應，心裡浮住一種莫名的悲哀。……

這又是年前的事情了，現在回想起來，心中又不免有一番難過，我不很明白，心中所憂鬱的是什麼，或者，這就是通常的所謂「鄉愁」和「懷鄉病」在作弄着我罷。

嚴格地說來，廣州不能說是我的故鄉，因爲我的原籍是新寧縣，而最使我傷心的，就是沒有到過作爲我的故鄉的新寧，我想，新寧一定是個山明水秀的好去處罷。

記憶若干年前戰亂的時候，自己曾經隻身流寓到新會縣城的一個朋友家裏，在隣近不遠的地方就有一條鐵路直通到新寧城的，每夜伏在枕上的時候，總可清晰地聽見火車的聲音，它是開到新寧縣城去的罷，它是從新寧縣城開過來的罷，這樣的聽着開到故鄉去的火車聲，以及從故鄉開來的火車聲，心中的「鄉愁」也就更加倍深厚了。

事實上自己並沒有一個可以稱得上故鄉的地方，而對於故鄉的懷慕卻越是熱切了，常常衷心裏希望着，倘若有這樣的機會，便得在鄉下裏買一所田莊，在那裏過着理想中的親切的鄉村生涯。

因爲母親的憂鬱，使我有深切的「鄉愁」，由於故鄉的哀愁，我不禁聯想到流在海外的父親，大抵他老人家也像我們一樣，更感着深厚的故鄉的憂鬱罷。

# 外國王族初次來朝

渡邊修次郎著
無邪譯

明治二年（一八六九年）英國王子來朝的事，在外交史上是值得一提的。前一年，雖然曾經在宮廷接見各國公使，但是外國王族來朝，確是破題兒第一遭。那時候，維新政府剛成立不久，那般直到數年前還在熱烈高唱攘夷排外的壯士輩，雖說得到了進身的機會，驟然變成在朝的新貴，頗爲得色，但是對於萬國交際一層，到底是極感惶惑的。這時他們忽然改變作風，一掃過去的排外主義，轉而對外軟化，大談其外國公法，宇內通義，然而國際條約究竟爲何？知者甚少，只知一味攻擊舊幕府的對外政策，而認識「在留人國法除外」（實即治外法權）的利害的人，倒沒有幾個。而且更可笑的就是他們往年所高唱的攘夷論，現在竟成爲已身之禍了。

幕府崩潰，明治變革的原動力，實在可以說是形成「階級鬥爭」之一因素。打倒了舊的權勢者之後，便由新進的權勢者——主要是下級士族之輩，專門掌理內外政務，因爲他們先前都是攘夷論者，所以他們的處境，現在是最苦不過的。這時期，仍舊和往時一樣，殺害外人的事件和互相衝突的問題，頻頻發生，政府爲之大感苦惱，迭頒發令，告諭一般不得對外人妄施暴亂行爲，但是仍未能將禍根完全絕滅，因此外國公使屢次提出強硬交涉，尤其那「好爭長短」出名的英國公使柏克斯，更自作先驅，在外交界中大張其勢力。所以在這種情形下，政府接獲外國王子來朝的信息，自然更覺苦惱，據當時英公使館書記官密特福（A. B. Mittord）的記載：「日本政府一得此報，即引起非常之衝動，極其興奮」。

這位王族是英國域多利亞女王的次子，名叫阿佛烈，愛丁堡公爵（Alfred, Duke of Edinburg）。距此前一年，愛丁堡公爵在澳洲雪梨市內散步閑遊之際，突遭刺客狙擊，幸免於難。橫濱「日本論壇報」一八六八年五月二十三日曾將此消息刊出，政府是否知道，這可不明白。

★　★　★　★

政府在六月中接到王子來朝的消息，即着手準備歡迎的準備，委任伊達宗城和大原重實爲領客使。伊達是前宇和島的藩主，爲諸侯中的幹才，頗有名氣。幕府時代嘗參與京都政務，與英公使等人交際，維新政府成立，掌理外交。伊達被選任爲領客使，堪稱得當。大原乃一平庸的公卿，且無處理外交事務的經驗，選任其爲重要的接伴官，實在不得其當。輔佐領客使專理接待事務者，有中島錫胤，宮本小一等。中島精通漢學，昔在京都奔走國事，熱烈鼓吹勤王論，足利三將軍木像梟首事件發生時，他是參加黨徒之一，因而揚名。新政府一興起，即躍居書記官相當重要的職位。宮本是舊幕府的事使，接觸過對外事務，故新政府徵用他担當外務上的職務。

這些接伴官先與國學者相議，定出一種條規叫做「英國王子接伴條例」。可注目的就是條例中竟然把「祭政一致」適用到政府的事情，很有趣味。今摘錄其要旨如下：

「客輩將至之前數日，舉行韓神祭，將供神之物賜予關係各員，供神之酒則送至橫濱，待客輩到着之日餞贈之。

（註……韓神乃指往古保護朝鮮人及中國人渡日之神）

「客船抵達橫濱之日，領客使穿着朝服，同乘一船，近接客船，則喚通事，宣達領客使登船慰勞之旨。

「引客上岸時，放祝砲二十一發，前赴延遼館，着館之日，於品川驛舉行神祭，選華族一人致辭。

由將神酒賜客之日起，至歸還之日止，並揭兩國國旗，當日領客使於延遼館引導客輩，至宮門則行祓麻事，至御所大門前下車時，隼人等發犬吠聲。」

（註……祓麻事，即驅邪祭式。隼人係護守宮門之勇士，舉行大儀式時，專作犬吠之聲音。）

上述接伴條例中，有些地方可算糊塗到令人捧腹笑倒。這些條例究竟有沒有完全實行，倒是個疑問，不過我們可以斷定，這些條例是給英國方面看過的，如果當時的英譯文還在，大概是實行過的吧！總之，當時的官吏分辨不出彼此的慣例有大不相同之處，雖則鄭重又鄭重，然而只知拘泥於舊習，定出這種奇怪的接伴程序，反而遭他人嗤笑，而且自己也感到許多麻煩，這自然是失錯不當，殊覺遺憾。就中如舉行祓禳祭式，固出於極端鄭重迎接貴賓之意，然往往招引起世人的誤解，尤其是外國人不察此意，故不免要遭這樣的批評：「日本乃自尊自大之國，視外國人爲獸類，英國王子參朝之時，於宮門舉行潔身之祓禳，考之典故，行祓者，拂拭人體之不潔也。」據說美國公使就曾經對其本國作這樣的報告。

★　★　★　★

除上述接伴條例之外，尚有「接待細目」，其中詳細記明關於接待應注意的項目，如客館使用的器具，概用國產品，不得已時方准用洋品，王子參內之時，親王，公卿，諸侯，有司等應整齊衣冠出事，同時奏樂歡迎，旅館命別手組警衛，巡邏警戒則命兩三藩共同担負之。王子滯留期間的費用由政府支出，並以國產物品贈與隨員等。這裏所稱的別手組，就是開港當初，幕府專爲保護外國人而組織的警衛隊。別手組的奇異狀態，可見於當時的新聞記載，據稱：「方今警衛外國人之別手組，形貌怪誕之處甚多。其頭梳大髻，戴元龜天正以來家傳陣笠，下着古式褲經袴，上披燕尾衣，外觀似乎壯嚴可畏。所用馬具，純屬日本古風，一手揮藤鞭，一手執污垢不堪之馬轡，乘馬跟隨洋人之後，狀極可憐。」（明治五年刊「新聞雜誌」第四十五號）。

此後數年間，這別手組，還被保存着，到明治五年八月，才被廢除。

王子來朝的接待，最大的困難是沒有適當的旅館，祇好以簡樸而帶有西洋風的延遼館充之。延遼館位於草綠的海邊之濱，風景頗佳，庭園景緻，更是美觀。幕府時代延遼館稱爲「御濱殿」，是歷代德川大將軍消夏游樂之處。帝都東遷之初，將之改建，更名延遼館，作爲接待外國賓客之所。這次選定此地招待貴賓之後，便急速加以修建，更施以豪奢的日本風裝飾，且又特地着香港方面迅速送寄歐式的家具。

當時因爲不大了解歐洲的風習，所以如何招待這位貴賓，確是一個難題。於是請英國公使館書記官密特福來指導，因此他在延遼館逗留了一個月。以後，密特福這樣的記述：「日本人爲什麼沒有想到將純粹本國風味的，令人愛好的家室供作來賓的旅舍呢？這實在是一件憾事。他們反而選取西洋風的家室，而且又是一棟破舊的，於是急急忙忙地把窗子塗成濃綠色，這種辦法實在不能令人不敢佩服。幸而內部的裝飾極佳，足以補償外部的醜惡。內部的裝飾，色彩配合巧妙悅目，是值得大加稱讚的」。（見密特福回想錄）。密特福氏所言，可謂恰到好處。在宮廷方面也是一樣，幕府簡直不知道如何處理才好。各國的宮廷，各有其特殊的儀禮和用語，而東西兩洋的情形，更多不同，動不動就會鬧出笑話，所以委託了外國人最精通日本話的密特福担任此次接見的通譯。

★　★　★　★

英國王子愛丁堡公爵乘「加拉第亞」號軍艦東航，自任艦長，明治二年七月二十二日抵達橫濱港，二十五日偕隨員數名，與柏克斯公使同乘御車入東京，宿延遼館。這次的恭迎式簡直同迎駕陛下之禮無異。照着舊例，通衢人家完全把二樓的窗戶關閉，隙口以紙封貼，禁止民衆由隙縫中偷視，而且王子通過之時，羣衆都並排俯伏路旁。途中及旅館的警備，由鹿兒島藩兵充任，警備事務則由宇和島藩士處理。

王子抵步三日後，乃定二十八日爲公式朝見的日子。此日明治天皇於宮中大廳接見王子，柏克斯公使，海軍將官開倍爾等伴隨王子參進，陪侍者有右大臣三條實美，大納言岩倉具視，德大寺實則，參議大久保利通，廣澤眞臣，副島種臣，兵部卿嘉彰親王，外務卿澤宣嘉及其他華族數名。

天皇陛下立於玉座前，王子敬禮後就席，通譯密特福坐其側。時天皇陛下年十七，王子二十五。儀式終了，更于紅葉亭共進茶點，繼於瀧見亭接見王子及開倍爾。此時王子進贈天皇陛下金剛鑽石裝飾燦爛的煙盒，以作來朝的紀念。良久告辭。

（此段所述大部分參照密特福的手錄）

王子參朝，這件當時政府最感焦慮甚或最感困惑的事便如此完結了，當局這才放了心。

★　★　★　★

王子滯京五日，八月三日離東京，由嘉彰親王及岩倉以次大官數名陪送，乘馬車赴橫濱（約需四小時半）。五日晚九時，英公使館（當時在橫濱）舉行夜宴，王子爲主賓，被招待者有嘉彰親王，大久保，廣澤，副島等與及各國公使，還有外國貴婦多人，濟濟一堂。外國人中且有舞蹈餘興，至深夜二時，方才散會。參與盛會的日本人初次見到男女手牽着手的舞蹈，眞是大吃一驚，「廣澤日記」就說是「奇奇妙妙，難以形容」，「大久保日記」中也說，「來客衆多，婦人相集而舞，與國風迥異，誠屬意想之外。」因爲彼我習俗相差太遠，當時引起了種種奇異的感想，這是很自然的。

在這以前——萬延元年，幕府遣美使節新見正興氏等人受國務卿的招待，初次見到男女舞蹈，不覺大驚，於是大加抨擊，他的日記這樣寫道：「男女合夥同舞，若小鼠相戲然，而竟興致融融，終夜不息，夢耶眞耶？令人莫之能辨。不論如何無禮儀之國家，於招請外國使節時，亦決不致出以如此非禮之舉動。」此後經過九年，到了明治二年，我國爲政者對外國事情的隔膜，仍和以前差不多。一看上面的關于夜宴的記述，便可以明白了。

王子在橫濱逗留數日後，於十一日解纜西航，遊覽大阪，兵庫，長崎等地後始歸本國。

如上所述，當時國內與國外的種種思想觀念，全不相通；宮廷，政府最初接待外國王族這件最感棘手的大事，幸而平安無事的過去，雙方面總算安下了心。

這時候，維新大改革的呼聲甚烈，不過，這種革新着重於政事關係，風俗習慣依然不脫舊風，拼近外國貴賓的大官們，照樣穿着千餘年前因襲下來的官服，長袖翩翩，動作緩慢，在外賓看來，這樣子多麼奇怪難看，則不難想像。

而且那時候的「王政復古」，實際上封建殘餘尚未盡除，復古與維新勢力還在混戰中，强藩人士互相妒視，爭奪權力，加以改廢政令，變更官制，任免官員等事，頻頻發生，政府內部因而發生動搖，大官顯貴相軋不已。這時突開强國貴賓來朝，更是外交上之一重大事件，其苦境如何，實非尋常可比。

★　★　★　★

這回接待外賓，態度的誠篤，似予外人極大的滿足，因此政府對密特福的盡力幫助，深表謝忱。密特福歸國後，晉陞男爵，封列斯特爾卿。王子來朝三十七年後——明治三十九年，英國皇帝派遣使節參內，進獻明治天皇最高勳章之際，陛下對明治二年接見王子的情形，還記得很清楚，並且還說年前一年在京都接見英國公使柏克斯的翻譯官沙多（E. M. Satow）的事。這是陛下頭一次接見能說日本話的外國人。關於這次接見的情形，筆者往年親自詢問過沙多氏，這裏把他省略。

王子來朝四年後，明治六年俄國皇族阿歷西斯來朝之時，我國狀態已經完全改觀，公式服制，迎接禮儀等，殆與歐洲各國完全一致。到了明治二十年，模倣歐洲之風氣，已發達到極點，出現了所謂鹿鳴館男女舞蹈化裝集會盛極一時的時代，反使一般識者顰蹙不安。

上面說過，明治二年宮中一切禮儀以至服裝，完全因襲古舊的國風，可是到了明治六年，密特福再度來日時，僅在短短的四年內，宮廷的模樣等等，概已洋化，其變化之速，殊可驚嘆！密特福和沙多同時在明治初期研究日本事物，有著作數種，記述當時的事實。筆者作本文時，曾以這些材料做參考，或引用其原文。本邦方面殘缺不完的記錄，能得此補充，實屬萬幸之至。

——七月十五日

短篇創作

# 海的遺忘

堯若

這是海嗎？

是的，這是海嗎？風從海上來……………

蒼鷹盤旋於上空，黑暗的雲脚劃出圓圈圓圈的影子，幽靈似的。風從海上來，蒼鷹的翼底放落了夜，夜了。

心是蒼鷹，地是霧，自家兒一圈一圈劃在六月向晚的修長的海傍，讓墟味的風撲上面頰，靈魂也鹹了。

（蒼鷹不會疲倦的麼？）

坐到堤邊，把脚垂向水面，把眼放到天末，放到海的盡頭，把心寄在蒼鷹的翼上，把背後的燈火扔了，把整個世界當作自家兒的東西，把星星…………

是的，還有星星呢！

一聲太息從咀邊落下來，一顆珠子掉落海面般，沉了下去。這是自家的珠子哪！伸一隻手到水裏，要把太息撈着；另一隻手也在水裏撈，手跟手碰着了。

（你要搶去我的太息像珠子麼！）

心想着，才知道這珠子不是我的，是人家掉下來的。

（人家也有太息的珠子嗎？）

懷疑的眼光落在那掉了太息的黑影子裏：圓的臉，光亮的眼珠像停着的星，給風撫摩得紛亂的鬢髮，肥而圓的脖子，光光的下巴，玄色的衣裳裹着豐滿的胴體，深黑的黃昏掩不住小腿的光潤與潔白的鞋子，卷伏着，像一只黑貓。一支右手正探在水裏。

牠也太息像憐惜珠子的麼？這世界原來不是自家的東西啦！

『你找什麼？』

小小的嘴唇閉着，大眼珠落在遠方的雲裏。

『你愛海麼？』

『是的。』聲音細得像沒聲音。

『這是海嗎？』

『我愛那邊的海。』一朵憂鬱的花開在圓臉上，纖小的手從水裏收起來，在纖的臂上舖滿了閃光的水珠子。

『那邊的海大麼？』

『無際的大。』

『船夫不是厭于海的麼？』

『不。船夫是愛海的。』絹樣聲音滲和着輕輕的憤怒。

『或者說看守鐘樓的人是厭于海的。』我背了自家的意思。心想：我就希望看守鐘樓啊！

『什麼？』

『你不會懂。』

『你才不懂。』我看見輕蔑掛在牠的嘴角邊。

『你曉得什麼？』

『在鐘樓裏充滿了期待。』大眼珠子又落在海面上，茫然又茫然。

『這裏沒有期待的麼？』

『所以我愛那邊的海。』一個太息又跟着海字落下，牠讓它隨着海水流去流去。

把濕了水的手抹在鬢髮上面，搖一下頭：『那邊不會有太息的。』我嗅到一陣幽香從鬢髮縫裏飄出來，那麼幽淸，幽淸得一朵丁香似地，丁香的寂寞味。

（眞是憂鬱的姑娘。）

把自家的身體移到丁香的幽香的背後，讓憂鬱的鬢髮拂着自家的鼻子，我在牠的耳珠子上說：

『我也是愛海的人哪！』

鬢髮旋了過去，大眼珠子旋過來，小小的直鼻子差點碰到我的鼻尖上，紅的嘴唇動了：『你能夠忘了海嗎？』

『讓我們都忘了它吧。』

『我們可不是朋友呢。』

『相逢何必………』我的手灘到牠的脆弱的腰肢上面，海綿似的。

『曾相識嗎？』那麼狡猾的大眼珠閃着。

笑在我的嘴上，笑在牠的嘴上，兩個笑合攏來了。

（那麼羞澀的姑娘也會憂鬱的……）

『那末，你忘了海了吧。』

牠微笑，但把嘴上的太息擺在睫毛間：一顆淚珠在眼角淌下來。

我的嘴唇本能地吮着淌下來的淚珠。

（還是那麼遺忘不了海啊！）

我們默默地站起身，沿着闃然的海傍慢步，沉默壓在喉嚨。左邊是黑了的海，右邊是玄色的懷念着海的姑娘。風從海上來……

任誰不願先開口，就是能忍一分一秒，怕驚破夜之幽寂。路是悠長，海是悠長；路把我們帶到那裏？心像路那末悠長了。

（蒼鷹不見了，它到了那裏呢？）

『你有太多的海的回憶嗎？告訴我海的故事，告訴了我，你就會把海遺忘了。』

『說了不就更要惦念嗎？』躲在臂灣裏，像海鷗棲在岩石上：『是的。我念海。海把一個夢帶給我，海又把我的夢帶回去了。』

『因此你就期待了？』

『不。沒有期待。期待像雨下在海中那麼無用。』

『因此你就不能忘了海？』

『我是海的女兒。海從古老的時候來，就把我帶到人間，扔在這裏，海又去了。』一聲太息又落在我的肩膊上。

太息從我的肩膊直壓到我的心，沉重了。

『那末，你是屬于那邊的海的了。』

臂灣裏沒有回响，我瞧見一株枯萎的小丁香貼在自家的身上，就把手環緊牠的腰，像要佔有了牠似的在說：

『讓你今夜忘了海吧！』

微笑掛在大眼珠上，幽幽地：

『你不也是愛海的嗎？』

『我而今早已忘了它了。』說着，就把嘴湊到牠的耳珠子，吻了一下，耳背的香味直透進心裏來 『到我那裏去望海吧！那裏有一窗的海。』

不作聲。悠長的路就短了。

拉開了窗幔，讓海黑沉沉的流進窗裏來，豐滿的胴體伏在窗框子上，像玄色的貓那末貪婪瞧着海，風從海上來，越過了窗，爬過玄色的貓的背脊，散得滿屋子丁香味。

『還不能夠忘了它嗎？』我的手放在牠的肩上。

旋過身來，大眼珠子給長睫毛遮了，撲到我的胸膛裏，兩支手臂拖着我的頸，低低地說：

『爲了你，今夜就忘了它吧！』

我吻在牠的微微抖顫的唇上，額上，鼻子上，潮濕的眼皮上，丁香味的鬢邊；吻在牠的光滑的臂上，臂上有海水留着的鹹味！……

（海的女兒啊！海的女兒啊！）

拖着玄色的貓放到床上，我伸手拉攏窗幔，撕裂了絹樣的聲音响起來：

『不要拉關它，我要看海。』

我笑着的再把海擺在窗上給牠，牠說：

『把海裝飾我們的夢不好嗎？』

『在我們的夢裏遺忘了海不更好嗎？』

『我是海的女兒啊！我的夢裏也是少不了海的。』我擁着玄色的貓說。

『那麼爲什麼到這裏來？』再在牠的頰吻一下。

『因爲你愛海，因爲你有一個鑲着海的窗。』

一個太息又墜落在枕邊。

風從海上來，來到枕邊；海也流進心裏來了。

長篇作品

# 掙扎

羅拔高

關卓然不敢遐溯前塵；倘使一動心潮，面孔就要拉長二寸許了。其實也沒有甚麼時間給他去想的，肩頭老壓着好幾十斤黃泥，嘴不竭地在「杭育——杭」地。

一清早出來就跟隨着許多人去組織這麼的一羣。挨到正午可能有些空閑，但又要忙於去吃「木茨粉」和死盯住馬路拾香烟屁股，午歇過後又得哼這老調兒，「杭育——杭」地，一直哼到老鴉歸巢，才放下肩頭的重壓來舒一口氣。

晚上是有空閑的，但料理過肚子之後就得倒在板榻上去打呼睡了。爲了疲，一日的勞苦給他再也沒有精神去思前想後。然這麼的辛苦也僅能得到兩頓「木茨粉」而已，運氣好時也許會得到一鍋白米粥，飯在他是可望而不可即的了，這個多月來。

個多月來人就給磨損成一具活屍啦！祇有兩隻深陷的眼眶，黃瘦的皮層緊包裹着一副骨架子，要是得不到那斷斷續續的幾十斤黃泥壓在肩頭的話，怕這城市的一隅已沒有了關卓然的的踪影了。

——沒了倒也舒服呀！

他有時會對自己這麼地說，在挨不過苦的時候。可說了也就沒事了。原因他不曾得到沒了的時間，——去沒了的時間還很遙遠，「木茨粉」總可能把他的生命延長，每日的勞工他儘可得一斤「木茨粉」的代價。何況他還有香烟屁股，香煙屁股除了自用之外也賣得幾個子兒。

人的不死是一種悲哀，在該死而不得死的時候；生之多餘在關卓然自己想來也眞是多餘的了。本來就是時代的渣滓，怎不把身體迸散了去做人間世的一顆微塵？人間世不應該他去留戀的吧！爲的是已沒有留戀的可能。可苦的是肩頭日常還斷斷續續地壓上幾十斤黃泥，從苦中去持續自己的生命。

生命的持續在他確是多餘的，他很想把擔子投向洪流，消失了勞作的工具人便可以完了，完了就省了多啦，至少可以免却把這「現世報」去做給人看。

「這眞丟人啊！一着之差，就這麼的活受罪！」

他曾經對自己有過這麼的咎責。其實他並沒有做差了甚麼的，祇不過對這社會以前是過於留戀罷了。然而却是「百動不如一靜」這一句話害了他；在當時，心裏一兜上這一個念頭，命運就註定活該受到今日如此的磨折了。

活該是很難下一個確當的定義的，誰活該誰不活該呢？在這世界裏。

但關卓然就認定自己是活該的了。

——誰叫你百動不如一靜啊！

他說。

可是，百動不如一靜的人在這社會裏就多着呢！豈獨他爲然。不過，「適者生存」他許是失却這種的資格了。許是吧！然而，或許而已。

然而，「適者生存」的含義在今日的人生也很模糊的啊！關卓然原是「生存」的「適者」的，但他終不免去做泥工，假如有人曉得了關卓然底來歷的話，那對於人生的熱情就要打一個很大的折扣了。這是眞的，一個有了很股實的家當的人，一個向上的知識份子，一個潔身自愛者，一個……，却做了一場惡夢似的在醒來時甚麼都精光了，——捲來一陣大風，一場大雨，除了喉間還有三寸氣之外甚麼都完啦！——先代遺下來，自己辛苦的儲積，一切的一切，像一股烟，全消逝了。

幸而還有命，他當時在蘇甦了摸着自己的頭顱，辮子那麼的想着：有命在，萬事再從頭做起罷。

他于是在一所莫明其妙的地方張息，張息了好幾天，大半個月吧！不，有上三個月了，一切精神體力都恢復了過來，如從前沒有甚麼分別，祇是鬢邊，鬢邊長出了不少的白髮。

在他出來社會上再次露臉的時候，社會上的人對他陌生了，他也對於社會很陌生，陌生到彼此之間隔着一層堅冰，他便好些日子都沒法得到一絲的溫暖，人雖在日光的下面，心却在冰窖的裏頭，祇有牆根和角落給他同情，能夠讓他靠着蘇息一下。

——！社會，人類！

他在社會裏，人類之羣中嚼着寒冰，吐出一口白沫，白沫表示出他的肚子的空虛，內心的空虛。

——！唉！社會，人類！——！唉！——

他在兩種的空虛中又吐出一口白沫。

六月向晚的天氣，人都沃着油汗了，不管是青年，是老人，是婦女們或是男子。甚至地面，屋脊也是流着汗的，在來了一陣三伏天的陣雨。他的身上也可能有的呀！然而，這決不是汗啊！是嘴裏嚼着的寒冰的流液而已。

他又吐出一口白沫來；白沫還是表示出他的內心的空虛，肚子的空虛。

夜了，夜的大地是潑上墨水，翳着愚霧，但可能使人透視到太空的星華，星華在無言地而祇閃動地告訴人間，明天不會下雨。維時遠遠傳來幾聲的犬吠，恰個關卓然在夢裏飽餐了一頓醒轉了來，他聽出這種犬吠的聲音很特別呢，像狼嗥。但是他躺着的那地方已有了微微的響動了，在他，是不以爲意的，打着一個阿欠，轉一個身，可身上突的砉然，破布衫兒被撕去了一塊了，他一愕一楞，趴着擧起頭來，呀！身邊不曉得幾時來了一匹怪物。在矇矓中，他這一嚇眞非同小可。可又不曉得從那兒來的這麽多的勇氣，蠻力，結果給他逃出了怪物的怪饞，奔上一所人家的二樓的木欄後面，在喘息，在安定自己的驚魂。

身子癱軟得要死，連手脚也幾乎沒有力量去動搖一下。

人是昏昏然，沉沉然，三魂七魄快要離開了軀壳。

一陣零亂急促的脚步聲，一陣粗獷暴怒的叱喝聲。

手電筒的亮光一掃，一閃。

誰給關卓然的領子一提，提醒了他。

他聽到自己身上那件破布衫又砉然一響。

他在手電筒的亮光籠罩下變成一死人臉。

從粗獷暴怒的惡罵底聲音的裡面，他理解到他們要比方才的怪物還兇，以後這七尺殘軀，儘有不可想像的苦頭吃了。

他一聲悽然，無言地淌下兩滴酸淚，隨又把疲乏的眼睛閉下，意思是等死。

粗獷暴怒的聲音喚啞了一陣。

「嘿！你這不長進的，給你先代留個人情，滾吧！」

粗獷暴怒的聲音似乎和緩了殘酷氣。

關卓然的身體於是給提了起來，又給推着；一忽，又給做了一個斷了線的紙鳶，從二樓飄到地面。地面是鐵般硬的，一聲穹隆，渾身瘦骨頭都感到奇痛，影響到神經也招致異樣的苦楚。他出不得聲，聲在喉嚨裏打滾。

好一會工夫，在沉沉的黑夜的東方顯出一點魚肚白的時候，他回醒過來，感於牆根給他的同情，極力地掙扎，蹩到那兒去。

又是昏昏然，也是沉沉然。

待睜開眼睛，前面已站着個人在獰笑。他又是一嚇，想逃，逃不了，他渾身骨頭都像脫了節，也如同沒有連系地成了碎片。

同情在獰笑的面孔裏表露出來，高大的身子隨也彎下，蹲着了，在他的面前蹲着了。

關卓然祇凝着雙眼待他的發落。——他對着那對頭，很想吃那對頭一下子有力的鐵拳，就此了結。

他斷定祇一下子就可以了結了。

然而獰笑的面孔更充滿了同情，唉一聲。

唉一聲，關卓然整個的身體便被動地投在他的懷抱裏了。

「前回你罵我，可在暗地裏逼我洗手，回頭，這眞難得。……你可給找得好苦。……想不到在這兒碰見。」

這幾聲之後關卓然就離開了牆根，做紙鳶飄下來聽得的創傷也給消滅了。經過了許多天的時間。

「唉！世好不如對頭！……」

他在對頭裏出來之後慨嘆着。

「然而他却想向我報復呀，逼我走。怎可以的呢？這年頭，百動不如一靜。」

他在喃喃地。

于是逗留下來了，下着決心，想爲尋再從頭起做。

然而誰有機會給他呢？

一日，二日，三日，……日，儘無數日的奔忙，計劃，俱成了畫餅。好容易在幾次失敗之後見到了小泡了，得到了反應了。計劃這回可要成功啦！他想。心一鬆睡也可能安穩點。

但，冷水在他的不覺中從頂門澆下來，一個透心涼，水泡又無聲地破滅了。人……。

唉！人，……待再在社會露臉時，還是牆根角落的同情者。

生在逼着他。

這回可不能不走吧！

然而，走到那兒去？

他茫然。

「百動不如一靜。」

誰在告訴他。

「對的，百動不如一靜。」

他的心漸就兜上這一個念頭。

他於是決然靜了下去。——靜到……

牆根角落還是給他同情。

但，到了夜，他就抱着戒心。

——沉沉的黑夜跟前一樣聽到了狼嗥。

狼嗥不成問題，也對他不致有生命的威脅。

他祇怕聽過了狼嗥之後的怪物出現在身邊，也怕碰見那「給牛代留個人情」的世好。同樣的，他更怕他的肚子向他呼寃，轆轆然地。

這幾天的肚子尤其不爭氣呢，老向他呼寃，老向他轆轆然地悲鳴着。

轆轆然影響到了神經，影響到了手脚，手脚快要癱瘓下來了。其實，已然到了這樣的地步。

——頭也發昏，呼吸更是漸漸地感到弱了下去。

眼尤其死了，視象是多了起來，分明是一個人，而他所見到的是層層疊疊地穠虛而動，男子也會自己東歪西倒，但倒了也竪起來，竪起來也更倒下去。

——這樣的循環不已。

他自己糊塗，病了麼？然而一點也不是。

他不曾想到自己肚子的空虛，心靈的空虛。實在呢，他何嘗沒有想到，而且是很了然。祇是太不爭氣了，他嫌它太不替他爭氣了。

！——爭氣不來的吧！他閉上眼來。

——得想個法呀！他閉目沉思着。

他極力把雙眼睜開，再努力從牆根站起，人像挺然了。

沒氣力的挺然。

他扶着牆壁，一路扶着牆壁。

挨過了一程，二程，三程……挨到了一個飯攤子的前面。

他脫下布衫，一件尚還完好的布衫，——同情而獰笑的對頭的賜與。

——換多少？

——一斤。

——不值得，最多半斤！

——也成，就半斤罷。

半斤粗米飯立刻擺在他的面前，立然變了珠寶。他把它愛惜地而且貪婪地粒粒送下肚子去。肚子便不再悲鳴，還更感到點兒舒服，舒服過以前吃了一桌上菜。

肚子安份起來，

他自己也像牛長出許多氣力，

——最低限度能夠走路。

他再不走向同情他的牆根，走向社會另一個角落。

另一個角落見到了人羣，

人羣灸在朝陽的下面。

終於，在人羣之中他發見一班是「杭育」「杭」地，在馬路的一隅，給他驀然生起一個靈感，眼前立刻現出一片生機。生機在他的腦子裏活躍起來，好像一切都有了辦法似的。

「這是不要本錢的呀——」

他的靈感在告訴他。

「好，先去吃些苦頭，然後再萬事從頭做起吧！」

他下了決心。

於是，這一隊的人羣，就多了他那麼一種的聲音，「杭育——杭」地了。

（二）

國子監的宿舍，恰在雞鳴山脚下。鄭森從夫子廟回來以後，王鐵咀的話，始終縈繞在他的心頭不能忘去。入夜了，月光射着窗上的明瓦，閃閃的發亮，更加使他不能入睡。他打開宿舍的窗，雞鳴山躺在秋夜皎潔的月色下，連山上松樹的葉子也似乎像銀針一樣的在發亮。月光從窗口射進來，照亮了半間房，西邊牆上正掛着一口倭刀，這是七歲離開日本回到中國來時，他母親親手交給他的。也許是當時自已年紀太小的原故，或是分離得太久了，母親的模樣，在他的記憶裏已經有點模糊起來。可是每天一見到掛在牆上的這口刀，他總要想起遠在遙遠的東方，遠在日本平戶的自己的母親。

「孩子，好好的回到中國去罷。母親不能照應你，這也是無可奈何的事。如果有一天幕府的將軍們肯允許我離國跟隨你父親的話，我們就可以見面了。父親的志向，你小小的年紀怕未必能瞭解，等你長大了自然會明白的。這口刀，是你外祖父的傳家寶，現在交給你，當母親不能在你身邊的時候，田川氏的傳家寶自然會鎮壓着一切想侵犯你的邪惡。中國天下已經很不太平，正是男兒有作爲的時候，若是鄭家兒郎能作出一些光耀門楣的事業，就是在外國的母親聽了也是高興的」。

借了月光，望着掛在西邊牆上的這口倭刀，母親臨別時所說的這一番話，隨着在記憶裏模糊了的她的面影，這時又浮上他的心頭了。

母親的話，在當時聽了確是不能全然理會，但隨着自己年歲的增長，眼看天下大勢如此，想到父親的出身和事業，母親的話和將這一口寶刀交給他的用心，他漸漸能領悟了。因此今天下午在夫子廟聽了王鐵咀那一番話，不覺又觸動了他的心事。王鐵咀的話，像螞蟻一樣的癢癢的咬着他的心，使他怎樣也不安睡。

「父親也許有父親的志向，就是叔伯們也各有自己的打算。但是我鄭森是頂天立地的血性男兒，是不能欺神明，也不屑乘人之危的。眼看中原鼎沸，爲了國家，爲了蒼生，我鄭森即使肝腦塗地，粉身碎骨，也決定義無返顧。祇是……。」

他這時不覺又想到王鐵咀今天所說過的話了：「祇是我鄭森若儘是捧着幾堆破書躲在太學裏，祇怕老死窗下，也未必能有益於國家吧」？

臥室的一角發出了蟋蟀的聲音，借着月光望過去，牆脚的青磚破處，有一隻老鼠探出了半身，正在躊躇不定的想要竄出來。

「鼠子敢爾」！鄭森將脚一蹬，這小動物嚇得吶的一聲又縮進去了。

有許多事情浮上鄭森的心頭。他知道大約今夜不能入睡了，又加之月光是這樣的明淨，辜負了未免可惜，率便性搬了一張紫檀圓凳到窗口，一隻脚擱到凳上，右手托着下巴，對着窗外的月色，靜靜的沉思起來。

他很喜愛月光，尤其是月光下的夜景。他記得小時在日本，牽了母親的手，在千里ケ濱海灘上散步的情形。月光照在海上，夜潮來了，海水像魚鱗一樣的閃爍。回到祖國後，這許多年，便不曾有機會再見到那樣靜謐可愛的海，也不會有機會再見到母親。他有時心上感到一陣寂寞。年輕，富貴，功名又擺在他的眼前，他該沒有甚麼不滿足了，然而在他年輕的心上總有一種缺欠，一種寂寞。他不知道這種寂寞的原因，是由於許多年不曾見過海，還是許多年不曾見過母親，或是這兩者的混合。

他記得母親曾含笑向着他說：「我并不是你的母親，大海才是你的母親。你也不是我的兒子，你是大海的兒子」。

指着千里ケ濱的一塊大石，母親曾告訴他，他就是生産在這塊石頭上的。他不信，扭着小頭問：「石頭那裏會生産孩子」？母親微笑着拍着他的小頭說：「癡孩子，事情是這樣的；母親懷着你，已經足月快將臨盆了，有一天偶然到這海邊來玩，低了頭在這一帶拾貝殼，也許是過勞力了，忽然肚痛起來，來不及回家去，便在這塊大石上生了你，後來幸虧打魚的藤原伯伯看見了，才趕快回家去叫你的父　來抬我回去哩」！

「還有」，母親又指着東邊岩石上那幾家草屋說，「據住在那裏面的鄰居說，恰在我生你的時候，他們曾遠遠的看見有一條大魚從海裏跳上來不見了，他們都說你是魚變的，你看，你並不是我的孩子，我也不是你的母親。你是他的孩子，他才是你的母親啦」！

母親用手指着海。映着蒼空，寥濶的海上有着一線一線的白色浪花，不停的向岸邊奔來，似乎在向岸上的人招着手。

「眞的，他才是我的母親嗎」？七歲的鄭森仰起頭來問。他突然掙脫母親的手，拔脚向海邊跑去。

「癡孩子，幹甚麼？小心跌破你的頭呀」？母親趕緊站起身來，一手將他拖住。

「你說她是我的母親，我去找我的母親，我去找我的母親呀」？鄭森頑皮的笑着回答。聰明過人的他，即使在這小小的年紀，也知道怎樣捉弄人了。母親不開口，祇是無言的將他摟緊，歡喜得眼淚幾乎滾了下來。

這一切情景，都像昨天的事情一樣的浮上了他的心頭。

這一晚，鄭森沒有安睡，第二天早起，照例向東遙拜遠在海外的他的母親，用過早膳之後，因了昨天的事使得自己的心神很不安靜，便決定去晉謁他的老師錢謙益，想藉了詞翰的薰陶，來安定自己紊亂的心緒。

好幾天沒有去拜訪這位名重江南的騷壇盟主了。聽見同窗說，他老先生近來興緻頗佳，整天在家與柳夫人互相唱酬。

「先生前月晉陞宮保兼禮部尙書，看樣子不久也許要拜相了，怪不得近日這麼高興啦」！

跨了一匹小白馬，緩緩的策轡從城南向城北走來，鄭森的心裏這麼想着。他很敬重這位先生，每逢心裏有甚麼煩惱的時候，總是到先生的家裏去求慰藉。先生對他很鍾愛，許爲得意子弟之一，就是師母對他也另眼看待，前次還用了碧玉盤盛着自己親手釀製的蜜餞出來勸客。先生有意要收他爲義子，有人說這是柳夫人的主意，甚至還有一些其他的流言傳入他的耳裏，但年少豪放的他，對着這一切，都像拂開蛛網一樣的一笑置之腦後了。

錢牧齋住在朱雀橋附近。新起的尙書門第樣映着秋天上午的陽光，格外顯得金碧輝煌，可是風流放誕的錢尙書，這時却伴了曉妝初罷的年輕的夫人，正在後花園的一間精室裏推敲新寫的詩稿。作爲入室弟子的鄭森，以南安伯世子的身份，到了尙書第，下了白馬，並不待門客的通報，也不打從正門走，却從直通後花園的一道側門走了進去。

鄭森知道先生的書室是在花園東面的一角，這是一座一連三楹，面臨小池的精室，四週種着垂楊，池旁圍繞着芙蓉。錢牧齋爲了寵愛年輕的夫人柳如是，特採取了金剛經的如是我聞的經義，將這一間書室榜作「我聞精舍」。鄭森穿着花徑向這裏走來時，女婢早已向尙書通報，尙書夫婦已經立在我聞精舍的階前等候他們的心愛的弟子了。

「大木，今天這麼早就來了，打斷老夫的詩興，敢是衍期已久的交趾瑪瑙盞已經從海船帶到了嗎」？

錢牧齋拂着雪一樣的鬍鬚，微駝着背，扶着一個小婢的肩頭，向着緩緩走近來的鄭森這麼高興的問，身材偉岸的鄭森，走在狹隘的鵝卵石砌成的花徑上，從遠處看來，顯得格外英俊挺秀。就是爲了這一種逼人的氣派，他最初向錢牧齋執贄爲弟子時，錢牧齋就給他取了「大木」這個名字。

「不是，家叔說祇要風順，下一個月一定可以到了。我今天是特地來給先生和師母請安的」。鄭森說，隨即向尙書夫婦施了禮。

「鄭公子今天來得正好，請安則不敢當」，站在錢牧齋身後的柳如是曼聲回答，隨即還了一個萬福：「先生昨天郊遊，得了一首新詩，今早正在這裏推敲哩」。

「若是這樣，學生今天又可以開開眼界了」。鄭森眼睛望住地上說。他的鼻中嗅到了一陣幽雅的香氣。不知道香氣來自荷畔的芙蓉，還是發自柳如是的身上，使他覺得心旌有一點動搖，因此說話時眼睛望了地上不敢抬起來。

「老夫耄矣，後生可畏，我覺得河東君的和詩勝過老朽之作多多了……來罷，我們大家再來推敲一下，我希望大木要當仁不讓，不要任蛾眉獨擅勝塲才是」。

「那裏的話」，鄭森說：「學生那裏敢班門弄斧」。

「那麼，你同老夫一樣，也甘心拜倒石榴裙下了嗎」？錢牧齋說：回頭望着站在後邊的柳如是，掀髯哈哈大笑。柳如是被說得羞紅了臉，向鄭森望了一眼，隨即低頭廻身就走，口裏一面說道：

「你這人越發倚老賣老，我不同你說了」。

「也罷，大木，我們也一同進去坐罷」。扶着小婢的肩頭，錢牧齋點頭向鄭森招呼。

我聞精舍的東廂，是錢牧齋的書室，臨池的一面，有一排長窗，嵌着從紅毛國運來的五色琉璃，照映得室內光彩陸離。紫檀的書案上，正攤着玉版壓花灑金箋，這正是江南艷稱的柳夫人所手製的精品。錢牧齋拿起兩幅，遞給鄭森道：

「你讀罷。這是我的初稿，這另一幅是河東君的和作」。

鄭森恭敬的雙手接了過來，走近窗下，將詩箋高高的舉起，祇見第一幅上寫着「秋日携內出遊」幾個行草。他知道這就是錢牧齋的詩稿了，於是就挺起了胸，高聲朗誦道：

「綠浪紅闌不帶愁，參差高柳蔽城樓；鶯花無恙三春侶，蝦菜居然萬里舟：照水蜻蜓依鬢影，窺簾蝴蝶上釵頭，相看可似嫦娥好，白月分明浸碧流」。

「好」！錢牧齋得意的點着頭說：「東南騷壇，老夫除河東君外，實目無餘子矣」。

鄭森再看第二幅，則寫的一手簪花妙格，當然是柳如是的和詩了。鄭森不覺將聲音放低，用着一種十分柔和的調子念道：

「秋水春山淡暮愁，船窗笑語近紅樓；多情落日依蘭棹，無藉浮雲傍綠舟。月幌歌闌尋塵尾，風床書亂覓搔頭；五湖烟水常如此，願逐鴟夷汎急流」。

念了，回頭看親如是，柳如是正在凝神望着鄭森讀詩的後影，看見鄭森回過頭來，連忙將頭低下了。

鄭森讀完了詩，便恭敬的將詩箋放回書案，然後向錢牧齋作了一個揖道：

「先生乃當今詩壇泰山北斗，學生得列門牆，已經榮幸萬分，何敢妄贊一辭。學生今天特來晉謁，除了向師座請安之外，還有一點小事要向先生請求指教」。

「有甚麼事呢，請坐下來細談。敢是令尊又寄信來催促你回閩去完婚嗎」？錢牧齋說，指着書案對面的一張紫檀嵌螺甸的大椅叫鄭森坐，鄭森謝了謝，隨即很莊端的在錢牧齋對面坐下。

「鄭公子那裏會爲了這樣的兒女私情而勞心的」？這是柳如是的聲音，她已經坐在錢牧齋身後的一張宮凳上。說話時偶然搖動了頭，頭上鳳釵的小金鈴發出了私語一般的蟋蟀細響。

「是的」，鄭森點頭說：「匈奴未滅，何以家爲？何況像我這樣輕的年紀，六經未通，報國無期，更那裏敢有家室之念。閩中對我的親事已許久不提起了，大約因爲寇氛緊張，海師日夜操練，家父遂沒有閒情來顧及兒女的親事了。今天所以要來向先生請教的，實因爲近來外間流言蠭起，從燕趙避難南下的官民傳說紛紜，而朝中又似乎政出多門，文武積不相能，雖然表　上南都風月，似乎頗有中興氣象，但耳聞目覩，却另有許多事情使人寢食不安」。

聽了鄭森的話，錢牧齋將眉頭一縐，悠悠的問；

「那麼，大木，你究竟聽到了甚麼風聲呢？難道清師又有南下的消息嗎」？

「也沒有什麼確實的消息聽到，正反都是那一派流言罷了。我所憂慮的，倒是大敵當前，君父之仇未報，今上新立，爲人臣者應如何朝警夕惕，勵兵秣馬，誓滅胡虜，還我河山，乃竟粉飾太平，沉酣風月，萬一賊兵南下，我不知滿朝新貴，究竟將作何打算」？

「作何打算嗎」？始終在凝神諦聽着的柳如是，這時不覺冷笑一聲插起咀來。「我看滿朝新貴，已有燕都諸君子的典範可循，大約早已打定腹案，準備額上貼起黃紙做順民了」！

「河東君應該爲詩書留情，不必這麼糟蹋衣冠呀」，錢牧齋回過頭來說，他的面色突然有點沉鬱了。

「我當然是指那毫無心肝之徒而言。至於像我家錢尚書，我當然不敢妄加揣測的」。柳如是說。

「那麼，我倒要問問你了，萬一有變，你知道我將作何打算呢」？錢牧齋問。

「當然不用說，不能成仁則取義你還有其他的路可走嗎」？這是柳如是的冷冷的回答。

「不然」，錢牧齋將頭一搖，隨即朗聲吟道：

「此去柳花如夢裏，向來烟月是愁端；畫堂消息何人曉，翠幕容顏獨自看！萬一有變，老夫唯有擁河東君，入首陽，採薇蕨，終老溫柔鄉，他非所計矣」。

「虧你老臉不害羞」；柳如是將下嘴唇一撇，似乎很鄙夷的說，但是同時却抬起眼睛望着鄭大木：「虧你在學生面前居然說出這樣的話，今日在座的幸虧是端凝持重的鄭公子，若換了他人，萬一將這樣的話流傳出去，傳入他人耳中，豈不是又要飛短流長嗎」？

「正是大木在座，我才這樣放言的」，錢牧齋說，「依我看來，南海利藪，富甲天下，且閩粤地勢險要，利於扼守，萬一江南有變，我是主張遷都海外，以南荒魚鹽之利來生聚教養，徐圖再舉的。所以今日朝中對於南安伯倚畀甚殷，我看也是這個道理。到了那時，就是老夫也擬擔經作投荒之計，權作鄭氏的座上客。不過到時大木還認不認我這個老師，我倒不敢斷言了」。

「萬一胡虜猖獗到這個地步」，鄭森說，他的臉色很莊嚴，似乎在披露自己的懷抱，又似乎在回答錢牧齋的話：「學生惟有以平日讀聖賢書所得，君親師友所教，肝腦塗地以報國家，也非所計，亦非所敢計也」。

「到底是鄭公子快人快語」，柳如是說，微即輾然一笑，指着錢牧齋說，「他老了，有點胡塗。古人說，率土之濱，莫非王土，伯夷叔齊義不食周粟，歸入首陽，難道首陽的薇蕨就不是周朝的嗎？所以我的打算就不同。依我的婦人之見，除一死之外，實別無他途」。

「算了算了，儘是說這煞風景的事做什麼」？錢牧齋似乎聽得有點不耐煩了，從坐椅上站起身來說，「大木，我們到外間去看芙蓉罷。聽說這裏的芙蓉還是從湘江移來的呢」。

從我聞精舍側面，有一道耳門通着屋外的小池，橫過跨在池上的古木橋，池心有一座四面通敞的小亭。他們三人來到亭上，錢牧齋指着池畔初開的芙蓉說：

「你看這樣好花，在江南都是少見的」。

池畔，在濃密的垂楊陰中，幾叢芙蓉已經開得像盞樣的大，映着池水，像是宿醉初醒的美人一樣，嬌艷之中帶點朦朧，使人覺得有蕭疏曠放之感。

「如此風光，老夫實願終老林下，與河東什件，置毀譽於度外矣」。

扶着柳如是的肩頭，錢牧齋慨然的說。

滿懷悲憤的鄭森，聽了錢牧齋這一番逍遙的話，心裏實在不以為然。他對於這位詩人的詞翰才華，是久已尊重的，前次來到南京，就執贄在他的門下，便是佩服他的才學。自從弘光即位，起用他為禮部尚書，最近又聘他為經筵講官後，似乎更得人望，可是今天所說的話，尤其在立志報國的鄭森聽來，實在很不中聽。倒是章臺出身的柳如是，平素雖然喜歡濃妝艷抹，招搖過市，很引起南京人的閒話，但是她今天對於老尚書苟且偷安意見的諷刺，却引起了他的欽佩和同情。

「看不出一個青樓出身的女子，居然還有這樣見識和氣節。她雖然憐才愛風雅，甘為夫子妾，我倒覺得一樹梨花壓海棠，為她惋惜呢」！

從尚書第出來，策馬在大街上緩緩的行着，他心裏不禁這麼想。因為自己年紀輕，覺得像柳如是這樣一個有才學，有見識，而又年輕漂亮的女子，居然肯甘心侍奉像錢牧齋那樣的衰翁？實使他有點不能理解。俗語姐兒愛俏，青樓出身的她，這樣的委身于白髮皤然的詩人，難道真的傾倒於他的才華嗎？若果真是這樣，柳如是這女子倒不是一個尋常女流了。……

趁着秋陽，鄭森這麼在馬背上涉於耽想的時候，忽然為眼前一片笑聲所驚醒了。他凝神向四週一看，這時已走到三山門後街，這一帶正是朝貴鉅室的後苑所在，街道於寬闊整潔之中又帶着清淨，青石板的大道，灑滿了秋天金黃的陽光，冷清清的不似前街那一帶終日呼衛喝道，車馬喧闐的混雜情狀。許多馬夫小使，以及門丁書僮，游手好閒之輩，便藉了這個地方作會合之所，賭博作樂，間或談着市上的言流，主人家的陞沉榮辱，乃至閨閣隱事，梅香姐兒的私情等等。鄭森適才所聽見的笑聲，便是從這一羣聚在牆下的人叢裏發出來的。這些人都仰望着牆上，牆上似乎貼着什麼揭帖一類的東西，這些人看了又說，說了又笑。鄭森本來閒着沒事，一時好奇心動，便勒馬向牆邊走來。這些人聽見背後有馬蹄聲走過來，回頭一看，見騎在馬上的人是勳臣打扮，有的更認得是在太學讀書的南安伯公子。便互相使了一個眼色，登時大家鴉雀無聲的垂着雙手向兩旁閃開了。

鄭森在馬上問道：

「你們笑的甚麼」？

眾人互相你望着我，我望着你的不敢開口，最後倒是一個比較年長的家丁打扮的人回答了：

「回稟公子，今早不知誰個大膽在這牆上貼了這張揭帖，說得不倫不類，所以小人們看了覺得好笑」。

聽了這話，鄭森隨即翻身下馬，一個馬伕模樣的人走過來接了繮繩，鄭森向牆邊走去。

水磨青磚的圍牆上，高高的貼着一張用白紙寫的揭帖，鄭森一看，揭帖上歪歪斜斜寫的是：

「北不永，南不光，眞人未出；
賤任牛，官任馬，異類同時！」

鄭森知道這揭帖所罵的是馬士英，他再抬頭向四週一望，認出貼揭帖的圍牆正是馬家遊園的後牆，覺得這人眞有膽量，同時私心也感到有一點痛快，便笑着向衆人說：

「官家已經再三告諭禁止訛言匿名揭帖，不知誰個居然這樣大膽，貼到宰相家的牆上來。我且問你們，你們既然大家看了覺得好笑，一定明白這揭帖所隱射的是誰了。」

衆人見鄭森看了揭帖也在好笑，同時又知道這位公子素來任俠仗義，從不倚勢凌人，其中有機智的便也大膽的回答：

「公子是讀人書，當然比小人們知道得多，一定知道所罵的是誰了。」

鄭森微笑着搖頭：

「正因為我是讀書人，所以弄不淸楚什麼牛，什麼馬，要問，還是問我的白馬罷，他才是他們的同宗啦！」

一聽了這話，衆人都忍不住哈哈大笑起來，鄭森自己也忍不住笑了。他知道這許多人之中，一定會有馬士英的家人在內，但也顧不得那許多了。

在衆人的笑聲中重行跨上了馬，他想了一想，便歛住了笑容吩咐衆人說：

「我看你們還是乘早將這揭帖洗去罷。不然，御史來到看見了，連你們都脫不了干係的。」

他知道馬士英近來在朝中氣燄逼人，耳目衆多，若是知道這揭帖，說不定會藉端陷害人的。但是想到福王新立，就信任了這樣一個魏璫餘孽，由總督鳳陽，超用至東閣大學士兼兵部尚書，氣走了老臣史閣部，覺得揭帖上所罵的實在痛快。

「聽說近來又疏薦阮大鋮，密奏大計四款！說是皇子未生，應該向民間愼選淑女及淨身男子。這是甚麼時候，居然上這樣的條陳。不僅該罵，簡直該殺了！」

鄭森想到這裏，不覺全身用力將牙齒一咬，同時兩腿用力一夾，坐下的白馬領會了主人的心意，隨即撒開四蹄向前跑起來了。（未完）。

夢殊先生：

在香港昏悶的天氣中，忽然聽見 先生新文化大進軍的呼聲和貴報新文學的吶喊，使人從沉悶中震醒，十分痛快。然而我希望 先生永保「對於政治是指導，對於社會是革新，對於人類和社會爲啓示——等」一點的精神諾言，不斷加强文化的啓發，同時新文學不是吶喊一次就算的，得連續的奮呼，具體地昭示羣衆。對於「文學的表現形式」，「文學的辭調」，「文學用語的標準」，得詳細地指示。貴報不是普通的供有閒階級看着消遣的小報，除了小說小品之外，對於高一層的政治學論著，是要多攔一兩篇的。

因爲您說「期望同情者予最大的支援」，所以我敢在「逢人說項地贊揚 貴刊」之外，更提出忠直者的最小的芻言，您許說我太率直吧！請原諒！敬祝成功！

麥卓羣上

★ ★ ★

夢殊先生：

拜讀大作，使我十分欽佩！其中對於編輯的手法——（一）把「東亞戰局」，「東亞政局」和「學術探討」，「新文學的吶喊」的分別，把「靜態」，「動態」，「發掘」，「創造」分部地系統表明——（二）把「政治」，「經濟」，「文化」各方面分門舉述，使讀者滋味洞嘗，更是高明，決不是草草從事，和庸手所能措置。不過，在總部門中缺少了言語科學，戲劇與電影的分部門中缺少了話劇，電影的介紹，批評，使人不能饜足，也許是「好菜一道一足的上」吧！然而貪欲的讀者是希望您把「好菜一齊端上來」哪！請 您在下期先來一個空心湯團——預告使這班學術饑饉的讀者可以落落饞。

祝

您獲更大的成功！

林孟昇啓　卅四年七月廿一日

★ ★ ★ ★

夢殊先生大鑒：

平生不好恭維人，尤其是對於認爲益友的香島月報——事實香島月報，已具有好幾種優點，也不須恭維，我只揀出些硬直之語上清，——這是智識階級，愛護一種較好的書報，應取的態度，誠如貴報所載「文化繫於國運……文化人可貴的是對文化作創造與表現的前鋒；和直接負國家，民族向上的偉任」。因此我對於本期貴報中的含有創造力的「發刊詞」和「文學新香港香港新文學」，以及有發掘功勞的「水滸傳眞僞考辨」，便「吾無閒言」。但是，素來以流俗著稱的「廣東戲劇」，對於牠的情況，似乎不必多費篇幅吧！再則 [illegible] 之類的三五篇作品在修辭上，在行文技巧上，似乎應該努力一點。第式期貴報快要出版了。我希望能夠讀到更進一步的佳品。耑此敬請

撰安

流星謹上　廿二日

★ ★ ★ ★

主編先生：

昏黯了三年的香港文壇，忽然現出香島月報，這顆巨星，眞是值得欣慰。不過貴報發賣的地點太少了，五號那天，走遍了中環也買不到，好容易在朋友那兒分惠了一本，據他說這本是用卅七円的黑市價買來的，單爲了夢殊，魯夫，葉靈鳳，戴望舒四篇大作，就費卅七円也有人[illegible]，卅円本屬平常。不過文化是關係大衆的，大衆的購買力不勻，

而且對於新書報，誰都是抱着先睹爲快的心理，這點請貴報特別注意，不要令讀者弔癮！祝

編

讀者王正東上　卅四，七，廿三，

★　★　★　★

主編先生：

爲了「盧夢殊和香島月報」幾個字的吸引，累我兩張十塊錢的單票不翼而飛。然而，我決不會懊惱，因爲我覺得自有相當代價；不過我有點兒貪心，我在看完了豐富的貴報以後，總希望牠篇幅加多；我要求貴報加多一欄讀者之聲之類的通問機構，同時得注意國語問題。上海東方雜誌和新中華，是上海拔光兒的雜誌，他們能恪遵政府法令，效法義大利法蘭西的文學家，對于國家標準語的努力精神，講論指導并改革本國標準語。今年香港的華僑日報和以前的香島日報，雖然有論兩三篇關於國語的「東西」，但是都很淺薄，希望　貴報能有兩篇第一流的語學作品，可以和東方雜誌抗衡，同時使香港幾十萬愛好國語的人們，得着新深資料。但文章要「言之有物」，要「出類拔萃」，如果「空空泛泛」「簡淺抄襲」的作品，我們是不歡迎的。　閣下是具有法蘭西詩人的丰度，難道不知道有「法蘭西詩人」的苦心，孤詣「提倡國家標準語」的開心麼？如果有的話，則請您作一種表現，則下期的香島月報，賣六十円，也沒人說貴呀！願您

安樂！

讀者吳霖卿手啓。　七月二十三日

# 安樂園

# 蓮花杯雪糕

科學製法　適合衛生

滋養豐富　携帶便利

## 編者講話

本報創刊號出版後，陸續收到許多讀者的來函，對於本報的改善，提供不少珍貴的意見，編者在感奮之餘，認是一件異常榮幸的事。前期的艸艸從事，雖則說沒有充份籌備的時間，然雜而不純，稿件的選擇未能盡如人意，終是編者一點過失，殊引爲內疚！尤其廣告編排不妥，更是一樁憾事。由本期起，力將這種缺點消除，至於選擇稿件，亦寧缺毋濫，期臻於完善。

本報是綜合性質，舉凡政治，經濟，文化，俱在兼收並蓄之列，編者的意見，是想其成爲一般讀者的讀物，但讀者閱讀的程度不同，假如專務高深，實難普遍之旨，但過於膚淺，則又未足以饜較高智識的讀者之欲；欲得其示，殊非易事。故擬從這兩者予以折衝，使求其深者不嫌其淺，務其淺者不以爲深；但在本期中編者仍未能做到這種地步，祇好俟之異日吧了。

編者原是一個忙人，對于本報的編排，即本期雖有較多時日的猶豫，却仍不孕出于忙廹。這是困於生活環境，亦有力不從心之嫌，本期編者有不到的地方，希望讀者予以最大的原諒。

讀者對本報所提供的珍貴意見，編者謹記於心，在本期中已有一二遵從讀者的意見了；倘再假以時日，終可一一付諸實施，使本報的形式內容，直至美善而後已。但在本期中，漫畫與圖照都付缺如，這不是編者有意偷懶，也不是製版和印刷有甚麼困難，實然是愛惜者材，亦即所謂寧缺毋濫。關於這點，縱然編者不予聲明，讀者想亦甚爲了了罷。

編者對本期的意圖，原想發刊一個「經濟特輯」，即將百分之三十五的篇幅，刊載經濟的文章，使讀者在生存的世界中，知道經濟在世界上一般的重要。材料已經蒐集了不少了，即經濟地圖也繪就了好幾幅；但臨了編者把這意念灰冷下來，將所有材料暫予凍結，爲了甚麼？編者擬不發表，留待下期再說。

對於提供珍貴意見的讀者，編者特在這裏表示謝忱。

# 稿約

一、本報各部門文字，俱歡迎投稿；

一、來稿限用語體文，其有出於文言者，雖特佳之作，亦不刊載；

一、來稿字數以萬字以下爲限，如係特殊之作，不在此例；

一、來稿請用原稿紙，毛筆或鋼筆謄寫清楚，一紙只可書一面，字跡過艸，及未成熟之作品，恕不刊載；

一、如係譯稿，請附原文，或於稿末註明出處；

一、來稿一經審定及檢查許可，即致送稿費；

一、來稿署名，任作者之便，但稿末請註明眞實姓名及通訊地址，並加蓋印鑑；

一、編者對來稿有刪削之權，如不願修改者，請於稿末聲明；

一、來稿請自備副本，刊載與否，恕不退還，如須退還，請加聲明，並附足回件郵票；

一、來稿請寄香港灣仔道一七七號香島月報編輯部收，請勿書編者姓名。

中華民國三十四年八月五日出版

香島月報 第二期

（定價每冊三十元）

出版者：胡　山

編輯者：盧夢殊

發行者：香島日報社

印刷者：香島日報社

總發行所：香島日報社
灣仔道壹七七號
電話三二〇一號

分　銷：各地各大書店

從灣仔遠眺九龍半島

由堅尼地道望向中環，有陸軍用地相隔。

# 目錄

# 出版説明

《香島月報》，一九四五年七月由香島日報社刊行，正值第二次世界大戰結束前夕，香港仍處於日本的佔領之下。該雜誌以推動本地文化為表，實際上站在日本軍國主義的立場，創刊剛過一個月，因日軍投降而停刊，自此從日軍的宣傳工具，頓變成香港日佔歷史之遺音。

直至二〇二五年，抗戰勝利八十周年之際，得《香島月報》收藏者劉立人先生提供全二期雜誌。其中第二期甫出版即停刊，故流通量極少，異常珍貴。惟雜誌明顯有親日傾向，關於日本侵略歷史等表述亦多為謬論，實為美化日軍侵略。讀者閱讀時宜加以注意，就此僅略舉一二：

一、以看似公正客觀的觀點掩蓋日本的侵略本質。本書論及政局、戰爭等文章中，表面上以中立的名詞指稱侵略戰爭，「和平」、「互惠」、「條約精神」等在在皆是，實則站在侵略者立場上，將侵略戰爭美化成「大東亞各國間的民族獨立復興運動」，企圖誇耀日軍的文治武功。文中亦提及「日華滿泰」，將日本與汪偽、偽滿和泰國並列為同盟國，作進一步提倡其「大東亞共榮」主張，通篇充斥侵略者之野心。縱觀創刊號圖片，只展示日軍鐵蹄之下東南亞國家人民如何與日軍和睦共處、生活幸福安寧的畫面，刻意隱惡揚善。

二、粉飾太平而掩飾日軍侵略殘暴惡行。創刊號有圖片說明指「馬來的女童們見到了大地的明朗」，而且〈發刊詞〉也提及「要人類趨向光明，社會正走入正軌了」，前後為日軍塑造的形象正面燦爛，有別於現實中的凌弱暴寡。

三、該雜誌主事者貫徹媚日立場，其文中更有不少為汪精衛等漢奸張目之處。

香港三聯書店將《香島月報》復刻出版，看重其身為文史資料之稀罕度，故提供讀者管窺香江日佔歲月下，文化和傳媒事業之態勢，以至記錄社會人文、國際戰局等情況，權充為跨時空的歷史觀察。同時，亦希望本書能為有心者提供研究之用，讀者諸君亦可參見三位導讀者的文章，以了解本書出版價值之所在。

三聯書店（香港）有限公司

出版部

二〇二五年六月

# 導讀一：山城暮景——香港日佔時期最後的一份雜誌

黃仲鳴
香港樹仁大學新聞與傳播學系教授

一九四一年十二月二十五日，日軍攻陷香港，到一九四五年八月十五日無條件投降止。這「三年零八個月」，謂之「日佔時期」，也有呼之為「黑暗時期」。香港報業本欣欣向榮，至此黯然無光。二戰結束前夕，即一九四五年七月，突冒出一份雜誌《香島月報》來，但續出了八月號，便「無奈」關門，成香港日佔時期最後的一份雜誌。

這是份綜合雜誌，出版人是「萬金油大王」胡文虎（一八八三至一九五四）的公子胡山；編輯是盧夢殊，一位「附日文人」、「落水文人」，也有呼之為「漢奸」的，曾代表香港報界到東京參加「大東亞新聞工作會議」；因喜吃蘿蔔糕，便以「羅拔高」為筆名，一九四四年九月出版了一部《山城雨景》的書。

在〈發刊詞〉裏，雜誌強調「文化」，並指香港文化事業「本來貧薄可憐，開埠迄今，殊無可取」，於今更為衰落，致「鬱鬱山城」「了無生氣」。因此，構築香港的新文化，是雜誌的任務；可惜，通篇〈發刊詞〉並無確切點出文化是甚麼，但從兩期的內容來看，編者煞費苦心，「構築」了政治文化、文學藝術文化這兩大類。

在政治文化的文章裏，如創刊號盧夢殊的〈東亞政局概論〉，立場偏於日方，自是無可厚非；但如述「九一八」事件，引了時任日本外相的話說，「對此並無領土野心，只以日本人口過剩，為謀與中國經濟互惠，以過剩人口開發中國資源，在技術上獲取合作，在政治上共求繁榮，親善」。這簡直是胡說八道。第二期的〈東亞與世界〉，亦呈現盧夢殊在分析局勢方面的偏差，無甚可觀，只可視為他的漢奸思想。

創刊號分文字、圖片兩欄。圖片展現出大東亞人民的生活。須加說明的是，有所謂「昭南」者，是甚麼地方？新加坡也，是日本於日佔時期（一九四二至一九四五）對新加坡的稱呼，意指「昭和年間所得之南地」，亦指作「南方之光」。這組相片有強烈的政治宣傳色彩。

一九三八年，茅盾（一八九六至一九八一）抵達香港，便感到香港「富麗的物質生活掩蓋著貧瘠的精神生活」，是「一片文化的荒漠」[1]；香港淪陷之初，日軍收縮報業、壓制言論和出版發展，山城何止沙漠，簡直是「死城」[2]。縱觀兩期的文化藝術稿件，則仍可窺見香港「戰後」[3]的文化現象。

創刊號筱轀的〈香港粵劇最近的變遷〉，縷述伶星的組班和散班的動態，指出香港「戰後」初期的劇團十分蓬勃，但已呈「垂危」狀態，文章沒有點出原因，只說居民「一切都能夠從節約方面著想」，而「欣賞藝術的有閒階段，自然是極少數」；是乎？不過，此文對當年粵劇藝人的南來北往、組班散班的情形，卻有仔細的描述。

另外，第二期署名「口碑」的〈本年上半年年度香港首輪影戲概況〉，縷述了當年港島、九龍、新界的戲院，指戰前影業十分發達，經過「新生（作者按：「戰後」也）的洗禮後，電影事業一時未能恢復」，影片供應不足，留港伶人頗多，一些戲院便演粵劇。後來，日本電影有供給，國語片亦源源運至，電影事業便興盛起來。文章還詳細列出公映、收入情況。可見在一九四五年上半年，仍有影迷有閒有錢，鑽進戲院「避世」，不似粵劇那麼奄奄一息。

文藝創作方面，重頭作是葉靈鳳（一九〇五至一九七五）的〈南荒泣天錄〉，標「長篇創作」，惜停刊後，小說未完，唯有「泣天」了。故事背景是明末清初，在經歷闖王、清兵入關後，南京暫苟安，葉靈鳳寫道：

虎口餘生的難民，想到崇禎皇帝慘烈的死狀，京城文武百官迎了闖王，接著貼了「順民」的黃紙又迎接清兵的醜態，雖然心上感到一陣黯淡，可是覺得眼前的景色和天氣，確實值得暫時陶醉。

這曲亂世悲歌，想葉靈鳳感觸甚深。

另如創刊號秋水的〈搬家隨筆〉，由淪陷的廣州搬到香港，誰知香港戰事起，以為搬到跑馬地安全，卻飽歷炮火的肆虐，又搬到灣仔，這一回，「敵機（指美機）」來襲，僥倖沒炸死；又搬到中區去。這篇短文，道盡了戰時生活之悲之慘。

---

1 茅盾：《我所走過的道路》（下冊），香港：三聯書店（香港）有限公司，一九八九年，頁三五。

2 李谷城：《香港報業百年滄桑》，香港：明報出版社有限公司，二〇〇〇年，頁一七三。

3 「戰後」，指日軍侵港後的日子。雜誌創刊號有張錦鈿〈戰後重建新香港的幾項建議〉一文。筱韞〈香港粵劇最近的變遷〉，內文有「戰後」一語，亦指這時期。

第二期「羅拔高」上場，撰「長篇作品」〈掙扎〉，命運比葉靈鳳慘，因只刊了一期即壽終。至於與盧夢殊有私交的戴望舒（一九〇五至一九五〇），第一期有學術研究之作，第二期有譯文。戴望舒歷經憂患，能賺些微稿費，亦可安飽吧。

雖稱「艱難時期」，但雜誌廣告卻亦多，不乏酒類、食肆、金飾珠寶，雖然不知市況如何，但可看出這山城的暮景，在一些「順民」來說，卻非淒慘。

1940 年香港島鳥瞰地圖

兵舎
バイオレット山
レパルスベイホテル
レパルスベイ
ゴルフ場
アバディーン貯水池
ニコルスン山
カメロン山
ワンチャイ峡
療養所
ゴホ山
日本人墓地
各教集團墓地
ハッピーバレー
競馬場公園
市場
千歳館
ボエン道
ケネディ道
陸軍用地
クイーンズ道
ヘネシー道
皇后大道
海軍ドック
本港本願寺
英京酒店
六國飯店
灣仔
香港日報社
日本綿花会社
日本總領事館
木球場
法院
銅像四辻
電報局
デブオー道
ケレット島
環
中
ヴィクトリア港
香港
九竜停車場
渡船場
九竜倉庫
ペニンシュラホテル
ネイサン道
至廣東
至油蔴地

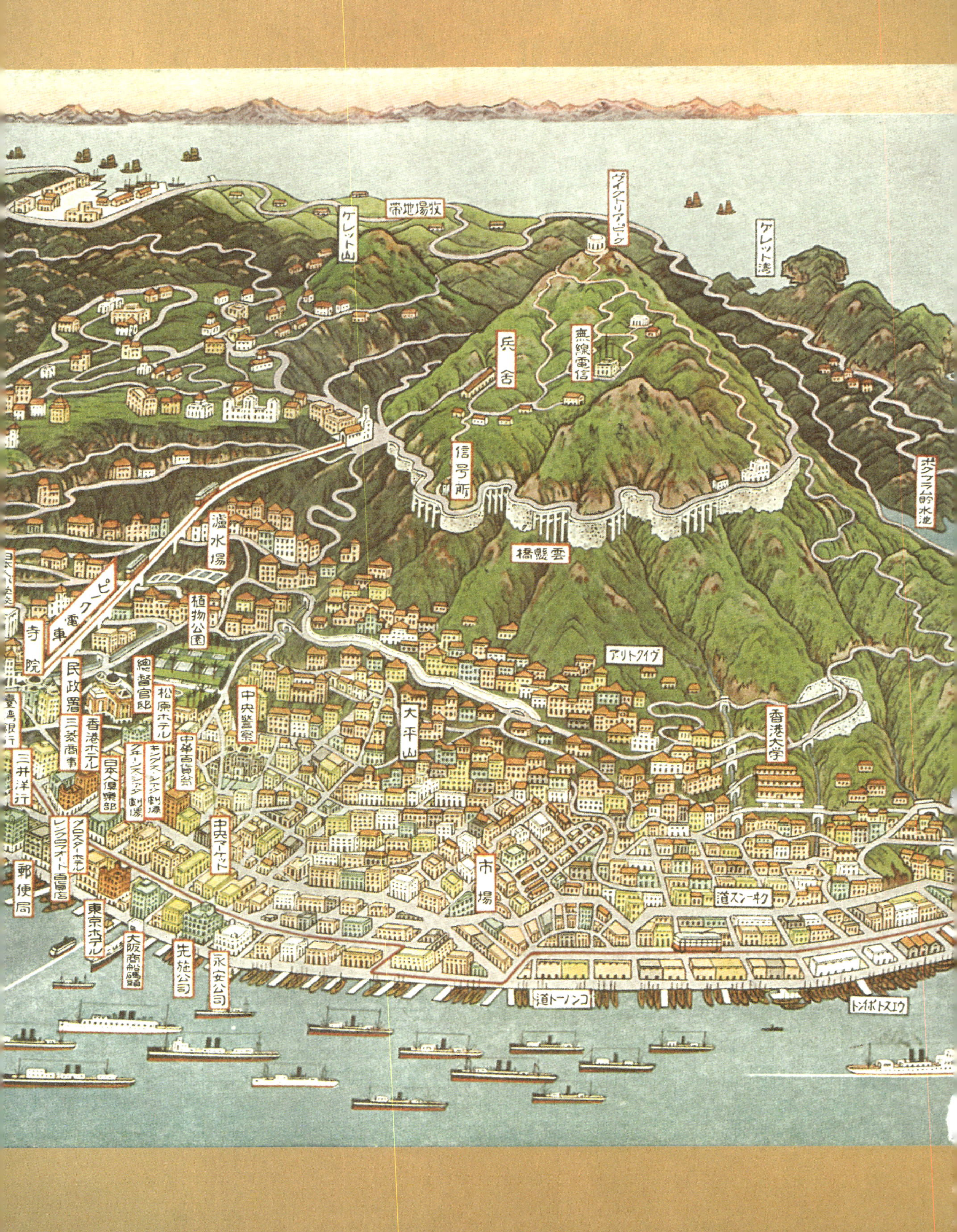

牧場地帯
ケレット山
ヴィクトリアピーク
ケレット湾
兵舎
無線電信
信号所
雲懸橋
タイタム貯水池
濾水場
ピーク電車
植物公園
寺院
民政署
總督官邸
松原ホテル
中央警察
大平山
ヴィクトリア
香港大学
臺灣銀行
三菱商事
香港ホテル
三井洋行
日本人倶樂部
キングス・シアタ劇場
クヰーンス・シアタ劇場
中華百貨公
中央マーケット
市場
クイーンス道
グロスターホテル
レンクラフォード百貨店
郵便局
東京ホテル
大阪商船碼頭
先施公司
永安公司
コンノート道

廣東
澳門
タイホーワン
ヴイクトリア道
ボクフラム
ボクフラム道
沙湾
デヴィス山
ヴィクトリア道
兵舎
歓楽街
ケネディタウン
貯水池
ペルテヤスベイ
ベルテヤポイント

# 香港

遠眺九龍半島（左方近中間為第三代滙豐總行大廈）

# 導讀二：讀《香島月報》

許迪鏘

《香島月報》的出版日期「相當」（說極度也無不可）詭異，據月報版權頁，第一期出版於「中華民國三十四年」（一九四五）七月五日，這時，第二次世界大戰的歐陸戰事，隨五月八日納粹德國無條件投降，已然結束。這一年之前，日本也敗局已定，太平洋逐島激戰，隨美軍於四月一日登陸沖繩，盟軍已兵臨（日本）城下。第二期《香島月報》同年八月五日出版後的第二天，第一顆原子彈在廣島投下，八月九日，第二顆原子彈投落長崎，一星期後，日本正式宣布無條件投降，二戰結束。出版於敗軍之際的這份雜誌，第一期似乎還不難覓得，第二期則比較罕見，際此二戰結束之年，香港三聯書店復刻《香島月報》，極有歷史價值。

《香島月報》由香島日報社印刷和發行，顯然附屬《香島日報》，其前身是《星島日報》。「出版者」

胡山，是胡文虎（一八八三至一九五四）養子，當時及戰後曾為《星島日報》社長，但為人平庸，後因債台高築，胡文虎登報與他脱離關係。「編輯者」盧夢殊更不堪，在新聞界劣行昭彰，日佔時期在《華僑日報》工作，一九四三年與胡山代表本地新聞界出席東京大東亞新聞大會，又在東京廣播電台講播〈從大東亞兩個會議講起〉，並參拜靖國神社。此人沒可能不知日本大勢已去，仍出頭辦一份討好侵略者的雜誌，或旨在榨取媚日的最後一滴油水而已。

《香島月報》標明「編輯者」是盧夢殊，止此一人，別無分職，可是我讀《香港文學大系一九一九—一九四九．評論卷二》（商務印書館（香港）有限公司，二〇一六年）林曼叔（一九四一至二〇一九）〈導言〉：「直至一九四五年七月葉靈鳳主編的《香島月報》創刊，還開闢了由魯夫執筆的『新文學吶喊』專欄，繼續鼓吹甚麼『文學新香港香港新文學』，妄圖在日寇的鐵蹄下建造甚麼『香港新文學』，真是癡人説夢。」（頁四四）「盧」冠「葉」戴，不知所據。然而除了名字錯配，其餘論斷基本正確。在鐵蹄下出版，不要指望有「真人」説直話。

跟孤島時期上海出版的另一份雜誌《天地》相比，《香島月報》顯得相當寒傖。《天地》由蘇青（一九一四至一九八二）以本名馮和儀主編，一九四三年十月在上海創刊，一九四五年五月停刊。那邊知機而退，這邊迎「難」（災難的難）而上，其「志」何在，可思過半。蘇青在上海與張愛玲（一九二〇至一九九五）齊名，為《天地》執筆的都是一時名家，包括張愛玲（及其漢奸丈夫胡蘭成（一九〇六至一九八一））、周作人（一八八五至一九六七）、龍沐勛（一九〇二至一九六六）、紀果庵（一九〇九至一九六五）、柳雨生（柳存仁，一九一七至二〇〇九）等。《香島月報》的陣容自然無法與之相比，「就其（《天地》）內容觀之，大都屬於衣食住行、夫妻之道、生兒育女、懷舊傷感等」（蔡登山《天地》復刻本導讀），這些，《香島月報》基本都有，雖然文字水平相去甚遠。

如果說《天地》有一位張愛玲（幾乎每期都有作品）便一切都有了，則《香島月報》有葉靈鳳（一九〇五至一九七五）的連載小說，也令這份雜誌有了閱讀的價值。《香島月報》作者大都以筆名發表，獨葉靈鳳行不改名，小說〈南荒泣天錄〉以南明小朝廷下的南京為背景，一開頭就說南京的人民已在闖王得道時做了一次「順民」，眼看快要做第二次，似有所寄託。已出場的角色有鄭森（即鄭成功，一六二四至一六六二）、錢謙益（一五八二至一六六四）、柳如是（一六一八至一六六四），可見是有野心之作，可以寫成一部「大」小說。這小說的寫法與之前的長、短篇有點不同，之前葉靈鳳用的主要是現代小說寫法，早期更有新感覺派的韻調，〈南荒泣天錄〉開篇敘事和筆調卻接近傳統的話本小說，文字俐落，節奏明快，富於懸疑，第二篇稍稍回到新文學小說的敘事格局，很快又回到傳統的調子，最後一句「（未完）」，大有「欲知後事如何，且看下回分解」的吸引力，可惜沒有下回了。

戰爭固然可怕，那時那刻仍有人大談「本土戰」裏日方如何反敗為勝（第一期頁九周勉齋〈日本本土決戰論〉），可知戰爭更可恨的是扭曲人性，對人類的良知造成莫大的傷害。此時此日讀《香島月報》，心情很複雜，最後免不了有一種自我儆省的作用。

# 導讀三：香港淪陷時期結束前夕的刊物

周佳榮
香港浸會大學榮休教授

一九三七年「七七」事變後兩三年間，不少內地報社遷港，大批報界業者和文人學者相繼到來從事辦報、出版等文化活動。一九三八年八月，著名華僑企業家胡文虎（一八八三至一九五四）出資在港創辦《星島日報》，大力宣傳抗戰，亦著意提倡學術和改良風俗。

當時南下的文人之中，以葉靈鳳、戴望舒等較為活躍。葉靈鳳（一九〇五至一九七五），江蘇南京人，一九三八年十月後到香港定居，先後在《立報》和《星島日報》編副刊。戴望舒（一九〇五至一九五〇）是浙江杭州人，一九三八年五月來港後，任《星島日報》副刊〈星座〉版主編，曾參與文化人組織的抗日活動。

一九四一年十二月八日，日軍偷襲夏威夷美軍基地，爆發太平洋戰爭，戰事蔓延到亞洲和太平洋多個地區，香港旋告淪陷，進入「三年零八個月」的「日佔時期」。

香港淪陷之初，仍存十一家中文報紙，其中《香港日報》為日本佔領軍政府的報業機構，出版中、英、日文三語報刊。日本佔領軍政府以白報紙供應不足為由，強迫其餘各報由一九四二年六月起合併，如《香港華字日報》與《星島日報》合併後改稱《香島日報》，而《自由日報》、《天演日報》及《新晚報》均併入汪偽政權所辦的《南華日報》。一九四四年八月後，情況更為惡劣，各報開始調整版面和減少內容，由原來的一大張縮減為半張。

一九四五年，第二次世界大戰已近尾聲，德軍於五月投降，歐洲戰事結束，只有日軍在亞洲苟延殘喘，盟軍大舉反攻，局勢已很明朗。

同年七月五日，《香島月報》創刊，只出版了兩期，大戰即告結束。根據月報的版權頁，「發行者」和「印刷者」是香島日報社，地址「灣仔道壹七七號」是星島第一代社址，「出版者」胡山是胡文虎次子。《香島月報》的「編輯者」盧夢殊是廣東人，曾任《華僑日報》採訪主任，後來轉任《星島日報》總編輯。據説他喜歡吃蘿蔔糕，因而以諧音「羅拔高」為筆名，淪陷時期出版短篇小説集《山城雨景》

〈華僑日報社，一九四四年九月〉，描寫一九四二年太平山下眾生相，屬於淪陷時期具代表性的文學作品。他在《香島月報》創刊號發表〈東亞政局概論〉，八月號則有〈從東亞說到世界〉，談及東亞戰局與蘇聯、日美英對蘇與蘇對渝延、英美蘇在歐的爭奪與英對印問題。

盧夢殊在一九三〇年代曾於上海編電影雜誌《銀星》，又經常在《良友畫報》上寫小說；《香島月報》創刊號有多達八頁的照片及三頁漫畫，略具畫報之風，第二期則以署名「羅拔高」發表長篇作品〈掙扎〉。

〈發刊詞〉以「文化為一國的象徵」為言，強調「文化繫於國運，一國的強弱，端視文化的盛衰，而民族的興亡，亦在於文化能否有指導政治的力量」。香港作為一個都市，應有其積極的都市文化，「同時我們在如今不敢放棄我們的任務裏面去彌補我們以前的過失」，「我們在工作上——文化的工作上吞咽我們的艱辛，同時也忍受時代給與我們的苛酷」。創刊號〈編者講話〉中說：「在戰時下能夠出版這一本刊物，我認為無論在任何方面說來都值得珍視的，尤其香港文化由根苗本就薄弱而愈趨沒落的今天，這本刊物便更值得珍視了。」

「長篇創作」欄兩期都連載葉靈鳳的〈南荒泣天錄〉，創刊號「學術探討」欄則有戴望舒的〈李卓吾評本水滸傳真偽考辨〉。葉靈鳳是淪陷時期最具名望的留港作家，被委為「囑託」（顧問）之職，主管《新東亞》月刊和《大同畫報》。戴望舒曾於一九四二年三月被捕入獄，寫下慷慨激昂的〈獄中題壁〉，因葉靈鳳疏通，得以保釋出獄。他在牢中受到各種凌辱，出獄後寫成〈我用殘損的手掌〉一詩，末段幾句說：「我把全部的力量運在手掌／貼在上面，寄與愛和一切希望，／因為只有那裏是太陽，是春，／將驅逐黑暗，帶來甦生，／因為只有那裏我們不像牲口一樣活，／螻蟻一樣死……那裏，永恆的中國！」

「三年零八個月」結束後，戴望舒往上海，一度返港，後來在北京病逝；葉靈鳳留在香港，在《星島日報》繼續當編輯。《香島月報》不免打上淪陷時期的烙印，反映了一些亂世文人的樣相，而今原原本本地影印出版，使我們對那個時代有更透徹的認識。

策劃編輯　梁偉基
責任編輯　王煦程
書籍設計　陳朗思
底本及圖片提供　劉立人

書　名　香島月報（復刻版）（全兩冊）
出　版　三聯書店（香港）有限公司
香港北角英皇道四九九號北角工業大廈二十樓
香港發行　香港聯合書刊物流有限公司
香港新界荃灣德士古道二二〇至二四八號十六樓
印　刷　美雅印刷製本有限公司
香港九龍觀塘榮業街六號四樓A室
版　次　二〇二五年七月香港第一版第一次印刷
規　格　十六開（190mm × 265mm）二四四面
國際書號　ISBN 978-962-04-5636-7